國家社科基金重大項目

「皮錫瑞《經學通論》注釋與研究」

中期成果

經學通論

〔清〕皮錫瑞 撰
吴仰湘 點校

中華書局

圖書在版編目(CIP)數據

經學通論/(清)皮錫瑞著;吴仰湘點校. —北京:中華書局,2018.6(2023.3 重印)
ISBN 978-7-101-13122-2

Ⅰ.經… Ⅱ.①皮…②吴… Ⅲ.經學-研究
Ⅳ.Z126

中國版本圖書館 CIP 數據核字(2018)第 050445 號

責任編輯:劉　明
責任印製:陳麗娜

經學通論
〔清〕皮錫瑞 著
吴仰湘 點校
*
中華書局出版發行
(北京市豐臺區太平橋西里 38 號　100073)
http://www.zhbc.com.cn
E-mail:zhbc@zhbc.com.cn
三河市鑫金馬印裝有限公司印刷
*
850×1168 毫米 1/32 · 16¾印張 · 2 插頁 · 350 千字
2018 年 6 月第 1 版　2023 年 3 月第 2 次印刷
印數:4001-5000 册　定價:59.00 元

ISBN 978-7-101-13122-2

目録

書經

詩經

三　禮

春秋

附　録

點校説明

《經學通論》是皮錫瑞爲晚清新式學堂編撰的經學教材，一百多年來風行於世，堪稱新經學教育的經典著作。

皮錫瑞（一八五〇——一九〇八）字鹿門，一字麓雲，湖南善化人，曾自署所居曰「師伏堂」，後學尊稱「師伏先生」。皮氏於同治十二年（一八七三）膺選拔貢，光緒八年（一八八二）舉順天鄉試，後四赴禮闈報罷，遂絶意功名仕進，以講學、著述終老。他從訓詁、名物入手治經，進而精究《尚書》，兼攻鄭學，晚貫群經，雖宗主今文，但學風謹嚴，持論平實。皮氏又是晚清教育名家，自光緒十八年（一八九二）起主講南昌經訓書院，光緒二十四年（一八九八）出任長沙南學會學長，光緒二十八年（一九〇二）受聘創辦善化小學堂，又相繼在湖南高等學堂、湖南師範館、長沙府中學堂講授經史，並一度擔任善化小學堂監督，短期代理湖南高等學堂總理，爲湘省新式教育鞠躬盡瘁，被楊樹達譽爲「經師人師」。

在清末新政中，隨着書院改制、科舉停廢，經學教育驟然陷入困境，「今學堂因功課繁多，往往偏重藝能，反輕聖教，經、史、國文，鐘點甚少，或且並無經學、國文」（皮名振《皮鹿門年譜》，商務印書館，一九三九年，第一〇〇頁）。新教育重藝輕道，已使經學課程名實難符，更有崇尚西學新知、宣揚革命排滿的激進派鄙弃經學，正如皮錫瑞所指摘：「近日邪説流行，乃謂中國欲圖富强，止應專用西學，五經四書，皆當付之一炬。辦學堂者，惑於其説，敢於輕蔑聖教，民立學堂，多無經學一門，即官立者，亦不過略存餼羊之遺。功課無多，大義茫昧，離經畔道，職此之由。」（同前，第一〇一—一〇二頁）皮氏自稱「思殫炳燭之明，用救燔經之禍」（《經學通論自序》），相繼編撰《經學歷史》和《經學通論》，志在爲新式學堂實施經學教育提供理想的教材。

光緒三十一年（一九〇五）夏，皮錫瑞接受湖南省學務處提調、代理湖南高等學堂監督陳慶年之議，撰成《經學歷史》，開篇指出：「凡學不考其源流，不能通古今之變；不别其得失，無以獲從入之途。」他分十個時代論述經學的嬗變，析其源流，辨其得失，並針對「自新學出而薄視舊學，遂有燒經之説」，特意借史立論，强調「立學必先尊經」，力論經學簡明、有用、易學，在篇末爲初學者指出一條入門捷徑：「今欲簡明、有用，當如《漢志》所云『存大體，玩經文』而已，如《易》主張惠言《虞氏義》，參以焦循《易章句》《通釋》諸書；《書》主伏《傳》、《史記》，輔以兩漢今文家説；《詩》主魯、齊、韓三家遺説，參以毛《傳》、鄭《箋》；《春秋》治《公羊》者主何《注》、徐《疏》，兼采陳立之書，治《左氏》者主賈、服遺説，參以杜《解》；三《禮》主鄭《注》，孔、賈《疏》。先考其名物、制度之大而可行於今者，細碎者姑置之，後儒臆説，概屏勿觀，則專治一經，固屬易事，兼通各經，亦非甚難。能考其源流，而不迷於途徑，本漢人治經之法，求漢人致用之方，如《禹貢》治河、《洪範》察變之類，兩漢人才之盛，必有復見於今日者，何至疑聖經爲無用而以孔教爲可廢哉！」

《經學歷史》完稿後，皮錫瑞意猶未盡，隨後另撰新書，光緒三十一年十一月廿一日《師伏堂日記》載：「連日檢書籍，《經學提綱》一書似不難成，須先閱《皇清經解》《續經解》二書，擇取摘出，加以論斷，有暇即可録出，特需鈔胥之費，而刊板費尤重。」次日即記「録《經學提綱》一條」，十二月日記中又不斷記載録《易經》提綱一條或二條，至二十七日說「録《易》二條，大約此一經略具矣」，翌年（一九〇六）正月二十日更明言「録《經學通論・書》一條」，已將書名定爲《經學通論》。至二月初八日，「《尚書》粗畢」；四月初八日，「《詩》粗畢矣」；閏四月十一日，「録《春秋》一道，畢」；六月十八日，「論《禮》粗畢」；七、八月再對各經續加增補，至八月十三日，「《通論》粗定」。前後不到十個月，可謂神速。陳慶年同樣關注《經學通論》的編撰，《師伏堂日記》四月十一日載：「下午善如來，取《書論》閲之，云須立題目，加圈點，分段宜短，乃便人閲。段有可分，有不可分，惟題目可立耳。」五月十五日又記：「善餘還書來，以爲宜分段目，列標題，甚是；圈點仿西河，可不必。」皮氏酌采其說，從五月十九日起費力爲各篇加上標題。皮氏原憂心刻貲，但成稿甫及一半，王先謙即允諾刊刻，後來還逐卷批閲，大加稱贊，《師伏堂日記》九月十六日即說：「葵園來函極恭惟，有胸羅衆家、掌運千古之語，屬即送交手民。」此時《經學通論》尚未定稿，只好分卷交付思賢書局發刻，終在光緒三十三年丁未歲末刊成行世。

皮錫瑞在自序中明言：「前編《經學歷史》以授生徒，猶恐語焉不詳，學者未能窺治經之門徑，更纂《經學通論》，以備參考。」對中國二千多年經學的源流、正變，《經學歷史》作了一次縱向的回顧，作爲其續編的《經學通論》，則從經學的内層作更詳盡的總結。 它依五經分卷，各卷按議題設篇，包括《易經》三十篇、《書經》三十三篇、《詩經》三十八篇、三《禮》五十二篇、《春秋》五十六篇，分別對《易》、《書》、《詩》、《三禮》及《春秋》三傳的成書、流傳、義例、要旨，和歷代注解、考訂、詮釋的得失，以及今古文、漢宋學分立互争的是非，以專論的形式作簡要梳理和精闢論述，還特別開列研讀各經的入門書目，「俾學者有從入之途，而無多歧之患」，爲初學者提供治經的基本理念、學問根柢與關鍵知識，企望「使天下生徒皆通經術」。 全書議題鮮明，取材豐富，分之爲二百零九篇經學專題論文，合之則不啻是一部經學小百科。 皮氏於經學寖饋既深，得以含英咀華，對歷來紛繁複雜的五經之學，作提綱挈領式論述，如闡發五經大義，論變與不變皆《易》之大義，論今文《尚書》篇篇有義，論《詩》教温柔敦厚，論《禮》所以節性復情，論《春秋》有大義有微言，又如梳理五經源流，分別《易》之正傳與別傳，辨析《書》、《詩》之今古文糾紛，探討三《禮》、《春秋》三傳之異同優劣，又如指點後學治經的門徑，分論治《易》、通《書》、讀《詩》、習《禮》、明《春秋》之法，總論研治群經當求簡明有用，無不上下千古，獨具裁斷，雖時見偏主今文的個人好惡，但主要内容仍屬條理舊説，切實有用。

總之，《經學通論》既是皮錫瑞個人一生經學研究的晚年定論，也是他全面總結古代經學、開啟近代經學通識教育的精品力作。因此，這本深入淺出的經學教材，自刊行以後長盛不衰，迄今仍是引導人們進入中國經學殿堂的入門讀物，乃至被列入高校文科院系研究生的必讀書目。

《經學通論》由湖南思賢書局刊於一九〇七年，先後收入《師伏堂叢書》、《皮氏八種》，並被多次影印。湖南師範大學另藏有《經學通論》初稿本七册。一九二〇年，商務印書館依據初刻本，添加句讀，略作校正，以鉛字排印，相繼列入「萬有文庫」、「國學基本叢書」，流傳較廣。一九五四年，中華書局采用《國學基本叢書》本紙型重印，以挖改方式校正少數訛誤。此校印本後來多次重印，海外各地亦屢有翻印，暢行至今。近些年來，《經學通論》相繼出現四種整理本，即潘斌選編的《皮錫瑞儒學論集》本（四川大學出版社，二〇一〇年）、周春健的校注本（華夏出版社，二〇一一年）和本人主編的《皮錫瑞集》本（岳麓書社，二〇一二年）、《皮錫瑞全集》本（中華書局，二〇一五年）。此次新校，以思賢書局刻本爲底本，以《皮錫瑞全集》本爲工作本，參校湖南師範大學圖書館藏初稿本，從斷句標點、覆檢引文、比對異文、校正訛舛等方面，對《皮錫瑞全集》本中少數誤校、漏校作了糾補，並刪除個別過於繁瑣的校注。

點校工作的相關事項如下：

（一）凡「經」、「傳」、「記」等，若非確指某書某篇，不加書名號；凡「注」、「疏」、「正義」、「解詁」、「釋文」等，若非確指某書某篇，而指對某書某篇中字、詞、句的注解或説明，亦不加書名號。

（二）凡底本中訛、脱、衍、倒文字，確有把握者予以改正，出校説明依據。

（三）凡避諱字、版刻混用字，一律徑改，不出校記。

（四）凡皮錫瑞引述文字，全部覆檢原書，若有文字訛誤或文意歧異者，據原書改正，出校説明；屬節引、撮述大意及無礙文義的文字出入，則不作校改。

（五）皮錫瑞之孫皮名振所撰《皮鹿門先生傳略》，民國學者江瀚、吴承仕所作《經學通論》提要兩種，有助於今人瞭解皮錫瑞其人其學，作爲附録置於書末。

整理古籍決非易事，整理經學著述更難，校點帶有總結中國經學性質的皮氏《經學通論》難上加難。此次重作校理，難免仍有疏謬，恭請高明惠予指正。

丙申初冬再校
丁酉仲秋三校
戊戌季春四校
吴仰湘謹識於嶽麓書院

自序

經學不明，則孔子不尊。孔子不得位，無功業表見，晚定六經以教萬世，尊之者以爲萬世師表。自天子以至於士庶，莫不讀孔子之書，奉孔子之教。天子得之以治天下，士庶得之以治一身，有舍此而無以自立者。此孔子所以賢於堯、舜，爲生民所未有，其功皆在删定六經。孟子稱孔子作《春秋》，比禹與周公，爲天下一治，其明證矣。漢初諸儒，深識此義，以六經爲孔子所作，且謂孔子爲漢定道。太史公謂：「言六蓺者折衷於孔子，可謂至聖。」董仲舒奏武帝表章六經，抑黜百家，「諸不在六蓺之科、孔子之術者，勿使並進」。故其時上無異教，下無異學。君之詔旨，臣之章奏，無不先引經義。所用之士，必取經明行修。此漢代人才所以極盛而治法最近古，由明經術而實行孔教之效也。後漢以降，始有異議，不盡以經爲孔子作。《易》，則以爲文王作卦辭，周公作爻辭。《春秋》，則以凡例爲出周公。《周禮》、《儀禮》，皆以爲周公手定。《詩》、《書》二經，亦謂孔子無删定事。於是孔子無一書傳世，世之尊孔子，特名焉而已，不知所以爲萬世師表者安在！唐時乃尊周公爲先聖，降孔子爲先師，配享從祀，與漢《韓勑》、《史晨》諸碑所言大異，豈非經學不明、孔子不尊之過歟？近世異説滋多，非聖無法，至欲以祖龍之一炬，施之聖經。在廷儒臣上言尊孔，恭奉諭旨，升孔子爲大祀，尊崇盛典，遠軼百王。錫瑞竊以爲，尊孔必先明經。前編《經學歷史》以授生徒，猶恐語焉不詳，學者未能窺治經之門徑，更纂《經學通論》，以備參考。大旨以爲：一、當知經爲孔子所定，孔子以前不得有經；二、當知漢初去古未遠，以爲孔子作經說必有據；三、當知後漢古文說出，乃尊周公以抑孔子；四、當知晉、宋以下，專信古文《尚書》、《毛詩》、《周官》、《左傳》，而大義微言不彰；五、當知宋、元經學雖衰，而不信古文諸書，亦有特見；六、當知國朝經學復盛，乾嘉以後，治今文者尤能窺見聖經微旨。執此六義以治諸經，乃知孔子爲萬世師表之尊，正以其有萬世不易之經。經之大義微言，亦甚易明。治經者當先去其支離不足辨，及其瑣細無大關繫，而用漢人存大體、玩經文之法，勉爲漢時通經致用之才，斯不至以博而寡要與迂而無用疑經矣。錫瑞思殫炳燭之明，用捄燔經之禍，鑽仰既竭，不知所裁，尚冀達者諒其僭愚而匡所不逮，則幸甚！

光緒丁未，善化皮錫瑞自序。

易經

一、論變易、不易皆《易》之大義

治經者當先知此經之大義。以《易》而論，變易、不易皆大義所在，二者當並行不相悖。《周易正義·第一論易之三名》曰：「夫『易』者，變化之總名，改換之殊稱。自天地開闢，陰陽運行，寒暑迭來，日月更出，孚萌庶類，亭毒群品，新新不停，生生相續，莫非資變化之力、換代之功。然變化運行，在陰陽二氣。故聖人初畫八卦，設剛柔兩畫，象二氣也；布以三位，象三才也。謂之爲《易》，取變化之義。既義總變化，而獨以《易》爲名者，《易緯乾鑿度》云：『易一名而含三義，所謂易也，變易也，不易也。』又云：『易者，其德也。光明四通，簡易立節，天以爛明；日月星辰，布設張列；通精無門，藏神無穴；不煩不擾，澹泊不失。此其易也。變易者，其氣也。天地不變，不能通氣；五行迭終，四時更廢；君臣取象，變節相移；能消者息，必專者敗。此其變易也。不易者，其位也。天在上，地在下；君南面，臣北面；父坐，子伏。此其不易也。』鄭玄依此義，作《易贊》及《易論》云：『易一名而含三義：易簡，一也；變易，二也；不易，三也。』故《繫辭》云：『乾坤，其《易》之蘊簡則易從。」此言其易簡之法則也。又云：「爲道也屢遷，變動不居，周流六虚，上下無常，剛柔相易，不可爲典要，唯變所適。」此言順時變易、出入移動者也。又云：「天尊地卑，乾坤定矣；卑高以陳，貴賤位矣；動静有常，剛柔斷矣。」此言其張設布列不易者也。』」錫瑞案：孔穎達引證詳明。《乾鑿度》爲説《易》最古之書。鄭君兼通今、古文之學，其解「易」之名義，皆兼變易、不易之説。鄭引《易》尤切實，是「易」雖有窮變通久之義，亦有不易者在。斯義也，非獨《易》言之，群經亦多言之，而莫著於《禮記》。《大傳》曰：「改制度，易服色，殊徽號，異器械，别衣服。此其所得與民變革者也。其不可得變革者則有矣：尊尊也，親親也，長長也，男女有别。此其不可得與民變革者也。」變革即變易也，不可變革即不易也。董仲舒，漢初大儒，深得斯旨，其對策曰：「道之大原出於天。天不變，道亦不變。」又曰：「爲政而不行，甚者必變而更化之，乃可理也。」後人讀之，議其前後矛盾〔一〕。不知董子對策之意全在變法，以爲舜繼堯後，大治有道，故可無爲而治；漢繼秦後，大亂無道，而漢多襲秦舊，故謂當變更化。不變者，道也；當變者，法也。亦即《易》以變易爲義，而有不變者在也。今之學者，不知窮變通久之義，一聞變法，群起而爭。反其説者，又不知變易之中有不易者在，舉

〔一〕「議」，初稿本作「疑」。

天地、君臣、父子不可變者亦欲變之，又豈可爲訓乎！

二、論伏羲作《易》垂教，在正君臣、父子、夫婦之義

讀《易》者當先知伏羲爲何畫八卦，其畫八卦有何用處。《正義》曰：「作《易》所以垂教者，即《乾鑿度》云：『孔子曰：上古之時，人民無別，群物未殊，未有衣食器用之利。伏羲乃仰觀象於天，俯觀法於地，中觀萬物之宜，於是始作八卦，以通神明之德，以類萬物之情。故《易》者，所以繼天地、理人倫而明王道。是以畫八卦，建五氣，以立五常之行；象法乾坤，順陰陽，以正君臣、父子、夫婦之義。度時制宜，作爲網罟，以佃以漁，以贍民用。於是人民乃治，君親以尊，臣子以順，群生和洽，各安其性。』此其作《易》垂教之本意也。」又《坤靈圖》曰：「伏羲氏立九部，民易理。」《春秋緯文耀鉤》曰：「伏羲作《易》名官。」《禮緯含文嘉》曰：「虙者，別也。戲者，獻也，法也。伏羲始別八卦，以變化天下。天下法則咸伏貢獻，故曰伏羲也。」鄭君《六蓺論》曰：「虙羲作十言之教，曰乾、坤、震、巽、坎、離、艮、兑、消、息。無文字，謂之易，以厚君民之別。」鄭專以「厚君民之別」爲説，蓋本孔子云「君親以尊，臣子以順」之義。陸賈《新語·道基》篇亦云：「先聖仰觀天文，俯察地理，圖畫乾坤，以定人道。民始開悟，知有父子之親，君臣之義，夫婦之道，長幼之序。於是百官立，王道乃生。」《白虎通》暢其説云：「古之時，未有三綱六紀，民人但知其母，而不知其父，能覆前，不能覆後，

卧之詓詓，起之吁吁，飢即求食，飽即棄餘，茹毛飲血而衣皮葦。於是伏羲仰觀象於天，俯察法於地，因夫婦，正五行，始定人道，畫八卦，以治天下。」焦循謂「讀陸氏之言，乃恍然悟伏羲所以設卦之故」，更推闡其旨曰：「學《易》者，必先知伏羲未作八卦之前，是何世界？伏羲作八卦，重爲六十四，何以能治天下？神農、堯、舜、文王、周公、孔子，何奉此卦畫爲萬古修己治人之道？孔子删《書》始唐、虞，治法至唐、虞乃備也；贊《易》始伏羲，人道自伏羲始定也。有夫婦然後有父子，有父子然後有君臣。伏羲設卦觀象，定嫁娶以别男女，始有夫婦，有父子，有君臣。然則君臣自伏羲始定，故伏羲爲首出之君。前此無夫婦、父子，即無君臣。凡緯書所載天皇、地皇、人皇、九頭、五龍、攝提、合雒等紀，無容議矣。《莊子·繕性》篇云：『古之人在混茫之中，與一世而得淡漠焉。當是時也，陰陽和静，鬼神不擾，四時得節，萬物不傷，群生不夭，人雖有知，無所用之，此之謂至一。當是時也，莫之爲，常自然。逮德下衰，及燧人、伏戲始爲天下，是故順而不一。』按：莊子不知《易》道，不知伏羲之功者也。飲食男女，雖禽獸蟲豸生而即知。然牝牡無定偶，故有母而無父。自伏羲畫八卦而人道定，有夫婦乃有父子，有父子乃有君臣。孔子贊《易》，所以極稱伏羲之功也。人道不定，天下大亂，何以得『至一』？故無伏羲畫卦，則無夫婦，無父子，無君臣，而以爲『陰陽和静』，『萬物不傷』，真妄論矣。阮嗣宗《通易論》云：『《易》者何也？乃昔之玄真，往古之變經也。庖犧氏當天地一終，值人物憔悴，利用不存，法制夷昧，神明之德不通，萬物之情不類，於是始作八卦，引而伸之，觸類而長之，分陰陽，序剛柔，積山澤，連水火，雜而一之，變而通之，終於《未濟》，六十四卦，盡而不窮。』嗣宗亦莊生之流，而論《易》則稱伏羲之功，不拾漆園唾餘。然謂『利用不存，法制夷昧』，似謂上古本有法制、利用，至伏羲時晦亂，而伏羲氏復之，則無稽耳。」錫瑞案：焦氏發明伏羲畫卦之功尤暢。畫卦之功，首在厚君民之別，故曰：「上天下澤，履。君子以辨上下，定民志。」而地天爲《泰》，天地爲《否》，似與此義相反。蓋《泰》之得在天地交，《否》之失在天地不交，《履》以位言，《泰》、《否》以情言，所謂言豈一端而已。後世尊卑闊絶，而上下之情疏；禮節繁多，而君臣之義薄。四語本蘇子瞻。昧者欲矯其弊，遂議盡去上下之分，豈知作《易》垂教，所以理人倫而明王道之義乎！

三、論重卦之人當從史遷、揚雄、班固、王充，以爲文王

《易》爲群經之首，讀《易》當先知作《易》之人。欲知作卦、爻辭爲何人，又必先知重卦爲何人。《周易正義·第二論重卦之人》曰：「重卦之人，諸儒不同，凡有四說：王輔嗣等以爲伏犧重卦，鄭玄之徒以爲神農重卦，孫盛以爲夏禹重卦，史遷等以爲文王重卦。其言夏禹及文王重卦者，案《繫辭》，神農之時已有蓋取《益》與《噬嗑》，以此論之，不攻自破。其言神農重卦，亦未爲得，今以諸文驗之。案《說卦》云：『昔者聖人之作《易》也，幽贊於神明而生蓍。』凡言『作』者，『創造』之謂也。神

農以後便是『述修』，不可謂之『作』也，則幽贊用蓍謂伏犧矣。」錫瑞案：解經以最初之説爲主。《史記・儒林傳》曰：「自魯商瞿受《易》孔子，傳六世至齊人田何，字子莊，而漢興。田何傳東武人王同子仲，子仲傳菑川人楊何。言《易》者，本於楊何之家。」是楊何上距商瞿凡八傳。漢初言《易》皆主楊何，太史公父談亦受《易》於楊何，史公言《易》必用楊何之説。《周本紀》曰：「西伯蓋即位五十年，其囚羑里，蓋益《易》之八卦爲六十四卦。」《日者傳》曰：「自伏犧作八卦，周文王演三百八十四爻而天下治。」《正義》謂史遷「以爲文王重卦」，其説甚明。且非獨史遷之説爲然也。揚子《法言・問神》篇曰：「《易》始八卦，而文王六十四，其益可知也。」《問明》篇曰：「文王淵懿也。重《易》六爻，不亦淵乎？」《漢書・藝文志》曰：「至於殷、周之際，紂在上位，逆天暴物。文王以諸侯順命而行道，天人之占可得而效，於是重《易》六爻。」《論衡・對作》篇曰：「《易》言伏犧作八卦。前是未有八卦，伏犧造之，故曰作也。文王圖八，自演爲六十四，故曰衍〔一〕。」《正説》篇曰：「伏犧得八卦，非作之。文王得成六十四，非演也。」是以爲文王重卦者，非獨史遷，更有揚雄、班固、王充，故《正義》以爲「史遷等」。揚雄，西漢末人，班固、王充，東漢初人，皆與史遷説同。鄭玄，東漢末人，已在諸人之後，其説以爲神農重卦，蓋以取《益》、《噬嗑》爲據，謂伏犧取諸《離》在八卦之内，神農取《益》、

〔一〕「衍」，原誤作「演」，據《論衡・對作》改。

《噬嗑》在六十四卦之内也。孔《疏》亦以神農之時已有蓋取《益》與《噬嗑》，爲伏犧重卦之證。案：此説亦太泥。《朱子語類》曰：「十三卦所謂『蓋取諸《離》』、『蓋取諸《益》』者，言結繩而爲網罟，有《離》之象，非觀《離》而始有此也。」又云：「不是先有見乎《離》而後爲網罟，先有見乎《益》而後爲耒耜。聖人亦只是見魚鱉之屬，欲有以取之，遂做一箇物事去攔截他；欲得耕種，見地土硬，遂做一箇物事去剔起他，卻合於《離》之象，合於《益》之意。」沈寓山《寓簡》曰：「《大傳》言『蓋取諸《益》』、『取諸《睽》』，凡一十三卦。蓋聖人謂耒耜得《益》、弧矢得《睽》耳，非謂先有卦名，乃作某器也。」陳澧曰：「案：《繫辭》所言『取諸』者，與《考工記·輪人》『取諸圜也』、『取諸易直也』、『取諸急也』文義正同。輪人意取諸圜，非因見圜物而取之也；意取易直與急，非因見易直與急之物而取之也。」此三説皆極通，可無疑於神農時已有《益》與《噬嗑》，而不得云文王重卦矣。後人猶有疑者，皆疑所不當疑。羅泌《路史·餘論》曰：「世以爲文王重卦，因揚雄之説而謬之也。『滿招損，謙受益。』謙與損益，益稷之言，不自後世。佃漁之《離》，謂之小成可也；耒耜之《益》與交易之《噬嗑》，豈小成哉！然則不自文王重卦，可識矣。」顧炎武《日知録》曰：「考襄公九年穆姜遷於東宮，筮之，遇《艮》之《隨》。姜曰：『是於《周易》曰：《隨》，元亨，利貞，無咎。』獨言『是於《周易》』，則知夏、商皆有此卦，而重八卦爲六十四卦者，不始於文王也。」錫瑞案：羅氏不知「滿招損，謙受益」出僞古文《大禹謨》，不足據。《益》與《噬嗑》言「取諸」者，朱子辨之已明。顧氏不知《左氏》雜取占書，唐啖助已言不可盡信。占筮書多傅會。穆姜説「元亨，利貞」之義，全同孔子《文言》，以爲暗合，未必穆姜之學與聖人同；以爲孔子作《文言》勦襲穆姜之説，尤無是理。疑占書取孔子《文言》，傅之穆姜，而《左氏》載之，不當反據其文，疑重卦不始文王也。丁晏《孝經徵文》云：「丘明博聞，多采孔門精語綴集成文，而後儒反疑聖經勦取《左氏》〔一〕，必不然矣。」據丁氏説，可爲《左氏傳》引聖經之證。焦循亦云：「左氏生孔子贊《易》之後，剌取《易》義，以飾爲周史之言。」

四、論《連山》、《歸藏》

《周易正義·第三論三代〈易〉名》曰：「案《周禮·太卜》三《易》，云『一曰《連山》，二曰《歸藏》，三曰《周易》』。杜子春云：『《連山》，伏羲。《歸藏》，黄帝。』鄭玄《易贊》及《易論》云：『夏曰《連山》，殷曰《歸藏》，周曰《周易》。』鄭玄又釋云：『連山者，象山之出雲連連不絶。歸藏者，萬物莫不歸藏於其中。周易者，言易道周普，無所不備。』鄭玄雖有此釋，更無所據之文。先儒因此遂爲文質之義，皆煩而無用，今所不取。案《世譜》等群書，神農一曰連山氏，亦曰列山氏，黄帝一曰歸藏氏。既『連山』、『歸藏』並是代號，則《周易》稱周，取岐陽地名，《毛詩》云『周原膴膴』是也。又文王

〔一〕「經」，原脱，據丁晏《孝經徵文自序》補。

作《易》之時，正在羑里，周德未興，猶是殷世也，故題『周』别於殷。以此文王所演，故謂之《周易》，其猶《周書》、《周禮》，題『周』以别餘代，故《易緯》云『因代以題周』是也。先儒又兼取鄭説，云既指周代之名，亦是普徧之義，雖欲無所遐棄，亦恐未可盡通。其《易》題『周』，因代以稱周，是先儒更不别解。唯皇甫謐云：『文王在羑里演六十四卦，著七八九六之爻，謂之《周易》。』以此文王安『周』字，其《繫辭》之文，《連山》、《歸藏》無以言也。」《周禮・太卜》疏：「趙商問：『今當從此説以不〔一〕？敢問杜子春何由知之？』答云：『此數者非無明文，改之無據，故著子春説而已。近師皆以爲夏、殷、周。』鄭既爲此説，故《易贊》云『夏曰《連山》，殷曰《歸藏》』，又注《禮運》云：『其書存者有《歸藏》。』如是玉兆爲夏、瓦兆爲殷可知，是皆從近師之説也。按：今《歸藏・坤・開筮》『帝堯降二女爲舜妃』，又見《節》卦云『殷王其國常毋谷』。若然，依子春之説『《歸藏》，黄帝』，得有帝堯及殷王之事者，蓋子春之意，宓戲、黄帝造其名，夏、殷因其名以作《易》。故鄭云『改之無據』。是以皇甫謐《記》亦云：『夏人因炎帝，曰《連山》。殷人因黄帝，曰《歸藏》。』雖『炎帝』與子春『黄帝』不同，是亦相因之義也。云『名曰連山，似山出内氣也』者〔二〕，此《連山易》其卦以純《艮》爲首，《艮》爲山，山

〔一〕「説」，原誤作「問」，據《周禮注疏》改。

〔二〕「出内」，原倒，據《周禮注疏》乙正。

上山下，是名『連山』，雲氣出内於山，故名《易》爲《連山》。『歸藏者，萬物莫不歸而藏於其中』者，此《歸藏易》以純《坤》爲首，《坤》爲地，故萬物莫不歸而藏於中，故名爲《歸藏》也。鄭雖不解『周易』，其名《周易》者，《連山》、《歸藏》皆不言地號，以義名《易》，則『周』非地號。以《周易》以純《乾》爲首，《乾》爲天，天能周帀於四時，故名《易》爲『周』也。」錫瑞案：孔、賈二疏不同。孔不從鄭，以爲代號。賈從鄭，以爲以義名。當以鄭説義名爲是。「連山」、「歸藏」若是代號，不應夏、殷襲伏羲、黄帝之舊。且《連山》、《歸藏》不名「易」，若是代號，必下加「易」字乃可通。故鄭皆以義名，與《連山》首《艮》、《歸藏》首《坤》正合。鄭以「周易」爲「周普」，亦以義名，蓋本《繫辭傳》「《易》之爲書也，周流六虚」。孔疏以爲無據，非也。桓譚《新論》曰「《連山》八萬言，《歸藏》四千三百言」，不應夏《易》數倍於殷，疑皆出於依託。《連山》，劉炫僞作，《北史》明言之。《歸藏》雖出隋、唐以前，亦非可信爲古書。删定六經，始於孔子。孔子以前，《周易》與《連山》、《歸藏》並稱，猶魯之《春秋》與晉之《乘》、楚之《檮杌》並稱也。《周易》得孔子贊之而傳爲經，《連山》、《歸藏》不得孔子贊之而遂亡，猶魯之《春秋》得孔子修之而傳爲經，晉《乘》、楚《檮杌》不得孔子修之而遂亡也。孔子所不贊修者，學者可不措意，況是僞書，何足辨乎！《連山》、《歸藏》之辭，絶不見於古書稱引，蓋止有占法而無文辭。故《周易》當孔子未贊之前，疑亦止有占法而無文辭也。

五、論卦辭文王作、爻辭周公作皆無明據，當爲孔子所作

《周易正義·第四論卦辭爻辭誰作》曰：「其《周易》繫辭，凡有二説。一説所以卦辭、爻辭並是文王所作，知者，案《繫辭》云：『《易》之興也，其於中古乎？作《易》者，其有憂患乎？』又曰：『《易》之興也，其當殷之末世、周之盛德耶？當文王與紂之事耶？』又《乾鑿度》云：『垂皇策者犧，卦道演德者文，成命者孔。』《通卦驗》又云：『蒼牙通靈昌之成，孔演命，明道經。』準此諸文，伏犧制卦，文王繫辭，孔子作《十翼》。『《易》歷三聖』，只謂此也。故史遷云『文王囚而演《易》』，即是『作《易》者，其有憂患乎』。鄭學之徒並依此説也。二以爲驗爻辭，多是文王後事。案《升》卦六四：『王用亨于岐山。』武王克殷之後，始追號文王爲王，若爻辭是文王所制，不應云『王用亨于岐山』。又《明夷》六五：『箕子之明夷。』武王觀兵之後，箕子始被囚奴，文王不宜預言箕子之明夷。又《既濟》九五：『東鄰殺牛不如西鄰之禴祭。』説者皆云『西鄰』謂文王，『東鄰』謂紂。文王之時，紂尚南面，豈容自言己德，受福勝殷，又欲抗君之國，遂言東西相鄰而已？又《左傳》韓宣子適魯見《易·象》，云『吾乃知周公之德』。周公被流言之謗，亦得爲憂患也。驗此諸説，以爲卦辭文王，爻辭周公。馬融、陸績等並同此説，今依而用之。所以只言三聖、不數周公者，以父統子業故也。」《左傳正義》曰：「《易·繫辭》云：『《易》之興也，其當殷之末世、周之盛德耶？當文王與紂之事耶？』鄭

玄云：『據此言，以《易》是文王所作，斷可知矣。』且史傳、讖緯皆言文王演《易》，演謂爲其辭以演説之，《易經》必是文王作也。但《易》之爻辭有『箕子之明夷，利貞』。又云『王用亨于岐山』，又云『東鄰殺牛不如西鄰之禴祭，實受其福』，二者之意，皆斥文王。若是文王作經，無容自伐其德。故先代大儒鄭衆、賈逵，或以爲卦下之彖辭，文王所作；爻下之象辭，周公所作。雖復紛競大久，無能決當是非。」錫瑞案：據孔疏之説，文王作卦、爻辭，及文王作卦辭、周公作爻辭，皆無明文可據，是非亦莫能決。今據西漢古義以斷，則二説皆非是。以卦辭爲文王作者，但據《繫辭傳》「《易》之興也，其于中古乎」下有「是故《履》，德之基也」云云，「當文王與紂之事耶？是故其辭危」云云，遂以爲文王作卦辭。實則「《履》，德之基也」云云共引九卦，正是文王重卦之證，則「其辭」云云當即六十四卦，非必別有卦辭。伏羲在未制文字之先，八卦止有點畫；文王在制文字之後，六十四卦必有文字。有文字即是辭，不必作卦辭而後爲辭也。孔疏云「史傳、讖緯皆言文王演《易》」，今考之史傳，《史記》但云「文王演三百八十四爻」，不云作卦、爻辭；讖緯云「卦道演德者文」，則「演《易》」即演三百八十四爻之謂，不必爲辭演説乃爲「演」也。其云周公作爻辭者，但以「箕子」、「岐山」、「東鄰」等文不當屬文王説。惠棟《周易述》用趙賓説而小變之，以「箕子」爲「其子」，又據《禹貢》冀州「治梁及岐」、《爾雅》「梁山，晉望也」，因謂岐山亦冀州之望，夏都冀州，「王用亨于岐山」者爲夏王。惠氏疏通爻辭，可以解鄭、賈諸人之疑矣。然以爻辭爲文王作，止是鄭學之義；以爻辭爲周公作，亦始於鄭衆、賈逵、馬融諸人，乃東漢古文家異説。若西漢今文家説，皆不如是。史遷、揚雄、班固、王充但云文王重卦，未嘗云作卦辭、爻辭，當以卦、爻之辭並屬孔子所作。蓋卦、爻分畫於羲、文，而卦、爻之辭皆出於孔子。如此，則與「《易》歷三聖」之文不背。「箕子」、「岐山」、「東鄰」、「西鄰」之類，自孔子言之亦無妨。若以爲文王作爻辭，既疑不應豫言，以爲周公作爻辭，又與「《易》歷三聖」不合。孔疏以爲父統子業，殊屬强辭。韓宣適魯，單文孤證，未可依據，韓宣亦未明説周公作爻辭也。或疑《左氏傳》引筮辭多在孔子之前，不得以卦辭、爻辭爲始於孔子。案：占書傅會，前已言之。《困學紀聞》曰：「『八世之後，莫之與京』，其田氏篡齊之後之言乎？『公侯子孫，必復其始』，其三卿分晉之後之言乎？皆非《左氏》之舊也。」姚鼐以爲「畢萬筮仕於晉」一條，吴起增竄以媚魏者。然則懿氏卜妻敬仲，云「有嬀之後，將育于姜」，亦陳氏得政之後人所增竄。若是當時實事，未必齊人不忌敬仲而更任用之。晉獻公筮嫁伯姬于秦，有「爲嬴敗姬，姪其從姑，死于高梁」之占。叔孫穆子之生，有「以讒人入，其名曰牛，卒以餒死」之占。應驗如神，疑皆傅會。若是當時實事，獻公未必嫁女于秦，穆子未必用豎牛爲政。《左氏傳》此等處皆不可據。《説苑》泄冶引《易》曰「君子居其室」至「可不慎乎」，泄冶在孔子前，不應引《繫辭》，此等明是後人攙入。《左氏》引《易》，亦猶是也。

六、論《易》至孔子始著，於是學士大夫尊信其書

《王制》：「樂正崇四術，立四教，順先王《詩》、《書》、《禮》、《樂》以造士。春秋教以《禮》、《樂》，冬夏教以《詩》、《書》。」《文獻通考》應氏曰：「《易》雖用於卜筮，而精微之理，非初學所可語。《春秋》雖公其記載，而策書亦非民庶所得盡窺。故《易·象》、《春秋》，韓宣子適魯始得見之。則諸國之教，未必盡備六者。」錫瑞案：此亦卦辭、爻辭不出於文王、周公之一證。若卦、爻之辭爲文王、周公作，則當如後世欽定、御纂之書，頒之學官以教士子矣。而當時造士，止有《禮》、《樂》、《詩》、《書》，則以《易》但有卦、爻而無文辭，故不可與《禮》、《樂》、《詩》、《書》並立爲教，當時但以爲卜筮之書而已。至孔子闡明其義理，推合於人事，於是《易》道乃著。《史記·孔子世家》曰：「孔子晚而喜《易》，序《彖》，繫《象》、《説卦》、《文言》。讀《易》，韋編三絶。曰：『假我數年，若是我於《易》則彬彬矣。』孔子以《詩》、《書》、《禮》、《樂》教，弟子蓋三千焉，身通六藝者七十有二人。」蓋《易》與《春秋》，孔門惟高才弟子乃能傳之。於是學士大夫尊信其説，或論作《易》之大旨，或説學《易》之大用，或援《易》以明理，或引《易》以決事，而其教遂大明。如《荀子·大略》篇曰：「善爲《易》者不占。」此以當時之用《易》者專爲占卜，不知天地消長、人事得失，無不可以《易》理推測，故云善《易》不占，以挽其失。又曰：「《易》之《咸》，見夫婦之道，不可不正也，君臣、父子之本也。咸，感也，以

高下下，以男下女，柔上而剛下。聘士之義，親迎之道，重始也。」此本《象傳》、《序卦》之旨而引申之。《非相》篇曰：「好其實，不恤其文，是以終身不免埤污庸俗。故《易》曰：『括囊，無咎無譽。』腐儒之謂也。」此爲當日石隱者流，如沮、溺、丈人匿跡銷聲，介之推所謂「身將隱，焉用文之」，究非中道。《大略》篇又曰：「『復自道，何其咎？』以爲能變也。」《呂覽・務本》篇引而申之曰：「以言本無異，則動卒有喜。」《荀子》言變，《呂覽》言動，皆取《復》卦剛反之義。《呂覽・應同》篇曰：「平地注水，水流溼；均薪施火，火就燥。」闡發經義，簡明不支。《慎大覽》篇引《易》「愬愬，履虎尾，終吉」，可證今本之誤。《召類》篇引史默説「渙群」之義曰：「渙者，賢也。群者，衆也。元者，吉之始也。『渙其群，元吉』者，其佐多賢也。」可證注、疏以「渙」爲「渙散」之非。「元吉」與「大吉」異，「元吉」以德言，「大吉」以時言。《彖》曰〔一〕：「大哉乾元，萬物資始。」《文言》曰：「『乾元』者，始而亨者也。」故曰「元吉者，吉之始」，亦可證舊解「元吉」爲「大吉」之失。周末諸子引《易》，具有精義如此。《史記》載蔡澤言「亢龍」之義「上而不能下，信而不能詘〔二〕，往而不能自返」，《國策》載春申君言「狐濡其尾」之義「始之易，終之難」，皆引《易》文以決時事。其説之精，亦可以補周末諸子之遺也。

〔一〕「彖」，原誤作「象」，據《周易正義・上經乾傳》改。

〔二〕「詘」，原誤作「決」，據《史記・蔡澤列傳》改。

七、論卦辭、爻辭即是繫辭，《十翼》之説於古無徵

以卦辭、爻辭爲孔子作，疑無明文可據，然亦非盡無據也。古以「繫辭」即爲卦辭、爻辭，漢儒説皆如是，而今之《繫辭》上、下篇，古以爲「繫辭傳」。《釋文》王肅本有「傳」字，蓋古本皆如是。宋吴仁傑《古周易》以爻爲繫辭。今考《繫辭》有云：「聖人設卦觀象，繫辭焉以明吉凶。」又云：「聖人有以見天下之動而觀其會通〔一〕，以行其典禮，繫辭焉以斷其吉凶，是故謂之爻。」又云：「繫辭焉而命之，動在其中矣。」又云：「繫辭焉以盡其言。」據此諸文，明是指卦、爻辭謂之「繫辭」。若謂《繫辭》中四處所云「繫辭」即是今之《繫辭》，孔子不應屢自稱其所著之書，又自言其作辭之義，且不應自稱聖人。蓋「繫辭」即卦辭、爻辭，乃孔子所作。今之《繫辭》乃繫辭之傳，孔子弟子所作。《繫辭》中明有「子曰」，必非出自孔子手筆。《史記・自序》引《繫辭》之文爲《易大傳》，是其明證。凡孔子所作謂之經，弟子所作謂之傳。所云「聖人繫辭焉以斷其吉凶」，乃孔子弟子作傳，稱孔子爲聖人，非孔子作「繫辭」而稱文王、周公爲聖人也。鄭樵《六經奥論》曰：「《易大傳》言『繫辭』者五，皆指爻辭曰繫辭。如《上繫》曰『繫辭焉而明吉凶』，『繫辭以斷其吉凶』有二，曰『繫辭焉而命之』。

〔一〕「動」，原誤作「物」，據《周易正義・繫辭上》改。

孔子專指爻辭以爲繫辭。今之《繫辭》，乃孔門七十二子傳《易》，於夫子之言，爲《大傳》之文，則《繫辭》者，其古傳《易》之《大傳》歟？」鄭樵以《繫辭傳》爲《易大傳》，正本《史記》。孔《疏》云：「經，文王、周公所作。傳，孔子所作。」不知孔子以前不得有經。《漢書·儒林傳》云「孔子晚而好《易》，讀之韋編三絶，而爲之傳」，則已誤以孔子所作爲傳，與《史記》之説大異矣。歐陽修不信祥異，以《繫辭》云「河出圖[一]，洛出書，聖人則之」爲非孔子之言[二]。不知《繫辭傳》本非孔子之言，乃孔子弟子所作，以解釋孔子之言者也。《史記·孔子世家》云：「孔子晚而喜《易》，序《彖》、繫《象》、《説卦》、《文言》。」史公既以今之《繫辭》爲《易大傳》，則不以爲孔子所作；《世家》所謂，亦必指卦辭、爻辭而言。繫者，屬也。繫辭，猶云屬辭。據《史記》云伏戲畫八卦，文王重卦爲六十四，分爲三百八十四爻，而無其辭，至孔子乃屬辭以綴其下，故謂之繫。此其有明文可據而不必疑者也。

惟《孔子世家》引《説卦》，頗疑有誤。《論衡·正説》篇曰：「至孝宣皇帝之時，河内女子發老屋，得逸《易》、《禮》、《尚書》各一篇，奏之。宣帝下示博士[三]，然後《易》、《禮》、《尚書》各益一篇。」所説《易》益一篇，蓋《説卦》也。《隋書·經籍志》曰：「及秦焚書，《周易》獨以卜筮得存，唯失《説卦》三

〔一〕「出」，原誤作「作」，據《周易正義·繫辭上》改。

〔二〕「則」，原誤作「作」，據《周易正義·繫辭上》改。

〔三〕「宣」，原誤作「皇」，據《論衡·正説》改。

篇。後河内女子得之。」所謂三篇，蓋兼《序卦》、《雜卦》在内。據王充説，《説卦》至宣帝時始出，非史公所得見，故疑《世家》「説卦」二字爲後人攙入者。《説卦》論八卦方位，與《卦氣圖》合，疑焦、京之徒所爲。程迥《古易考》十二篇闕《序》《雜卦》，以爲非聖人之言。李邦直、朱新仲、傅選卿皆疑《序卦》〔一〕，近儒朱彝尊亦然。戴震云：「昔儒相傳《説卦》三篇與今文《大誓》同後出。《説卦》分之爲《序卦》、《雜卦》，故三篇，詞指不類孔子之言。或經師所記孔門餘論，或别有所傳述，博士集而讀之，遂一歸孔子，謂之《十翼》矣。」據此，則古今人皆疑《説卦》三篇，而《十翼》之説於古無徵。《漢書·蓺文志》：「《易經》十二篇。」又曰：「孔氏爲之《彖》、《象》、《繫辭》、《文言》、《序卦》之屬十篇。」是已分爲十篇，尚不名爲《十翼》。孔疏以爲鄭學之徒並同此説，是《十翼》出東漢以後，未可信據。歐陽修謂：「《十翼》之説，不知起於何人。自秦、漢以來，大儒君子不論。」後人以爲歐陽不應疑經，然《十翼》之説，實不知起於何人也。

八、論孔子作卦辭、爻辭，又作《彖》、《象》、《文言》，是自作而自解

或疑卦辭、爻辭爲孔子作，《彖》、《象》、《文言》又孔子作，夫《彖》、《象》、《文言》所以解卦辭、爻

〔一〕按，據朱彝尊《曝書亭集》卷四十二《王氏大易輯説跋》及《經義考》卷四按語，「傅選卿」當作「王巽卿」。

辭也，是豈孔子自作之而自解之歟？ 曰：孔子正是自作之而自解之也。聖人作《易》，幽贊神明，廣大精微，人不易喻。孔子恐人之不能盡喻也，既作卦辭，又自作《彖》以解卦辭；既作爻辭，又自作《象》以解爻辭；《乾》、《坤》爲《易》之門，居各卦之首，又特作《文言》以釋之。所謂「言之不足，故長言之」，所以開愚蒙、導後學也。若疑自作自解無此文體，獨不觀揚雄之《太玄》乎？《太玄》，準《易》而作者也。《漢書·揚雄傳》曰：「爲其泰曼漶而不可知〔一〕，故有《首》、《衝》、《錯》、《測》、《攡》、《瑩》、《數》、《文》、《掜》、《圖》、《告》十一篇，皆以解剥《玄》體，離散其文，章句尚不存焉。」據此，是雄作《太玄》，恐人以爲曼漶不可知，自作十一篇解散其文，以示後人。正猶孔子作《易》，有卦辭、爻辭，恐人不知，自作《彖》、《象》、《文言》，以示後人也。司馬光《説玄》曰：「《易》有《彖》，《玄》有《首》。《彖》者，卦辭也。《首》者，亦統論一首之義。《易》有爻，《玄》有贊。《易》有《象》，《玄》有《測》。《測》所以解贊也。《易》有《文言》，《玄》有《文》。《文》解五德并《中》首九贊，《文言》之類也。」據此，則《太玄》準《易》，《玄》之贊即《易》之爻。若謂自作不當自解，則揚子即作贊矣，何必又有《測》以解贊，復有《文》以解贊乎？當時客有難《玄》太深，雄解之，號曰《解難》，其辭曰：「是以宓犧氏之作《易》也，緜絡天地，經以八卦，文王附六爻，孔子錯其象而彖其辭，然後發天地之藏，定萬物之基。」揚子但

〔一〕「知」下，原衍「奂」，據《漢書·揚雄傳》删。

以文王爲附六爻，與《法言》所説同。文王但重卦而無辭，則卦、爻辭必孔子作。雄以孔子作卦、爻辭，又作《彖》、《象》、《文言》而自解之，故準《易》作《太玄》，亦作《首》贊以法卦、爻辭，又作《測》與《文》而自解之。揚雄《太玄》自作自解，人未有疑之者，獨疑孔子不應自作自解，是知二五而不知十也。高貴鄉公以下，多疑《彖》、《象》不當合經。不知《彖》、《象》與卦、爻辭皆孔子一人所作，既皆孔子所作，則皆當稱爲經，並無經、傳之分，惟《繫辭傳》當稱傳耳。《彖》、《象》合卦、爻辭，與不合卦、爻辭，似可無庸争辨。《太玄》舊本分《玄》之贊辭爲三卷，一方爲上，二方爲中，三方爲下，次列《首》、《衝》、《錯》、《測》、《攡》、《瑩》、《數》、《文》、《掜》、《圖》、《告》，凡十一篇。范望散《首》、《測》於贊辭之間，王涯因之。宋惟幹依《易》之序，以《玄首》準卦辭，《測》準《小象》，《文》準《文言》，《攡》、《瑩》、《掜》、《圖》準《繫辭》，《告》、《數》準《説卦》，《衝》準《序卦》，《錯》準《雜卦》，吴祕因之。司馬光從范本。諸人紛紛改訂，正與改訂《易》文相似。其實一人所作，次序先後可以不拘。阮孝緒稱：「《太玄》經九卷，雄自作《章句》。」是雄且作《章句》以自解其《太玄》矣，尚何疑於自作自解之不可乎？章學誠《文史通義》以著書自注爲最善，謂本班固《漢書》。不知揚雄又在班固之前，孔子更在前也。

九、論傳經之人惟《易》最詳，經義之亡惟《易》最早

孔子删定六經，傳授之人，惟《易》最詳，而所傳之義，惟《易》之亡最早。《史記・仲尼弟子列傳》曰：「孔子傳《易》於商瞿，瞿傳楚人馯臂子弘，弘傳江東人矯子庸疵，疵傳燕人周子家豎，豎傳淳于人光子乘羽，羽傳齊人田子莊何，何傳東武人王子中同，同傳菑川人楊何。何元朔中以治《易》，爲漢中大夫。」《漢書・儒林傳》曰：「自魯商瞿子木受《易》孔子，以授魯橋庇子庸。子庸授江東馯臂子弓。子弓授燕周醜子家。子家授東武孫虞子乘。子乘授齊田何子裝。田何授東武王同子中、雒陽周王孫、丁寬、齊服生。同授淄川楊何字叔元。寬授同郡碭田王孫。王孫授施讎、孟喜、梁丘賀，繇是《易》有施、孟、梁丘之學。」《史》、《漢》載商瞿以下傳授名字，子弘即子弓，矯疵即橋庇，周醜即周豎，光羽即孫虞。《史記》以爲子弘傳子庸，《漢書》以爲子庸傳子弓，各有所據，而小異大同。孔門傳《易》之源流，在漢固甚明也。《史記》止於楊何，距商瞿八傳。《漢書》下及施、孟、梁丘，距商瞿九傳。《史記・儒林傳》云：「言《詩》，於魯則申培公，於齊則轅固生，於燕則韓太傳。言《尚書》，自濟南伏生。言《禮》，自魯高堂生。言《易》，自菑川田生。言《春秋》，於齊、魯自胡毋生，於趙自董仲舒。」是皆言漢初傳經諸人，而申公、轅固、韓嬰、伏生、高堂生等，皆不言其所授，蓋史公已不能明。惟於《易》云：「自魯商瞿受《易》孔子，孔子卒，商瞿傳《易》，六世至齊人田何

字子莊，而漢興。田何傳東武人王同子仲，子仲傳菑川人楊何。」史公父談受《易》於楊何，故於《易》之授受獨詳。史公能詳《易》家授受之人，豈不能知《易經》作卦、爻辭之人？而《周本紀》但云文王重卦，《魯世家》不云周公作爻辭，則文王、周公無作卦、爻辭之事。《孔子世家》云「序《彖》、繫《象》」，即卦、爻辭在其中矣。《史記》不及丁寬。《漢書》以爲寬授田王孫，王孫授施、孟、梁丘；又云：「至成帝時，劉向校書，考《易》說，以爲諸《易》家說皆祖田何、楊叔、丁將軍，大誼略同，唯京氏爲異黨。焦延壽獨得隱士之說，託之孟氏，不相與同。」據《漢書》，則田何、丁寬、楊何之學本屬一家，傳之施、孟、梁丘，爲《易》之正傳；焦、京之學明陰陽、術數，爲《易》之別傳。乃至於今，不特王同、周王孫、丁寬、服生之《易傳》數篇無一字存，即施、孟、梁丘，漢立博士，授生徒以千萬計，今其書亦無有存者，轉不如伏生《尚書》，齊、魯、韓《詩》，猶可稍窺大旨，豈非事理之可怪而經學之大可惜者乎？後惟虞翻注《易》，自謂五世傳《孟氏易》。其注見李鼎祚《集解》稍詳，近儒張惠言爲之發明。此則孟氏之學支與流裔猶有存者，而漢儒《易》學幸得存什一於千百也。

一〇、論漢初說《易》皆主義理、切人事，不言陰陽、術數

西漢《易》學之書雖亡，而其說猶有可考者。如《淮南子·繆稱訓》曰：「故君子懼失仁義，小人懼失利。觀其所懼，知各殊矣。《易》曰：『即鹿無虞，惟入於林中。君子幾，不如舍，往吝。』」又

曰：「小人在上，如寢關暴纊，不得須臾安。故《易》曰：『乘馬班如，泣血漣如。』言小人處非其位，不可長也。」又曰：「故至德者言同略，事同指，上下一心，無歧道旁見者，遏障之於邪，開道之於善，而民鄉方矣。故《易》曰：『同人於野，利涉大川。』」《齊俗訓》曰：「故《易》曰：『履霜，堅冰至。』聖人之見終始微言。」《氾論訓》曰：「自古及今，五帝三王，未有能全其行者也。故《易》曰：『小過〔一〕：亨，利貞。』言人莫不有過〔二〕，而不欲其大也。」《人間訓》曰：「今霜降而樹穀，冰泮而求穫，欲其食，則難矣。故《易》曰『潛龍勿用』者，言時之不可以行也。故『君子終日乾乾，夕惕若厲，無咎』。『終日乾乾』，以陽動也；『夕惕若厲』，以陰息也。因日以動，因夜以息，惟有道者能行之。」《泰族訓》曰：「《易》曰『豐其屋，蔀其家，窺其户，闃其無人』者〔三〕，非無衆庶也，言無聖人以統理之也。」賈誼《新書・容經》曰：「亢龍往而不返，故《易》曰『有悔』。悔者，凶也。潛龍入而不能出，故曰『勿用』。勿用者，不可也。龍之神也，其爲蜚龍乎？」《春秋》篇曰：「故愛出者愛反，福往者福來。《易》曰：『鳴鶴在陰，其子和之。』其此之謂乎！」董子《繁露・基義》篇曰：「《易》言履霜堅冰，蓋言遜也。」《精華》篇曰：「其在《易》，曰：『鼎折足，覆公餗。』夫鼎折足者，任非其人也；覆公餗者，國家傾也。」劉

〔一〕「過」，原誤作「道」，據《淮南子・氾論訓》及《周易正義・小過》改。

〔二〕「過」，原誤作「道」，據《淮南子・氾論訓》改。

〔三〕「闃」，原誤作「闐」，據《周易正義・豐》改。

向《説苑》："『无咎，有言不信。』聖人所與人難言信也。"又引孔子曰："困之爲道，猶寒之及煖，煖之及寒也。惟賢者獨知而難言之也。《易》曰：『困：亨，貞，大人吉。』"《法誡》篇曰〔一〕："孔子讀《易》，至於《損》、《益》，則喟然而歎。子夏避席而問曰：『夫子何爲歎？』孔子曰：『自損者益，自益者缺。吾是以歎也。』子夏曰：『然則學者不可以益乎？』孔子曰：『否。夫道成者，未嘗得久也。夫學者以虚受之，故曰得。』"又曰："謙也者，致恭以存其位者也。夫豐明而動，故能大。苟大，則虧矣。吾戒之。"《奉使》篇曰："趙簡子將襲衛，使史黯往視之。黯曰：『「涣其群，元吉。」涣者，賢也。群者，衆也。元者，吉之始也。「涣其群，元吉」者，其佐多賢矣。』"《指武》篇曰："《易》曰：不威小，不懲大。此小人之福也。"《列女傳·鄒孟母》曰："《易》曰：『在中饋，无攸遂。』以言婦人無擅制之義，而有三從之道也。"《劉向傳》稱〔二〕："《易》有《鼎》卦。鼎，宗廟之器。主器奉宗廟者，長子也。野鳥自外來，入爲宗廟器主，是繼嗣將易也。一曰：鼎三足，三公象，而以耳行。野鳥居鼎耳，小人將居公位，敗宗廟之祀。野木生朝，野鳥入廟，敗亡之異也。"又曰："於《易》，在《豐》之《震》曰：『豐其沛，日中見沬。折其右肱，無咎。』於《詩》，《十月之交》則著卿士、司徒，下至趣馬、師

〔一〕按，《法誡》篇，今本改作《敬慎》篇。
〔二〕按，以下引文中，前兩則爲《漢書·五行志》所記劉歆之言，末則見《漢書·陳湯傳》。

氏，咸非其材。同於右肱之所折，協於三務之所擇，明小人乘君子，陰侵陽之原也。」又曰：「讒邪進則衆賢退，邪枉盛則正士消，故《易》有《否》、《泰》。小人道長，君子道消，則政日亂，故爲《否》。否者，閉而亂也。君子道長，小人道消，則政日治，故爲《泰》。泰者，通而治也。」又曰：「《易》『渙汗其大號』，言號令如汗，汗出而不返者也。」又曰：「故賢人在上位，則引其類而聚之於朝，《易》曰：『飛龍在天，大人聚也。』在下位，則思與其類俱進，《易》曰：『拔茅茹，以其彙，征吉。』」又：「《易》曰：『有嘉折首，獲匪其醜。』言美誅首惡之人〔一〕，而諸不順者皆來從也。」《彭宣傳》：「宣上書言三公鼎足承君，一足不任，則覆亂矣。」宣治《易》，事張禹，禹受《易》於施讎者也。劉向治《易》，校書考《易》説，以爲諸家説皆祖田何、楊叔、丁將軍者也。淮南王，集九師説《易》者也。賈、董，漢初大儒。其説《易》皆明白正大，主義理，切人事，不言陰陽、術數，蓋得《易》之正傳。田何、楊叔之遺，猶可考見。

一一、論陰陽災變爲《易》之别傳

經學有正傳，有别傳。以《易》而論，别傳非獨京氏而已，如孟氏之卦氣、鄭氏之爻辰，皆别傳

〔一〕「美」，原脱，據《漢書・陳湯傳》補。

也。又非獨《易》而已，如伏《傳》五行，《齊詩》五際，《禮》月令明堂陰陽説，《春秋》公羊，多言災異，皆别傳也。子貢謂「夫子言性與天道，不可得聞」，則孔子删定六經以垂世立教，必不以陰陽、五行爲宗旨。《漢·藝文志》陰陽、五行分爲二家。其後二家皆竄入儒家，此亦有所自來。古之王者，恐己不能無失德，又恐子孫不能無過舉也，常假天變以示儆惕。《禮記》曰：「王前巫而後史，卜筮瞽侑皆在左右。王中心無爲也，以守至正。」《易》本卜筮之書。其掌卜筮者，必陳祥異占驗以左右王。古卜筮與史通，《周官》馮相、保章司天文者，皆屬太史。故《國語》曰：「吾非瞽史，焉知天道？」《左氏傳》采占書，雖未必皆當時本文，而所載卜筮事，皆屬史官占之。此古卜筮與史通之明證，亦古卜、史借天道以儆君之明證。後世君尊臣卑，儒臣不敢正言匡君，於是亦假天道進諫，以爲仁義之説，人君之所厭聞，而祥異之占，人君之所敬畏。陳言既效，遂成一代風氣。故漢世有一種天人之學，而齊學尤盛，伏《傳》、《齊詩》、《公羊春秋》，皆齊人所傳也。孟、京非齊學，其言《易》亦主陰陽災變者，卜筮占驗本與陰陽災變爲近。故後世之言術數者，多託於《易》。《漢書·儒林傳》曰：「孟喜好自稱譽，得《易》家候陰陽災變書，詐言師田生且死時枕喜厀，獨傳喜。諸儒以此燿之。博士缺，衆人薦喜。上聞喜改師法，遂不用喜。京房受《易》梁人焦延壽。延壽云嘗從孟喜問《易》。會喜死，房以爲延壽《易》即孟氏學。翟牧、白生不肯，皆曰非也。至成帝時，劉向校書，考《易》説，唯京氏爲異黨。」據班氏説，則《易》家以陰陽災變爲説，首改師法，不出於田何、楊叔、丁將軍者，始於孟而成於京。班氏既謂二家不同，而《藝文志》又有《孟氏京房》十一篇、《災異孟氏京房》六十六篇，似二家實合爲一者。蓋又京氏託之孟氏，而非孟氏之本然也。孟氏得《易》家書，焦延壽得隱士説，則當時實有此種學，而非其所自創。《漢志》《易》家有《雜災異》三十五篇，是《易》家本有專言災異一説，而其傳此説者，仍是別傳而非正傳。漢儒藉此以儆其君，揆之《易》義「納約自牖」與神道設教之旨，皆相脗合，可見人臣進諫之苦心，亦不背聖人演《易》之宗旨。而究不得爲正傳者，孔子説《易》見於《論語》者二條，一勉無過，一戒無恒，皆切人事而言；戰國諸子及漢初諸儒言《易》，亦皆切人事，而不主陰陽災變。至孟、京出而説始異，故雖各有所授，而止得爲《易》之別傳也。《困學紀聞》：「《京氏易》積算法引夫子曰：『西伯父子，研理窮通，上下囊括，推爻考象，配卦世應，加乎星宿，局於六十四所、二十四氣，分天地之數，定人倫之理，驗日月之行，尋五行之端，災祥進退，莫不因兹而兆矣。』」王應麟曰：「此占候之學，決非孔子之言。」惠棟曰：「如京説，則今占法所謂納甲、世應、游歸、六親、六神之説，皆始於西伯父子也。」案：西漢以前，無以爲文王、周公作卦、爻辭者，況納甲、世應之説乎？此不特非孔子之言，並非京氏之説。京氏《易傳》無之，乃後人傅會，不可信。

一二、論孟氏爲京氏所託，虞氏傳孟學，亦間出道家

孟氏之學，以今考之，有與諸家相出入者。卦氣出於孟氏，而其書不傳，其説不詳，詳見於京氏書。《漢書·京房傳》曰：「分六十卦，更直日用事，以風、雨、寒、温爲候。」孟康曰：「分卦直日之法，一爻主一日，六十四卦爲三百六十日，餘四卦《震》、《離》、《兑》、《坎》爲方伯監司之官。所以用《震》、《離》、《兑》、《坎》者，是二至二分用事之日。」其説亦見於《易緯稽覽圖》，所云「卦氣起《中孚》」，卦主六日七分，大誼略同。唐一行《卦議》引之，以爲十二月卦出於《孟氏章句》。漢儒以緯爲孔子作，固未必然；孔《疏》以讖緯起自哀、平，亦不甚合。緯書之出最古，亦有漢儒傅會者。《稽覽圖》未知與孟、京孰爲先後，或緯竊孟、京，抑或孟、京竊緯，皆不可知。漢儒稱讖緯，宋人斥讖緯而稱圖書，其實皆主陰陽、五行。如邵子曰卦氣始於《中孚》，蔡西山云康節亦用六日七分。是孟、京之説，不僅漢儒宗之，宋儒亦宗之矣。然其説有可疑者。六十四卦直日用事，何以《震》、《離》、《兑》、《坎》四卦不在内，但主二至二分？《乾》、《坤》爲諸卦之宗，何以與諸卦並列？似未免削趾適屨，强合牽附。京氏與孟氏相出入。《漢書》云「焦、京託之孟氏，不相與同」，則卦氣之説，或亦焦、京所託，非孟氏本旨歟？《漢書》又云孟喜得《易》家陰陽災變書，則卦氣之説，或孟氏得《易》家書本有之歟？皆疑莫能明。焦循云：「六日七分，即所得陰陽災變託之田生者。《藝文志》《章

句》二篇，此乃得之田王孫者。今《説文》、《釋文》中所引即此。《志》又有《孟氏京房》十一篇、六十六篇〔一〕，則所傳卦氣、六日七分之學也。」孟氏今文，與費氏古文《易》判然不合。而許慎《説文解字叙》云「《易》孟氏，皆古文也」，則孟氏亦有古文矣。荀爽傳《費氏易》，而言升降。虞翻表獻帝云：「潁川荀諝號爲知《易》，臣得其注，有愈俗儒。」虞氏言消息、旁通，與荀言升降相出入，則荀氏《費易》與虞氏《孟易》相出入矣。張惠言《易義别録》首列孟氏，亦僅能舉《説文》、《釋文》諸書之異字，而不能舉其義。張氏以爲「學者求田何之書，則惟孟氏此文；求孟氏之義，惟虞氏注説」，故作《虞氏義》與《消息》。阮元稱爲孤家專學，近之漢學家多宗之，而亦有不盡謂然者。王引之謂「虞氏以旁通説《彖》、《象》，顯與經違；虞氏釋『貞以之正』，違失經義」，見《經義述聞》。錢大昕論「虞仲翔説《易》之卦，有失其義者，有自紊其例者」，見《潛研堂答問》。陳澧云「虞氏《易注》多不可通，所言卦象尤多纖巧」，見《東塾讀書記》。焦循《易圖略》雖取虞義，亦駁其非。張惠言云：「虞氏雖傳孟學，亦斟酌其意，不必盡同。」然則虞氏間有違失，而非必盡出於孟矣。虞氏引《參同契》日月爲易，又言夢道士飲以三爻，則其學雜出於道家。故虞氏雖漢《易》大宗，亦有當分别觀之者。

〔一〕「六」上，焦循《易圖略》卷八本有「《災異孟氏京房》」。

一三、論鄭、荀、虞三家之義，鄭據禮以證《易》，學者可以推補，不必推補爻辰

鄭君用《費氏易》，其注《易》有爻辰之説，蓋本費氏《分野》一書，然鄭所長者不在此。鄭學最精者三《禮》，其注《易》亦據禮，以證《易》義廣大，無所不包。據禮證《易》，以視陰陽、術數，實遠勝之。鄭注如嫁娶、祭祀、朝聘，皆合於《禮經》。其餘雖闕而不完，後儒能隅反而意補之，亦顓家之學也。鄭君自序「來至元城，乃注《周易》」，其成書在絶筆之年。晉以後，鄭《易》皆立學。南北朝時，河北用鄭《易》，江左用王弼《易注》。至隋，鄭《易》漸衰。唐定《正義》，《易》主王弼，而鄭《易》遂亡。宋末王應麟始爲蒐輯古書之學，輯鄭《易注》一卷。近儒惠棟以爲未備，更補正爲三卷。丁杰又以爲有誤入者，復加釐訂，稱爲善本。是鄭君之成《易注》，視諸經爲最後；鄭君書多亡逸，輯《易注》者，視諸書爲最先。張惠言亦輯鄭《易》，而加以發明，《周易鄭荀義叙》曰：「昔者虙犧作十言之教，曰乾、坤、震、巽、坎、離、艮、兑、消、息。夫七、八者彖，九、六者變。經稱用九、用六，而辭皆七、八，名與實不相應，非虙犧氏之謂之彖辭。夫七、八者彖，九、六者變。經稱用九、用六，而辭皆七、八，名與實不相應，非虙犧氏之旨也。爻象之區既隘，則乃求之於天。《乾》、《坤》六爻，上繫二十八宿，依氣應宿，謂之爻辰。若此，則三百八十四爻，其象十二而止，殆猶溓焉。此又未得消、息之用也。然其列貴賤之位，辨大

小之序，正不易之倫〔一〕。經綸創制，吉凶損益，與《詩》、《書》、《禮》、《樂》相表裏，則諸儒未有能及之也。荀氏之説消、息，以乾升坤降，萬物始乎《泰》，終乎《否》。夫陰陽之在天地，出入上下，故理有易有簡，位有進有退，道有經有權，歸于正而已。而荀氏言陽常宜升而不降，陰常宜降而不升，則《姤》、《遯》、《否》之義大于《既濟》也。然其推乾坤之本，合于一元，雲行雨施，陰陽和均，而天地成位，則可謂得《易》之大義者也。虞氏考日月之行，以正乾元；原七九之氣，以定六位；運始終之紀，以叙六十四卦；要變化之居，以明吉凶悔吝。六爻發揮旁通，乾元用九，則天下治，以則四德。蓋與荀同源，而閎大遠矣。王弼之説，多本鄭氏，而棄其精微。後之學者習聞之，則以爲費氏之義如此而已。其盈虚消息之次，周流變動之用，不詳於《繫辭》、《彖》、《象》者，概以爲不經。若觀鄭、荀所傳卦氣、十二辰、八方之風、六位、世應、爻互、卦變，莫不彰著。劉向有言，《易》家皆祖田何，大義略同，豈特楊叔、丁將軍哉？」錫瑞案：張氏舉鄭、荀、虞而斟酌其得失，皆有心得。其於鄭義，取其言禮，不取其言爻辰，與李鼎祚《集解》采鄭注不采其言爻辰者，同一卓識。惟以卦氣、十二辰之類亦祖田何，則未必然。孟、京以前，言《易》無有主卦氣、十二辰之類者，不可以後人之説誣前人，而以《易》之别傳爲正傳也。焦循曰：「爻辰自爲鄭氏一家之學，非本之《乾鑿度》，亦不必本於

〔一〕「倫」，張惠言《茗柯文編》二編卷上《周易鄭荀義序》作「論」。

屈似徽纆，《臨》卦斗臨丑，爲殷之正月，以見周改殷正之數，謬悠非經義。至以『焚如』爲不孝之刑，『女壯』爲一女當五男，尤非聖人之義也。余於爻辰，無取焉爾。」

一四、論《費氏易》傳於馬、鄭、荀、王，而其說不同，王弼以十篇說經，頗得費氏之旨

漢《易》立博士者四家，施、孟、梁丘、京氏，並今文說而皆亡佚。後世所傳者，費氏古文《易》也。而今之《易》又非古文，蓋爲後人變改幾盡。《說文》間載古文，許慎以爲孟氏。《釋文》所載經文異字，惟《易》獨多。然則漢時傳《易》者，尤爲雜而多端，未知田何、楊叔、丁將軍之傳本究如何也。《漢書・儒林傳》曰：「費直字長翁，東萊人也。治《易》爲郎，至單父令。長於卦筮，亡章句，徒以《彖》、《象》、《繫辭》十篇、《文言》解說上下經。琅邪王璜平中能傳之。」《後漢書・儒林傳》曰：「東萊費直能《易》〔一〕，授琅邪王橫，爲費氏學。本以古字，號古文《易》。陳元、鄭衆皆傳費氏《易》，其後馬融亦爲其傳。融授鄭玄，玄爲《易注》。荀爽又作《易傳》。自是費氏興而京氏遂衰。」

〔一〕「能」，《後漢書・儒林傳》本作「傳」。

錫瑞案：費氏之《易》，不知所自來，考其年當在成、哀間，出孟、京後。王璜即王横，與王莽同時，爲費氏一傳弟子，則必在西漢之末矣。費氏無章句，故《藝文志》不載。《釋文》有《費直章句》四卷，當屬後人依託。費氏專以《彖》、《象》、《繫辭》、《文言》解經，與丁將軍「訓故舉大誼」略同，似屬《易》之正傳。而漢不立學者，漢立學皆今文，而費氏傳古文；漢人重師授，而費氏無師授。故范升曰「京氏既立，費氏怨望」，則東漢初有欲立費《易》者，而卒不立。陳元傳費《易》，或即欲立費《易》之人，正與范升反對者也。陳元、鄭衆、馬融《易》學不傳。鄭、荀二家稍傳其略，王弼亦傳費《易》，而其説各異。費氏亡章句，止有文字。東漢人重古文，蓋但據其本文，而説解各從其意。此鄭、荀、王所以各異也。劉向以中古文《易經》校施、孟、梁丘經，或脱去「無咎」、「悔亡」，唯費氏經與古文同。此馬、鄭所以皆用費氏。《釋文》以爲費《易》人無傳者，是不知馬、鄭、王之《易》即費《易》也。王弼盡埽象數，而獨標卦爻承應之義，蓋本費氏之以《彖》、《象》、《繫辭》、《文言》解經。後儒多議其空疏，陳澧獨取之，曰：「『乾：元亨利貞。初九：潛龍勿用。』王輔嗣注云：『《文言》備矣。』『九二：見龍在田。』注云：『出潛離隱，故曰見龍。處於地上，故曰在田。』此真費氏家法也。『元亨利貞』之義，『潛龍勿用』之義，《文言》已備，故輔嗣不復爲注。至『見龍在田』，《象》曰『德施普也』，

《文言》曰『龍德而正中者也』，又曰『時舍也』，皆未釋『見』字、『田』字，故當爲之注〔一〕，而又不可以意而説也。《文言》曰：『潛之爲言也，隱而未見。』『潛』爲『未見』，則『見』爲『出潛』矣；『潛』爲『隱』，則『見』爲『離隱』矣。故輔嗣云『出潛離隱』，據彼以解此也。《繫辭傳》曰：『兼三才而兩之，故《易》六畫而成卦。』是五與上爲天，三與四爲人，初與二爲地。初爲地下，二爲地上，故輔嗣云『處於地上』也。此真以十篇解説經文者。若全經之注皆如是〔二〕，則誠獨冠古今矣。」

一五、論王弼多清言，而能一埽術數，瑕瑜不掩，是其定評

王弼《易注》，孔《疏》以爲獨冠古今。程子謂學《易》先看王弼，《易傳》中不論象，不論卦變，皆用弼説。王應麟謂「輔嗣之《注》，學者不可忽也」，《困學紀聞》録王《注》二十三條。何焯云：「程《傳》中所取輔嗣之義正多〔三〕，厚齋則但就其格言録之。」陳澧謂：「厚齋所録，非但尚《易》之辭，并尚輔嗣之辭矣。此孫盛所謂麗辭溢目者也。然所録如《大有》六五注云：『不私於物，物亦公焉；不疑於物，物亦誠焉。』《頤》初九注云：『安身莫若不競，修己莫若自保。守道則福至，求禄則辱

〔一〕「當」，原誤作「皆」，據陳澧《東塾讀書記》卷四改。
〔二〕「注」，原誤作「法」，據陳澧《東塾讀書記》卷四改。
〔三〕「正」，陳澧《東塾讀書記》卷四本作「甚」。

來。』造語雖精，然似自作子書，不似經注矣。又如《乾》九三注云：『《乾》三以處下卦之上，故免亢龍之悔；《坤》三以處下卦之上，故免龍戰之災。』厚齋所云『《乾》以惕無咎，《震》以恐致福』，頗似摹擬輔嗣語也。朱子云：『漢儒解經，依經演繹〔一〕。晉人則不然，舍經而自作文。』輔嗣所爲格言，是其學有心得，然失漢儒注經之體，乃其病也。」錫瑞案：程子之取王弼者，以其説多近理。朱子之不取晉人者，以其文太求工。言非一端，義各有當。陳澧謂其所爲格言，學有心得。予謂弼之所學，得於老氏者深，而得於《易》者淺。魏、晉人尚清言，常以《老》、《易》並舉。見於史者，多云某人善説《老》、《易》。是其時之所謂《易》學，不過藉爲談説之助，且與老氏并爲一談。王弼嘗注《老子》，世稱其善。其注《易》亦雜老氏之旨，雖名詞雋句耐人尋味，實即當時所謂清言。南朝好玄理，重文詞，故弼之書盛行。北人尚樸學，《易》主鄭玄，不主王弼。自隋以後，北學并入南學，唐人以爲獨冠古今，於是《易》專主王弼《注》及晉韓康伯之《補注》矣。宋元嘉時，王、鄭兩立，顏延之爲祭酒，黜鄭置王，而《太平御覽》引顏延之《庭誥》曰：「馬、陸得其象數，而失其成理。荀、王舉其正宗，而略其象數。」則延之雖以王弼爲正宗，亦疑其於象數太略也。孔子之《易》，重在明義理，切人事。漢末《易》道猥雜，卦氣、爻辰、納甲、飛伏、世應之説，紛然並作。弼乘其敝，埽而空之，頗有摧陷廓

〔一〕「繹」，原誤作「釋」，據陳澧《東塾讀書記》卷四及《朱子語類》卷六十七改。

清之功，而以清言説經，雜以道家之學，漢人樸實説經之體，至此一變。宋趙師秀詩云「輔嗣《易》行無漢學」，可爲定論。范武子謂王弼、何晏罪浮桀、紂，則詆之太過矣。弼《注》之所以可取者，在不取術數而明義理；其所以可議者，在不切人事而雜玄虛。《四庫提要》曰：「弼之説《易》，源出費直。直《易》今不可見，然荀爽《易》即費氏學，李鼎祚書尚頗載其遺説，大抵究爻位之上下，辨卦德之剛柔，已與弼《注》略近，但弼全廢象數，又變本加厲耳。平心而論，闡明義理，使《易》不雜於術數者，弼與康伯深爲有功；祖尚虛無，使《易》竟入於《老》、《莊》者，弼與康伯亦不能無過。瑕瑜不掩，是其定評。諸儒偏好偏惡，皆門户之見，不足據也。」

一六、論以傳附經始於費直，不始於王弼，亦非本於鄭君

古本《易經》與今不同。朱子《記嵩山晁氏卦爻彖象説》謂：「古經始變於費氏，而卒大亂於王弼。」顧炎武謂：「此據孔氏《正義》，謂連合經、傳始於輔嗣，不知其實本於康成也。《漢書·儒林傳》云：費直治《易》，『無章句，徒以《彖》、《象》、《繫辭》、《文言》解説上下經』，則以傳附經，又不自康成始。」近儒姚配中説尤詳晰，曰：「經、傳之合，始自費直。《魏志·高貴鄉公紀》：帝問曰：『孔子作《彖》、《象》，鄭氏作《注》。雖聖賢不同，其所釋經義一也。今《彖》、《象》不與經文相連，而《注》連之，何也？』《易》博士淳于俊對曰：『鄭氏合《彖》、《象》於經，欲使學者尋省易了也。』據此，

則經、傳之合，始自鄭矣。然案《儒林傳》云：費直治《易》，『長於卦筮，亡章句，徒以《彖》、《象》、《繫辭》十篇、《文言》解説上下經。』以傳解經，則必以傳合經。經、傳之連，實當始自費，非始自鄭也。而高貴鄉公、淳于俊並云鄭者，蓋費氏亡章句，徒以傳解經，則傳即爲其章句。注者因費氏之本，既注經，即還注傳，而合傳於經之名，遂獨歸注之者矣。且直以古字，號古文《易》。劉向以中古文《易》校諸家，唯費氏經與古文同。費氏經既與中古文同，而又亡章句，非合傳於經，則傳其書者，直云傳古文可耳，烏得以直既無章句，又無異文，而乃獨以其學歸之費氏耶？《尚書》有今、古文之學，此其可證者也。《後漢書·儒林傳》云：『陳元、鄭衆皆傳《費氏易》，其後馬融亦爲其傳。』案：馬融注《周禮》，尚欲省學者兩讀，其爲《易傳》，當亦必仍費氏之舊。高貴鄉公不言馬融，獨言鄭連之者，時方講鄭學，據鄭言也。蓋唯費無章句，以傳解經，傳其學者，不過用其本耳，是以注家言人人殊，而俱曰傳《費氏易》。極至王弼之虛言，亦稱爲費氏之學。此其明驗也。」錫瑞案：姚氏此説，可爲定論。其謂傳費氏學者「不過用其本，是以注家言人人殊」，尤可以見漢時傳古文者之通例。非特《周易》一經，即如《尚書》，傳古文者衛、賈、馬、鄭，皆用杜林本，而鄭不同於馬，馬亦未必同於衛、賈，正與鄭、荀、王皆傳《費氏易》而言人人殊者相似。漢時傳今文者有師授，有家法；傳古文者無師授，無家法。其崇尚古文者，以古文之本爲是，今文之本爲非。如《易》則云諸家脱「无咎」、「悔亡」，《書》則云「《酒誥》脱簡一，《召誥》脱簡二」。故好古者以古文經相矜炫，而相傳爲祕本。然古文但有傳本，而無師説。當時儒者，若但以古文正今文之誤，而師説仍用今文博士所傳，則無鄉壁虚造之譏，亦無多歧亡羊之患，漢之經學，雖至今存可也。乃諸儒名爲慕古，實則喜新，傳本雖用古文，而解經各以意説，以致異議紛雜，言人人殊，學者苦其繁而無由折衷，以致漢末一亂而同歸於盡，不得謂非諸儒之咎矣。《易經》皆孔子作，《彖》、《象》、《文言》亦當稱經，惟今之《繫辭傳》可稱傳耳。據高貴鄉公言，則當時已誤以卦、爻辭爲經，《彖》、《象》、《文言》爲傳矣。

一七、論宋人圖書之學亦出於漢人而不足據

漢人有圖書之學，宋人亦有圖書之學。宋人之圖書，亦出於漢人之圖書。《公羊疏》曰：「《六藝論》言『六藝者，圖所生也』，《春秋》言依百二十國史何？ 答曰：王者依圖書行事，史官録其行事，言出圖書，豈相妨奪？」俞正燮曰：「百二十國史仍是圖書。古太史書雜處，取《易》于《河圖》，則《河圖》餘九篇，取《洪範》于《洛書》，則《洛書》餘六篇，皆圖書也。」錫瑞案：漢時圖書即是讖緯。讖緯篇多以圖名，則當時書中必有圖。《韓勑禮器碑》云：「秦項作亂，不尊圖書。」此碑多引緯書，其稱「圖書」必是讖緯。《易緯》亦或以圖名篇，卦氣出《稽覽圖》，則所云《坎》、《離》、《震》、《兑》爲四正卦，餘六十卦，每月五卦，卦六日七分，當日必有圖以明之。是讖緯即圖書之明證。宋人圖書之學，出於陳摶。摶得道家之圖，刱爲太極、河洛、先天、後天之説，宋人之言《易》學者多宗之。周

子稍變而轉易之，爲《太極圖説》，宋人之言道學者多宗之。邵子精於數學，著《皇極經世書》，亦爲學者所宗。程子與邵同時，又屬懿戚，不肯從受數學。其著《易傳》，專言理，不言數。《答張閎中書》云：「得其義，則象數在其中。」故程子於《易》頗推王弼，然其説理非弼所及，且不雜以老氏之旨，尤爲純正。顧炎武謂見《易》説數十家，未見有過於程《傳》者，以其説理爲最精也。朱子作《本義》以補程《傳》，謂程言理而未言數，乃於篇首冠以九圖，又作《易學啟蒙》，發明圖書之義，同時袁樞、薛季宣已有異論。考《宋史·儒林傳》，《易學啟蒙》朱子本屬蔡元定創稾，非所自撰。《晦菴大全集》中載《答劉君房書》：「《啟蒙》本欲學者且就《大傳》所言卦畫蓍數推尋，不須過爲浮説。而自今觀之，如論《河圖》、《洛書》〔一〕，亦不免尚有賸語。」至於《本義》卷首九圖，王懋竑《白田雜著》以《文集》、《語類》鈎稽參考，多相矛盾，信其爲門人所依附，則九圖亦非朱子所自列也。朱子嘗疑《龍圖》是僞書，以康節之學爲《易》外別傳〔二〕，持論至確，特疑程子《易傳》不言象數，以致後來有九圖之附益。宋、元、明言《易》者，開卷即及先天、後天。惟元陳應潤作《爻變義藴》，始指先天諸圖爲道家借《易》理以爲修煉之術。吴澄、歸有光亦不信圖書。國朝毛奇齡作《圖書原舛篇》，黄宗

〔一〕「論」，原脱，據朱熹《晦庵集·答劉君房》補。

〔二〕「外」，原誤作「卦」，據《四庫全書總目提要》卷六改。

羲作《易學象數論》，黄宗炎作《圖書辨惑》，争之尤力。胡渭《易圖明辨》引據舊文，足箝依托之口。張惠言《易圖條辨》駁詰精審，足箴先儒之失。今且不必深論，但以「圖書」二字詰之。圖，今所謂畫也。書，今所謂字也。是圖但有點畫，而書必有文字。漢人以《河圖》爲八卦，《洛書》爲九疇。劉歆謂「初一曰五行」以下二十八字即是《洛書》，其説尚爲近理。宋人所傳河、洛，皆黑白點子，但可云河圖、洛圖，何云《河圖》、《洛書》？此百喙所不能解者。

一八、論先天圖不可信，朱子《答袁機仲書》乃未定之説

宋人圖書之學，近儒已摧陷廓清，學者可勿道矣，而朱子之説，猶有不得不辨者。《答袁機仲書》曰：「據邵氏説，先天者，伏羲所畫之《易》也；後天者，文王所演之《易》也。伏羲之《易》，初無文字，只有一圖以寓其象數，而天地萬物之理、陰陽始終之變具焉。文王之《易》，即今之《周易》，而孔子所爲作傳者也。孔子既因文王之《易》以作傳，則其所論固當專以文王之《易》爲主。然不推本伏羲作《易》畫卦之所由，則學者必將誤認文王所演之《易》，便爲伏羲始畫之《易》，只從中半説起，不識向上根原矣。故《十翼》之中，如八卦成列，因而重之，太極、兩儀、四象、八卦，與天、地、山、澤、雷、風、水、火之類，皆本伏羲畫卦之意。而今新書《原卦畫》一篇亦分兩儀，伏羲在前，文王在後。必欲知聖人作《易》之本，則當考伏羲之畫。若只欲知今《易》書文義，則但求之文王之經、

孔子之傳足矣。兩者初不相妨，而亦不可以相雜。來教乃謂專爲邵氏解釋，而於《易經》無所折衷，則恐考之有未詳也。」《本義·圖説》曰：「右《易》之圖九，有天地自然之《易》，有伏羲之《易》，有文王、周公之《易》，有孔子之《易》。自伏羲以上，皆無文字，只有圖畫，最宜深玩，可見作《易》本原精微〔一〕。文王以下，方有文字，即今之《周易》。然讀者亦宜各就本文消息，不可便以孔子之《易》爲文王之説也〔二〕。」錫瑞案：朱子此説，與經學大有關礙。六經皆出孔子，故漢初人以爲文王但重卦而無辭，卦辭、爻辭皆孔子作。其後乃謂文王作卦、爻辭，又謂文王作卦辭、周公作爻辭。孔《疏》遂以文王、周公作者爲經，孔子作者爲傳，則已昧於經、傳之别，而奪孔子之制作，以歸之文王、周公矣。然《易》歷三聖，道原一揆，猶未始歧而二之也。自宋陳、邵之圖書出，乃有伏羲之《易》與文王之《易》、孔子之《易》，分而爲三。朱子此説，更增以天地自然之《易》，判而爲四，謂「不可便以孔子之《易》爲文王之説」，又謂不可誤認文王所演之《易》爲伏羲始畫之《易》，則是學《易》者於孔子之明義理、切人事者，可以姑置勿論，必先索之杳冥之際、混沌之初。即使真爲上古之傳，亦無裨於聖經之學，矧其所謂伏羲者非伏羲也，乃陳、邵之書也，且非儒家之言，乃道家之旨

〔一〕「微」下，朱熹《周易本義》本有「之意」二字。

〔二〕「易」，朱熹《周易本義》本作「説」。

也。夫以道家之旨解《易》，固不始於宋人。虞翻明引《參同契》，是道家之旨也。王弼以老氏注《易》，亦道家之旨也。然二人但以道家之旨，雜於儒家之中。宋人乃以道家之書，加乎孔子之上。以圖書之學說《易》，亦不始於宋人。卦氣、爻辰出於讖緯，亦圖書之學也。然漢人以讖緯爲孔子所作，説雖近誣，尚不失爲尊聖。宋人乃以義、文列孔子之上，説尤近誣，而聖更不尊矣。學如孔子，亦云至矣，不當更求之於孔子之上；時代如孔子，亦云古矣，不當更推之於孔子之前。世去孔子一二千年，聖學之僅存不過什一千百，乃於其僅存者視爲未足，必遠求之荒渺無徵，飾僞欺人，迭相祖述，怪圖滿紙，迷誤後學。王鳴盛謂宋儒以虞廷十六字爲三聖傳心，此《風俗通》所云鮑君神之類。予謂先天諸圖乃真鮑君神之類也。《朱子語類》曰：「先天圖傳自希夷，希夷又自有所傳，蓋方士技術，用以修煉。」則朱子非不知先天圖不可信，《答袁機仲》蓋未定之説，不可不辨。

一九、論胡渭之辨甚確，若知《易》皆孔子所作，更不待辨而明

胡渭《易圖明辨》辨《本義》之説曰：「按：《本義》卷首列九圖於前，而總爲之説。所謂天地自然之《易》，《河圖》、《洛書》也；伏羲之《易》，先天八卦及六十四卦次序方位也；文王之《易》，後天八卦次序方位及六十四卦之卦變也。是皆著爲圖者。伏羲有畫而無辭，文王繫彖，周公繫爻，孔子作《十翼》，皆遞相發揮以盡其義，故曰『聖人之情見乎辭』。辭者，所以明象數之難明者也。而

朱子顧以爲三聖人之《易》專言義理，而象數闕焉，是何説與？且《易》之所謂象數，蓍、卦焉而已。卦主象，蓍主數。二體六畫，剛柔雜居者，象也。大衍五十，四營成《易》者，數也。經文粲然，不待圖而明。若朱子所列九圖，乃希夷、康節、劉牧之象數，非《易》之所謂象數也。三聖人之言，胡爲而及此乎？伏羲之世，書契未興，故有畫而無辭。延及中古，情僞漸啟，憂患滋多。故文王繫彖，以發明伏羲未盡之意；周公又繫爻，以發明文王未盡之辭。一脈相承，若合符節。至於孔子，紹聞知之統，集群聖之大成，論者以爲生民所未有。使伏羲、文王、周公之意而孔子有所不知，何以爲孔子？既已知之，而別自爲説，以求異於伏羲、文王、周公，非述而不作之旨也。然則伏羲之象，得辭而益彰。縱令深玩圖書而得其精微，亦不外乎文王、周公、孔子所言之理，豈百家衆技之説所得而竄入其中哉？九圖雖妙，聽其爲《易》外別傳，勿以冠經首可也。」錫瑞案：胡氏之辨甚明，以九圖爲《易》外別傳尤確，特猶誤沿前人之説，以爲文王作卦辭，周公作爻辭，孔子作《十翼》，故但以爲孔子之説不異文王、周公之意，不知卦、爻辭亦孔子之説也。自東漢後，儒者誤疑《繫辭傳》云蓋取諸《益》與《噬嗑》，以爲神農時已有重卦，則重卦當屬神農。重卦既爲神農，則文王演《易》必當有辭，遂疑卦辭、爻辭爲文王作。其後又疑文王作爻辭，不應有「岐山」、「箕子」、「東鄰」諸文，遂又疑爻辭爲周公作。重惟貤繆，悍然以文王、周公加孔子之上，與六經皆孔子作之旨不合矣。宋之陳、邵，更加伏羲。此猶許行並耕，上託神農，老、莊無爲，高談皇古，乃昌黎所謂「惟怪之欲聞」

者。宋儒之學過求高深，非但漢、唐注疏視爲淺近，孔、孟遺經亦疑平易。故其解經多推之使高，鑿之使深，有入於二氏而不覺者。其説《易》，以孔子之《易》爲未足，而務求之道家，亦猶其解各經，疑孔子之言爲未至，而間雜以二氏也。宋時一代風尚如此，故陳、邵圖書盛行，以朱子之明，猶無定見而爲所惑。元、明以其書取士，學者不究《本義》，而先觀九圖，遂使《易》學沈霾數百年，國初諸儒辨之而始熄。若知《易》皆孔子所作，不待辨而明矣。

二〇、論黄宗羲論《易》取王《注》與程《傳》，漢之焦、京，宋之陳、邵，皆所不取，説極平允，近人復理焦、京之緒，又生一障

黄宗羲《象數論序》曰：「夫《易》者，範圍天地之書也，廣大無所不備。故九流百家之學，俱可竄入焉。自九流百家借之以行其説，而於《易》之本意反晦矣。《漢·儒林傳》孔子六傳至菑川田何，《易》道大興。吾不知田何之説何如也。降而焦、京，世應、飛伏、動爻、互體、五行、納甲之變，無不具者。吾讀李鼎祚《集解》〔一〕，一時諸儒之説，蕪穢康莊，使觀象玩占之理，盡入淫瞽方技之流，可不悲夫！有魏王輔嗣出而注《易》，得意忘象，得象忘言，日時歲月、五氣相推悉皆擯落，多

〔一〕「集」，黄宗羲《易學象數論序》本作「易」。

所不闕，庶幾潦水盡而寒潭清矣。顧論者謂其以《老》、《莊》解《易》。試讀其《注》，簡當而無浮義，何曾籠絡玄旨？故能遠歷於唐，發爲《正義》。其廓清之功，不可泯也。然而魏伯陽之《參同契》，陳希夷之圖書，遠有端緒。世之好奇者卑王《注》之淡薄，未嘗不以別傳私之。逮伊川作《易傳》，收其昆侖旁薄者，散之於六十四卦中，理到語精，《易》道於是而大定矣。其時康節上接种放、穆修、李之才之傳，而創爲《河圖》先天之説，是亦不過一家之學耳。晦菴作《本義》，加之於開卷，讀《易》者從之。後世頒之學官，初猶兼《易傳》並行，久而止行《本義》。於是經生學士，信以爲羲、文、周、孔其道不同，所謂象數者又語焉而不詳，將夫子之韋編三絶者，須求之賣醬箍桶之徒，而《易》學之榛蕪，仍如焦、京之時矣。晦翁曰：『談《易》者譬之燭籠，添得一條骨子，則障了一路光明。若能盡去其障，使之統體光明，豈不更好〔一〕？』斯言是也，奈何添入康節之學，使之統體皆障乎？世儒過視象數，以爲絶學，故爲所欺。余一一疏通之，知其於《易》本了無干涉，而後反求之程《傳》，或亦廓清之一端也。」錫瑞案：黄氏此説，但取王弼《注》與程《傳》之説理者，而尤推重程《傳》，漢之焦、京，宋之陳、邵，皆所不取，説甚平允。焦、京之《易》，出陰陽家之占驗，雖應在事後，非學《易》之大義。陳、邵之《易》，出道家之修煉，雖數近巧合，非作《易》之本旨。故雖自成一家之

〔一〕「更」，原誤作「甚」，據黄宗羲《易學象數論序》及《朱子語類》卷六十七改。

學，而於聖人之《易》，實是別傳而非正傳。俞琰曰：「先天圖雖《易》道之緒餘，亦君子養生之切務。」又曰「丹家之説，雖出於《易》〔一〕，不過依倣而託之者，初非《易》之本義」，因作《易外別傳》以明之。俞氏深於丹家，明言陳、邵之圖爲《易》外別傳，乃彼道家自認不諱。吾儒家猶據以説《易》，斯可謂大惑矣。近世學者於陳、邵之圖，闢之不遺餘力，而又重理焦、京之説，是去一障又生一障，曷若如黄氏言盡，去其障之尤善乎！惟焦循《易圖略》偏斥納甲、納音、卦氣、爻辰之失，曰：「納甲、卦氣，皆《易》之外道。趙宋儒者闢卦氣而用先天，近人知先天之非矣，而復理納甲、卦氣之説，不亦唯之與阿哉！」

二一、論近人説《易》，張惠言爲顓門，焦循爲通學，學者當先觀二家之書

《四庫提要·易類》曰：「聖人覺世牖民，大抵因事以寓教。《詩》寓於風謡，《禮》寓於節文，《尚書》、《春秋》寓於史，而《易》則寓於卜筮。故《易》之爲書，推天道以明人事者也。《左傳》所記諸占，蓋猶太卜之遺法。漢儒言象數，去古未遠也。一變而爲京、焦，入於禨祥，再變而爲陳、邵，務

〔一〕「雖」，原誤作「非」，據俞琰《易外別傳後序》改。

窮造化，《易》遂不切於民用。王弼盡黜象數，説以《老》、《莊》。一變而胡瑗、程子，始闡明儒理，再變而李光、楊萬里，又參證史事，《易》遂日啟其論端。此兩派六宗，已互相攻駁。又《易》道廣大，無所不包，旁及天文、地理、樂律、兵法、韻學、算術，以逮方外之爐火，皆可援《易》以爲説，而好異者又援以入《易》，故《易》説愈繁。夫六十四卦，大象皆有『君子以』字，其爻象則多戒占者，聖人之情見乎詞矣。其餘皆《易》之一端，非其本也。今參校諸家，以因象立教者爲宗，而其他《易》外别傳者，亦兼收以盡其變。」又《惠棟〈易漢學〉提要》曰：「漢學之有孟、京，亦猶宋學之有陳、邵，均所謂《易》外别傳也〔一〕。」錫瑞案：以孟、京、陳、邵均爲《易》外别傳，至明至公。孟、京即所謂天文、算術，陳、邵即所謂方外爐火也。漢之孟、京，宋之陳、邵，既經辭闢，學者可以勿道。國朝二黄、毛、胡之闢宋學，可謂精矣。圖書之學，今已無人信之者，則亦可以勿論。惠棟爲東南漢學大宗，然生當漢學初興之時，多采掇而少會通，猶未能成一家之言，其《易漢學》采及《龍虎經》，正是方外爐火之説。故《提要》謂其「掇拾散佚，未能備睹專門授受之全」，則惠氏書亦可從緩。近儒説《易》，惟焦循、張惠言最善。其成書稍後，《四庫》未收，故《提要》亦未及稱許，實皆學《易》者所宜急治。焦氏説《易》，獨闢畦町，以虞氏之旁通，兼荀氏之升降，意在采漢儒之長而去其短。《易通釋》六通四

〔一〕「外」，原誤作「卦」，據《四庫全書總目提要》改。

闢，皆有據依。《易圖略》復演之爲圖，而於孟氏之卦氣、京氏之納甲、鄭氏之爻辰皆駁正之，以示後學。《易章句》簡明切當，亦與虞氏爲近。學者先玩《章句》，再考之《通釋》、《圖略》，則於《易》有從入之徑，無望洋之歎矣。張氏著《周易虞氏義》，復有《虞氏消息》、《虞氏易禮》、《易事》、《易言》、《易候》，篤守家法，用功至深。漢學顓門，存此一綫。治顓門者，當治張氏之書，以窺漢《易》之旨。若欲先明義理，當觀王《注》而折衷於程《傳》，亦不失爲《易》之正傳。

二二、論象數已具於《易》，求象數者不當求象於《易》之外，更不當求數於《易》之先

王《注》、程《傳》説《易》主理，固不失爲《易》之正傳，而有不盡滿人意者，則以王《注》言理不言象，程《傳》言理不言數也。《易》本卜筮之書，伏戲畫卦，文王重卦，皆有畫而無辭。其所爲通神明之德、類萬物之情者，當時必有口説流傳，卜人、筮人世守其業，傳其大義，以用於卜筮。學士大夫尟有通其説者，但以爲卜筮之書而已。至孔子，乃於卦、爻各繫以辭，又作《彖》、《象》、《文言》以解其義。而《易》本爲卜筮之用，不得專以空言説之，孔子欲借卜筮以教人，不能不借象數以明義。若但空言説理，孔子自可別撰一書，何必託之於《周易》乎？平心論之，説《易》不可盡埽象數，亦不可過求之象數。象數已具於《易》。《易》之言象，詳於《説卦》，「《乾》爲馬，《坤》爲牛」及「《乾》爲

天，《坤》爲地」之類是也。《易》之言數，詳於《繫辭傳》，「天一地二」，「天數五地數五」之類是也。《易》之言象已具，則不當求象於《易》之外；《易》之言數已具，則不當求數於《易》之先。所謂不當求象於《易》之外者，顧炎武《日知録》曰：「夫子作傳，傳中更無别象。荀爽、虞翻之徒，穿鑿附會，象外生象，以同聲相應爲《震》、《巽》，同氣相求爲《艮》、《兑》，水流濕、火就燥爲《坎》、《離》，雲從龍則曰《乾》爲龍，風從虎則曰《坤》爲虎。《十翼》之中，無語不求其象，而《易》之大指荒矣。」案：漢人於《説卦》言象之外，别有逸象，又有出於逸象之外者，穿鑿誠如顧氏所譏。故王弼盡埽其説，《易略例》曰：「爻苟合順，何必《坤》乃爲牛？義苟應健，何必《乾》乃爲馬？而或者定馬於《乾》，案文責卦，有馬無《乾》，則僞説滋蔓，難可紀矣。互體不足，遂及卦變；變又不足，推致五行。一失其原，巧愈彌甚，縱復或值[一]，而義無所取。」王氏駁諸家説極明快，而其《注》有偏矯太過者。如《涣·象》曰：「『利涉大川』，乘木有功也。」據孔《疏》，「先儒皆以此卦《坎》下《巽》上，以爲乘木水上，涉川之象」。《坎》水《巽》木，明見於《易》，而王注云「乘木，即涉難也」，並明見《易·象》者亦不取，故人譏其蹈虚。李鼎祚《集解序》曰：「集虞翻、荀爽三十餘家，刊輔嗣之野文，補康成之逸象。」李氏蓋以王不取象而多空言，故欲刊其野文，而補以逸象。然康成注《易》不用逸象，正是謹嚴，又

[一]「復或」，原倒，據王弼《易略例》乙正。

何必補？是王矯漢儒之失太過，李矯王氏之失又太過也。所謂不當求數於《易》之先者，《繫辭傳》曰：「河出圖，洛出書，聖人則之。」又曰：「古者包羲氏之王天下也，仰則觀象於天，俯則觀法於地，觀鳥獸之文與地之宜，近取諸身，遠取諸物，於是始作八卦。」是包羲作八卦，並非專取圖書，況圖書自古不傳。秦不焚《易》，無獨焚其圖書之理，何以漢儒皆不曾見，乃獨存於道家？自宋陳摶創說於前，邵子昌言於後，其傳之者，或以《河圖》爲九、《洛書》爲十，或以《河圖》爲十、《洛書》爲九，説又互異，而皆有圖無書。程子曰：「有理而後有象，有象而後有數。《易》因象以知數，得其義，則象在其中矣。必欲窮象之隱微，盡數之毫忽，乃尋流逐末，術家所尚，非儒者之務也，管輅、郭璞之學是已。」故程《傳》言理不言數。朱子曰：「程先生《易傳》義理精，字數足，無一毫欠缺，只是於本義不相合。《易》本是卜筮之書，程先生只説得一理。」朱子以程《傳》不合本義，故作《本義》以補程《傳》，而必兼言數。既知《龍圖》是僞書，又使蔡季通入蜀求真圖；既知邵子是《易》外別傳，又使蔡季通作《啟蒙》，以九圖冠《本義》之首，未免添蛇足而糞佛頭。且曰「有伏羲之《易》」，是求數於作《易》之始也，「有天地自然之《易》」，是並求數於未作《易》之前也，皆未免賢知之過也。

二三、論焦循《易》學深於王弼，故論王弼得失極允

焦循論王弼極允，《周易補疏叙》曰：「《易》之有王弼，説者以爲罪浮桀、紂。近之説漢《易》者，

屏之不論不議者也。歲壬申，余撰《易學三書》漸有成，夏月啟書塾北窗，與一二友人看竹中紅薇白菊，因言《易》，及趙賓解「箕子」爲「荄茲」。或詡其説曰：非王弼輩所能知也。余笑而不答。或曰：何也？余乃取王弼《注》示之，曰：弼之解「箕子」，正用趙賓説，孔穎達不能申明之也。衆唯唯退。門人進曰：《正義》者，奉王弼爲準繩者也，乃不能申弼如是乎？余曰：非特此也。如讀「彭」爲「旁」，借「雍」爲「甕」，通「孚」爲「浮」而訓爲「務躁」，解「斯」爲「廝」而釋爲「賤役」。諸若此，非明乎聲音、訓詁，何足以明之？東漢末以《易》學名家者，稱荀、劉、馬、鄭。荀謂慈明爽，劉謂景升表。表之學受於王暢，暢爲粲之祖父，與表皆山陽高平人。粲族兄凱，爲劉表女壻。凱生業，業生二子，長弘，次弼。粲二子既誅，使業爲粲嗣。然則王弼者，劉表之外曾孫，而王粲之嗣孫，即暢之嗣玄孫也。弼之學蓋淵源於劉，而實根本於暢。弘字正宗，亦撰《易義》。王氏兄弟皆以《易》名，可知其所受者遠矣。故弼之《易》雖參以己見，而以六書通借解經之法，尚未遠於馬、鄭諸儒，特貌爲高簡，故疏者概視爲空論耳。弼天資察慧，通儁卓出，蓋有見於説《易》者支離傅會，思去僞以得其真，而力不能逮。故知卦變之非而用反對，知五氣之妄而用十二辟，唯之於阿，未見其勝也。解「龍戰」，以《坤》上六爲陽之地，固本爻辰之在巳〔一〕。解「文柔」、「文剛」，以《乾》二、《坤》上

〔一〕「固」，原誤作「因」，據焦循《周易補疏自序》改。

言，仍用卦變之自《泰》來，改换其皮毛，而本無真識也。至局促於乘承比應之中，顢頇於得象忘言之表。道消道長，既偏執於扶陽；貴少貴寡，遂漫推夫卦主。較量於居陰居陽，揣摹於上卦下卦。智慮不出乎六爻，時世謬拘於一卦。洵童稚之藐識，不足與言通變神化之用也。然於《觀》則會及全《蒙》，於《損》亦通諸《剥》道。「聽不明」之傳，似明比例之相同；「觀我生」之爻，頗見升降之有合。機之所觸，原有悟心，倘天假之年，或有由一隙貫通，未可知也。惜乎秀而不實，稱道者徒飫其糠粃，譏刺者莫探其精液。然則弼之《易》，未可屏之不論不議也。」錫瑞案：焦氏《易》學深於王弼，故能考其得失。弼注「箕子之明夷」曰：「險莫如兹，而在斯中。」焦氏《補疏》曰：「古字『箕』即『其』，『子』通『滋』，『滋』通『兹』。王氏讀『箕子』爲『其兹』，以『兹』字解『子』字，以『斯』字解『其』字。」焦氏《易章句》曰：「『箕』，古『其』字。與《中孚》『其子和之』同義。」以「其子」解「箕子」，與王氏意略同。其以假借説《易》，亦與王《注》讀「彭」爲「旁」、借「雍」爲「甕」相合。故有取於王《注》，而特爲之補疏也。

二四、論焦循以假借説《易》本於《韓詩》，發前人所未發

焦循以假借説《易》，獨闢畦町。其《易話》「韓氏易」一條，引《韓詩外傳》云：「『《易》曰：困于

石，據于蒺藜，入于其宫，不見其妻，凶。此言困而不見疾據賢人者〔一〕。昔者，秦穆公困於殽，疾據五羖大夫、蹇叔、公孫支而小霸；晉文公困於驪氏〔二〕，疾據咎犯、趙衰、介子推而遂爲君；越王句踐困於會稽，疾據范蠡、大夫種而霸南國；齊桓公困於長勺，疾據管仲、甯戚、隰朋而匡天下。此皆困而知疾據賢人者也。夫困而不知疾據賢人而不亡者，未嘗有也。』以『疾據賢人』解『據于蒺藜』，則借『蒺』爲『疾』，由此可悟《易》辭之比例。《漢書·儒林傳》稱韓嬰亦以《易》授人，推《易》意而爲之傳，於此可見其一端。余於其以『疾』解『蒺』，悟得經文以假借爲引申。如借『祇』爲『底』，借『豚』爲『遯』，借『豹』爲『約』，借『鮒』爲『附』，借『鶴』爲『雀』，借『羊』爲『祥』，借『袂』爲『夬』，皆韓氏有以益我也。」又《周易用假借論》曰：「近者學《易》十許年，悟得比例引申之妙，乃知彼此相借，全爲《易》辭而設。假此以就彼處之辭，亦假彼以就此處之辭。如『豹』、『礿』爲同聲，與虎連類而言，則借『礿』爲『豹』；與祭連類而言，則借『豹』爲『礿』。『沛』、『紱』爲同聲，以其剛揜於困下，則借『沛』爲『紱』；以其成兑於豐上，則借『紱』爲『沛』。各隨其文以相貫，而聲近則以借而通。蓋本無此字而假借者，作六書之法也；本有此字而假借者，用六書之法也。古者命名辨物，近其聲即通其

〔一〕「見」，原脱，據焦循《易話》及《韓詩外傳》補。
〔二〕「公」，原誤作「以」，據焦循《易話》改。

義。如「天」之爲「顛」，「日」之爲「實」，「春」之爲「蠢」，「秋」之爲「愁」，「嶽」之爲「确」，「岱」之爲「代」，「華」之爲「穫」，「子」之爲「滋」，「丑」之爲「紐」，「卯」之爲「冒」，「辰」之爲「振」，「仁」之爲「人」，「義」之爲「我」，「禮」之爲「體」，「富」之爲「福」，「銘」之爲「名」，「及」之爲「汲」，「桑」之爲「喪〔一〕」，「栗」之爲「慄」，「踟蹰」之爲「蜘蛛」〔二〕，「汍瀾」之爲「芄蘭」，無不以聲之通而爲字形之借〔三〕。故聞其聲即知其實〔四〕，用其物即思其義。欲其夷平也，則以雉名官；欲其勼聚也，則以鳩名官；欲其户止也，則以扈名官。以曲文其直，以隱藴其顯，其用本至精而至神。施諸《易》，辭之比例引申，尤爲切要矣。是故柏人之過，警於迫人；秭歸之地，原於姊歸。髮忽蒜而知算盡，屐露卯而識陰謀〔五〕。即「楊」之通於「揚」、「娣」之通於「稊」也。梁簡文、沈約等集，有藥名、將軍名、郡名等詩。唐權德輿詩曰：「藩宣秉戎寄，衡石崇位勢。年紀信不留，弛張良自愧。」宣秉、石崇、紀信、張良，即「箕子」、「帝乙」之借也。陸龜蒙詩：「佳句成來誰不伏，神丹偷去亦須防。風前莫怪擕詩藁，

〔一〕「桑」，原誤作「葬」，據焦循《雕菰集》卷八改。

〔二〕「踟蹰」、「蜘蛛」，原誤植，據焦循《雕菰集》卷八改。

〔三〕「聲」下，焦循《雕菰集》卷八本有「義」。

〔四〕「聲」，焦循《雕菰集》卷八本作「名」。

〔五〕「屐」，原誤作「履」，據焦循《雕菰集》卷八改。

本是吴吟盪槳郎。」伏神、防風、藁本，即『蒺藜』、『莧陸』之借也。温庭筠詩：『井底點燈深燭伊，共郎長行莫圍棋。玲瓏骰子安紅豆，入骨相思知不知。』借『燭』爲『屬』，借『圍棋』爲『違期』，即借『蚌』爲『邦』、借『鮒』爲『附』之遺也。相思爲紅豆之名，長行爲雙陸之名，借爲男之行、女之思，即『高尚其事』爲逸民，『匪躬之故』爲臣節，借爲當位之高、失道之匪也。合艮手坤母而爲『拇』，合坎弓艮瓜而爲『弧』，即孔融之離合也。『樽酒』爲尊卑之『尊』，『蒺藜』爲遲疾之『疾』，即《子夜》之雙關也。」

二五、論假借説《易》並非穿鑿，學者當援例推補

焦循《與朱椒堂兵部書》曰：「《易》之道，大抵教人改過，即以寡天下之過。改過全在變通，能變通即能行權，所謂『使民宜之』，『使民不倦』，『窮則變，變則通，通則久』。聖人格致誠正修齊治平，全於此一以貫之，則《易》所以名『易』也，《論語》、《孟子》已質言之。而卦畫之所之，其比例、齊同有似九數，其辭則指其所之，亦如句股、割圓，用甲乙丙丁子丑等字，指其變動之跡，吉凶利害，視乎爻之所之，泥乎辭以求之，不啻泥甲乙丙丁子丑之義以索算數也。惟其中引申發明，其辭之同有顯而明者。如「密雲不雨，自我西郊」，《小過》、《小畜》同。「先甲三日」，「先庚三日」，《蠱》與《巽》同。其「冥升」、「冥豫」，「敦復」、「敦艮」、「敦臨」，「同人于郊」、「需于郊」之類，多不勝指數。又多用六書之轉注、假借。轉注如『冥』即『迷』，

「顛」即「窒」，「喜」即「樂」。假借如借「繻」爲「需」，《説文》。借「蒺」爲「疾」，《韓詩外傳》。借「豚」爲「遯」，黄穎説〔一〕。借「祀」爲「巳」。虞翻。推之「鶴」即「隺然」之「隺」〔二〕，「祥」即「牽羊」之「羊」，「禄」即「即鹿」之「鹿」，「礿」即「納約」之「約」，「拔」即「寡髮」之「髮」，「昧」即「歸妹」之「妹」，「胏」即「德積」之「積」，「沛」即「朱紱」之「紱」。彼此訓釋，實爲兩漢經師之祖。其聲音相借，亦與三代金石文字相孚。非明九數之齊同、比例，不足以知卦畫之行；非明六書之假借、轉注，不足以知彖辭、爻辭、《十翼》之義。」錫瑞案：焦氏自明説《易》之旨，其比例通於九數，其假借、轉注本於六書，而説假借之法尤精，可謂四通六闢。學者能推隅反之義例，爲觸類之引申，凡難通者無不可通，不至如何平叔之不解《易》中七事矣。或疑假借説《易》近於傅會，不知卦名每含數義，不得專執一義以解。專以本義解之，爻辭多不可通。如《革》卦之義爲「改革」，「初九：鞏用黄牛之革」，則借爲「皮革」。據《説文》「革，獸皮治去其毛，革更之」，故假借爲「改革」。是「皮革」爲「革」字本義也。「九五〔三〕：大人虎變」，「上六：君子豹變」，亦取象於虎、豹之皮，而取義於「皮革」之「革」。《禮記·玉藻》君羔幦虎犆，故曰「大人虎變」；大夫、士鹿幦豹犆，故曰「君子豹變」。君稱大人，大夫、士稱君子。云

〔一〕「穎」，原誤作「款」，據初稿本及焦循《雕菰集》卷十三改。
〔二〕「隺然之」，原脱，據初稿本及焦循《雕菰集》卷十三補。
〔三〕「九五」，原誤作「六五」，據《周易正義·革》改。

「小人革面」者，蓋庶人役車，其幦以犬、羊之鞟爲之，無虎犆、豹犆，故曰「革面」。若以「革面」爲改頭换面，古無此文法也。《易》之取象，必有其物、有其事，無虚文設言者。如《賁》卦之義爲「賁飾」，「初九：賁其趾」，「趾」乃足趾，王注云「飾其趾」，世豈有文飾其足趾者？正所謂「飾粉黛於胸臆，綴金翠於足趾」矣〔一〕。「賁」當假爲「僨」，取「僨車」之義。《左氏傳》：「鄭伯之車僨於濟。」「賁其趾」謂僨車傷其足，故舍車而徒也。「六二：賁其須」，「須」乃須髯，孔疏云「似賁飾其須」，世豈有文飾其須髯者？殆有如湘東王子方諸踞鮑泉腹，以五色綵辮其髯矣。「賁」當假爲「斑」，謂須髯斑白也。凡此等皆專執一義必不可通者，必以假借之義通之，而後怡然理順，涣然冰釋。學者試平心静氣以審之，當信其必非傅會矣。

二六、論《易》説多依託，不當崇信僞書

《困學紀聞》云：「經説多依託，《易》爲甚。《子夏傳》，張弧作也。《關子明傳》，阮逸作也。《麻衣正易》，戴師愈作也。」錫瑞案：《關子明傳》、《麻衣正易》，朱子答李壽翁，明言「兩書皆是僞書。關子明《易》是阮逸僞作，陳無己集中説得分明，麻衣《易》乃是南康戴師愈作」。今兩書已罕見稱

〔一〕「飾粉黛於胸臆，綴金翠於足趾」，《文心雕龍·事類》作「綴金翠於足脛，靚粉黛於胸臆」。

述，惟《子夏易傳》見隋、唐《志》。劉知幾辨其僞，晁以道以爲唐張弧作。朱彝尊《經義考》證以陸德明、李鼎祚、王應麟所引，皆今本所無，不但非子夏書，並非張弧書。或以爲漢杜子夏作，又或以爲韓嬰、丁寬，皆傅會無據，不足辨。而論《易》之僞託，尚不止此數書。如《連山》、《歸藏》，《漢志》不載。《歸藏》，或以爲晉薛正所得，或以爲唐長孫無忌所得。《連山》，隋劉炫作，鄭樵信以爲真。不知《連山》、《歸藏》與《易》無關，非由孔子所定，其真其僞皆可不論。先天、後天之圖，漢以來所未見，宋陳摶始創爲《龍圖》。朱子以《龍圖》爲僞，更求真圖。不知此皆道家修煉之圖，與《易》無關，非由孔子所定，其真其僞更可不論。高明好奇之士，不知經皆孔子手定，凡出於孔子之後者，不得爲經；即出於孔子之前者，亦不得爲經。聖人則《河圖》、《洛書》，《繫辭傳》明言之。然聖人既則圖書而作《易》，學者但求之於《易》，不必求之圖書。猶《春秋》本魯之《春秋》，孟子亦明言之，然聖人既據魯史而作《春秋》，學者但求之《春秋》，不必求之魯史。《莊子》云：「筌者所以得魚，得魚而忘筌。蹏者所以得兔，得兔而忘蹏。」《河圖》、《洛書》與魯《春秋》，正《莊子》筌蹏之類也。後儒不明此旨，惜圖書不可見，惜未修《春秋》不可見。不思孔子之經且未能明，何暇求之孔子之前？求之不得，或且以僞應之，如《連山》、《歸藏》、河洛之圖，皆無益於經，而反汩經義〔一〕，豈非高明好

〔一〕「汩」，原誤作「泊」，據文義改。

奇之過哉！《漢・郊祀志》劉向引《易大傳》曰「誣神者殃及三世」，今見《大戴禮・本命》篇，而子政以爲《易大傳》，與《史記》引繫辭爲《易大傳》正同。又《經解》引《易》曰「差若毫釐，繆以千里」，今見《易緯》，而引爲《易經》，則漢以前傳本或與今本不同。今本以《彖》、《象》雜經文，《序卦》、《雜卦》蓋出東漢以後，《十翼》之説亦出鄭學之徒。宋人訂《古周易》，欲復聖經之舊，其意未始不善，然但知經出羲、文，不當以孔子所作之傳雜之，而不知經實出孔子，不當以弟子所作之傳雜之也。

二七、論《易》爲卜筮作，實爲義理作，孔子作卦、爻辭純以理言，實即羲、文本意

朱子曰：「《易》爲卜筮作，非爲義理作。伏羲之《易》，有占而無文，與今人用《火珠林》起課者相似。文王、周公之《易》，爻辭如籤辭。孔子之《易》，純以理言，已非羲、文本意。某解《易》，只是用虛字去迎過意來[一]，便得。」周漁駮之曰：「然則孔子當日何用三絶韋編？而所稱加年無大過者，豈終日把定一束蓍草耶？」錫瑞案：朱子以「《易》爲卜筮作，非爲義理作」，其説大誤，然其誤亦有所自來。伏羲畫卦，雖有占而無文，而亦寓有義理在内。《繫辭傳》謂包羲「始作八卦，以通神明

〔一〕「用」，《朱子語類》卷六十七本作「添」，皮錫瑞此實轉引《經義考》卷六十七所録周漁《加年堂講易自序》。

之德，以類萬物之情」，所謂通神明、類萬物者，必有義理，口授相傳。焦循曰：「伏羲畫八卦，重爲六十四。其旁通行動之法，當時必口授指示，久而不傳。文王、周公以辭明之，即明其當日口授指示者也。學者舍其辭，但觀其卦，則此三百八十四畫，遂成一板而不靈之物。如棊有車、馬、礮、卒、士、相、帥、將，按圖排之，必求之於譜，乃知行動之法，其精微奇妙存乎其中。若舍去譜而徒排所謂車、馬、礮、卒、士、相、帥、將，不敢動移一步，又何用乎其爲棊也？六十四卦，車、馬、礮、卒、士、相、帥、將也；文王、周公、孔子之辭，譜也。不於辭中求其行動之用，是知有棊而不知有譜者也。」焦氏之説極通，惜猶拘於舊説，以爲伏羲重卦，文王、周公作卦、爻辭。若更定之，於「重爲六十四」上加「文王」二字，「文王、周公以辭明之」改爲「孔子以辭明之」，「文王、周公、孔子之辭」去「文王、周公」四字，則更合矣。而據其説，可知伏羲作《易》垂教，當時所以正人倫、盡物性者，皆在八卦之内，意必有義説寓於卜筮，必非專爲卜筮而作。文王重卦，其説加詳，卜人、筮人口授相傳。以其未有文辭，故樂正不以教士。然其中必有義理，不可誣也。或疑止有畫而無辭，何得有義理在内；既有義理，則必著爲文辭。是又不然。《左氏》雜采占書，其占不稱《周易》者，當是夏、殷之《易》，而亦未嘗不具義理。若無義理，但有占法，何能使人信用？觀夏、殷之《易》如是，可知伏羲、文王之《易》亦如是矣。周衰而卜筮失官，蓋失其義，專言禍福，流爲巫史。《左氏》所載，焦循嘗一一辨其得失曰：「《易》至春秋，淆亂於術士之口，謬悠荒誕，不足以解聖經，孔子所以韋編三絶而翼贊之也。昭七年傳一條，以靈公名元，直以『元亨』之『元』爲靈公之名。此與陽虎占《泰》之《需》，以『帝乙』爲宋之祖，同一因文生意，有如市俗神籤妖讖，去古筮法遠矣。」據此，是孔子見當時之人惑於吉凶禍福，而卜筮之史加以穿鑿傅會，故演《易》繫辭，明義理，切人事，借卜筮以教後人，所謂以神道設教。其所發明者，實即羲、文之義理，而非别有義理；亦非羲、文並無義理，至孔子始言義理也。當即朱子之言而小變之，曰「《易》爲卜筮作，實爲義理作。伏羲、文王之《易》，有占而無文，與今人用《火珠林》起課者相似。孔子加卦、爻辭如籤辭，純以理言，實即羲、文本意」，則其説分明無誤矣。

二八、論説《易》之書最多，可取者少

《四庫全書》經部惟《易經》爲最多，《提要》别擇之亦最嚴，《存目》之外，又别出於術數，不欲以溷經也。《易》義無所不包，又本卜筮之書，一切術數皆可依託，或得《易》之一端，而要不足以盡《易》，雖云密合，亦屬强附。如京房卦氣原出曆數，唐一行言曆引孟喜卦氣。揚雄《太玄》推本渾天，其數雖似巧合於《易》，實是引《易》以强合其數。孔子作《易》，當時並不知有漢曆，謂孔子據漢曆作《易》，斷斷乎不然也。陳摶《龍圖》本是丹術，邵子「衍數」亦原道家，其數雖似巧合於《易》，實是引《易》以强合其數。孔子作《易》，當時亦不知有道書，謂孔子據道書作《易》，斷斷乎不然也。此兩

家準之孔子作《易》之旨，既皆不然，則其學雖各成一家，皆無關於大義。漢學誤於讖緯，宋學亂於圖書。當時矜爲祕傳，後儒不得不加論辨。今辨之已晰，人皆知其不關大義，學者可以不必誦習，亦不必再加論辨矣。其餘一切術數、風角、壬遁實有徵驗，丹鼎、爐火亦足養生，其書亦或假《易》爲名，要不盡符於《易》之理。《參同契》見引於虞氏，而專言《坎》、《離》之旨，已與《易》重《乾》、《坤》不同。陰陽、五行、蓍龜、雜占，《漢書·蓺文志》别出之於後，未嘗以溷於《易》，誠以先聖大義，非可以九流衆技參之。即蓍龜十五家，實爲卜筮之書，而但言占法，不言義理，亦不得與《易》十三家並列於前。古人别擇之嚴如此，所以尊經而重道也，又況後世臆造委巷不經之書乎？漢人之書，自《太玄》、《參同契》以外，今皆亡佚，所傳術數，多出唐、宋以後。《提要》既别出於後，不入《易》部，學者更可不必誦習，亦不必再加論辨矣。《存目》諸書，取資甚尠，即收入經部者，亦多節取其長。蓋漢儒之書不傳，自宋至今，能治專家之學如張惠言、通全經之學如焦循者，實不多覯。故後之學《易》者，必自此二家始。

二九、論漢人古義多不傳，漢碑可以引證

漢人《易》義，傳世甚尠，惟鄭、荀、虞稍存崖略。而三家皆生於漢末，距魏王弼時代不遠，其前通行之本出於施、孟、梁丘、京氏者，皆不可考。今惟漢碑引《易》爲當時通行之本，姑舉數條證之。

《博陵太守孔彪碑》云：「《易》建八卦，揆肴毄辭。」《隸釋》云：「碑以肴爲爻，毄即繫字。」案：碑云建卦揆爻，乃云繫辭，此以卦辭、爻辭即是繫辭之證。所謂繫辭，非今之所謂《繫辭》也。《百石卒史碑》云：「孔子作《春秋》，制《孝經》。删述五經，演《易》繫辭。經緯天地，幽讚神明。」碑以「演《易》繫辭」屬孔子説，則亦必以繫辭爲卦、爻辭，非今之所謂《繫辭》也。今《繫辭傳》曰：「昔者聖人之作《易》也，幽贊乎神明而生蓍。」碑以「幽讚神明」屬孔子説，則亦必以聖人作《易》屬之孔子。此二碑皆漢人遺説，以卦爻辭爲繫辭、爲孔子作之明證也。若其字句與今不同而與古説合者，如蔡邕《處士圂叔則碑》云「童蒙來求」，與《釋文》「一本作『來求我』」合，足證今本之誤脱。又云「彪之用文」，及《司徒袁公夫人馬氏碑銘》云「蒙昧以彪」，胡廣《徵士法高卿碑》云「彪童蒙」，與《釋文》「鄭曰：包，當作彪。彪，文也」合，足證鄭義之有本。《衛尉卿衡方碑》云：「恩隆乾夳，威肅剥巛。」「巛」即「坤」，則「夳」亦即「泰」，與《説文》「亢，古文『泰』」合，足證漢《易》之古文。《玄儒先生婁壽碑》云「不可營以禄」，《堂邑令費鳳碑》云「不營榮禄」，邊韶《老子銘》云「禄執弗營」，與《虞氏易》作「營」合，足證「營」訓「營惑」，而孔疏訓爲「榮華」之非。《荆州刺史度尚碑》云「暉光日新」，與《釋文》「鄭以『日新』絶句」合，足證王注以「輝光日新其德」爲句之非。《博陵太守孔彪碑》云「抍馬毄害」，與《釋文》「子夏作『抍』」合，足證唐開成後定作「拯」字之非。《太尉橋公廟碑》云「亦用齊斧」，與《釋文》「《子夏傳》及衆家並作『齊斧』」合，足證今作「資斧」之非。《安平相孫根碑》云：「厥先出自有殷，玄商之系，子湯之苗。至于東叩，大壱戡仁，聖武定周，封干之墓。」《隸釋》引：「班孟堅《幽通賦》云『東厶巹而殲仁』，注云：『厶，古鄰字，謂紂也；仁即三仁也。』碑中之語蓋出於此，則是以『叩』爲『厶』，以『戡』爲『殲』，或爲『戕』也。」與《坊記》引《易》此文，鄭注曰「東鄰」謂紂，孔疏《易》與《左傳》云說者皆云「東鄰」謂紂合，足證王注、孔疏撥棄古義、不解「東鄰」之非。李鼎祚《周易集解》集子夏、孟喜、京房、馬融、荀爽、鄭康成、劉表、何晏、宋衷、虞翻、陸績、干寶、王輔嗣、姚信、王廙、張璠、向秀、王凱沖、侯果、蜀才、翟玄、韓伯、劉瓛、何妥、崔憬、沈驎士、盧氏、崔覲、孔穎達三十餘家〔一〕。《釋文》云張璠《易集解》二十二家：鍾會、向秀、庾運、應貞、荀煇、張輝、王弘、阮咸、阮渾、楊乂、王濟、衛瓘、欒肇、鄒湛、杜育、楊瓚、張軌、宣舒、邢融、裴藻、許適、楊藻。《釋文》所引諸家，於二《集解》之外，又有董遇、黄穎、尹濤三人。張璠書今不傳，但傳《釋文》與李鼎祚書。漢人《易》說亦不多，漢碑可以補其缺也。

三〇、論筮《易》之法，今人以錢代蓍，亦古法之遺

聖人因卜筮而作《易》，乃神道設教之意。《漢・蓺文志》曰：「秦燔書，而《易》爲筮卜之事，傳

〔一〕「劉表」，原誤作「劉衷」；「王凱沖」，原脱「沖」，據晁公武《郡齋讀書志》卷一改、補。

者不絶。」劉歆《移博士書》曰：「天下但有《易》卜，未有他書。」是《易》以筮卜而幸存。《史記》、《漢書》載漢初經師之傳，惟《易》最詳，蓋以此也。乃至漢後，而漢初説《易》之書無一存者，《易》卜之法亦失其傳。聖人之經幸存於秦火之餘，而經義、卜法盡亡於漢代之後，此事理之不可解者。《漢・藝文志》蓍龜十五家，龜有《龜書》五十二卷、《夏龜》二十六卷、《南龜書》二十八卷、《巨龜》三十六卷、《雜龜》十六卷，凡五家；蓍止有《蓍書》二十八卷，一家。蓋重龜而輕蓍。古大事用卜，小事用筮。《左氏傳》云：「蓍短龜長，不如從長。」《史記・日者列傳》專言卜，云：「太卜之起，自漢興而有。」是古重卜輕筮之證。自漢以後，尟有用龜卜者。灼龜占墨之法，雖略見於注疏，其詳不可得聞，唐李華所以有「廢龜」之論也。惟筮法猶傳於世，詳見於朱子書。朱子以韓侂胄專權，欲上書極諫，門人請以蓍決之。是朱子嘗用揲蓍之法，而其法亦不通行。今世通行以錢代蓍，出於《火珠林》。陳振孫《書録解題》「卜筮類」：「《火珠林》一卷，無名氏。今賣卜擲錢占卦，盡用此書。」《朱子語類》云：「《火珠林》猶是漢人遺法。」蓋其法亦有所本。《儀禮・士冠禮》注曰：「所卦者，所以畫地記爻。」疏：「云『所卦者，所以畫地記爻』者，筮法，依七、八、九、六之爻而記之，但古用木畫地，今則用錢。以三少爲重錢，重錢則九也；三多爲交錢，交錢則六也；兩多一少爲單錢，單錢則七也；兩少一多爲拆錢，拆錢則八也。」項安世《家説》：「今占家以三錢擲之，兩背一面爲拆，此即兩少一多，少陰爻也；兩面一背爲單，此即兩多一少，少陽爻也；俱面者爲交，交者拆之，此即三多，爲老陰爻也；俱背者爲重，重者單之，此即三少，爲老陽爻也。蓋以錢代蓍，一錢當一揲。」錢大昕曰：「賈公彦《疏》本於北齊黄慶、隋李孟悊二家，是則齊、隋與唐初皆已用錢，重、交、單、拆之名與今不異也。但古人先揲蓍，而後以錢記之，其後術者漸趨簡易，但擲錢得數，不更揲蓍。」錫瑞案：據諸家之説，擲錢占卦是由揲蓍而變，故朱子以《火珠林》爲漢法之遺也。越人鷄卜，載在《史記》；《鼠序卜黄》，列於《漢志》。此等小數猶可占驗，況擲錢本古人遺法，不能得蓍草者，可以此代。用心誠敬，亦足以占吉凶。若心不誠敬，則雖得蓍龜而占之，亦將如《漢志》所云「筮瀆不告，《易》以爲忌；龜厭不告，《詩》以爲刺」矣。

書經

一、論《尚書》分今、古文最先，而《尚書》之今、古文最糾紛難辨

兩漢經學有今、古文之分，以《尚書》爲最先，亦以《尚書》爲最糾紛難辨。治《尚書》不先考今、古文分别，必至茫無頭緒，治絲而棼。故分别今、古文，爲治《尚書》一大關鍵，非徒争門户也。漢時今文先出，古文後出；今文立學，古文不立學。漢立十四博士，《易》施、孟、梁丘、京氏，《尚書》歐陽、大小夏侯，《詩》魯、齊、韓，《禮》大、小戴，《春秋》嚴、顔，皆今文立學者也。費氏古文《易》、古文《尚書》、《毛詩》、《周官》、《左氏春秋》，皆古文不立學者也。其後今文立學者皆不傳，古文不立學者反盛傳。蓋自東漢以來，異説漸起，非一朝一夕之故矣。謂今、古文之分，《尚書》最先者：《史記·儒林傳》舉漢初經師，《詩》自申培公、轅固生、韓太傅，《禮》自高堂生，《易》自田何，《春秋》自胡毋生、董仲舒，皆今文，無古文。惟於《尚書》云：「孔氏有古文《尚書》，而安國以今文讀之，因以起其家。」是漢初已有古文《尚書》，與今文别出。故曰今、古文之分，以《尚書》爲最先也。謂今、古文以《尚書》爲最糾紛難辨者，太史公時，《尚書》立學者惟有歐陽，太史公未言受《書》何人。《史

記》引《書》多同今文，而《漢書·儒林傳》云：「司馬遷從安國問故，遷書載《堯典》、《禹貢》、《洪範》、《微子》、《金縢》諸篇多古文説。」然則《史記》引《書》爲歐陽今文乎，抑安國古文乎？此難辨者一。《漢書·藝文志》曰：「古文《尚書》者，出孔子壁中，安國獻之，遭巫蠱事，未列於學官。劉向以中古文校歐陽、大小夏侯三家經文。」又《儒林傳》曰：「世所傳百兩篇者，出東萊張霸，分析合二十九篇以爲數十，又采《左氏傳》、《書叙》爲作首尾，凡百二篇。成帝時，求其古文者，霸以能爲百兩徵。以中書校之，非是。」《後漢書·儒林傳》曰：「扶風杜林傳古文《尚書》，林同郡賈逵爲之作訓，馬融作傳，鄭玄注解。由是古文《尚書》遂顯于世。」據此，則漢時古文《尚書》已有三本：一、孔氏之壁書；一、張霸之百兩；一、杜林之漆書。此難辨者二。東晉梅頤獻古文《尚書》、孔安國《傳》，孔穎達作疏，以孔氏經、傳爲真，馬、鄭所注爲張霸僞書。宋儒以孔安國書爲僞。近儒毛奇齡以孔氏經、傳爲真，馬、鄭所注本於杜林漆書者爲僞；閻若璩、惠棟則以孔氏經、傳爲僞，馬、鄭所注本於杜林者即孔壁真古文；劉逢禄、宋翔鳳、魏源又以孔氏經、傳與馬、鄭本於杜林者皆僞，逸十六篇亦非孔壁之真。此難辨者三。錫瑞案：張霸書之僞，《漢書》已明辨之。孔安國書之僞，近儒已明辨之。馬、鄭古文《尚書》出於杜林者，是否即孔壁真古文，至今猶無定論。故曰今、古文之分，以《尚書》爲最糾紛難辨也。若唐玄宗詔集賢學士衛包改古文從今文，乃以當時俗書改隸書，與漢時今文不同。《文獻通考》曰：「漢之所謂古文者，科斗書；今文者，隸書也。唐之所謂古文者，隸書；今文者，世所通用之俗字也。」宋時又有古文《尚書》出宋次道家，尤不足據。阮元曰：「衛包以前，未嘗無今文；衛包以後，又别有古文也。」

二、論漢時今、古文之分由文字不同，亦由譯語各異

漢時所謂今文，今謂之隸書，世所傳熹平石經與孔廟等處漢碑是也。漢時所謂古文，今謂之古籀，世所傳鐘鼎、石鼓與《説文》所列古文是也。隸書漢時通行，故謂之今文，猶今人之於楷書，人人盡識者也。古籀漢時已不通行，故謂之古文，猶今人之視篆、隸，不能人人盡識者也。《史記·儒林傳》曰：「伏生者，濟南人也，故爲秦博士。秦時焚書，伏生壁藏之。其後兵大起，流亡。漢定，伏生求其書，亡數十篇，獨得二十九篇，即以教於齊、魯之間。」錫瑞案：孔子寫定六經皆用古文，見許氏《説文·自叙》。伏生爲秦博士，所藏壁中之書，必與孔壁同爲古文，至漢發藏以教生徒，必易爲通行之隸書，始便學者誦習。江聲《尚書集注音疏》始用篆文，書不通行，後卒改用今體楷書。觀今人不識篆文，不能通行，即知漢人不識古文，不能通行之故。此漢時立學所以皆今文，而古文不立學也。古文《尚書》之名雖出漢初，尚未别標今文之名，但云《歐陽尚書》、《夏侯尚書》而已。劉歆建立古文《尚書》之後，始以今《尚書》與古《尚書》别異。許慎《五經異義》列古《尚書》説，今《尚書》夏侯、歐陽説，是其明證。龔自珍《總論漢代今文古文名實》曰：「伏生壁中書實古文

也，歐陽、夏侯之徒以今文讀之，傳諸博士，後世因曰伏生今文家之祖。此失其名也。孔壁固古文也，孔安國以今文讀之，則與博士何以異？而曰孔安國古文家之祖，此又失其名也。今文、古文，同出孔子之手，一爲伏生之徒讀之，一爲孔安國讀之。未讀之先，皆古文矣；既讀之後，皆今文矣。惟讀者人不同，故其説不同。源一流二，漸至源一流百。此如後世翻譯，一語言也，而兩譯之，三譯之，或至七譯之，譯主不同，則有一本至七本之異。未譯之先，皆彼方語矣；既譯之後，皆此方語矣。其所以不得不譯者，不能使此方之人曉殊方語故；經師之不能不讀者，不能使漢博士及弟子員悉通周古文故〔一〕。然而譯語者未嘗取所譯之本而毀棄之也，殊方語自在也。讀《尚書》者，不曰以今文讀後而毀棄古文也，故其字仍散見於群書及許氏《説文解字》之中，可求索也。又譯字之人，必華夷兩通而後能之；讀古文之人，必古今字盡識而後能之。此班固所謂曉古、今語者必冠世大師，如伏生、歐陽生、夏侯生、孔安國庶幾當之，餘子皆不能也。此今文、古文家之大略也。若夫『讀之』之義，不專指以此校彼而言，又非謂以博士本讀壁中本而言，具如予外王父段先生言〔二〕，詳見段氏《古文尚書撰異》。」案：段氏解「讀」字甚精，龔氏通翻譯，解「讀」字尤確。據此，可知今、

〔一〕「故」，原脱，據龔自珍《大誓答問第二十四》補。

〔二〕「具」，原誤作「其」，據初稿本及龔自珍《大誓答問第二十四》改。

古文本同末異之故，學者不必震於古文之名而不敢議矣。

三、論伏生傳經二十九篇，非二十八篇，當分《顧命》、《康王之誥》爲二，不當數《書序》與《大誓》

孔子弟子漆雕開傳《尚書》，其後授受源流皆不可考。漢初傳《尚書》者，始自伏生。伏生傳經二十九篇，見《史記·儒林傳》。《漢書·蓺文志》、《儒林傳》亦云伏生求得二十九篇，無所謂二十八篇者。乃孔穎達《正義》云：「《尚書》遭秦而亡，漢初不知篇數。武帝時，有太常、蓼侯孔臧者，安國之從兄也，與安國書云：時人惟聞《尚書》二十八篇，取象二十八宿，謂爲信然，不知其有百篇也。」錫瑞案：此引《論衡》「法四七宿」之説，而遺「其一曰斗」之文。段玉裁謂孔臧書不可信。王引之謂二十八篇之説見於僞《孔叢子》，及《漢書·劉歆傳》臣瓚註，蓋晉人始有此説。據段、王説，則今文二十八篇之説非是，孔臧書即僞《孔叢子》所載也。惟王充《論衡·正説》篇云：「至孝宣皇帝之時，河内女子發老屋，得逸《易》、《禮》、《尚書》各一篇，奏之。宣帝下示博士，然后《易》、《禮》、《尚書》各益一篇，而《尚書》二十九篇始定。」如其説，則益一篇乃有二十九，伏生所傳者止二十八矣。所益一篇是《大誓》。《尚書正義》引劉向《别録》曰：「武帝末，民有得《大誓》書於壁内者，獻之。與博士使讀説之，數月皆起傳以教人。」《文選注》引《七略》同，且曰「今《太誓》篇是也」。《論衡》言宣帝時，與《別録》、《七略》言武帝末不合。王引之、陳壽祺皆以《論衡》爲傳聞之誤，則其言《尚書》篇數亦不可信。而即《論衡》之説考之，亦自有不誤者。《正説》篇云：「傳者或知《尚書》爲秦所燔，而謂二十九篇，其遺脱不燒者也。審若此言，《尚書》二十九篇，火之餘也。七十一篇爲炭灰，二十九篇獨遺耶？夫伏生年老，鼂錯從之學時，適得二十餘篇。伏生死矣，故二十九篇獨見，七十一篇遺脱。」據此，則王仲任亦以爲伏生傳鼂錯已有二十九篇，與馬、班説不異。其以爲益一篇而二十九篇始定者，蓋當時傳聞之辭，仲任非必堅持其説，而其説亦有所自來。伏生所傳二十九篇，《堯典》一，《皋陶謨》二，《禹貢》三，《甘誓》四，《湯誓》五，《般庚》六，《高宗肜日》七，《西伯戡耆》八，《微子》九，《牧誓》十，《鴻範》十一，《大誥》十二，葉夢得云：伏生以《大誥》列《金縢》前。《金縢》十三，《康誥》十四，《酒誥》十五，《梓材》十六，《召誥》十七，《洛誥》十八，《多士》十九，《毋佚》二十，《君奭》二十一，《多方》二十二，《立政》二十三，《顧命》二十四，《康王之誥》二十五，《鮮誓》二十六，《甫刑》二十七，《文侯之命》二十八，《秦誓》二十九。《釋文》：「『王若曰：庶邦侯、甸、男、衛』，馬本從此以下爲《康王之誥》。歐陽、大小夏侯同爲《顧命》。」故或謂今文二十九篇，當合《顧命》、《康王之誥》爲一，而以《大誓》當一篇者，王引之《經義述聞》是也；或以《書序》當一篇者，陳壽祺《左海經辨》是也。案：以《書序》當一篇，《經義述聞》已辨之矣。以《大誓》當一篇，《大誓答問》已辨之矣。當從《大誓答問》，分《顧命》、《康王之誥》爲二，不數《大誓》、《書序》爲是。惟龔氏論夏侯、歐陽無增篇，無解於《釋文》所云。歐陽、夏侯既無增篇，又並二篇爲一，則仍止二十八，而無二十九矣。《史記・周本紀》云「作《顧命》」、「作《康誥》」，《康誥》即《康王之誥》。則史公所傳伏生之書明分二篇，其後歐陽、夏侯乃合爲一。疑因後得《大誓》，下示博士，使讀説以教人，博士乃以《顧命》、《康王之誥》合爲一篇，而攙入《大誓》。此夏侯篇數所以仍二十九，歐陽又分《大誓》爲三，所以篇數增至三十一也。《論衡》所云益一篇而《尚書》二十九篇始定，乃據其後言之；云伏生傳鼂錯適得二十九篇，乃據其先言之。如此解，則二説皆可通，而伏生所傳篇數與博士所傳篇數名同而實不同之故，亦可考而知矣。若《書正義》謂「司馬遷在武帝之世，見《太誓》出而得行，入於伏生所傳内，故爲史總之，並云伏生所出，不復曲別分析，云民間所得也」，史公不應謬誤至此，其説非是。漢所得《大誓》今殘缺，考其文體，與二十九篇不類。白魚赤烏之瑞，頗近緯書。伏生《大傳》雖載之，似亦説經之文，而非引經之文。故董子但稱爲《書傳》，馬融疑之，是也。唐人信僞孔古文，以此《大誓》爲僞，遂致亡佚。近人以爲不僞，復掇拾叢殘而補之，似亦可以不必矣。

四、論古文增多十六篇見《漢志》，增二十四篇爲十六卷見孔《疏》，篇數分合、增減皆有明文

伏生壁藏之書，漢立學，今傳誦者也。孔氏壁藏之書，漢不立學，今已不傳者也。書既不傳，

則真僞不必辨。而既考今文之篇數，不能不並考古文之篇數。《史記・儒林傳》曰「逸《書》得十餘篇」，《漢書・藝文志》曰「以考二十九篇，得多十六篇」，皆未列其篇名。《書正義》曰：「案壁内所得，孔爲傳者，凡五十八篇，爲四十六卷。三十三篇與鄭《注》同，二十五篇增多鄭《注》也。其二十五篇者，《大禹謨》一，《五子之歌》二，《胤征》三，《仲虺之誥》四，《湯誥》五，《伊訓》六，《太甲》三篇九，《咸有一德》十，《説命》三篇十三，《泰誓》三篇十六，《武成》十七，《旅獒》十八，《微子之命》十九，《蔡仲之命》二十，《周官》二十一，《君陳》二十二，《畢命》二十三，《君牙》二十四，《冏命》二十五。但孔君所傳，值巫蠱不行以終。前漢諸儒知孔本有五十八篇，不見孔《傳》，遂有張霸之徒於鄭《註》之外，僞造《尚書》凡二十四篇，以足鄭《註》三十四篇爲五十八篇。其數雖與孔同，其篇有異。孔則於伏生所傳二十九篇内，無古文《泰誓》，除《序》，尚二十八篇，分出《舜典》、《益稷》、《盤庚》二篇、《康王之誥》，爲三十三，增二十五篇爲五十八篇。鄭玄則於伏生二十九篇之内，分出《盤庚》二篇、《康王之誥》，又《泰誓》三篇，爲三十四篇，更增益僞書二十四篇爲五十八。所增益二十四篇者，則鄭註《書序》，《舜典》一，《汩作》二，《九共》九篇十一，《大禹謨》十二，《益稷》十三，《五子之歌》十四，《胤征》十五，《湯誥》十六，《咸有一德》十七，《典寶》十八，《伊訓》十九，《肆命》二十，《原命》二十一，《武成》二十二，《旅獒》二十三，《冏命》二十四。以此二十四爲十六卷，以《九共》九篇共卷，除八篇，故爲十六。故《藝文志》、劉向《別録》云五十八篇。」錫瑞案：孔《疏》以僞孔古文爲真，以鄭注古文爲僞，誠爲顛倒之見，而所數篇目，必有所據。其引鄭注《書序》，《益稷》當作《棄稷》，《冏命》當作《畢命》。云增二十五篇，據僞孔《序》文，實當作二十四，蓋作僞孔書者，知伏生二十九篇不數《泰誓》與《序》，遂誤以爲二十八篇，而不知當數《康王之誥》也。桓譚《新論》云：「古文《尚書》舊有四十五卷，爲五十八篇。」《漢書·藝文志》云：「《尚書》古文經四十六卷，爲五十七篇。」二説不同。桓云四十五卷蓋不數《序》，五十八篇兼數《武成》。班云四十六卷則並數《序》，五十七篇不數《武成》。《武成》正義引鄭云「《武成》逸書，建武之際亡」，故比桓譚時少一篇矣。篇數分合，增減，皆有明文可據。俞正燮謂「《藝文志》本注云五十七篇者，與衆本皆不應，『七』是誤文；《正義》引劉向《別録》云五十八篇，『八』亦誤文」，輕詆前人，殊嫌專輒。龔自珍不信《大誓》，極是，而必以爲博士無增《大誓》之事，則二十九篇之數不能定，乃謂劉向襲稱五十八、班固襲稱五十七爲誤，則亦未盡得也。

五、論《尚書》僞中作僞，屢出不已，其故有二，一則因秦燔亡失而篇名多僞，一則因秦燔亡失而文字多僞

孔子所定之經，惟《尚書》真僞難分明。至僞中作僞，屢出不已者，其故有二：一則秦時燔經，《尚書》獨受其害。《漢書·藝文志》曰：「及秦燔書，而《易》爲筮卜之事，傳者不絶。」又曰：「凡三

百五篇遭秦而全者，以其諷誦，不獨在竹帛故也。」據此，則《易》、《詩》二經皆全，未嘗受秦害也。《史記·儒林傳》曰：「《禮》固自孔子時，而其經不具。及至秦焚書，書散亡益多。」《十二諸侯年表》曰：「孔子次《春秋》，七十子之徒口受其傳指，爲有所刺譏褒諱挹損之文辭，不可以書見也。」據此，則《禮》雖因焚書而散亡，其先本不完全；《春秋》本是口傳，今猶完全，亦未嘗受秦害也。獨《尚書》一經，《史記》云：「秦時焚書，亡數十篇。」《漢書》云：「《書》凡百篇，秦燔書禁學，漢興亡失。」《論衡·正説》篇云：「蓋《尚書》本百篇，孔子所授也。遭秦用李斯之議，燔燒五經，濟南伏生抱百篇藏於山中。孝景皇帝時，始存《尚書》。伏生已出山中，景帝遣鼂錯往，從受《尚書》二十餘篇。伏生老死，《書》殘不竟。鼂錯傳於倪寬。」又云：「至孝景帝時，魯共王壞孔子教授堂以爲殿，得百篇於牆壁中。武帝使使者取視，莫能讀者，遂祕於中，外不得見。至孝成皇帝時，徵爲古文《尚書》學，東海張霸案百篇之《序》，空造百兩之篇，獻之成帝。帝出所祕百篇以較之，皆不相應。於是下霸於吏，吏白霸罪當至死。成帝高其才而不誅，亦惜其文而不滅，故百兩之篇傳在世間者。傳見之人，則謂《尚書》有百兩篇矣。」據此，則以孔子所定本有百篇，遭燔殘缺不全。王充且以爲孔壁所得亦有百篇，因祕於中而不得見，學者既不得見，而徒聞百篇之名，遂有張霸出而作僞。後之作僞孔古文者，正襲張霸之故智也。張霸與孔皆僞，究不知真古文安在。馬、鄭註古文十六篇，世以爲孔壁真古文，而馬融云「逸十六篇絶無師説」。既無師説，真僞難明，《史》、《漢》皆不具其篇目。劉逢禄以爲《逸周書》之類，非真古文《尚書》，證以劉歆引《武成》即《逸周書·世俘解》，似亦有據。其書既亡，是非莫決。此因秦燔亡失而篇名多僞者也。一則今文、古文，《尚書》分别獨早。孔壁古文藏於中祕，劉向以中古文校三家，成帝以祕百篇校張霸，皆必是真古文。後遭新莽、赤眉之亂，西京圖籍未必尚存。《後漢書·杜林傳》云：「林前於西州得漆書古文《尚書》一卷，常寶愛之，雖遭難困，握持不離身。出以示衛宏、徐巡曰：『林流離兵亂，常恐斯經將絶，何意東海衛子、濟南徐生復能傳之，是道竟不墜於地也。古文雖不合時務，然願諸生無悔所學。』宏、巡益重之，於是遂行。」案：杜林古文，馬、鄭本之以作傳註，所謂古文遂行也。此漆書，或是中祕古文遭亂佚出者。杜林作《蒼頡訓纂》、《蒼頡故》，《漢書》云「世言小學者由杜公」。杜既精於小學，得古文一卷，可以校刊俗本之譌。故賈逵作訓，馬融作傳，鄭玄註解，皆據以爲善本。許慎師賈逵，《説文》所列古文，當即賈逵所傳杜林漆書一卷，故其字亦無多。或以爲杜林見孔壁全書，固非；或又以漆書爲杜林僞作，亦非也。《説文》「𡰪」字註引衛宏説。《隋書·經籍志》：「《古文官書》一卷，後漢衛敬仲撰。」《史記·儒林傳》正義、《漢書·儒林傳》註皆引作衛宏《詔定古文尚書》。衛宏傳杜林之學，《官書》一卷蓋本杜林。東漢諸儒多壓今文以尊古文，馬融詆爲俗儒，鄭君疾其蔽冒，於是僞孔所謂隸古定乃乘虚而入。自唐衛包改爲今文，而隸古定又非其舊，於是宋人之僞古文又繼踵而起。而據《經典釋文·叙録》曰：「今齊、宋舊本及徐、李等音所有古字，蓋亦無幾。穿鑿之徒務欲立異，依傍字部，改變經文，疑惑後生，不可承用。」段玉裁謂：「按：此則唐以前久有此僞書，蓋集《説文》、《字林》、魏石經及一切離奇之字爲之。傳至郭忠恕，作《古文尚書釋文》。此非陸德明《釋文》也，徐楚金、賈昌朝、夏竦、丁度、宋次道、王仲至、晁公武、宋公序、朱元晦、蔡仲默、王伯厚皆見之。公武刻石於蜀，薛季宣取爲《書古文訓》。此書僞中之僞，不足深辨。今或以爲此即僞孔《序》所謂隸古者，亦非也。」又謂：「按：《尚書》自有此一種與今本絶異者，如郭氏璞説『茂才茂才』，賈氏公彦説『三岳三海』，釋玄應説『高宗夢㝵説』、『砅砥砮丹』，陸氏德明説『旮徽五典』，孔氏穎達説壁内之書『治』皆作『乿』，顔氏師古説『湯殺奴𦗓』，徐氏鍇説『才生明』、説『驩吺』，皆在宋次道以前也。」江聲好改字，深信之。段不信，識優於江。據此，則僞中之僞，至於擅造文字。此又因秦燔亡失而文字多僞者也。

六、論伏生所傳今文不僞，治《尚書》者不可背伏生《大傳》最初之義

篇名、文字多僞，皆屬古文。古文有僞，伏生所傳今文二十九篇固無僞也。《史》、《漢》皆云伏生得《書》止二十九篇，《論衡》則云「伏生老死，《書》殘不竟」，則伏生所得不止此數，當以《史》、《漢》爲是。晁錯景帝時已大用，受《書》伏生在文帝時。兒寬受《書》歐陽生、孔安國，非晁錯所傳

授。《論衡》多傳聞之失，惟以發孔壁在景帝時，足證《漢書》之誤。《史》、《漢》與《論衡》雖少異，而二十九篇之不僞，固昭昭也。《史》、《漢》皆云二十九篇之外，亡數十篇。劉歆《移太常博士書》謂博士「以《尚書》爲備」，臣瓚《漢書注》曰：「當時學者謂《尚書》唯有二十八篇，不知本存百篇也。」《論衡》引或說：「《尚書》二十九篇者，法斗四七宿也。四七二十八篇，其一曰斗矣，故二十九。」漢時謂《尚書》唯有二十九篇，故以爲備。《尚書》不止此數，而秦燔亡失，所得止此，則雖不備，而不得不以爲備矣。《史》、《漢》與博士説少異，而二十九篇之不僞，又昭昭也。全經幾燼，一老憖遺。以九十餘歲之人，傳二十九篇之經，又有四十一篇之傳，今雖殘缺，猶存大略。其傳兼明大義，不盡釋經，而釋經者確乎可據，如：大麓之野，必是山林；旋機之星，實爲北極。四方上下，「六宗」之義可尋；三才四時，「七政」之文具在。禰祖歸假，知事死如事生；鳥獸咸變，見物性通人性。十二州之兆祀，是祭星辰；三千條之肉刑，難解畫象。七始七律，文猶見於唐山；五服五章，制豈同於周世。三公絀陟，在巡守之先；重華禪讓，居賓客之位。西伯受命，逮六載而稱王；元公居攝，閱七年而致政。成王抗法，爲世子以迎侯；皇天動威，開金縢而改葬。此皆伏生所傳古義，必不可創新解而背師説者。其後三家之傳，漸失初祖之義。《漢書・于定國傳》「萬方之事，大録於君」，是用大夏侯説，背伏生「大麓」之説，一矣。《地理志》「周公封弟康叔，號曰孟侯」，是用小夏侯説，背伏生「迎侯」之説，二矣。《白虎通》以「虞賓在位」爲「不臣丹朱」，亦是用夏侯説，背伏生「舜爲賓客」之說，三矣。歐陽、夏侯說天子服十二章，公卿服九章，背伏生「五服五章」之說，四矣。說詳見後。古文後出，異說尤多。馬、鄭以「璿機玉衡」爲渾天儀，背伏生「旋機，北極」之說，五矣。馬、鄭又以日、月、五星爲「七政」，背伏生「三才四時」之說，六矣。劉歆以「六宗」爲水、火、雷、風、山、澤，賈、馬、許以爲日、月、星、河、海、岱，鄭以爲星、辰、司中、司命、風師、雨師，背伏生「上下四方」之說，七矣。馬、鄭訓「肇十二州」之「肇」爲「始」，分置并、幽、營三州，背伏生「兆祭分星」之說，八矣〔一〕。鄭以「蓺祖」猶周明堂，背伏生「歸假祖禰」之說，九矣。馬以「鳥獸」爲「筍虡」，背伏生「鳥獸咸變」之說，十矣。「七始訓」，古文作「在治忽」，鄭本又作「曶」，解爲「笏」，背伏生「七始七律」之說，十一矣。馬、鄭古文以成王感雷雨，迎周公反國，背伏生「公薨改葬」之說，十二矣。說詳見後。劉歆欲立古文，詆博士「是末師而非往古」。試問傳《尚書》者，有古於伏生者乎？豈伏生《大傳》不足信，末師之說乃足信乎？鄭君爲《大傳》作注，可謂伏生功臣，乃於《虞傳》六宗、《夏傳》三公、《周傳・多士》之言郊遂，皆引《周禮》爲說。又謂《虞傳》「儀」當爲「羲」，以傅合羲仲；《洪範》「容」當爲「睿」，而改從古文。則鄭君之於伏書，亦猶注《禮》箋《詩》，雜糅今、古，而非篤守伏書者矣。近儒王鳴盛說《牧誓》司徒、司馬、司空，以伏生爲不可解；段玉裁說《金縢》以今文爲荒謬。彼祖護古文者，猶

〔一〕「八」，原誤作「七」，據初稿本改。

不足怪。孫星衍始治今文，於《多方》泥於鄭註踐奄在攝政時，謂《大傳》不出自伏生。陳喬樅專治今文，乃於文王受命、周公避居兩事，皆詆伏生老耄，記憶不全。此經義所以不明，皆由不守師說，誠無解於孔穎達「葉不歸根」之誚矣。

七、論伏《傳》之後，以《史記》爲最早，《史記》引《書》多同今文，不當據爲古文

漢武帝立博士，《尚書》惟有歐陽。太史公《尚書》學，不言受自何人。考其年代，未能親受伏生，當是歐陽生所傳者。陳壽祺曰：「司馬子長時，《書》惟有歐陽，所據《尚書》乃歐陽本也。」臧琳《經義雜記》分別《史記》引《尚書》爲今文，馬、鄭、王本爲古文，已列《堯典》一篇，餘可類推。其說甚是。今考《史記》一書，如：「大麓」是林麓，非録尚書；「百揆」即百官，匪云宰相。堯太祖稱「文祖」，異於「禰祖」之親；「胤子朱」是丹朱，知非胤國之爵。舜年凡百歲，見「徵庸三十」之譌；帝咨廿二臣，有彭祖一人在内。九官、十二牧，四岳即在十二牧内，合以彭祖，正是二十有二人。「夔曰」八字，本屬衍文；「予乘四載」，更當分列。「戛擊鳴球」以下，記自虞史伯夷；明良喜起之歌，義即舜傳大禹。《般庚》屬小辛時作，比於陳古刺今；微子咨樂官乃行，何與剖心胥靡？太師、少師皆樂官，非箕子、比干。《多士》文兼《毋佚》，意在兩義互明；《君奭》告以勿疑，事在初崩居攝。成王開金匱，不因管、蔡之

言；重耳賜彤弓，乃作《文侯之命》。魯公就國，誓衆征戎；秦伯封殽，懲前悔過。皆與古文不合，而與《大傳》略同。惟文王囚羑里之後，乃出戡耆，箕子封朝鮮之前，已先訪範，此二事與《大傳》年代先後稍異耳。司馬貞《索隱》見與僞孔古文不符，謂史公采雜説，非本義。此其謬，人皆知之矣。《漢書》謂「遷從孔安國問故，遷書載《堯典》、《禹貢》、《洪範》、《微子》、《金縢》多古文説」，其言亦無確證。陳壽祺曰：「今以此五篇考之，如《五帝紀》之載《堯典》『居郁夷』、『曰柳谷』、『便在伏物』、『黎民始飢』、『五品不訓』、『歸至于祖禰廟』、『五流有度，五度三居』，《夏本紀》之載《禹貢》『維箘簬楛』、『榮播既都』，《周本紀》之載《洪範》『毋侮鰥寡』，文字皆與今文脗合，則所謂多古文説者，特指其説義耳。」段玉裁曰：「按：此謂諸篇有古文説耳，非謂其文字多用古文也。《五經異義》每云古某説、今某説，皆謂其義，非謂其文字，如：説『內于大麓』，云『堯使舜入山林川澤』，不云大録萬機之政；説《禹貢》，云天子之國千里，以外甸、侯、綏、要、荒，每服五百里，方六千里，不云甸服千里，加侯、綏、要、荒，每服五百里，方五千里；説《洪範》，云『思曰睿』，不云『思心曰容』；説《微子》，云『大師若曰：今誠得治國，死不恨。不得治，不如去』，不云『微子若曰：我舊云孩子，王子不出』；説《金縢》，雖用今文説，而亦云『或譖周公，周公奔楚。成王發府，見周公禱書，乃泣，反周公』。皆古文説之異於今文家，約略可言者也。」錫瑞案：史遷從安國問故，《史記》所未載，不知班氏何據。若《史記》所引《尚書》，多同今文，不同古文。班氏所云，惟『方六千里』同於賈、馬古文，『思曰睿』

與『曰涕』同於馬、鄭古文。若「大麓」不作「大録」，是用歐陽説，與夏侯異，「大師」不作「父師」，是今文説，與馬、鄭古文異，特不同於《論衡》一家之説耳。《金縢》在周公薨後，是今文説，與馬、鄭古文異。而又云「或譖周公，周公奔楚」，雖與《論衡》引古文説頗合，而以爲公歸政後，與馬、鄭古文避居之説不同。皆不足爲《史記》用古文説之證。自孫星衍以後，皆誤用班氏説，以爲《史記》一書引《尚書》者盡屬古文，於是《尚書》今、古文家法大亂。不知分別家法，確有明徵，非可執疑似之單文，揜昭晰之耳目。孫星衍過信班氏，其解《金縢》，誤分《史記》以「居東」爲東征與《毛詩》同者爲古文説，鄭以周公居東在成王禫後者爲今文説，而無以處《論衡》明言「古文家」，乃曰「王氏充以爲古文者，今文亦古説也」，豈知《論衡》分今、古文甚明，乃欲厚誣古人，豈不謬哉！

八、論伏《傳》、《史記》之後，惟《白虎通》多引今文，兩《漢書》及漢碑引《書》，亦皆漢時通行之本

《尚書》有今、古文之分，人皆知之，而未有一人能分別不誤者。孔壁古文，罕傳於世。至東漢衛、賈、馬、鄭，古文之學漸盛。其原出於杜林，與孔壁古文是一是二，未有明據。至東晉僞孔古文出，唐以立學，孔穎達見其篇目與馬、鄭異，乃强謂馬、鄭爲今文。近人皆知孔《疏》之謬矣，而又誤執班《志》「遷書多古文説」，遂以《史記》所載皆屬古文，而無以處馬、鄭與《史記》異者，又强謂馬、鄭

爲今文。夫《史記》據《歐陽尚書》，明明屬今文矣，而必以爲古文，馬、鄭據杜林漆書，明明屬古文矣，而必以爲今文，則謂未有一人能分別不誤者，非過論也。經義最久遠難分明者，莫如《尚書》；經義最有確憑據者，亦莫如《尚書》。《尚書》之確憑據，首推伏生《大傳》，次則司馬《史記》。其説已見前矣。又次則《白虎通德論》，多載今《尚書》説，陳壽祺曰：《白虎通義》用今文《尚書》。如：琮、璜，五玉；麑、鹿，二牲。九族親睦，兼列異聞；三考黜陟，不拘一義。放勳非號，説見於郊天；伯夷不名，義彰於敬老。鳴球堂上，尤貴降神之歌；燔柴岱宗，即爲封禪之禮。考績事由二伯，州牧旁立三人。五行衰王之宜，八音方位之別。受銅即位，大斂即可稱王；改朔應天，太平亦須革正。周公薨當改葬，康叔封據平安。皆不背於伏書，亦無違於遷史。《白虎通》爲今文各經之總匯，具唐、虞三代之遺文，碎璧零珪，均稱瓌寶。雖不專爲《尚書》舉證，而《尚書》之故實、典禮，要皆信而有徵。治今文《尚書》者，於伏《傳》、《史記》外，當以此書爲最。他如兩《漢書》紀、志、傳之引《尚書》，漢碑之引《尚書》，以漢家四百年之通行，證伏書二十九篇之古義，雖不能備，而《尚書》之大旨，可以瞭然於心，而不爲異説所惑矣。至於孔壁古文，久已不傳，其餘真僞難明，或且僞中作僞，既無裨於經學，學者可姑置之。與其信疑似難明之古文而鄉壁虛造，不如信確實有據之今文而抱缺守殘。《尚書》本出伏生，不當求《書》義於伏生所傳之外。兒寬受學於歐陽生，又受學於孔安國。歐陽、大小夏侯之學，皆出於寬。是安國古文之傳，已並入歐陽、夏侯，更不當求《書》義於歐陽、夏侯三家之外也。

九、論古文無師説，二十九篇之古文説亦參差不合，多不可據

古文《尚書》之名舊矣，今止以今文二十九篇爲斷，古文置之不論。其説似乎駭俗，不知真古文之亡久矣，且真古文亦無師説。凡今文早出有師説，古文晚出無師説，各經皆然，非獨《尚書》。孔安國以今文讀古文，或略綴以文字，如後之釋文、校勘記，亦未可知，要之必無章句、訓義。《漢書·孔光傳》曰：「忠生武及安國，武生延年，延年生霸，霸生光焉。安國、延年皆以治《尚書》，爲武帝博士；安國至臨淮太守。霸亦治《尚書》，事太傅夏侯勝，昭帝末年爲博士。」案：此孔安國古文《尚書》但有經而無傳之明證也。漢人重家法。歐陽生至歙八世，皆治《歐陽尚書》。霸爲安國從孫，如安國有師説，霸豈得舍而事夏侯？大夏侯有孔、許之學，則孔氏之家學轉在夏侯，而非傳安國矣。蓋古文無師説，博士必以今文師説教授，故夏侯師説有與古文《尚書》相出入者。班氏世習《夏侯尚書》。《漢書》引經，與《史記》引歐陽説頗不同，而《漢書》又間用古字，其異同皆可考而知。孔氏所謂「起其家」者，不過守此孤本，傳爲家學耳。逸十六篇本之杜林，託之孔壁，衛、賈、馬、鄭遞相授受。馬融以爲絶無師説，鄭亦不註逸《書》。觀於逸《書》之無師説，又安國古文《尚書》有經無傳之明證也。有經而無師説，與無經同，況並此真經而亡之，乃以贋鼎亂真，奚可哉！二十九

篇以外之古文既不可信，二十九篇之中有古文説，蓋創始於劉歆。歆欲建立古文，必有説義，方可教授。《周禮》、《左氏傳》皆由劉歆創通大義，有明文可據，則古《尚書》説出於東漢之初者，亦由劉歆創立可知。如以「三公」爲太師、太傅、太保，以「六宗」爲乾坤六子，以「父師」爲箕子，以文王爲受命九年而崩，歆説至今可考見者，皆不與今《尚書》説同，是其明證。劉歆爲國師，王璜、塗惲皆貴顯。塗惲授桑欽，則《漢書》《禹貢》引桑欽説，又在劉歆之後。《漢書·地理志》於《禹貢》引古文説必分別言之，則其餘皆今文可知。《五經異義》引古《尚書》説，蓋出衛宏、賈逵，亦或本之於歆。衛、賈所作訓，今不傳。鄭君《書贊》曰：「衛、賈、馬二三君子之業，則雅才好博，既宣之矣。」是鄭注古文《尚書》多本於衛、賈、馬。今馬、鄭注解猶存其略，而鄭不同於馬，馬又不同於衛、賈。蓋古文本無師授，所以人自爲説。其説互異，多不可據，不當以衛、賈、馬、鄭後起之説，違伏生最初之義也。

一〇、論《禹貢》山川當據經文解之，據漢人古義解之，不得從後起之説

郡縣有時而更，山川終古不易。山川之名，自禹始定。《甫刑》曰：「禹平水土，主名山川。」郭璞《爾雅注》曰：「從《釋地》已下至九河，皆禹所名也。」據此，則禹奠高山大川之後，始一一爲之定名，相傳至今。其支峰、支流不必皆禹所定，而大山川之名終古不易。即或山有崩壞，水道有遷

徙，而準其地望，考其形勢，大致猶可推求。《禹貢》一書，爲後世山經水記之祖，《史記·河渠書》、《漢書·地理志》皆全載其文。《漢志》又於郡縣下，備載《禹貢》某山某水在今郡縣某處。漢時去古未遠，其説必有所受。後之治《禹貢》者，吾惑焉。經有明文，習而不察，其數可稽者，乃釋以顢頇之辭。此大惑者一。漢人引經有明文，詆而不信，其地可據者，反傅會不經之説。此大惑者二。試舉數條證之。《禹貢》曰：「九山刊旅，九川滌源，九澤既陂。」經明言九山、九川、九澤，則必數實有九，注、疏乃以九州之山、川、澤解之。據《史記》云「道九山」、「道九川」，其爲實有九數，而非泛説九州可知。今以經文考之。「岍及岐，至于荆山」，一也。「壺口、雷首，至于太岳」，二也。「砥柱、析城，至于王屋」，三也。「太行、恒山，至于碣石」，四也。「西傾、朱圉、鳥鼠，至于太華」，五也。「熊耳、外方、桐柏，至于陪尾」，六也。「嶓冢，至于荆山」，七也。「内方，至于大别」，八也。「岷山之陽，至于衡山」，九也。蓋山之數不止於九，而脉絡相承，數山實是一山。故經言某山至於某山，合之適得九數。《史記索隱》曰：「汧、壺口、砥柱、太行、西傾、熊耳、嶓冢、内方、岐是九山也。」其説不誤，惟專舉爲首一山言之，未明言一山合數山之故，又誤「⿰山文山」爲「岐」。「岷」，《史記》作「汶」，或作「⿰山文」，「⿰山文」與「岐」相似致誤。《索隱》「岍」作「汧」，「岷」作「⿰山文」，與今文合，蓋出今文遺説。後人不能訂正誤字，又不能按合經文，故《索隱》雖有明文，而莫之遵信矣。九川者，《索隱》曰：「弱、黑、河、瀁、江、沇、淮、渭、洛爲九川。」按之經文，其數適合。「漾」作「瀁」，亦與今文合，足見其説皆出今文。九澤，《索隱》無説，以經考之，雷夏一，大野二，彭蠡三，震澤四，雲夢五，滎波六，菏澤七，孟豬八，豬野九，其數亦適合。雷夏、彭蠡、震澤、菏澤，經明言澤。雲夢、孟豬、大野以澤名，見《周禮·職方》。滎澤見《左氏傳》。都野澤見《水經》。即豬野。「豬」，今文作「都」。或一州有二澤、三澤，或一州無一澤，蓋無一定，非若《職方》每一州一澤也。楚人名「澤中」謂「夢中」，見王逸《楚辭注》。是「雲夢」即雲澤。若分爲二，謂雲在江北，夢在江南，則有十澤，非止九澤矣。此大山川明見經者，人且忽而不察。自來説《禹貢》者，無一人能確指其數，何論其他！九河，當從許商，以爲「古説九河之名有徒駭、胡蘇、鬲津，見在成平、東光、鬲界中。自鬲以北至徒駭間，相去二百餘里」。《漢志》東光「有胡蘇亭」，成平「虖沱河〔一〕，民曰徒駭河」，鬲「平當以爲鬲津」，皆與許商説同。班固、許商，皆習《夏侯尚書》者。若王横言「九河之地，爲海所漸」，乃古文異説，不可從。三江，《漢志》會稽郡吴縣「南江在南」，毗陵「江在北」，丹陽郡蕪湖「中江出西南」。據《水經》，過毗陵縣北爲北江，則《漢志》毗陵「江在北」，「江」上脱一「北」字。合南江、北江、中江，爲三江。九江，《史記》云「余登廬山，觀禹疏九江」。《漢志》廬江郡尋陽「《禹貢》九江在南，皆東合爲大江」，又豫章郡「莽曰九江」。有鄱水、餘水、修水、豫章水、盱水、蜀水、南水、彭水，皆入湖漢，合湖漢水爲九，入江，則九江在漢廬江、豫章二郡之地。宋胡旦、毛晃始傅會《山海

〔一〕「沱」，原誤作「池」，據《漢書·地理志》改。

經》，以九江爲洞庭，近治《禹貢》者多惑之。案：古有雲夢，無洞庭。至戰國時，吴起説魏武侯，始言「昔三苗氏左洞庭」；蘇秦説楚威王，言「南有洞庭、蒼梧」；張儀説秦王，言「大破荆，襲郢，取洞庭、五渚」。屈子《楚辭》屢稱洞庭，而雲夢罕見稱述。至漢以巴丘湖爲雲夢，又言雲夢，不言洞庭。蓋水道遷徙而異名，要與九江無涉。《山海經》，太史公所不敢言，豈可據以證《禹貢》乎？《山海經》疑戰國人作，必非禹時之書。九河、三江，亦多異説。九河或并簡絜爲一，三江或并三江爲一。庚仲初以後，各創新説，反疑《漢志》是《職方》三江，非《禹貢》三江。又《漢志》大别在安豐，而或以爲翼際；東陵在金蘭，而或以爲巴陵，皆與古説不同。胡渭《禹貢錐指》有重名，亦多惑於後起之説。惟焦循《禹貢鄭注釋》、成蓉鏡《禹貢班義述》專明古義，治《禹貢》者當先觀之。鄭引《地記》，與班《志》微不同，蓋各有所據。鄭以「九江孔殷」爲其孔甚多；「因桓是來」，「桓是」爲隴坻之名，頗近於新巧，乃古文異説，不必從。

一一、論五福、六極明見經文，不得以爲術數，五行配五事當從伏《傳》、《漢志》

陳澧曰：「洪範九疇，天帝不錫鯀而錫禹，此事奇怪，而載在《尚書》，反復讀之乃解。所謂『我聞在昔』者，箕子上距鯀與禹千年矣，天帝之錫不錫，乃在昔傳聞之語也。《洪範》之文奇古奥博，千年以來奉爲祕寶，以爲出自天帝。箕子告武王，述其所聞如此耳。至以爲龜文，則尤當存而不論。二劉輩乃或以爲龜背有三十八字，或以爲惟有二十字，徒爲臆度，徒爲辯論而已，孰從而見之乎！《洪範》以庶徵爲五事之應。伏生《五行傳》以五事分配五行，又以皇極與五事爲六，又以五福、六極分配之。《漢書・五行志》云：『董仲舒治《公羊春秋》，始推陰陽。劉向治《穀梁春秋》，傳以《洪範》，與仲舒錯。至向子歆治《左氏傳》，其《春秋》意亦已乖矣，言《五行傳》又頗不同。』澧謂：此漢儒術數之學，其源雖出於《洪範》，然既爲術數之學，則治經者存而不論可矣。」錫瑞案：經學有正傳，有別傳。《洪範》五行，猶《齊詩》五際，專言術數，皆經學之別傳。而《洪範》之五行、五事、皇極、庶徵、五福、六極，明見經文，非比《齊詩》五際存於傳説，尤爲信而有徵，不得盡以爲漢儒術數矣。《繫辭傳》曰：「河出圖，洛出書，聖人則之。」漢儒以《河圖》爲八卦，《洛書》爲九疇。古時天人本不相遠，龍官、鳥紀以命氏，龍圖、龜書以授人，所謂天錫當有是事。三國魏時，張掖涌石有牛馬之形及「大討曹」字，足見祥異之兆，有不可據理以斷有無者，安見三代以前必無石見文字之事乎？豈真如杜鎬附會天書，云聖人以神道設教乎？陳氏以爲奇怪，不應載在《尚書》，乃以「我聞在昔」爲傳聞之語，殊屬非是。周公曰「君奭，我聞在昔伊尹格天」之類，並非奇怪之事。以箕子曰「我聞在昔」爲傳聞之怪事，然則周公曰「我聞在昔」，亦爲傳聞之怪事乎？《洪範》自《洪範》，《春秋》自《春秋》。《洪範》言陰陽、五行，《春秋》不言陰陽、五行。孔子作《春秋》經，但書災異，藉以示儆，未嘗云某處之災應某處之事也。伏生作《洪範傳》，但言某事不修則有某災，亦未嘗引《春秋》某事應《洪範》某災也。董、劉牽引《洪範》五行，以説《春秋》災異，某災應在某事，正如《漢志》所譏淩雜米鹽。董據《公羊》，劉向據《穀梁》，歆據《左氏》，三《傳》又各不同，尤爲後人所疑。《隋書·經籍志》云：「濟南伏生之傳，唯劉向父子所著《五行傳》是其本法，而又多乖戾。」《隋志》所云「乖戾」，指向、歆之説不同，而謂伏生之傳惟「《五行傳》是其本法」，則誤以伏生之學僅有五行。不知《尚書》一經皆出伏生所傳，而五行特其一端。故伏生《大傳》四十一篇，而《洪範五行傳》别出於後。此以《五行傳》爲别傳之證，伏生已明著之。《隋志》袒僞古文，抑今文，故不知伏生之本法何在，其言殊不足據。陳氏云「漢儒術數」，亦少别白。董、劉强《洪範》合《春秋》，謂之術數，可也；伏生以五行配五事，謂之術數，不可也。以《洪範傳》爲術數，《洪範》經亦術數乎？五行配五事見《漢志》，曰：「視之不明，其極疾；順之，其福曰壽。聽之不聰，其極貧；順之，其福曰富。言之不從，其極憂；順之，其福曰康寧。貌之不恭，其極惡；順之，其福曰攸好德。思心之不容，其極曰凶短折；順之，其福曰考終命。」皆本《大傳》爲説。《書正義》引鄭注，惟「聽聰則致富」與《漢志》同，餘皆不同，蓋古文異説。孫星衍以爲鄭説皆遜於今文，是也。元胡一中《定正洪範》圖穿鑿支離，與《易》之先後天圖同一怪妄。

一二、論古文《尚書》説誤以《周官》解唐、虞之制

子曰：「殷因於夏禮，所損益可知也。周因於殷禮，所損益可知也。」又曰：「行夏之時，乘殷之輅，服周之冕，樂則《韶舞》。」知一代有一代之制度，所謂「五帝殊時，不相沿樂；三王異世，不相襲禮」，未有唐、虞、夏、商、周一切皆沿襲不變者。强後人以盡遵前人，固不能行；强前人而豫法後人，尤爲乖謬。今文家之説《尚書》也，唐、虞之《書》，即以唐、虞之制解之。此其理甚易明，而至當不可易者也。古文家説《尚書》，務創新説，以别異於今文。其所謂新説者，大率本於《周官》一書。《周官》出山巖屋壁，漢人多不信爲周公所作。即使真是周公手定，而唐、虞、夏、商諸帝王，遠在千載以上，安能豫知姬周之代，有一周公其人，有一周公手定之書名曰《周官》，而事事效法之？此其理甚易明，而至當不可易者也。乃自劉歆以至馬、鄭，尟知此義，而《尚書》之制度大亂。今試略舉數事言之，如，堯命羲、和，「敬授人時」，又分命四子，《史記·天官書》、《曆書》，《漢書·成帝紀》、《律曆志》、《食貨志》、《蓺文志》、《百官公卿表》、《魏相傳》，以及《論衡》、《中論》、《後漢書》、《續漢志》，皆以羲、和專司天文，四子即是羲、和。鄭注《尚書》，乃云：「官名。蓋春爲秩宗，夏爲司馬，秋爲士，冬爲共工，通稷與司徒，是六官之名見。」又云：「仲、叔，羲、和之子，又主方岳之事，是爲四岳。」案：唐、虞以羲、和司天文，四岳主方岳，九官治民事，各分其職。鄭乃混而一之。是本

《周官》六卿，以亂唐、虞之官制。其失一矣。「天命有德，五服五章」，《大傳》云：「山龍青也。華蟲黄也。作繪黑也。宗彝白也。藻火，赤也。天子服五，諸侯服四，次國服三，大夫服二，士服一。」《續漢·輿服志》：「孝明皇帝永平二年，初詔有司采《周官》、《禮記》、《尚書·皋陶》篇，乘輿、服從歐陽説，日、月、星辰十二章；公、卿以下從大、小夏侯氏説，山龍九章，華蟲七章。」與經「五服五章」不合。當時詔以《周官》列首，故三家舍伏《傳》而從《周官》。鄭注又本於歐陽、夏侯。是本《周官》十二章，以亂唐、虞之服制。其失二矣。「弼成五服，至於五千」，歐陽、夏侯説中國方五千里，《漢書·賈捐之傳》、《鹽鐵論》、《説苑》、《論衡》、《白虎通》説同。惟《史記》以爲天子之國以外五服各五百里，似爲賈、馬説六千里所本。《異義》古《尚書》説五服旁五千里，相距萬里。鄭云五服已五千，又弼成爲萬里。蓋以夏之五服，與周九服相同。是本《周官》九服，以亂唐、虞土地之制。其失三矣。「輯五瑞」，《白虎通·瑞贄》篇曰：「何謂五瑞？謂珪、璧、琮、璜、璋也。蓋璜以徵召，璧以聘問，璋以發兵，珪以質信，琮以起土功之事也。」《公羊》定八年傳解詁曰：「不言璋言玉者，起珪、璧、琮、璜、璋五玉盡亡之也。珪以朝，璧以聘，琮以發兵，璜以發衆，璋以徵召。」與《白虎通》所施略異，而名正同。馬注云：「五瑞，公、侯、伯、子、男取執以爲瑞信也。」案：《禮記·王制》鄭注、《白虎通·爵》篇引《禮緯含文嘉》，皆云殷爵三等，則周以前不得有五等之爵。是以《周官》五等，亂唐、虞瑞玉之制。其失四矣。他如「六宗」爲天、地、四方，鄭引《周官》以爲星、辰、司中、司命、風師、雨師。「同律、度、量、衡」，「同」訓「齊同」，鄭引《周官·典同》以爲「同」是陰吕。「象以典刑，流宥五刑」，《大傳》、《孝經緯》、《公羊注》、《白虎通》、《風俗通》皆云唐、虞象刑，馬融注云：「五刑，墨、劓、剕、宫、大辟。」是以周制説虞制。「大戰于甘，乃召六卿」，《異義》：「今《尚書》夏侯、歐陽説：天子三公、九卿。古《周禮》説：天子立三公，又立三少；冢宰、司徒、宗伯、司馬、司寇、司空，是爲六卿之屬。許君謹案：此周之制。」是周以前不得有六卿。《甘誓》所云，鄭注以爲「六軍之將」，是也；又引「《周禮》六軍將皆命卿，則三代同」，與許義不合。不知一代有一代之制，非可强前人以從後人也。

一三、論古文《尚書》説變易今文，亂唐、虞三代之事實

一代有一代之制度，未可據後王而强同之也；一代有一代之事實，尤未可憑胸臆而强易之也。古來口授相傳，本是如此。兩漢今文，並遵師説。東伏生《大傳》、太史公書所載事實，大致不異。漢古文始有異義，所改制度，多本《周官》；所改事實，不知何本，大率采雜説，憑臆斷，爲宋、明人作俑。自此等臆説出，不僅唐、虞三代之制度亂，並唐、虞三代之事實亦亂。今略舉數事以證之。《堯典》「乃命羲、和」，專爲授時，「帝曰：疇咨若時登庸」，别爲一事。張守節《史記正義》云：「言將登用之嗣位。」張説蓋本漢人。揚雄《美新》云：「陛下以至聖之德，龍興登庸。」是漢人以「登庸」爲

登帝位之證。馬、鄭乃連合上文爲一事。馬云：「羲、和爲卿官，堯之末年，皆以老死，庶績多闕。故求賢順四時之職，欲用以代羲、和。」鄭注《大傳》云：「堯始得羲、和，命爲六卿。後稍死，驩兜、共工等代之。」馬、鄭以「羲、和」爲六卿，「登庸」爲代羲、和，以致孔疏有「求賢而薦太子」之疑〔一〕，信僞孔以「胤子朱」爲「胤，國；子，爵」，而違《史記》「嗣子丹朱」之明證。此亂唐、虞之事實者一也。「帝曰：我其試哉」，《史記·五帝本紀》作「堯曰：吾其試哉」，《論衡·正説》篇引「堯曰：我其試哉」，是今文有「帝曰」。孔疏云：「馬、鄭、王本皆無『帝曰』，當時庸生之徒漏之也。」是古文無「帝曰」。如其説，當直以「我其試哉」爲四岳語。四岳如何試舜？必不可通。古文不如今文，即此可證。此亂唐、虞之事實者二也。「四罪而天下咸服」，《夏本紀》云〔二〕：舜攝政巡狩，見鯀治水無狀，請於堯而殛之。是殛鯀在禹治水成功之前。鄭注云：「禹治水事畢，乃流四凶。」王肅難云：「若待治水功成〔三〕，而後以鯀爲無功殛之，是舜用人子之功而流放其父，則禹之勤勞適足使父致殛。舜失五典克從之義，禹陷三千莫大之罪，進退無據，亦甚迂哉！」如鄭説，誠無以解王肅之難。此亂唐、虞之事實者三也。《盤庚》，《殷本紀》：「帝盤庚之時，殷已都河北。盤庚渡河南，復居成湯之故居，

〔一〕「賢」，《尚書正義》本作「官」。
〔二〕「夏」，原誤作「五帝」，據《史記·夏本紀》改。
〔三〕「治」上，初稿本及《尚書正義》有「禹」字。

乃五遷，無定處。帝盤庚崩，弟小辛立，殷復衰，百姓思盤庚，迺作《盤庚》三篇。」鄭云「陽甲立，盤庚爲之臣，乃謀徙居湯舊都。上篇，盤庚爲臣時事；下篇，盤庚爲君時事」。又云「湯自商徙亳，數商、亳、囂、相、耿爲五」，而不數所遷之殷，與經文「于今五邦」「今」字不符。石經《盤庚》三篇合爲一篇。依鄭説，非一時事，不當合。此亂三代之事實者四也。《微子》，《殷本紀》：「微子數諫，不聽，乃與太師、少師謀，遂去。比干强諫紂，紂殺比干，囚箕子。殷之太師、少師，乃持其祭樂器奔周。」《宋微子世家》：「微子度紂終不可諫，欲死之。及去，未能自決，乃問於太師、少師。」古文「太師」作「父師」，鄭云：「父師者，三公也，時箕子爲之。少師者，太師之佐孤卿也，時比干爲之。」僞孔傳從鄭義。此亂三代之事實者五也。《金縢》「周公居東二年，則罪人斯得」，《魯世家》：「周公乃奉成王命，興師東伐，作《大誥》。遂誅管叔，殺武庚，放蔡叔，收殷餘民〔一〕。寧淮夷、東土，二年而畢定。」是「居東」即東征，「罪人」即武庚、管、蔡，甚明。《異義》引古《尚書》説云：「武王崩時，成王年十三。後一年，管、蔡作亂，周公東辟之。王與大夫盡弁，以開金縢之書。」此説當出於劉歆。衛、賈諸人，始以「我之弗辟」爲「弗避」，「居東」爲「東避」，不爲東征；開金縢爲周公生前，不在薨後。鄭云：「罪人，周公之屬黨與知居攝者。周公出，皆奔。今二年盡爲成王所得。」王肅以爲横造。此

〔一〕「收」，原誤作「放」，據《史記·魯世家》改。

亂三代之事實者六也。「秋，大熟，未穫。天大雷電以風」，《大傳》曰：「周公死，成王欲葬之於成周。天乃雷雨以風，禾盡偃，大木斯拔。國人大恐。王與大夫開金縢之書，執書以泣。」《魯世家》、《論衡·感類》篇、《白虎通·封公侯》篇《喪葬》篇、《漢書·梅福傳》《杜鄴傳》《儒林傳》、《後漢書·周舉傳》《張奂傳》、《公羊何氏解詁》説同。是「秋，大熟」不知何年秋，在周公薨後。鄭云：「秋，謂周公出二年之後明年秋也〔一〕。新逆，改先時之心，更自新以迎周公於東，與之歸，尊任之。」此亂三代之事實者七也。《多士》在前，《多方》在後，《史記》所載今文《書序》與馬、鄭古文《書序》同。僞孔傳云奄再叛再征，蓋本漢人舊説。按之經文，其説不誤。鄭君誤合爲一，《多方》疏引鄭云：「此伐淮夷與踐奄，是攝政三年伐管、蔡時事。其編篇於此，未聞。」蓋謂不應編於《多士》、《無逸》、《君奭》之後，遂啟後人《多士》、《多方》先後倒置之疑。此亂三代之事實者八也。《無逸》，石經「肆高宗之饗國百年」下接「自時厥後」，則「其在祖甲」，今文作「昔在殷王太宗」，以爲太甲，在「周公曰：嗚乎」下，以後乃云「其在中宗」、「其在高宗」。古文《尚書》於前遺「太宗」，而於後增「祖甲」。《殷本紀》「帝甲淫亂」，《國語》亦云「帝甲亂之」，則祖甲非賢主，不當在三宗之列。王肅爲調停之説，以「祖甲」爲「太甲」，云「先中宗，後祖甲；先盛德，後有過」，説尤非是。此亂三代之事實者九

〔一〕「後」，原脱，據《毛詩正義》引鄭注改。

也。《君奭》,《史記·燕世家》:「成王既幼,周公攝政,當國踐阼,召公疑之,作《君奭》。」與《列子·楊朱》篇「周公攝天子之政,召公不説」相合。《漢書·孫寶傳》《王莽傳》、《後漢書·申屠剛傳》,皆以爲周公攝政時作。古文編列《多士》之後,馬、鄭遂有不説周公貪寵之説。此亂三代之事實者十也。

一四、論《尚書》義凡三變,學者各有所據,皆不知專主伏生

孔廣森《戴氏遺書序》曰:「君以梅、姚售僞,孔、蔡謬悠,妄云壁下之書,猥有航頭之字。乃或誤援《伊訓》,滋『元年正月』之疑;强執《周官》,推『五服一朝』之解〔一〕。譬之爭年鄭市,本自兩非;議瓜驪山,良無一是。」孔氏此説,最爲通達。據此,可以折衷一是,解釋群疑。惟戴氏非《尚書》專家,其作《尚書義考》未成,未能發明今文,以津逮後學耳。經定自孔子,傳自漢初諸儒。使後世學者能恪遵最先之義,不惑於後起之説,徑途歸一,門户不分,不難使天下生徒皆通經術。況《尚書》一經,傳之者止伏生一老,非若《詩》有齊、魯、韓三家,《春秋》有公羊、穀梁、左氏,各有所受,本不止一師也。歐陽、大小夏侯既分顯門,小有出入,亦未至截然不合如今、古文家也。其後

〔一〕「解」,原誤作「制」,據孔廣森《駢儷文》卷二改。

古文説出，初不知所自來。衛、賈、馬、鄭，所説各異，既無師授，安可據依？後世震於劉歆古文之名，壓於鄭君盛名之下，循用注解，立於學官。古文説盛行，而今文衰歇，於是《尚書》之義一變。王肅學承賈、馬，亦遠本於歐陽，其學兼通古、今，又去漢代不遠，使其自爲傳注，原可與鄭並行，乃必託名於孔安國，又僞造《尚書》古文經。後世見其經既增多，孔《傳》又古於鄭，廢鄭行孔，定於一尊。僞古文説盛行，而今文盡亡，於是《尚書》之義再變。宋儒不信古人，好矜創獲，獻疑孔《傳》，實爲首庸。惟宋儒但知孔《傳》之可疑，而不知古義之可信，又專持一理字，臆斷唐、虞三代之事。凡古事與其理合者，即以爲是；與其理不合者，即以爲非。蔡沈、王柏、金履祥之説盛行，編書者至改古事以從之。《綱鑑輯略》一書改西伯戡黎爲武王，微子奔周爲武庚。以近儒臆斷之空言，改自古相傳之實事，於是《尚書》之義三變。經義既已屢變，學者各有所據，蔽所不見，遂至相攻。有據孔《傳》以攻蔡《傳》者，如毛奇齡《古文尚書冤詞》是也。有據蔡《傳》以攻孔《傳》者，如閻若璩《尚書古文疏證》是也。有據馬、鄭而攻孔《傳》與蔡《傳》者，如江聲《尚書集注音疏》、王鳴盛《尚書後案》是也。要皆不知導原而上，專主伏生，故不能宗初祖以折服末師，甚且信末師以反攻初祖。其説有得有失，半昧半明，正孔廣森所云「爭年鄭市，本自兩非；議瓜驪山，良無一是」者。此《尚書》一經所以本極易明，反致糾紛而極不易明也。

一五、論衛、賈、馬、鄭尊古文而抑今文，其故有二，一則學術久而必變，一則文字久而致譌

嘗疑衛、賈、馬、鄭皆東漢通儒，豈不知今文遠有師承？乃必尊古文、抑今文，誠不解其用意。今細考之，而知其故有二。一則學術久而必變。漢初，《尚書》惟有歐陽而已，後乃增立夏侯。夏侯學出張生，張生與歐陽生皆伏生弟子，所學當無不同。然既別於歐陽而自成一家，則同中必有異。如以「大麓」爲「大録」是。夏侯勝從子建，「師事勝及歐陽高，左右采獲，又從五經諸儒問與《尚書》相出入者，牽引以次章句，具文飾說。勝非之曰：『建所謂章句小儒，破碎大道。』建亦非勝爲學疏略，難以應敵。建卒自顓門名經」。是小夏侯又異於大夏侯，而增立博士，號爲顓門。此人情好異、學術易變之證。秦恭延君守小夏侯說，又增師法至百萬言。桓譚《新論》：「秦近君即延君。能說《堯典》篇目兩字之誼至十餘萬言，但說『曰若稽古』三萬言。」《漢書·藝文志》云「說五字之文，至於二三萬言」，即指秦恭而言。蓋小夏侯本破碎支離，恭又加以蔓衍，使人憎厭。古文家乘其敝而別開一門徑，名雖古而實新，喜新者遂靡然從之。此其故一。一則文字久而致譌。伏生改古文爲今文，以授生徒，取其通俗。古無刊板印本，專憑口授手鈔，譌以傳譌，必不能免。觀熹平石經殘字及孔廟等處漢碑，字多省俗，不合六書，故桓譚、馬融並詆今文家爲俗儒。當時所謂通儒劉歆、揚

雄、杜林、衛宏、賈逵、許慎以及馬、鄭，皆精小學，以古文正今文之譌俗，其意未始不善。惟諸儒當日但宜校正文字，而不必改易其義訓，則三家之原於伏生者，雖至今存可也。而古文之名既立，嫉今文如仇讐，依據故書，如《周禮》之類。創爲新説。古文本無者，以意補之；今文本有者，以意更之。附和末師，撥棄初祖，如拔趙幟而立漢幟，以爲不如是不能別立一學。義雖新而文古，好古者又靡然從之。此其故二。有此二故，故雖歐陽、夏侯三家立學數百年，徒黨遍天下，爲古文家掊擊，而其勢漸衰歇。重以典午永嘉之亂，而歐陽、夏侯三家皆亡。至東晉而僞古文經、傳出，託之於孔安國，年代比馬、鄭爲更古，而篇又增多。馬、鄭不注逸《書》，而此遍注之。故其後孔、鄭並行，鄭學又漸衰歇。唐以僞孔立學，而鄭氏《尚書》亡。向之攻擊三家者，乃與三家同歸於盡，大有積薪之歎，甘售贗鼎之欺，豈非好古與喜新者階之厲哉！夫伏書本藏山之業，而僞孔云「失其本經」；古文與史籀稍殊，而僞孔云「字皆科斗」。其抑今文而尊古文，誣妄何可勝究，而其説非始於僞孔。衛宏《古文官書序》曰：「伏生老，不能正言，言不可曉也，使其女傳言教錯。齊人語多與潁川異，錯所不知者凡十二三，略以其意屬讀而已。」案：《史》、《漢》無伏生使女傳言之事。古人書皆口授。即伏生老，不能口授，使女傳言，亦有藏書可憑，何至「以意屬讀」？其時「山東大師無不涉《尚書》以教」，鼂大夫何至「不知者凡十二三」？宏榮古虐今，意以伏生所傳全不可信。僞孔以爲「失其本經，口以傳授」，正用衛宏之説而更加誣。不知《史》、《漢》明言得二十九篇，則失本經之説不可信。鄭君《書贊》已有「科斗書」之説，亦不可信。說見後。

一六、論庸生所傳已有脱漏，足見古文不如今文，中古文之説亦不可信

劉歆《移太常博士書》云：「考學官所傳，經或脱簡，傳或間編。」《漢書·藝文志》云：「劉向以中古文校歐陽、大小夏侯三家經文，《酒誥》脱簡一，《召誥》脱簡二。率簡二十五字者，脱亦二十五字；簡二十二字者，脱亦二十二字。文字異者七百有餘，脱字數十。」此即歆所云「經或脱簡」也。後之袒古文者每以藉口，據爲今文不如古文之證。案《漢書》庸生傳古文，爲孔安國再傳弟子，而《堯典》開卷已漏「帝曰」。《般庚》之「心腹腎腸」，《吕刑》之「劓、刵、椓、黥」，古文與今文不同，當即在「七百有餘」之内，而皆不如夏侯、歐陽本之善。據此可見古文不如今文，一有師承、一無師承之明證也。龔自珍《説中古文》曰：「中古文之説，余所不信。秦燒天下儒書，漢因秦宫室，不應宫中獨藏《尚書》。一也。蕭何收秦圖籍，乃地圖之屬，不聞收《易》與《書》。二也。叚使中祕有《尚書》，何必遣鼂錯往伏生所受二十九篇？三也。叚使中祕有《尚書》，不應安國獻孔壁書，始知曾多十六篇。四也。叚使中祕有《尚書》，以武、宣之爲君〔一〕，諸大儒之爲臣，百餘年間無言之者，不

〔一〕「武、宣」，原倒，據初稿本及龔自珍《説中古文》乙正。

應劉向始知校《召誥》、《酒誥》，始知與博士本異文七百。五也。此中祕《書》既是古文，外廷所獻古文遭巫蠱不立，古文亦不亡。叚使有之，則是燒書者，更始之火、赤眉之火，而非秦火矣。六也。中祕既是古文，外廷自博士以迄民間，應奉爲定本，斠若畫一，不應聽其古文家、今文家紛紛異家法。七也。中祕有《書》，應是孔門百篇全經，不但《舜典》、《九共》之文終西漢世具在，而且孔安國之所無者亦在其中，孔壁之文又何足貴？今試考其情事，然邪不邪？八也。秦火後，千古儒者獨劉向、歆父子見全經，而生平不曾於二十九篇外，引用一句，表章一事。九也。亦不傳受一人，斯謂空前，斯謂絶後，此古文者迹過如埽矣。異哉，異至於此！十也。叚使中祕《書》並無百篇，則向作《七略》，當載明是何等篇，其不存者亡於何時，其存者又何所受也，而皆無原委，千古但聞有中古文之名。十一也。中祕既有五經，獨《易》、《書》著，其三經何以蔑聞？十二也。當帝之時，以中書校百兩篇，非是。予謂此中古文亦張霸百兩之流亞，成帝不知而誤收之；或即劉歆所自序之言，託於其父，並無此事。古文《書》如此，古文《易》可知，宜其獨與絶無師承之費直《易》相同，而不與施、孟、梁丘同也。《漢書·劉向》一傳本非班作，歆也博而詐，固也侗而愿。」案：龔氏不信中古文，並疑劉向以中古文校今文《易》、《書》皆有脱簡，爲劉歆所假託，可謂特見。惟《漢志》所云中古文，似即孔壁古文之藏中祕者，非必別有一書。而此中祕書不復見於東漢以後，則亦如龔氏所云，毁於更始、赤眉之火矣。書既不存，可以不辨。顧炎武曰：「不知中古文即安國所獻否？及王莽末，遭赤眉之亂，焚燒無餘。」

一七、論百篇全經不可見，二十九篇篇篇有義，學者當講求大義，不必考求逸《書》

《史記》云伏生「得二十九篇」、「亡數十篇」，未言百篇全數。《漢書·藝文志》曰：「《書》之所起遠矣。至孔子簒焉，凡百篇。」《論衡·正説》篇曰：「蓋《尚書》本百篇，孔子所授也。」始明言《書》有百篇。《尚書璇璣鈐》曰：「孔子求書，定可以爲世法者百二十篇，以百二篇爲《尚書》。」則以爲《書》有百二篇，乃張霸百兩所自出。或以古文《尚書》爲百篇，今文《尚書》爲百二篇。伏《傳》、《書緯》及張霸所據皆今文，伏《傳》有《揜誥》，《史記》有《太戊》，即其多出二篇。古無明文，不必深究。漢博士以《尚書》爲備，以二十八篇應二十八宿，則以爲《書》止有此數，不信百篇、百二篇之説。案二十九篇，篇篇有義，如：《堯典》見爲君之義。君之義莫大於求賢審官，其餘巡守朝覲、封山濬川、賞功罰罪皆大事。非大事不書。觀此，可以知作史本紀之法矣。《皋陶謨》見爲臣之義。臣之義莫大於盡忠納誨、上下交儆，以致雍熙。故兩篇皆冠以「曰若稽古」。觀此，可以知記言問對之體矣。《禹貢》見禹治水之功，並錫土姓，分别五服。觀此，可以冠地理、水道之書矣。《甘誓》見天子親征、申明約束之義。觀此，知仁義之師亦必兼節制矣。《湯誓》見禪讓變爲征誅、弔民伐罪之義，與《牧誓》合觀，可知暴非桀、紂，聖不及湯、武，不得以放伐藉口矣。《般庚》見國遷詢萬民、命衆正法度之義。觀此，知拓拔宏之譎衆脅遷者非矣。《高宗肜日》見遇災而懼、因事進規之義。觀此，知漢以災異求直言，得敬天之意矣。《西伯戡黎》見拒諫速亡、取以垂戒之義。觀此，知天命不足恃，而人事不可不勉矣。《微子》見殷之亡由法度先亡，取以垂戒之義。觀此，知爲國當正紀綱，不可使民玩其上矣。《牧誓》見弔民伐罪、兼明約束之義。觀此，知步伐整齊，乃古兵法而非迂論矣。《洪範》見天人不甚相遠、禍福足以儆君之義。觀此，知人君一言一動，皆關天象而不可不慎矣。《大誥》見開國時基業未固、防小腆靖大艱之義。觀此，知大臣當國，宜挺身犯難而不宜退避矣。《金縢》見人臣忠孝足以感天、人君報功當逾常格之義。觀此，知周公所以爲聖，而成王命魯郊非僭矣。《康誥》見用親賢以治亂國、宜慎用刑之義。觀此，知父子兄弟罪不相及，用法似重而實輕矣。《酒誥》見禁酒以絶亂源、宜從重典之義。觀此，知作新民必先除舊習矣。《梓材》見宥罪加惠以永保民之義。觀此，知王者治天下，一夫一婦必無不得所矣。《召誥》見宅中圖大，祈天永命之義。觀此，知王者宜監前朝而疾敬德矣。《洛誥》見營洛復政、留公命後之義。觀此，知君臣當各盡其道而不忘交儆矣。《多士》見開誠布公，以靖反側之義。觀此，知遺民不忘故君，非新主所能遽奪矣。《無逸》見人君當知艱難、毋以太平漸耽樂逸之義。觀此，知憂盛危明，當念魏徵所云「十漸不克終」矣。《君奭》見大臣當和衷共濟、閔天越民之義。《君奭》，據《史記》，爲周公居攝時作，當上列於《大誥》、《金縢》之間。觀此，知富弼以撤簾與韓琦生意見者，其量褊矣。《多方》見綏靖四方、重言申明之義。觀此，知開國之初人多覬覦，當以德服其心，不當用威服矣。《立政》見爲官擇人，尤當慎選左右之義。觀此，知命官當得其人，不當干預其事矣。《顧命》見王者所以正終，當命大臣立嗣子之義。觀此，知宦官、宮妾擅廢立之禍，由未發大命矣。《康王之誥》見王者所以正始，當命大臣保王室。觀此，知成、康繼治，幾致刑措，有由來矣。《甫刑》見哀敬折獄，輕重得中之義。觀此，知罰即贖刑，不可輕用其慈祥悱惻，漢人緩刑書不足道矣。《文侯之命》見命方伯、安遠邇之義。觀此，知襄王時王靈猶赫，惜不能振作矣。《費誓》見諸侯專征，嚴明紀律之義。觀此，知用兵不可擾民矣。《秦誓》見穆公悔過，卒伯西戎之義。觀此，知人君不可飾非，當改變以救敗矣。知二十九篇之大義，則知《論衡》所引今文家説獨爲二十九篇立法者，未可據百篇之《序》而非之也。其餘《左傳》、《國語》及諸子書，《墨子》引《書》不在百篇之内者，蓋非孔子删定之本。《大傳》、《史記》所引逸文，雖非後世僞作，而全篇不可得見，則大義無由而明。至於逸十六篇以及後出《太誓》，真僞既莫能辨，尤不當以魚目混珠。《逸周書》，劉向以爲孔子删《書》之餘，其文不能閎深，亦不可以亂經，洪邁謂「與《尚書》體不相類〔一〕」，陳振孫謂「文體與古書不類〔二〕，似戰國後人放傚爲之者」。近人去僞孔古文，而以《逸周書》入《尚書》，非是〔三〕。昔

〔一〕「體」，原誤作「辭」，據洪邁《容齋續筆》卷十三改。
〔二〕「體」、「書」，原誤作「辭」、「文」，據陳振孫《直齋書録解題》卷二改。
〔三〕「近人」云云，原闌入正文，據初稿本眉批改。

人謂讀人間未見書，不如讀人間常見書。二十九篇皆常見書，學者當寶愛而講明之，勿徒惜不見夫全經，而反面牆於大義也。

一八、論《書序》有今、古文之異，《史記》所引《書序》皆今文，可據信

西漢馬、班皆云孔子序《書》，東漢馬、鄭皆云《書序》孔子所作。《論衡・須頌》篇曰：「問説《書》者：『欽明文思』以下，誰所言也？曰：篇家也。篇家者誰也？孔子也。」陳喬樅謂：「《論衡》以『欽明文思』以下爲孔子所言者，蓋指《堯典序》。《書序》實孔子所作也。」據此，則《書序》孔子作，今、古文之説同。而今、古文之《序》，實有不同。《書正義》曰：「安國既以同《序》爲卷，撿此百篇，凡有六十三《序》。同《序》而别篇者三十三篇，通《明居》、《無逸》等四篇不序所由者，爲三十七篇，加六十三，即百篇也。」錫瑞案：僞孔古文《尚書序》，即馬、鄭之《書序》，其稍異者見於《釋文》，如《金縢序》「武王有疾」，云「馬本作『有疾不豫』」，《康王之誥序》「康王既尸天子」，云「馬本此句上更有『成王崩』三字」，《文侯之命序》云「馬本無『平』字」，則其餘皆同矣。《史記》不載典、謨之《序》，《禹貢》、《甘誓》、《五子之歌》、《胤征》、《帝誥》、《女鳩》、《女房》、《湯誓》、《典寶》、《夏社》、《中𤰈》、《作誥》、《湯誥》、《咸有一德》、《明居》、《伊訓》、《肆命》、《徂后》、《太甲》、《沃丁》、《咸艾》，皆與

馬、鄭古文《序》説略同。惟《典寶》在《夏社》前，《咸有一德》在《明居》前，次序不同。「伊陟讓，作《原命》」，與古文《序》「作《伊陟》、《原命》」異。《仲丁》云「書闕不具」，《河亶甲》、《祖乙》亦必有書。史公不云作書，蓋省文。《盤庚》三篇，以爲小辛時作。「高宗夢得説」，序事與古文同。不言作《説命》，亦省文。《高宗肜日》、《西伯戡耆》、《微子》略同，惟「父師」作「大師」爲異。《大誓》、《牧誓》、《武成》略同，惟「三百」作「三千」、「歸獸」作「歸狩」爲異。《洪範》、《分器》略同。《金縢》無周公作《金縢》明文，序事至周公薨後。《大誥》、《微子之命》、《歸禾》、《嘉禾》、《康誥》、《酒誥》、《梓材》、《召誥》、《洛誥》、《多士》、《毋逸》略同。《君奭》以爲「周公攝政，當國踐阼，召公疑之」，則當在《大誥》前後，與古文序次異。《蔡仲之命》雖序事同，無作命明文，其次序亦無考。《書正義》云鄭以爲在《費誓》前第九十六，則與孔本又異。《成王政》、《將蒲姑》序事同，不言作書，「蒲」字作「薄」。《多方》、《立政》、《周官》、《賄肅慎之命》同，「肅」字作「息」。《亳姑》序事同，不言作書，蓋即《亳姑》之序。孫星衍據之，疑《金縢》「秋，大熟」以下爲《亳姑》文誤入。《顧命》、《康王之誥》略同，「康王之誥」作「康誥」。《畢命》、《冏命》、《吕刑》、《文侯之命》、《費誓》、《秦誓》略同，惟「冏」作「臩」、「吕」作「甫」、「費」作「肹」爲異。《文侯之命》，以爲周襄王命晉文公。《秦誓》，以爲封殽尸之後追作。此《史記》引《書序》，與馬、鄭、僞孔《書序》不同之大致也。段玉裁曰：「按：《書序》亦有古文、今文之殊。《漢志》曰『《尚書》古文經四十六卷』，此蓋今文二十八篇爲二十八卷，又逸《書》十六卷并

《書序》得此數也。伏生教於齊、魯之間，未知即用《書序》與否，而太史公臚舉十取其八九，則漢時《書序》盛行，非俟孔安國也。假令孔壁有之，民間絶無，則亦猶逸《書》十六卷絶無師説耳，馬、班安能采録，馬、鄭安能作注，以及妄人張霸安能竊以成百兩哉？《孔叢子》與《連叢子》，皆僞書也。臧與安國書曰：『聞《尚書》二十八篇，取象二十八宿，何圖古文乃有百篇耶？』學者因此語，疑百篇《序》至安國乃出。然則其所云『弟素以爲《堯典》雜有《舜典》，今果如所論』者，豈亦可信乎？其亦惑矣。惟内外皆有之，是以《史記》字時有同異，如女房、女方，登鼎耳、升鼎耳，飢、黎，紂、受，牧、坶，行狩、歸獸，異母、異畝，餽禾、歸禾，魯天子命、旅天子命，毋逸、無逸，息慎、肅慎，伯冏、伯冏，肸誓、獮誓、柴誓，甫刑、吕刑之類，皆今文《尚書》、古文《尚書》之異也。」

一九、論馬、鄭、僞孔古文《書序》不盡可據信，致爲後人所疑，當以《史記》今文《序》爲斷

朱彝尊曰：「説《書序》者不一，謂作自孔子者，劉歆、班固、馬融、鄭康成、王肅、魏徵、程顥、董銖諸儒是也；謂歷代史官轉相授受者〔一〕，林光朝、馬廷鸞也；謂齊、魯諸儒次第附會而作者，金履

〔一〕「官」，原誤作「書」，據朱彝尊《曝書亭集》卷五十九《書論二》改。

祥也。至朱子持論，謂決非夫子之言、孔門之舊。由是九峰蔡氏作《書傳》，從而去之。按：古者《書序》自爲一篇，列於全書之後。故陸德明稱：『馬、鄭之徒，百篇之《序》總爲一卷。』至孔安國之《傳》出，始引《小序》分冠各篇之首。後人習而不察，遂謂伏生今文無《序》，《序》與孔《傳》並出。不知漢孝武帝時即有之，此史遷據以作夏、殷、周《本紀》。而馬氏於《書·小序》有註，見於陸氏《釋文》。又鄭氏註《周官》引《書序》文，以證保、傅。故許謙云鄭氏不見古文，而見百篇之《序》。考馬、鄭傳註本漆書古文，是孔《傳》未上之時，百篇之《序》先著於漢代，初不與安國之書同時而出也。」錫瑞案：宋儒疑《書序》與僞孔《傳》同出，孔《傳》僞，則《書序》亦僞，朱氏已辨之矣。戴震《尚書今文古文考》以《序》爲伏書所無。王鳴盛《尚書後案》以《書序》亦從屋壁中得。陳壽祺《今文尚書有序説》列十有七證以明之：以歐陽經三十二卷，西漢經師不爲《序》作訓，故《歐陽章句》仍止三十一卷。其證一。《史記》於《書序》臚舉十之八九，説義、文字往往與古文異，顯然兼取伏書。其證二。張霸案百篇《序》造百二篇，即出今文，非古文也。其證三。《書正義》曰「伏生二十九卷而《序》在外」，必見石經《尚書》有百篇之《序》。其證四。《書傳》云「遂踐奄」，三字明出於《成王政》之《序》。其證五。《書傳》言葬周公事，本於《亳姑序》。其證六。《大傳》曰〔一〕「武丁祭成湯，有雉

〔一〕「大」，原脱，據初稿本及陳壽祺《左海經辨》卷上《今文尚書有序説》補。

飛升鼎耳而雊」，此出《高宗肜日》之《序》。其證七。《大傳》曰「成王在豐，欲宅洛邑，使召公先相宅」，此述《召誥》之《序》。其證八。《大傳》曰「夏刑三千條」，此本《甫刑》之《序》。其證九。《大傳》篇目有《九共》、《帝告》、《粊命》，《序》又有《嘉禾》、《揜誥》，在二十九篇外，非見《書序》，何以得此篇名？其證十。《白虎通·誅伐》篇稱「《尚書序》曰：武王伐紂」，此《大誓序》及《武成序》之文。其證十一。《漢書·孫寶傳》曰「周公大聖，召公大賢，尚猶有不相説，著于經典」，此引《君奭》之《序》。其證十二。《後漢書·楊震傳》曰「般庚五遷，殷民胥怨」，此引《般庚》之《序》。其證十三。《法言·問神》篇曰：「《書》之不備過半矣，而習者不知。惜乎！《書序》之不如《易》也。」《書》不備過半，唯今文爲然。其證十四。《法言》又曰：「古之説《書》者序以百，而《酒誥》之篇俄空焉，今亡矣夫！」《酒誥》唯今文有脱簡。其證十五。《論衡·正説》篇曰「按百篇之《序》，闕遺者七十一篇」，亦據今文爲説。若古文，有逸篇二十四篇，不得云「闕遺者七十一篇」。其證十六。杜預《春秋左傳後序》曰：「《紀年》與《尚書序》説太甲事乖異。老叟之伏生，或致昏忘。」詳預此言，直以《書序》爲出自伏生。其證十七。十七證深切著明，無可再翻之案。惟陳氏但知今文有《序》，而今文《序》之勝於古文者，尚未道及。《史記》引《書序》是今文，馬、鄭、僞孔《序》是古文。今文《序》皆可信，古文不盡可信。崔應榴謂：「《書序》可疑者有數端：《舜典》備載一代政事始終，《序》祇言其『歷試諸難』，則義有不盡。《伊訓》稱『成湯既殁，太甲元年』，則與《孟子》及《竹書紀年》不合。《泰誓》『惟十有一年，武王伐殷』，則並不與今文合。《畢命》『康王命作册畢分居里，成周郊』，則句意爲難通。又《左傳》祝鮀稱魯曰『命以《伯禽》』，稱晉曰『命以《唐誥》』，此二篇何以《序》反無之？」案：百篇《序》無《伯禽》、《唐誥》，孫竇侗、顧炎武已言之。此二篇或在百篇之外，無庸深辨。「作册畢」下脱一「公」字，故難通。據《史記》，有「公」字。「十有一年，武王伐殷」，與僞《泰誓》不同。僞《泰誓》從劉歆古文説，十一年觀兵，十三年克殷。《泰誓序》從《史記》今文説，九年觀兵，十一年克殷。故年歲兩歧，《序》卻不誤。若《舜典序》祇言「歷試諸難」，遂開梅、姚分「愼徽五典」以下爲《舜典》之妄説。《伊訓序》云「成湯既没，太甲元年」，中失外丙、仲壬兩朝，遂啟宋人以《孟子》所云二年、四年爲生年之謬論。又如周公東征攝王，成王不親行，古文《序》於「成王既黜殷命」、「成王既伐管蔡」，皆冠以「成王」字，後人遂誤執爲周公未攝王之證。周公作《君奭》，《史記》引《序》在踐阼當國時。古文《序》列於復政後，遂有召公疑周公貪寵之言。此皆古文《序》之不可信者。宋人一概疑之，固非；近人一概信之，亦未是。惟一以《史記》引今文《序》爲斷，則得之矣。

二〇、論二十九篇皆完書，後人割裂補亡，殊爲多事

《尚書》以今文爲斷，經義本自瞭然，即云不見全經，二十九篇皆完書，無缺失也。而後人必自生葛藤，任意割裂，或離其篇次，或攙入僞文，使二十九篇亦無完膚，誠不可解。且其説不僅出於

宋以後，並出於漢以前。今舉《堯典》一篇言之。《堯典》本屬完書，舜事即在《堯典》之中，故《大學》引作《帝典》。而漢傳逸《書》十六篇，首列《舜典》之名，意必别有一篇，非《堯典》雜有《舜典》也。《舜典》不傳，僅傳其《序》。云「虞舜側微，堯聞之聰明」，即《堯典》之「明明揚側陋」至「帝曰予聞」云云也；「歷試諸難」，即「我其試哉」至「納于大麓」云云也。鄭君，親見逸《書》者也，其註《書序》云「入麓伐木」，尤即「納于大麓」之明證。然則逸《書》所謂《舜典》，亦即分裂《堯典》之文，並非别有一篇；或即從「明明揚側陋」分篇，亦未可知。僞孔古文從「慎徽五典」分篇，蓋因馬、鄭之本，小變之耳。其後僞中又僞，增入十二字，復增入二十八字。《釋文》：「王氏注。相承云梅頤上孔氏傳古文《尚書》，亡《舜典》一篇，時以王肅注頗類孔氏，故取王注從『慎徽五典』以下爲《舜典》，以續孔《傳》。『曰若稽古帝舜曰重華，協于帝』，此十二字是姚方興所上，孔氏《傳》本無〔一〕。阮孝緒亦云然。方興本或此下更有『濬哲文明，温恭允塞，玄德升聞，乃命以位』，此二十八字異，聊出之，於王注無施也。」夫《堯典》爲二千年前之古籍，開宗明義之第一篇，學者當如何寶愛信從，豈可分裂其篇，加增其字？且序事直至舜崩之年，則舜事已備載，不可再安蛇足。《舜典》既名曰典，必有大典禮、大政事，不可專説遜位，而遜位歷試已見《堯典》，不可重複再見。乃自僞孔分裂於前，方

〔一〕「無」，原脱，據《尚書正義·舜典》補。

興加增於後。當時梁武帝爲博士，已駁議曰：「孔《序》稱伏生誤合五篇，皆文相承接，所以致誤。《舜典》首有『曰若稽古』，伏生雖昏耄，何容合之？」遂不行用。隋初購求遺典，劉炫復以姚書上之，又撰「濬哲文明」十六字，與《堯典》「欽明文思」四句相配。僞中又僞，實自東漢古文逸《書》啟之。此劉逢禄、宋翔鳳所以不信逸《書》也。趙岐，未見逸《書》者也，其注《孟子》曰：「孟子時，《尚書》凡百二十篇，逸《書》有《舜典》之《叙》，亡失其文。孟子諸所言舜事，皆《堯典》當作《舜典》。及逸《書》所載。」自有此說，又開《舜典》補亡一派。閻若璩謂：「『舜往于田』、『祇載見瞽瞍』與『不及貢，以政接于有庳』等語，安知非《舜典》之文乎？又『父母使舜完廩』一段，文辭古崛，不類《孟子》本文。《史記·舜本紀》亦載其事，其爲《舜典》之文無疑。」毛奇齡作《舜典補亡》，遂斷自「月正元日」以下爲《舜典》，采《史記》本紀之文列於其前，又取魏高堂隆《改朔議》引《書》「粤若稽古帝舜曰重華，建皇授政改朔」冠於篇首，以代二十八字。朱彝尊《經義考》所說略同〔一〕。不知高堂所引乃《中候·考河命》文，見《太平御覽·皇天部》引。《史記》本紀載「使舜完廩」一段，或即取之《孟子》，何以見其爲《舜典》文？聖經既亡，豈末學所能臆補？如以爲可臆補，則僞孔古文固應頒之學官，唐白居易補《湯征》亦可用以教士子矣。《四庫提要》曰：「司馬遷書豈可以補經？即用遷書爲補，亦何可

〔一〕「朱彝尊」云云，原闌入正文，據初稿本眉批改。

前半遷書，後半忽接以古經，混合爲一？」其駮毛氏之失，深切著明。王柏《書疑》於「舜讓於德，弗嗣」下，補《論語》「堯曰」以下二十四字；「敬敷五教，在寬」下，補《孟子》「勞之來之」以下二十二字；《臯陶謨》、《益稷》、《武成》、《洪範》、《多方》、《立政》，皆更易其文之次序。蘇軾、黄震皆移易《洪範》，蘇軾又改《康誥》篇首四十八字於《洛誥》上。金履祥亦移易《洪範》，疑《洛誥》有缺文。《武成》僞書不在内。不知諸儒何仇於聖經，並二十九篇之完書，而必欲顛倒錯亂，使無完膚也？天下本無事，庸人自擾之。諸儒爲此紛紛，是亦不可以已乎！

二一、論僞孔經傳前人辨之已明，閻若璩、毛奇齡兩家之書互有得失，當分别觀之

歐陽、大小夏侯三家既亡，其後鄭、孔並行。至隋，鄭氏漸微。唐作《正義》，專用孔《傳》。至宋，吴棫始發其覆。朱子繼之，曰：「孔安國解經最亂道，看得只是《孔叢子》等做出來。」「某嘗疑孔安國書是假書。孔書至東晉方出，前此諸儒皆不曾見，可疑之甚。」錫瑞案：朱子於孔《傳》直斥其僞，可謂卓識，而於古文經雖疑之，未敢明斥之，猶爲調停之説，曰：「《書》有二體，有極分曉者，有極難曉者。」「《尚書》諸命皆分曉，蓋如今制誥，是朝廷做底文字；諸誥皆難曉，蓋是時與民下説話，後來追録而成之。」據此，是朱子以《傳》爲僞，於經猶有疑辭。故蔡沈作《傳》，仍存古文。然猶賴

有朱子之疑，故蔡《傳》能分别今、古文之有無。其後吴澄、歸有光、梅鷟愈推愈密。嘗謂僞孔古文上於東晉之梅頤，而攻古文漸有實據者，出於晚明之梅鷟，同一梅氏，而關僞古文之興廢，倘亦天道之循環歟？至閻若璩、惠棟，考證更精。至丁晏《尚書餘論》，據《家語·後序》，定爲王肅僞作。《隋書·經籍志》、孔氏《正義》皆有微辭，唐初人已疑之，不始於吴才老，朱子可謂搜得真贓實證矣。毛奇齡好與朱子立異，乃作《古文尚書冤詞》，其所執爲左證以鳴冤者，《隋書·經籍志》也。《隋志》作於唐初，其時方尊僞孔，作義贊，頒學官，作《志》者即稍有微辭，何敢顯然直斥其僞？《志》所云雖歷歷可據，要皆傳僞書者臆造不經之説。孔書經、傳，一手所作，僞則俱僞，閻若璩已明言之。毛乃巧爲飾辭，以爲東晉所上之書是經非傳，專以《隋志》爲證。使斯言出《漢·蓺文志》，乃爲可信。若《後漢·儒林傳》，則已不可信矣。以范蔚宗作書之時，僞書已出，不免爲所惑也。況《隋志》修於唐初，在古文立學之後哉！《冤詞》一書，相傳爲駁閻若璩《尚書古文疏證》而作。案：閻、毛二家互有得失。閻證古文之僞甚確，特當明末宋學方盛，未免沾染其説。夫據古義以斥孔《傳》，可也；據宋人以斥孔《傳》，則不可。閻引金履祥説，以《高宗肜日》「典祀無豐于昵」爲祖庚繹于高宗之廟，其誤一也。引邵子書，以定「或十年」等年數，其誤二也。引程子説，謂武王無觀兵事，其誤三也。駁《武成》篇，並以文王受命改元爲妄，其誤四也。駁孔《傳》，以「居東」爲避居，不爲東征，其誤五也。信金履祥，以爲武王封康叔，其誤六也。信金履祥，以《多方》爲在《多士》前，其誤七也。知「九江」在尋陽，又引《水經》云「九江在長沙下雋西北」，未免騎牆之見，其誤八也。解「三江」亦以爲有二，與「九江」同，其誤九也。信蔡氏説，以《康誥》屬武王，其誤十也。移易《康誥》、《大誥》、《洛誥》以就其説，其誤十一也。謂伏生時未得《小序》，其誤十二也。以金履祥更定《洪範》爲文從字順、章妥句適，其誤十三也。閻氏此等處，皆據宋人以駁古義，有僞孔本不誤而閻誤者。蓋孔書雖僞，而去漢未遠，臆説未興。信宋人，不如信僞孔。毛不信宋人，篤守孔書之義，以爲「《尚書》可焚，《尚書》之事實不可焚」；「今溥天之下，老老大大皆有一武王戡黎、封康叔，周公留後治洛典故在其胸中，此千古大冤大枉事」。是則毛是而閻非者，學者當分別觀之，勿專主一家之説。但以今文之説爲斷，則兩家之得失明矣。

二二、論焦循稱孔《傳》之善，亦當分别觀之

國朝諸儒自毛奇齡外，尟有袒孔《傳》者，惟焦循頗右之，其《尚書補疏序》曰：「『曰若稽古帝堯』，『曰若稽古皋陶』，《傳》皆以『順考古道』解之。鄭以『稽古』爲『同天』，『同天』二字可加諸帝堯，不可施於皋陶。若亦以皋陶爲『同天』，則是人臣可僭天子之稱頌。若以帝堯之『稽古』爲『同天』，以皋陶之『稽古』爲『順考古道』，則文同義異，歧出無理。此《傳》之善一也。『四罪而天下咸服』，《傳》以舜徵用之初即誅四凶，是先殛鯀而後舉禹。鄭以禹治水畢，乃流四凶，故王肅斥之云：

『是舜用人子之功而流放其父，則爲禹之勤勞適足使父致殛。舜失五典克從之義，禹陷三千莫大之罪。』此《傳》之善二也。堯舍丹朱，以天位授舜。朱雖不肖，不宜自舜歷數其不善〔一〕。《史記》以『無若丹朱傲』上加『帝曰』，而《傳》則以爲禹之言。自禹言之則可，自舜言之則不可。此《傳》之善三也。《盤庚》三篇，鄭以上篇乃盤庚爲臣時所作，然則陽甲在上，公然以臣假君命，因而即真。此莽、操、師、昭之事，而乃以之誣盤庚，大可怪矣。《傳》皆以爲盤庚爲王時所作。此《傳》之善四也。微子問父師、少師，父師答之，不云少師。鄭以爲少師『志在必死』，蓋以少師指比干。顧大臣徒志於死，遂不謀國以出一言，非可爲忠。《傳》雖亦以少師指比干，而於此則云『比干不見，明心同，省文』。此《傳》之善五也。《金縢》『我之不辟』，鄭讀爲『避』，謂周公避居於東；又以『罪人斯得』爲成王收周公之屬官，殊屬謬悠，説者多不以爲然。《傳》則訓『辟』爲『法』，『居東』即東征，『罪人』即指禄父、管、蔡。此《傳》之善六也。《明堂位》以周公爲天子，漢儒用以説《大誥》，遂啟王莽之禍。鄭氏不能辨正，且用以爲《尚書》注而以周公稱王。自時厥後，歷曹、馬以及陳、隋、唐、宋，無不沿莽之故事。而《傳》特卓然以周公不自稱王，而稱成王之命以誥，勝鄭氏遠甚。此《傳》之善七也。爲此《傳》者，蓋見當時曹、馬所爲，爲之説者，有如杜預之解《春秋》，束皙等之僞造竹書，舜

〔一〕「舜」，原脱，據焦循《尚書補疏序》補。

可囚堯，啟可殺益，太甲可殺伊尹，上下倒置，君臣易位，邪説亂經，故不憚改《益稷》，造《伊訓》、《太甲》諸篇，陰與竹書相齮齕。又託孔氏《傳》，以黜鄭氏，明君臣上下之義，屏僭越抗害之譚。以觸當時之忌，故自隱其姓名。」錫瑞案：近儒江、段、孫、王皆尊鄭而黜孔，焦氏獨稱孔《傳》之善，可謂特見。惟未知孔《傳》實王肅僞作，故所説有得有失。肅之學得之父朗，朗師楊賜，楊氏世傳《歐陽尚書》，洪亮吉《傳經表》以肅爲伏生十七傳弟子，是肅亦今文家之支流。肅又好賈、馬之學，則兼通古文者。雜糅今、古與鄭君同，而立意與鄭君爲難。鄭注《書》從今文，則以古文駁之；鄭從古文，則又以今文駁之。肅以今文駁古文，實有勝鄭注者。焦氏所舉以「稽古」爲「考古」，以「四罪」爲禹治水之前，以「居東」爲東征，以「罪人」爲禄父、管、蔡，是其明證。至信僞孔，疑《史記》、《明堂位》，則其説非是。《史記》引《書》最古，明有「帝曰」，豈可妄去？舜、禹同爲堯臣，禹可直斥丹朱，何以舜獨不可？周公稱王，非獨見於《明堂位》。荀子親見百篇《尚書》，其書中屢言之。伏《傳》、《史記》皆云周公居攝。豈可改易古事，强爲迴護？焦氏乃以作《傳》者以觸時忌，自隱姓名，則尤求之過深。肅與司馬氏昏姻，助晉篡魏，豈能明君臣、屏僭越者？若僞作竹書者言啟殺益、太甲殺伊尹，反似改古事以儆亂臣，又何必作僞古文，以與竹書相齮齕乎？焦循之子廷琥作《尚書申孔篇》，與其父所見同，中有數條即《補疏序》所説。餘瑣細不足辨，兹不具論。

二三、論宋儒體會語氣勝於前人，而變亂事實不可爲訓

孔《傳》立學，行數百年，至宋而漸見疑；蔡《傳》立學，行數百年，至今又漸見廢。陳澧曰：「近儒説《尚書》，考索古籍，罕有道及蔡仲默《集傳》者矣。然僞孔《傳》不通處，蔡《傳》易之，甚有精當者。江艮庭《集注》多與之同。《大誥》『若兄考乃有友伐厥子，民養其勸弗救』，僞孔傳云：『以子惡故。』孔疏云：『民皆養其勸伐之心不救之。』此甚不通。蔡傳云：『蘇氏曰：養，厮養也，謂人之臣僕。言若父兄有友攻伐其子，爲之臣僕者，其可勸其攻伐而不救乎？』江氏注云：『長民者其相勸止不救乎？』《召誥》『王敬作所不可不敬德』，僞孔云：『敬爲所不可不敬之德。』蔡云：『所，處所也，猶所其無逸之所。王能以敬爲所，則無往而不居敬矣。』江云：『王其敬爲之所哉，言處置之得所也〔一〕。』《召誥》『我不敢知曰』，僞孔云：『我不敢獨知，亦王所知。』蔡云：『夏、商歷年長短，所不敢知，我所知者，惟不敬厥德，即墜其命也。』江云：『夏、殷歷年長短，我皆不敢知，惟知其皆以不敬德，故早墜其命。』《君奭》『襄我二人』，僞孔云：『當因我文、武之道而行之。』蔡云：『王業之成，在

〔一〕「言」，原誤作「而」，據初稿本及陳澧《東塾讀書記》卷五改。

我與汝而已。』江云：『二人，己與召公也〔一〕。』《多方》『我惟時其戰要囚之』，僞孔云：『謂討其倡亂，執其朋黨。』蔡云：『我惟是戒懼而要囚之。』江云：『戰，懼也。』《康王之誥》『惟新陟王』，僞孔云：『惟周家新升王位。』蔡云：『陟，升遐也。成王初崩，未葬未謚，故曰新陟王。』江云：『陟，登假也，謂崩也。成王初崩，未有謚，故稱新陟王。』《秦誓》『昧昧我思之』，僞孔云：『惟察察便巧善爲辨佞之言，使君子迴心易辭。我前多有之，以我昧昧思之不明故也。』蔡云：『昧昧而思者，深潛而靜思也。』以『昧昧我思之』屬下文。江云：『昧昧我思者，是穆公自道思此一介臣，非謂前日之昧昧于思也。此文當爲下文緣起。』此皆蔡《傳》精當，而江氏與之同者。如爲暗合，則於蔡《傳》竟不寓目，輕蔑太甚矣；如覽其書，取其説而没其名，則尤不可也。」錫瑞案：陳氏取蔡《傳》，與焦氏取孔《傳》，同一特見。宋儒解經，善於體會語氣，有勝於前人處，而其失在變易事實，以就其説。《尚書》載唐、虞三代之事，漢初諸儒去古未遠，其説必有所受。宋儒乃以一己所見之義理，懸斷千載以前之故事，甚至憑恃臆見，將古事做過一番。雖其意在維持名教，未爲不善，然維持名教亦只可借古事發論，不得翻前人之成案。孔《傳》謂周公不稱王，伊尹將告歸，已與古説不符，而蔡《傳》引宋人之説，又加甚焉。《西伯戡黎》，伏《傳》、《史記》皆云文王伐耆，「黎」即耆，「西伯」即文王。蔡

〔一〕「己」，原脱，據初稿本及陳澧《東塾讀書記》卷五補。

《傳》獨爲文王回護，以「西伯」爲武王。其失一也。《大誥》「王若曰」，鄭注：「王，謂攝也。周公居攝，命大事則權代王也。」伏《傳》、《史記》皆云周公居位踐阼，則鄭説有據。蔡《傳》從孔《傳》，以爲周公稱成王命以誥。其失二也。《康誥》「王若曰：孟侯，朕其弟，小子封」，《漢書·王莽傳》引《書》解之曰：「此周公居攝稱王之文也。」蔡《傳》不信周公稱王之事，從蘇氏説，移篇首四十八字於《洛誥》上，又無以解「朕其弟」之語，遂以爲武王封康叔。不知《史記》明言「康叔封、冉季載皆少，未得封」，是武王無封康叔事。《左氏傳》祝鮀言「周公尹天下，封康叔」。鮀以衛人言衛事，豈猶有誤？而横造事實，擅移經文。其失三也。《洛誥》「王命周公後，作册逸誥，在十有二月。惟周公誕保文、武受命，惟七年」，言周公七年致政，當歸國，成王留公，命伯禽就國爲公後。蔡《傳》乃以爲王命周公留後治洛。不知唐置節度使乃有留後，周無此官。周公老於豐，薨於豐，並無治洛之事。其失四也。宋儒習見莽、操妄託古人，故極力回護，欲使後世不得藉口。不知古人行事光明磊落，何待後儒回護？王莽託周公，無傷於周公。曹操託文王，無傷於文王。天位無常，惟有德者居之。聖人無闇干非分之心，而天與人歸，則亦不得不受。禪讓易而傳子，又復易爲征誅。事雖不同，其義則一。稷、契同受封於舜、禹，周之先本非商之臣。不窋失官，公劉、太王遷豳、岐，商王未嘗過問。文王始率諸侯事紂，後入朝而被囚，釋歸而諸侯皆從之，受命稱王，何損至德？《詩》、《書》皆言文王受命，伏《傳》言受命六年稱王，《史記》言「詩人道西伯，蓋受命之年稱王」。此漢初古說可信者。必以文王稱王爲非，則湯之伐桀亦非，舜、禹之受禪亦非，必若巢、許而後可也。至周公居攝，尤是常事。古有攝主，見《禮記·曾子問》。君薨而世子未生，則有上卿攝國事，稱攝主。此上卿蓋同姓子弟，世子生則避位，或生非世子，則攝主即真。觀《左氏傳》「季孫有疾，命正常曰：『南孺子之子，男也，則以告而立之；女也，則肥也可。』」賈誼上疏有「植遺腹，朝委裘」之文，是其明證。或世子生而幼，國有大事，亦必有人攝行。鄭注「命大事權代王」，並無語弊。武王薨而東諸侯皆叛，周之勢且岌岌，成王幼，不能親出，公不權代王以鎮服天下，大局將不可問，事定而稽首歸政，可告無罪於天下萬世矣。後世古義不明，即有親賢處周公之位者，亦多畏首畏尾，如蕭齊竟陵王子良以此自誤，並以誤國。蓋自馬、鄭訓「我之弗辟」爲避位，已非古義。宋儒以力辨公不稱王之故，臆撰武王封康叔、周朝設留後之事，以爲左證，使後世親賢當國者誤信其說，避嫌而不肯犯難，必誤國事，是尤不可不辨。古人事實，不可改易。如編小說、演雜劇者借引古事，做過一番，以就其說，此在彈詞、演劇可不拘耳，若以此解經，則斷乎不可。

二四、論僞孔書相承不廢，以其言多近理，然亦有大不近理者，學者不可不知

僞孔古文《尚書》，自宋至今，已灼知其僞矣，而猶相承不廢，是亦有故。宋之不廢者，「人心惟

危」四句〔一〕，宋儒以爲道統相傳。其《進〈尚書注〉表》首以三聖傳心爲説，而四語出僞《大禹謨》。故宋儒雖於僞傳獻疑，而於僞經疑信參半。王鳴盛《蛾術編》戲以虞廷十六字，爲《風俗通》所言鮑君神之類。此在今日漢學家吐棄宋學，乃敢爲此語，而在當日固無不尸祝俎豆者也。此其遠因一。且古文雖僞，而言多近理，非止「人心惟危」四句。真德秀曰：「開萬世性學之源，自成湯始。敬、仁、誠並言，始見於此。三者，堯、舜、禹之正傳也。」此皆出僞古文，爲宋儒言道學所本。故宋儒不敢直斥之，而且尊信之。此其遠因二。近儒不尊宋學，斥僞經亦甚於宋儒，而至今仍不廢者，阮元曰：「古文《尚書》孔《傳》出東晉，漸爲世所誦習，其中名言法語，以爲出自古聖賢，則聞者尊之。故宇文周主視太學，太傅于謹爲三老，帝北面訪道，謹曰：『木從繩則正，后從諫則聖。』帝再拜受言。唐太宗見太子息于木下，誨之曰：『木受繩則正，后從諫則聖。』唐太宗自謂兼將相之事，給事中張行成上書，以爲禹不矜伐而天下莫與之争，上甚善之。唐總章元年，太子上表曰：『《書》曰：「與其殺不辜，寧失不經。」伏願逃亡之家，免其配役。』從之。凡此君臣父子之間，皆得陳善納言之益。」是知其僞，而欲留爲納言之益。此近因一。龔自珍述莊存與之言曰：「帝胄天孫，不能旁覽雜氏，惟賴幼習五經之簡，長以通於治天下。昔者《大禹謨》廢，人心道心之旨、『殺不辜，寧失不

〔一〕「危」，原誤作「微」，據《尚書正義》改。下「人心惟危」同。

經』之誡亡矣。《太甲》廢，『儉德永圖』之訓墜矣。《仲虺之誥》廢，『謂人莫己若』之誡亡矣。《説命》廢，股肱良臣啟沃之誼喪矣。《旅獒》廢，『不寶異物賤用物』之誡亡矣。《冏命》廢，左右前後皆正人之美失矣。公乃計其委曲，退直上書房，日著書，曰《尚書既見》如干卷，數數稱《禹謨》、《虺誥》、《伊訓》。是書頗爲承學者詬病，而古文竟獲仍學官不廢。」是知其僞，而恐廢之無以垂誡。此其近因二。有此四故，故得相承不廢。然而過書舉燭，國賴以治，非郢人之意也；齊求岑鼎，魯應以贋，非柳下所許也。古文雖多格言，而僞託帝王則可惡。且其言多近理，亦多不近理者，如：《大禹謨》「舞干羽于兩階，七旬，有苗格」，爲宋人重文輕武、口不言兵所藉口；《胤征》「威克厥愛，允濟」，爲楊素等用兵好殺之作俑；《仲虺之誥》「若苗之有莠，若粟之有秕。小大戰戰，罔不懼于非辜」，則湯之伐桀爲自全計，非爲弔民；《咸有一德》「伊尹既復政厥辟，將告歸」，則伊尹不曾相太甲，與《君奭》所言及《左氏傳》「伊尹放太甲而相之」義違；《泰誓》三篇數殷紂罪，有「刳剔孕婦」、「斮朝涉之脛，剖賢人之心」等語，宋人遂疑湯數桀之罪簡，武數紂之罪太甚，而「罪人以族」非三代以前所有，「時哉不可失」亦非弔民伐罪之言；《旅獒》太保訓王云「功虧一簣」，宋人遂疑湯伐桀後猶有慙德，武伐紂後一事不做；《君陳》以「爾有嘉謀嘉猷」爲康王語，宋人遂謂康王失言。此皆僞古文之大不近理者。而割裂古書，綴輯成文，詞意亦多牽强，不相貫串。如《孟子》引「王曰：『無畏！寧爾也，非敵百姓也。』若崩厥角稽首」，夾議夾叙，詞意極明。僞孔乃更之曰：「勖哉，夫子！

罔或無畏，寧執非敵。百姓懔懔，若崩厥角。」無論如何解説，必不可通，似全不識文義者所爲。此等書豈可以教國胄？毛奇齡以袒僞古文之故，至謂「《論語》引《書》有四，無不改其詞、篡其句、易其讀者」。僞孔擅改古經，顯違孔訓，僭妄已極。奇齡不罪僞孔，反歸罪於孔子改經，可謂悍然無忌憚矣。

二五、論僞古文多重複，且敷衍不切

《尚書》與《春秋》，皆記事之書，所記之事，必有義在。孔子之作《春秋》，非有關繫足以明義者不載，事見於前者不復見於後，所以省繁複也。故孔子之删《書》，亦非有關繫足以明義者不載，事見於前者不復見於後，亦所以省繁複也。古書詳略互見，變化不拘，非同後世印板文字，有一定之例。《堯典》兼言二帝，合爲一篇。聖德則堯詳於舜，政事則舜詳於堯。是詳略互見之法。而作僞者不達此義，别出《舜典》一篇，以爲不應略於舜之聖德，乃於《舜典》篇首僞撰二十八字，以配《堯典》。不顧文義，首尾横決，由不曉古書之法也。《盤庚》三篇旨意不同，上篇告親近在位者，中篇告民之弗率，下篇既遷之後申告有衆，未嘗有重複之義。《康誥》、《酒誥》、《梓材》皆言封康叔，《召誥》、《洛誥》皆言營洛都，旨意不同，亦未嘗有重複之義。而僞孔書《太甲》三篇、《説命》三篇，皆上、中、下文義略同，且辭多膚泛，非但上、中、下篇可移易，而伊尹之辭可移爲傅説，傅説之辭可移爲伊尹，伊尹、傅説之辭又可移爲《大禹謨》之禹、皋，以皆臣勉其君而無甚區别也。《泰誓》三篇，皆數紂罪而無甚區别。使真如此文繁義複，古人何必分作三篇？今文《尚書》二十九篇，篇篇有義，初不犯複，其辭亦無複見。若僞古文，不但旨意略同，其辭亦多雷同，《太甲》下與《蔡仲之命》雷同尤甚。《太甲》下云：「惟天無親，克敬惟親。民罔常懷，懷于有仁。德惟治，否德亂。與治同道，罔不興；與亂同事，罔不亡。」《蔡仲之命》云：「皇天無親，惟德是輔。民心無常，惟惠之懷。爲善不同，同歸于治；爲惡不同，同歸於亂。」其文義不謂之雷同，得乎？《太甲》下云「慎終于始」，《蔡仲之命》云「慎厥初，惟厥終」，亦雷同語。蓋其書本憑空結撰，其胸中義理又有限，止此敷衍不切之語説來説去，層見疊出。又文多駢偶，似平正而實淺近，以比《尚書》之渾渾灝灝者迥乎不同。而雜凑成篇，尤多文不合題之失。姚鼐謂「古文《尚書》多不切，文之不切者，皆不中於理」，可謂知言。漢古文學創通於劉歆，僞古文書撰成於王肅。亂經之人，遞相祖述。古天子、諸侯皆五廟，至周始有七廟。劉歆以爲周以上皆七廟。《吕覽》：「五世之廟，可以觀怪。」僞古文《咸有一德》改云「七世之廟，可以觀德」，後世遂引爲商時七廟之證。此肅本之於歆者也。《異義》：天子六卿，周制；三公、九卿，商以前制。周三公在六卿中，見《顧命》，而無三孤。僞古文《周官》有三公、三孤，本《漢書·百官公卿表》，《表》又出於莽、歆之制，又肅本之於歆者也。古云相某君是虚字，不以爲官名。僞古文《説命》「爰立作相」，又誤沿漢制而不覺者。《左氏傳》仲虺爲湯左相，亦可疑。

二六、論孔《傳》盡釋經文之可疑，及馬、鄭古文與今文駁異之可疑

《朱子語録》云：「某嘗疑孔安國書是假書，比毛公《詩》如此高簡，大段省事。漢儒訓釋文字多是如此，有疑則闕。今此卻盡釋之，豈有千百年前人説底話，收拾於灰燼屋壁中與口傳之餘〔一〕，更無一字訛舛？理會不得如此，可疑也。」錫瑞案：朱子之説，具有特見。漢初説《易》者舉大誼，如丁將軍者是；説《詩》者無傳疑，如魯申公者是。毛公之《傳》，未知真出漢初與否，而其文亦簡略，未嘗字字解經。惟僞孔於經盡釋之，此僞孔《傳》所以可疑。蔡沈曰：「今文多艱澀，而古文反平易。伏生倍文暗誦，乃偏得其所難，而安國考定於科斗古書錯亂摩滅之餘，反專得其所易，則又有不可曉者。」吴澄曰：「伏生書雖難盡通，然詞義古奥，其爲上古之書無疑。梅頤所增，體製如出一手，采輯補綴，雖無一字無所本，而平緩卑弱，殊不類先漢以前之文。夫千年古書，最晚乃出，而字畫略無脱誤，文勢略無齟齬，不亦大可疑乎？」蔡氏、吴氏之説，亦有特見。伏、孔之書難易不同，伏生不應獨記其難，安國不應專得其易。此僞孔經所以可疑。而由二家之説推之，《尚書》之

〔一〕「口」，原誤作「日」，據《朱子語類》卷七十八改。

可疑者非直此也。僞孔書無論矣，二十九篇今、古文同，而夏侯、歐陽之今文，與馬、鄭、王之古文，其字句又不同。今以熹平石經及兩漢人引用《尚書》之文考之，其異於馬、鄭古文者，亦多今文艱澀而古文平易。試舉數條以證。《盤庚》「器非求舊」，石經「求」作「救」。「求」、「救」音近得通，「求」字易而「救」字難也。《洪範》「鯀堙洪水」，石經「堙」作「伊」。「堙」、「伊」音近叚借，「堙」字易而「伊」字難也。「保后胥戚」，石經「戚」作「高」。「戚」、「高」音近叚借，「戚」字易而「高」字難也。「無弱孤有幼」，石經「弱」作「流」。「弱」、「流」音近叚借，「弱」字易而「流」字難也。《無逸》「乃諺」，石經作「乃憲」；「既誕」，石經作「既延」。「諺」、「憲」，「誕」、「延」，音近得通，「諺」、「誕」易而「憲」、「延」難也。「無皇」，石經作「毋兄」。「皇」、「兄」音近得通，「皇」字易而「兄」字難也。「此厥不聽」，石經「聽」作「聖」。「聽」、「聖」音近得通，「聽」字易而「聖」字難也。《立政》「相時憸民」，石經「憸」作「散」。「憸」、「散」音近叚借，「憸」字易而「散」字難也。以此推之，不但世所傳今文多艱澀，而僞孔古文反平易，即漢所傳今文亦多艱澀，而馬、鄭古文反平易。不但僞孔古文可疑，即馬、鄭古文亦不盡可信矣。惜《經典釋文》不列三家《尚書》之異同，使學者無由見今文真本。所賴以略可考見者，惟石經殘字十數處，及孔《疏》引「優賢揚歷」、「臏宫劓割頭庶剠」數處而已〔一〕，豈不惜哉！

〔一〕「孔」，原誤作「也」，據文義改。

竊意東漢諸儒之傳古文，蓋亦多以訓故改經，與太史公《史記》相似，有字異而義相同者，如《般庚》「器非求舊」之類是也；有字異而義違失者〔一〕，如《般庚》「優賢揚歷」之類是也。然則今之僞孔增多古文，固皆撰造而非安國之真，即僞孔同於馬、鄭二十九篇之古文，亦有改竄而非伏生之舊者〔二〕。僞孔所造古文固當刪棄，即僞孔同於馬、鄭之古文，後人以爲真是伏生之所親傳、孔子之所手定，亦豈可盡信哉？孟子曰：「盡信《書》，則不如無《書》。」觀於世所傳之《尚書》，益歎孟子之言爲不妄也。

二七、論《尚書》有不能解者當闕疑，不必强爲傅會，漢儒疑辭不必引爲確據

子曰：「多聞，闕疑。」又曰：「君子於其所不知，蓋闕如也。」然則聖人生於今日，其解經必不鄉壁虛造而自欺欺人也明矣。《尚書》最古，文義艱深。伏生易爲今文，而史公著書，多以訓故改經。馬、鄭名傳古文，而與今文駮異者，亦疑多以訓故改經。其必改艱深爲平易者，欲以便學者誦習

〔一〕「違」，原誤作「選」，據中華書局校印本改。
〔二〕「改」，原誤作「之」，據中華書局校印本改。

也。而二十九篇傳於今者，猶未能盡索解人。「周誥殷盤，詰屈聱牙」，韓文公已言之。《尚書》之難解，以諸篇爲尤甚。如《大誥》之「今蠢，今翼日」、「乃有友伐厥子，民養其勸勿救」，《盤庚》之「弔由靈」、「用宏茲賁」等語，或由方言之莫識，或由簡策之傳訛，無論如何曲説，終難據爲確解。而孔《傳》强爲解之，近儒江、王、孫又强爲解之。此皆未敢信爲必然，當從不知蓋闕者也。北魏徐遵明解經，史稱其穿鑿，所據本「八寸策」，誤作「八十宗」，遂强以「八十宗」解之。然則强不知以爲知，非皆「八十宗」之類乎？漢儒解經，其有明文而能自信者，即用決辭；其無明文而不能自信者，即爲疑辭。如《堯典》之「羲、和」，疏引鄭云[一]：「高辛氏之世，命重爲南正司天，黎爲火正司地。堯育重、黎之後羲氏、和氏之子賢者，使掌舊職天地之官，亦紀於近[二]，命以民事。其時官名，蓋曰稷、司徒。」錫瑞案：鄭以四子分屬四時，羲、和實司天地，地官司徒猶可强附，天官爲稷，並無明文。《國語》云「稷爲大官」，有誤作「天官」者。緯云「稷爲司馬」，又云「司馬主天」。故鄭君以此傅會之，云：「初，堯天官爲稷。禹登用之年，舉棄爲之。時天下賴后稷之功，故以官名通稱。」箋《詩》又云：「堯登用之，使居稷官，民賴其勞。後雖作司馬，天下猶以后稷稱焉。」鄭之彌縫，亦云至矣，然

〔一〕按，下引文實見賈公彦等《周禮正義序》引《尚書・堯典》鄭注。

〔二〕「近」下，原衍「氏」，據賈公彦等《周禮正義序》删。

如其說，則棄於堯時已爲天官，其位最尊，若周之冢宰矣，何以堯、舜禪讓，皆不及棄？且稷爲天官，司馬爲夏官，天官尊於夏官，后稷有功於民，何以反由天官降爲司馬？舜命九官，並無司馬之名。鄭知其無明文，不能自信，故云「蓋曰稷、司徒」。凡言「蓋」者，皆疑辭也。《周禮疏序》又引鄭云：堯既分陰陽爲四時，命羲仲、和仲、羲叔、和叔等爲之官，又主方岳之事，是爲四岳，「掌四時者曰仲、叔〔一〕，則掌天地者，其曰伯乎」。案：鄭以四子即四岳，又別有掌天地之官，與兩漢今文說不同。鄭知其無明文，不能自信，故云「其曰伯乎」。凡言「乎」者，皆疑辭也。其不敢爲決辭，猶見先儒矜慎之意。後之主鄭義者，必强傅會以爲確據，非但不知聖人闕疑之旨，並先儒矜慎之意亦失之矣。

二八、論僞古文言仁言性言誠，乃僞孔襲孔學，非孔學出僞書

王應麟曰：「《仲虺之誥》，言仁之始也。《湯誥》，言性之始也。《太甲》，言誠之始也。《説命》，言學之始也。皆見於《商書》。『自古在昔，先民有作。温恭朝夕，執事有恪』，亦見於《商頌》。孔子之傳有自來矣。」錫瑞案：《商書》四篇皆出僞孔古文，惟《禮記・文王世子》引「《兑命》曰：『念終

〔一〕「曰」上，賈公彦等《周禮正義序》本有「字」。

始典于學。』」，鄭注：「兑，當爲『説』。《説命》，《書》篇名，殷高宗之臣傅説之所作。」是王氏所舉《商書》四篇之語，惟「學」之一字實出《説命》，其餘皆未可據。宋儒講性理，故於古文雖知其僞，而不能不引以爲證。其最尊信者，「危微精一」十六字之傳。考「人心之危，道心之微」二語，出《荀子》引《道經》。荀子親見全書，若出《尚書》，不當引爲《道經》。既稱《道經》，不出《尚書》可知。僞孔以羼入《大禹謨》，宋儒乃以四語爲傳心祕訣。四語惟「允執厥中」出《論語·堯曰》篇「允執其中」，實有可據。二帝相傳，即此已足。《中庸》稱「舜執其兩端，用其中於民」，正是推闡「允執其中」之義。《論語》云「舜亦以命禹」，足見二帝相傳無異。朱注云：「今見於《虞書·大禹謨》，比此加詳。」如其説，則堯命舜爲寥寥短章，舜命禹爲洋洋大篇，由誤信僞古文，與《論語》「亦」字不合。大凡理愈推而愈密，辭愈衍而愈詳。性理自堯、舜至孔、孟，而後推衍精詳，前此或有其義而無其文，要其義亦足以盾之。如《堯典》云「欽明文思安安」等語，《史記·堯本紀》譯其文，而代以「其仁如天，其知如神」等語，是當時已有「仁」之義也。《孟子》曰：「堯、舜，性之也。」是當時已有「性」之義也。今文《尚書》「文思」作「文塞」，「塞」有「誠實」之義，是當時已有「誠」之義也。古文字簡略，而義已包括於其中，何必謂《虺誥》言「仁」、《湯誥》言「性」、《太甲》言「誠」，至《商書》始發其義乎？典以欽始，謨以欽終，二帝相傳心法，「欽」之一字足以括之，何必十六字乎？僞孔古文出於魏晉孔、孟之學大明之時，掇拾闕里緒言，撰成僞書文字。此乃僞孔書襲孔學，非孔學本於僞孔書。王氏不知，乃以此等書爲聖學所自出，豈非顛倒之甚哉！惟《商頌》作於正考父，乃孔子六世祖，以爲「孔子之傳有自來」，其説尚不誤耳。然亦本於近祖正考父，而非本於遠祖商王也。

二九、論王柏《書疑》疑古文有見解，特不應並疑今文

王柏《書疑》與《詩疑》，皆爲人詬病。王氏失在並今文而疑之耳，疑古文不得謂其失也。其疑僞孔《尚書序》曰：「其一曰：《三墳》之書言大道，《五典》之書言常道。所謂《三墳》、《五典》、《八索》、《九丘》者，古人固有此書，歷代相傳，至夫子時已删而去之，則其不足取以爲後世法，可知矣。序者欲誇人以所不知，遂敢放言以斷之曰：此言大道，此言常道也。使其果有聖人經世治民之道，登載於簡籍之中，正夫子之所願幸，必爲之發揮紀述，傳之方來，必不芟夷退黜，使堙没於後世。夫天下之論，至孔子而定；帝王之書，至《堯典》而始。上古風氣質朴，隨時致治，史官未必得纂紀之要。故夫子定《書》所以斷自唐、虞者，以其立政有綱，制事有法，可以爲萬世帝王之軌範也。唐、虞之下，且有存有亡，有脱有誤；唐、虞之上，千百年之書〔一〕，孰得其全而傳之，孰得其要而繹

〔一〕「書」，原誤作「前」，據王柏《書疑·書大序》改。

之〔一〕？予嘗爲之説曰：凡帝王之事不出於聖人之經者，皆妄也。學者不當信其説，反引以證聖人之經也。其二曰：孔壁之書，皆科斗文字。予嘗求科斗之書體，茫昧恍惚，不知其法。後世所傳夏、商觚鬲盤匜之類，舉無所謂科斗之形。或謂：科斗者，顓頊之時書也。序者之言，不過欲耀孔壁所藏之古耳。謂科斗始於顓帝者，亦不過因序者之言，實以世代之遠而傅會之。且曰科斗書廢已久，時人無能知者，又不知何以參伍點畫、考驗偏傍而更爲隸古哉？於是遂遁其詞曰：以所聞伏生之書，考論文義，定其可知者。則是古文之書，初無補於今文，反賴今文而成書。本欲尊古文，而不知實陋古文也。」錫瑞案：王氏辨孔《序》二條，皆有見解。知《尚書》以孔子所定爲斷，則鄭樵信《三墳》、王應麟輯三皇五帝書，愛奇炫博，皆可不必。知古文科斗之無據，則非惟僞孔《序》不足信，即鄭君《書贊》曰「書初出屋壁，皆周時象形，今所謂科斗書。以形言之爲科斗，指體即周之古文」，亦未可信。晉王隱謂：「科斗文者，其字頭麤尾細，似科斗之蟲，故俗名之焉。」段玉裁據此，以科斗文乃晉人里語，孔叙《尚書》乃有科斗文字之稱，其僞顯然。考鄭君《書贊》已云科斗書，則段説未確。案：鐘鼎文無頭麤尾細之形，王氏已明言之。《説文》所列古文，亦不似科斗。然則古文科斗之説，乃東漢古文家自相矜炫，鄭君信其説而著之《書贊》，僞孔又信鄭説而著之《書序》也。王氏知古文之僞，不知今文之

〔一〕「繹」，原誤作「詳」，據王柏《書疑·書大序》改。

真，其並疑今文，在誤以宋儒之義理準古人之義理，以後世之文字繩古人之文字。蘇軾疑《顧命》不當陳設吉禮，趙汝談疑《洪範》非箕子作，晁以道疑《堯典》、《禹貢》、《洪範》、《吕刑》、《甘誓》、《盤庚》、《酒誥》、《費誓》諸篇。見《容齋三筆》。《書疑》多本前人，亦非王氏獨創，特王氏於《尚書》篇篇獻疑，金履祥等從而和之，故其書在當時盛行，而受後世之掊擊最甚。平心而論，疑經改經，宋儒通弊，非止王氏，皆由不信經爲聖人手定。王氏《詩疑》删鄭、衛《詩》，竄改《雅》、《頌》，僭妄太甚，《書疑》猶可節取。

三〇、論劉逢禄、魏源之解《尚書》多臆説，不可據

今、古文之興廢，皆由《公羊》、《左氏》爲之轉關。前漢通行今文，劉歆議立《左氏春秋》，於是牽引古文《尚書》、《毛詩》、逸《禮》諸書，以爲之佐。後漢雖不立學，而古文由此興，今文由此廢。以後直至國朝，諸儒昌明漢學，亦止許、鄭古文。及孔廣森專主《公羊》，始有今文之學。陽湖莊氏乃推今《春秋公羊》義並及諸經，劉逢禄、宋翔鳳、龔自珍、魏源繼之，而三家《尚書》、三家《詩》皆能紹承絶學。凌曙、陳立師弟，陳壽祺、喬樅父子，各以心得，著爲專書，二千餘年之墜緒得以復明，十四博士之師傳不至中絶。其有功於聖經甚大，實亦由治《公羊春秋》，漸通《詩》、《書》、《易》、《禮》之今文義也。常州學派蔚爲大宗，龔自珍詩所謂「祕緯户户知何休」者，蓋《公羊》之學爲最精，而其説《尚書》則有不可據者。劉逢禄《書序述聞》多述莊先生説，不補《舜典》，不信逸《書》，所

見甚卓，在江、孫、王諸家之上；而引《論語》、《國語》、《墨子》以補《湯誓》，以《多士》、《多方》爲有錯簡而互易之，自謂非敢蹈宋人改經故轍，而明明蹈其故轍矣。《盤庚》以「咸造勿」爲句，謂「勿」爲古文「㫃」；《微子》以「刻子」讀爲「亥子」；《洪範序》以「立武庚目」爲句〔一〕，謂「已」當作「祀」；《洛誥》以「王賓殺禋」爲句，「咸格王」爲句，「入太室祼」爲句，謂「殺」當爲「秉」，「秉禋」即奉璋也；《顧命》「太保命仲桓、南宫毛俾爰」爲句，「爰」者，扶掖之名；《畢命序》以「康王命作册」爲句，「畢分居里成周郊」爲句，謂「畢，終也。周公、成王未竟之業，至康王始畢之」，皆求新而近鑿。《太誓序》「惟十有一年」爲武王即位之十一年，不蒙文王受命之年數之，與今文、古文皆不合。至於不信周公居攝之説，以孫卿爲誣聖亂經；不取「太子孟侯」之文，以伏《傳》爲街談巷議；不用孟津觀兵之義，以馬遷爲齊東野人，横暴先儒，任意武斷，乃云「漢儒誣之於前，宋儒亂之於後」。其實莊氏所自矜創獲，皆陰襲宋儒之餘唾，而顯背漢儒之古訓者也。孫卿在焚書之前，伏生爲傳經之祖，太史公去古未遠，其説必有所受，乃以理斷之，謂皆不可信，宋儒之説獨可信乎？宋儒已不可信，莊氏之説又可信乎？劉逢禄雖尊信之，宋翔鳳、龔自珍皆不守其説。魏源尊信劉逢禄，其作《書古微》，痛斥馬、鄭，以扶今文，實本莊、劉，更參臆説。補《湯誓》本莊氏，補《舜典》、《湯誥》、《牧誓》、

〔一〕「目」，原誤作「目」，據劉逢禄《書序述聞》改。

《武成》，則莊氏所無。《周誥分年集證》將《大誥》至《洛誥》之文盡竄易其次序，與王柏《書疑》無以異。以管叔爲嗜酒亡國，則雖宋儒亦未敢爲此無據之言。而於《金縢》「未敢訓公」之下，既知必有缺文，又云「後半篇不如從馬、鄭説。西漢今文，千得豈無一失？東漢古文〔一〕，千失豈無一得」，則其解經並無把握，何怪其是末師而非往古乎？解經但宜依經爲訓，莊、劉、魏皆議論太暢。此宋儒説經之文，非漢儒説經之文。解經於經無明文者，必當闕疑，莊、劉、魏皆立論太果。此宋儒武斷之習，非漢儒矜慎之意也。

三一、論孔子序《尚書》略無年月，《皇極經世》、《竹書紀年》所載共和以前之年皆不足據

太史公《三代世表》曰〔二〕：「孔子因史文次《春秋》，紀元年，正時日月，蓋其詳哉。至於序《尚書》，則略無年月；或頗有，然多闕，不可録。故疑則傳疑，蓋其慎也。余讀諜記，黄帝以來皆有年數。稽其曆譜諜、終始五德之傳，古文咸不同，乖異。夫子之弗論次其年月，豈虚哉！於是以《五

〔一〕「東」，原誤作「一」，據魏源《書古微》改。
〔二〕「史」，原誤作「平」，據文義改。

帝繫諜》、《尚書》，集世紀黄帝以來訖共和，爲《世表》。」《十二諸侯年表》曰：「於是譜十二諸侯，自共和訖孔子。」錫瑞案：太史公於共和以前，但表其世，自黄帝始，至共和二伯行政止；共和以後，始表其年，自庚申共和元年，以宣王少，大臣共和行政始，至甲子周敬王四十三年崩止。蓋史公所據載籍，於共和以前之年歲已不可考，故史公作五帝、夏、商、周《本紀》，但書某帝王崩、某帝王立，周宣王後，始紀崩年，正所謂「疑則傳疑，蓋其慎也」。鄭君《詩譜》曰：「夷、厲以上，歲數不明，太史《年表》自共和始。歷宣、幽、平王而得春秋次第，以立斯《譜》。」是鄭君亦不能知共和以前也。《漢書・律曆志》據劉歆《三統術》曰：「夏后氏繼世十七王，四百三十二歲。自伐桀至武王伐紂，六百二十九歲，故《傳》曰殷『載祀六百』。《殷曆》曰：當成湯方即世用事十三年，十一月甲子朔旦冬至，終六府首〔一〕。當周公五年，則爲距伐桀四百五十八歲〔二〕，少百七十一歲，不盈六百二十九。又以夏時乙丑爲甲子，計其年迺孟統後五章，癸亥朔旦冬至也。以爲甲子府首，皆非是。凡殷世繼嗣三十一王，六百二十九歲。《春秋》、《殷曆》皆以殷。魯自周昭王以下亡年數，故據周公、伯禽以下爲紀。」案：劉歆所推據殷、魯曆，於周僅能舉文、武、成、康之年，昭王以下則不能知，魯則自伯禽

〔一〕「終」，原誤作「於」，據《漢書・律曆志》改。
〔二〕「八」，原脱，據《漢書・律曆志》補。

至惠公崩，年皆具。蓋據曆推之，不能備，而亦不盡可信者也。今即《尚書》而論。堯「在位七十載」，雖有明文，然不知從何年數起。「舜生三十徵庸，三十在位，五十載陟方乃死」，亦有明文，不知從何年數起。鄭本作「徵庸二十」，其年又異。殷中宗「七十有五年」，高宗「五十有九年」，祖甲「三十有三年」，有明文，而今文「祖甲」作「太甲」，不同。高宗「饗國百年」，其年又異。文王「享國五十年」，穆王「享國百年」，有明文，亦不知從何年數起。故孔子序《書》略無年月，疑在孔子時已不盡可考矣。皇甫謐《帝王世紀》載帝王在位之年，不知從何得之。《竹書紀年》，據束皙所引，云夏年多殷，與《左氏傳》、《漢志》不同。今《紀年》云：自禹至桀十七世，用歲四百七十一年；自成湯滅夏以至於受，二十九王，用歲四百九十六年。仍殷年多夏，而與《左氏傳》、《漢志》亦異。疑皆以意爲説，當從不知蓋闕者也。劉恕作《通鑑外紀》，起三皇五帝，止用共和，載其世次而已；起共和，至威烈王二十二年丁丑，四百三十八年爲一編。又作《疑年譜》、《年略譜》，謂先儒叙包羲、女媧，下逮三代，享國之歲，衆説不同，懼後人以疑事爲信書，穿鑿滋甚，故周厲王以前三千五百一十九年爲《疑年譜》，而共和以下至元祐壬申一千九百一十八年爲《年略譜》。劉氏原本《史記》，猶不失爲矜慎。自邵子作《皇極經世書》，上稽唐堯受命甲辰之元〔一〕，爲編年譜。胡宏《皇王大紀》、張栻

〔一〕「上」，原誤作「土」，據張栻《經世紀年序》改。

《經世紀年》，皆本其説。張氏云：「外丙、仲壬之紀，康節以數知之，乃合於《尚書》『成湯既没，太甲元年』之説。成湯之後，蓋實傳孫，《孟子》所説，特以太丁未立而卒。方是時，外丙生二年，仲壬生四年耳，又正武王伐商之年。蓋武王嗣位十一年矣。故《書序》稱『十有一年』，而復稱『十三年』者，字之誤也。是類皆自史遷以來傳習之謬，一旦使學者曉然得其真，萬世不可改者也。」錫瑞案：宋儒好武斷而自相標榜，至此而極。二帝三代相傳之年，孔子所未言，漢儒所不曉，邵子生於數千載之後，全無依據，而以數推知之，豈可信乎！《孟子》云「外丙二年」、「仲壬四年」，必是在位之年。若以「年」爲年歲，古者「植遺腹、朝委裘而天下不亂」，豈有二歲、四歲之人不可立者？古文《書序》云「成湯既没，太甲元年」，遺卻外丙、仲壬兩朝，正可以見古文《書序》之僞。邵子不能辨，而據以就其所推之數，誤矣。武王伐殷，十一年、十三年有二説。今文説文王受命七年而崩，武王再期觀兵爲九年，又二年伐紂爲十一年。古文説以文王受命九年而崩，武王再期觀兵爲十一年，又二年伐紂爲十三年。皆蒙文王受命之年而言。邵子不能辨，又不蒙文王受命之年，以爲武王十一年，而「十三年」字誤，其實並非誤也。張氏所引二事已皆非，是其餘可知。金履祥《通鑑前編》、許謙《讀書叢説·紀年圖》，皆用邵子之説。元、明以來，尊崇宋學，臆推之年遂成鐵案，編年之史率沿僞説。世所傳《綱鑑易知録》、《歷代帝王年表》諸書，篇首載帝王之年歷歷可數，唐堯以上，或出於皇甫謐，要皆「俗語不實，流爲丹青」，而不知其爲嚮壁虚造也。世傳《竹書紀年》，如以外丙、仲壬列入紀年，及所推帝王年代，又與《皇極經世》所推多異，而與僞孔古文《尚書》全符，皆由後人依託爲之，並非汲冢之舊，尤不可據。閻若璩云：「邵子出而數明，上下千萬載，罔或抵牾。」此閻氏過信宋學之故，不知皆憑臆撰造也。

三二、論《尚書》是經非史，史家擬《尚書》之非

劉知幾《史通》論史有六體，一曰「《尚書》家」。劉氏是史才，是說作史者摹仿《尚書》有此一家，非説《尚書》也，以此説《尚書》則大誤。其説曰：「《書》之所主，本於號令，所以宣王道之正義，發話言於臣下。故其所載，皆典、謨、訓、誥、誓、命之文。至於堯、舜二《典》直序人事，《禹貢》一篇唯言地理，《洪範》總述災祥，《顧命》都陳喪禮，兹亦爲例不純者也。」錫瑞案：聖人作經，非可拘以史例。《漢書·藝文志》曰：「左史記言，言爲《尚書》。右史記事，事爲《春秋》。」荀悦《申鑒》説同。鄭君《六蓺論》曰：「左史所記爲《春秋》，右史所記爲《尚書》。」是以《玉藻》云：「動則左史書之，言則右史書之。」其分左右、言動互異，不知當以何説爲正。即如諸家之説，亦不過借《尚書》、《春秋》作指點語。劉氏所見過泥，遂以《尚書》專主記言，不當記事，敢議聖經爲例不純。此與《惑經》、

《申左》諸篇詆斥《春秋》〔一〕，同一謬妄，由史家未通經學也。其論孔衍《漢魏尚書》、王邵《隋書》義例準《尚書》之非，則甚明確，曰：「原夫《尚書》之所記也，若君臣相對，詞旨可稱，則一時之言，累篇咸載；如言無足紀，語無可述，若此故事，雖有脱略，而觀者不以爲非。案：此足證《尚書》非史，不必疑其略而不備。爰逮中葉，文籍大備，必翦截今文，摸擬古法，事非改轍，理涉守株。故舒元孔衍字。所撰《漢魏》等書，不行於代也。若乃帝王無紀，公卿缺傳，則年月失序，爵里難詳。斯並昔之所忽，而今之所要。如君懋王邵字。《隋書》，雖欲祖述商、周，憲章虞、夏，觀其所述，乃似《孔子家語》、臨川《世説》，可謂畫虎不成反類犬也。」案：史家不知《尚書》是經非史，其書不名一體，非後人所敢妄議；其書自成一經，亦非後人所能摸仿。作史者惟宜撰次當代文章，别定義例，以備觀覽，必不可以憲章虞夏、祖述商周自命，蹈春秋吴、楚僭王之失。王通作《四範七業》以擬《尚書》，或云僞作。朱子謂：「高、文、武、宣之制，豈有精一執中之傳？」漢帝固不能比古帝王，彼擬《尚書》者亦何敢自比孔子乎？《尚書璇璣鈐》曰：「孔子求書，得黄帝玄孫帝魁之書，迄於秦穆公，凡三千二百四十篇，斷遠取近，定可以爲世法者百二十篇，以百二篇爲《尚書》，十八篇爲《中候》。」案：《中候·勑省圖》、《握河紀》、《運衡》、《考河命》、《題期》、《立象》、《儀明》、《禮閼郵》、《苗興》、《契握》、《雒予命》、《稷起》、《我應》、《雒師謀》、《合符后》、《摘雒戒》、

〔一〕「申」，原誤作「甲」，據文義改。

《霸免》、《準纖哲》，凡十八篇。緯書雖難盡信，然古時書必不少，孔子但取其可爲法者，餘皆删之，猶作《春秋》但取其可明義者，餘皆削之。聖人删定六經，務在簡明，便學者誦習。後人不知此旨，嫌其簡而欲求多，於是張霸書、僞孔書抵隙而出，史家復從而妄續之。不知史可續，經不可續。孔衍、王邵之擬《尚書》，正與沈既濟、孫甫之擬《春秋》，同一謬見也。

三三、論治《尚書》當先看孫星衍《尚書今古文注疏》、陳喬樅《今文尚書經説考》

孔《傳》至今日，人知僞作而不足信矣，蔡《傳》又爲人輕蔑而不屑稱矣，然則治《尚書》者當以何書爲主？陳澧曰：「江、王、段、孫四家之書善矣。既有四家之書，則可删合爲一書。取《尚書大傳》及馬、鄭、王《注》，僞孔《傳》，與《史記》之采《尚書》者，《爾雅》、《説文》、《釋名》、《廣雅》之釋《尚書》文字、名物者，漢人書之引《尚書》而説其義者，采擇會聚而爲集解；孔《疏》、蔡《傳》以下，至江、王、段、孫及諸家説《尚書》之語，采擇融貫而爲義疏。其爲疏之體，先訓釋經意於前，而詳説文字、名物、禮制於後，如是則盡善矣。」錫瑞案：陳氏説近是，而未盡也。江聲《尚書集注音疏》疏解全經，在國朝爲最先，有蓽路藍縷之功。惟今文搜輯未全，立説亦有未定，如解「曰若稽古」兩歧，孫星衍已辨之。又承東吳惠氏之學，好以古字改經，頗信宋人所傳之古《尚書》。此其未盡善者。王鳴盛《尚書後案》主鄭氏一家之學，是爲專門之書。專主鄭，故不甚采今文，且間駁伏生，如解司徒、司馬、司空之類。亦未盡善。段玉裁《古文尚書撰異》於今、古文分別具晰，惟多説文字，尟解經義，且意在袒古文，而不信伏生之今文，如《金縢》詆今文説之類。亦未盡善。孫星衍《尚書今古文注疏》於今、古説搜羅略備，分析亦明，但誤執《史記》皆古文，致今、古文家法大亂，如《論衡》明引《金縢》古文説，孫以其與《史記》不合，乃曰「王氏充以爲古者，今文亦古説也」，豈非遁詞？亦有未盡善者，然大致完善，優於江、王，故王懿榮請以立學。其後又有劉逢禄《尚書今古文集解》、魏源《書古微》、陳喬樅《今文尚書經説考》。三家之書皆主今文，不取古文。蓋自常州學派以西漢今文爲宗主，《尚書》一經亦主今文。劉氏、魏氏不取馬、鄭，並不信馬、鄭所傳逸十六篇，其識優於前人。惟既不取馬、鄭古文，則當專宗伏生今文。而劉氏、魏氏一切武斷，改經增經，如魏氏改《梓材》爲《魯誥》，且臆增數篇，攙入《尚書》。從宋儒臆説而變亂事實，與伏生之説大背，如劉氏駁周公稱王之類。魏氏尤多新解，如以管叔爲嗜酒亡國之類。皆不盡善。陳氏博采古説，有功今文。惟其書頗似長編，搜羅多而斷制少。又必引鄭君爲將伯，誤執古説爲今文，以致反疑伏生，違棄初祖，如文王受命、周公避居二事，皆詆伏生老耄，記憶不全。亦有未盡善者，但以捃拾宏富，今文家説多存。治《尚書》者，先取是書與孫氏《今古文注疏》，悉心研究，明通大義，篤守其説，可不惑於歧趨。今即近人所著書中，酌取兩家之説，指明初學所入門徑，以免歧誤，猶《易》取焦、張兩家之説也。若如陳澧所言，撰爲集解、義疏，當先具列伏《傳》、《史記》之説，字字遵信，加以發明，不可誤據後起之詞，輕疑妄駁；次則取《白虎通》及兩《漢書》所引經説，加以漢碑所引之經，此皆當日通行之今文，足備考證；又次則取馬、鄭、僞孔，擇其善者，以今文爲折衷，合於今文者録之，不合於今文者去之，或於疏引而加駁正。至蔡《傳》與近儒所著，則於義疏擇取其長，兩説相同，則取先出；如取蔡不取江是。不合於今文者，概置不取，以免轇轕；惟其説尤足惑人及人所誤信者，乃加辨駁，使勿迷眩。後人以此體例，勒成一書，斯爲盡善。否則俱收並蓄，未能别黑白以定一尊，古、今雜淆，漢、宋兼采，覽者如入五都之市，瞀惑不知所歸，衹是一部類書，無關一經閎旨，豈得爲善本乎？今人王先謙《尚書孔傳參正》兼疏今、古文，詳明精確，最爲善本。

詩經

一、論《詩》比他經尤難明，其難明者有八

《詩》爲人人童而習之之經，而《詩》比他經尤難明。其所以難明者，《詩》本諷諭，非同質言，前人既不質言，後人何從推測？就《詩》而論，有作詩之意，有賦《詩》之意。鄭君云：「賦者，或造篇，或述古。」故《詩》有正義，有旁義，有斷章取義。以旁義爲正義則誤，以斷章取義爲本義尤誤。是其義雖並出於古，亦宜審擇，難盡遵從。此《詩》之難明者一也。漢初傳經，皆止一家，《易》出田何，《書》出伏生。惟《詩》在漢初，已不名一家，申公、轅固生、韓嬰，魯、齊、韓《詩》，並號初祖。故漢十四博士，其先止分五經，《書》惟歐陽，《禮》后，《易》楊，《春秋》公羊，其制最善。後又分出家數，《易》有施、孟、梁丘、京氏，《書》有歐陽、大小夏侯，《禮》大、小戴，《春秋》嚴、顏，其實皆不必分。惟《詩》三家同爲今文，所出各異，當時必應分立，後人不可併爲一談。而專家久亡，大義茫昧。此《詩》之難明者二也。三家亡而毛《傳》孤行，義亦簡略，猶申公傳《詩》，疑者則闕弗傳，未嘗字字解釋。後儒作疏，必欲求詳，毛所不言，多以意測，或毛義與三家不異，而强執以爲異。軌途既別，溝

合無由。此《詩》之難明者三也。鄭君作《箋》，「以毛爲主，若有不同，便下己意」。鄭改經字，多因魯、韓。所謂「下己意」者，或本三家，或創新解。鄭學雜糅今、古，難盡剖析源流。此《詩》之難明者四也。他經之疏，專主一家，惟《詩》毛、鄭並行，南北同尚，唐作《正義》，兼主《傳》、《箋》。毛無明文，而孔《疏》云「毛以爲」者，大率本於王肅，名爲申毛，實則申王。王好與鄭立異，或毛意與鄭不異，又强執以爲異。既分門户，未易折衷。此《詩》之難明者五也。歐陽修《詩本義》，始不專主毛、鄭。宋人競立新説，至朱子集其成，元、明一概尊崇，近人一概抹摋。案：朱子《集傳》間本三家，實亦有勝於毛、鄭者。而漢、宋强争，今、古莫辨。此《詩》之難明者六也。宋人疑經，至王柏而猖狂已極，妄删《國風》，進退孔子。國初崇尚古學，陳啟源等仍主《毛詩》，後有戴震、段玉裁、胡承珙、馬瑞辰諸人，陳奂《毛氏傳疏》尤備，然毛所不言者，仍不能不補以《箋》、《疏》，或且强韓同毛。乾嘉崇尚今文，《齊詩》久亡，孤學復振，采輯三家《詩》者甚夥，陳喬樅《魯齊韓詩遺説考》尤備，然止能搜求斷簡，未能解釋全經。毛既簡略不詳，三家尤叢殘難拾，故於毛、鄭通其故訓，於三家莫證其微言。此《詩》之難明者七也。三家《序》亡，獨存毛《序》，然《序》亦不盡出毛公。沈重云：「案鄭《詩譜》意，《大序》是子夏作，《小序》是子夏、毛公合作。」鄭於《緇衣》又云：「高子之言，非毛公後人著之。」《後漢·儒林傳》：衛宏「作《毛詩序》」。後人遂謂《序》首句毛公作，以下衛宏續作，或止用首句而棄其餘，或並首句不用。宋王質、鄭樵、朱子皆不信毛《序》，近人申毛者以《序》、《傳》爲一人所作。然《序》實有不可盡信者，與馬、鄭古文《書序》同。究竟源自西河，抑或出於東海？此《詩》之難明者八也。

二、論《詩》有正義，有旁義，即古義亦未盡可信

説經必宗古義，義愈近古，愈可信據。故唐、宋以後之説，不如漢人之説；東漢以後之説，又不如漢初人之説。至於説出春秋以前，以經證經，尤爲顛撲不破。惟説《詩》則不盡然。《漢書·藝文志》曰：「漢興，魯申公爲《詩》訓故，齊轅固、燕韓生皆爲之傳。或取《春秋》，采雜説，咸非其本義。與不得已，魯最爲近之。」案：《漢書·叙傳》班伯「少受《詩》於師丹」，《師丹傳》「治《詩》，事匡衡」，是班伯習《齊詩》。固傳家學，亦當是習《齊詩》者，而以齊、韓或采雜説，非本義，魯最爲近。是三家雖所傳近古，而孰爲正義，孰爲旁義，已莫能定；以爲詩人之意如是，亦莫能明。若《左傳》、《國語》、《禮記》、《孟子》、《荀子》諸書所引，又在漢初以前，更近古而可信據矣。而《左氏》襄二十八年傳明載盧蒲癸之言，曰「賦《詩》斷章」，則《傳》載當時君臣之賦《詩》，皆是斷章取義，故杜注皆云「取某句」。《左傳》與《毛詩》同出河間博士，故二書每互相援引。《左傳》如「衛人所爲賦《碩人》」、「許穆夫人賦《載馳》」，既有牽引之疑，而毛《傳》解《詩》，亦多誤執引《詩》之説，如《卷耳》，執《左傳》「周行官人」一語，以爲后妃求賢審官，《四牡》「懷和」、「周諏」，誤執《國語》爲説，皆未免於

高叟之固。是以經證經雖最古，而其孰爲作詩之義，孰爲引《詩》之義，已莫能定；以爲詩人之意如是，亦莫能明。朱子曰：「古人之詩，如今之歌曲，雖閭里童稚，皆習聞之而知其説。」蓋古以《詩》、《書》、《禮》、《樂》造士，人人皆能誦習，《詩》與《樂》相比附，人人皆能絃歌。賓客燕享，賦《詩》明志，不自陳説，但取諷諭。此爲春秋最文明之事，亦惟其在《詩》義大明之日，詩人本旨無不瞭然於心。故賦《詩》斷章，無不暗解其意，而引《詩》以證義者，無不如自己出，其爲正義、爲旁義，無有淆混而歧誤也。《詩》三百五篇遭秦而全者，以其諷誦，不獨在竹帛，而《詩》義經燔書之後，未必盡傳。《史記》載三家，以申培、轅固、韓嬰爲初祖，而三家傳自何人，授受已不能詳；三家所以各成一家，異同亦無可考。況今《魯故》、《齊故》、《韓故》無存於世；存於世者惟《韓詩外傳》，而《外傳》亦引《詩》之體，而非作詩之義。毛《傳》晚出，漢人不信。後世以其與《左氏傳》合，信爲古義，豈知毛據《左氏》以斷章爲本義，其可疑者正坐此乎？古義既亡，其僅存於今者，又未必皆《詩》之本義，説《詩》者雖以意逆志，亦苦無徵不信，安能起詩人於千載之上而自言其義乎？此《詩》所以比他經尤難分明。即好學深思，亦止能通其所可通，而不能通其所不可通者。申公傳《詩》最早，疑者則闕不傳，況在後儒，可不知闕疑之意乎？

三、論《關雎》爲刺康王詩，魯、齊、韓三家同

《詩》開卷有一大疑焉，以《關雎》爲周康王時詩是也。《史記·十二諸侯年表序》曰：「周道缺，詩人本之衽席，《關雎》作。」又《儒林傳序》曰：「周室衰而《關雎》作。」《淮南·氾論訓》曰：「王道缺而《詩》作，周室廢、禮義壞而《春秋》作。《詩》、《春秋》，學之美者也，皆衰世之造也。」又《詮言訓》曰「《詩》之失僻」，高誘注：「《詩》者，衰世之風也。」《漢書·杜欽傳》上疏曰：「是以佩玉晏鳴，《關雎》歎之。」劉向《列女傳》曰：「周之康王夫人晏出朝，《關雎》豫見，思得淑女以配君子。夫雎鳩之鳥，猶未嘗見乘居而匹處也。」揚雄《法言·孝至》篇曰：「周康之時，頌聲作乎下，《關雎》作乎上，習治也。故習治則傷始亂也。」王充《論衡·謝短》篇詩家曰：「周衰而《詩》作，蓋康王時也。康王德缺於房，大臣刺晏，故《詩》作。」袁宏《後漢紀》楊賜上書曰：「昔周康王承文王之盛，一朝晏起，夫人不鳴璜，宫門不擊柝。《關雎》之人，見幾而作。」《後漢書·皇后紀》論曰：「康王晚朝，《關雎》作諷。」《楊賜傳》曰：「康王一朝晏起，《關雎》見幾而作。」應劭《風俗通義》曰：「昔周康王一旦晏起，詩人以爲深刺。天子當夜寢蚤作，身省萬機。」張超《誚青衣賦》曰：「周漸將衰，康王晏起。畢公喟然，深思古道。感彼《關雎》，德不雙侣。願得周公，配以窈窕。防微消漸，諷諭君父。孔氏大之，列冠篇首。」凡此諸説，後人皆以爲《魯詩》。其解《關雎》，皆以爲衰世之詩，康王時作。張超以爲

畢公所撰，説尤詳明。且非獨《魯詩》然也，齊、韓二家亦同。《後漢書·明帝紀》曰：「應門失守，《關雎》刺世。」注引薛君《韓詩章句》：「詩人言雎鳩貞潔慎匹，以聲相求，必於河之洲隱蔽無人之處。故人君退朝，入於私宫，后妃御見去留有度，應門擊柝，鼓人上堂，退反宴處，體安志明。今時大人内傾於色，賢人見其萌，故詠《關雎》，説淑女，正容儀，以刺時。」《韓詩》之説同於魯而更詳。《齊詩》未見明文，説者疑《齊詩》與魯、韓異。匡衡，習《齊詩》者也，其上疏戒妃匹曰：「孔子論《詩》，以《關雎》爲始，言太上者民之父母，后夫人之行不侔乎天地，則無以奉神靈之統而理萬物之宜，故《詩》曰：『窈窕淑女，君子好仇。』言能致其貞淑，不貳其操，情欲之感無介乎容儀，宴私之意不形乎動静，夫然後可以配至尊而爲宗廟主。」則衡所習《齊詩》，亦與魯、韓義同。「致其貞淑，不貳其操」云云，即張超所云「德不雙侶」，劉向所云「未見乘居匹處」，薛君所云「貞潔慎匹」也。「后夫人之行不侔乎天地」云云，即劉向所云「夫人晏起」，楊賜所云「夫人不鳴璜」也。且《齊詩》多同緯説，五際、六情皆出於緯。《春秋緯説題辭》曰：「人主不正，應門失守，故歌《關雎》以感之。」宋均曰：「應門，聽政之處也。言不以政事爲務，則有宣淫之心。《關雎》樂而不淫，思得賢人與之共化，修應門之政者也。」以緯證經，正與魯、韓説合。《齊詩》既多同緯説，其不得有異義可知。歐陽修曰：《關雎》，「齊、魯、韓三家皆以爲康王政衰之詩」〔一〕。晁説之《詩説》謂齊、魯、韓三家以《關雎》皆爲康王詩，其説不誤。

四、論《關雎》刺康王晏朝，詩人作詩之義，《關雎》爲正《風》之首，孔子定《詩》之義，漢人已明言之

《齊詩》魏代已亡，《魯詩》不過江東，《韓詩》雖在，無傳之者，後卒亡於北宋，僅存《外傳》，亦非完帙。於是三家古義盡失，言《詩》者率以《關雎》刺詩爲三家詬病，謂誤以正詩爲刺詩，違詩人之本旨。呂祖謙曰：「《關雎》，正《風》之首，三家者乃以爲刺。」其意蓋以《關雎》爲正《風》之首，不得以刺詩當之也。錫瑞案：以漢人之説考之，三家並非不知《關雎》爲正《風》之首者。太史公，習《魯詩》者也，《外戚世家》曰：「自古受命帝王，及繼體守文之君，非獨内德茂也，蓋亦有外戚之助焉。夏之興也以塗山，而桀之亡也以妹喜。殷之興也以有娀，紂之殺也嬖妲己。周之興也以姜原及大任，而幽王之禽也淫於褒姒。故《詩》始《關雎》。夫婦之際，人道之大倫也。」劉向，習《魯詩》者也，《列女傳》曰：「自古聖王，必正妃匹。妃匹正則興，不正則亂。夏之興也以塗山，亡也以妹喜。殷之興也以有

〔一〕「詩」，原誤作「時」，據歐陽修《詩本義》卷十四改。

配君子。夫雎鳩之鳥，猶未嘗見乘居而匹處也。夫男女之盛，合之以禮，則父子生焉，君臣成焉，故爲萬物始。」據此二説，則《關雎》爲正《風》之始，習《魯詩》者非不知也。匡衡，習《齊詩》者也，其上疏云：「臣又聞之師曰：『匹配之際，生民之始，萬福之原。』婚姻之禮正，然後品物遂而天命全。孔子論《詩》，以《關雎》爲始。」荀爽，習《齊詩》者也，其對策曰：「夫婦，人倫之始，王化之端。陽尊陰卑，蓋乃天性。且《詩》初篇，實首《關雎》，《禮》始《冠》、《婚》，先正夫婦。」據此二説，則《關雎》爲正《風》之始，習《齊詩》者亦非不知也。《韓詩外傳》：「子夏問曰：『《關雎》何以爲《國風》始也？』孔子曰：『《關雎》至矣乎！夫《關雎》之人，仰則天，俯則地，幽幽冥冥，德之所藏，紛紛沸沸，道之所行，如神龍變化，斐斐文章。大哉！《關雎》之道也，萬物之所繫〔一〕，群生之所懸命也。河洛出圖書，麟鳳翔乎郊。不由《關雎》之道，則《關雎》之事，將奚由至矣哉？夫六經之策，皆歸論汲汲，蓋取之乎《關雎》。《關雎》之事大矣哉！馮馮翊翊，自東自西，自南自北，無思不服。子其勉強之，思服之。天地之間，生民之屬，王道之原，不外乎此矣。』子夏喟然歎曰：『大哉，《關雎》！乃天地之基也。《詩》曰：鼓鐘樂之。』」案：《韓詩》論《關雎》義尤閎大，何以又有《關雎》刺時之説，豈自

〔一〕「繫」，原誤作「繁」，據初稿本及《韓詩外傳》卷五改。

言之而自背之乎？必以三家爲誤，豈一家誤而兩家亦從而誤乎？《漢志》言「取《春秋》，采雜説，非其本義，魯最近之」，然則齊、韓有誤，魯不應誤，何以《魯詩》明言《關雎》爲衰世之詩，康王時作乎？《詩》有本義，有旁義，如《漢志》説，三家容有采雜説，以旁義爲正義者，而開宗明義必不致誤。然則以爲正《風》之始，又以爲刺康王晏朝，二者必皆是正義而非旁義。刺康王晏朝，詩人作詩之義也；爲正《風》之始，孔子定《詩》之義也。安見既爲刺詩，遂不可以爲正《風》而冠全詩乎？張超曰「防微消漸，諷諭君父」，此作詩之義；「孔氏大之，取冠篇首」，此定《詩》之義。據漢人之遺説，不難一以貫之。後人疑其所不當疑，開章第一義已不能通，又何足與言《詩》？

五、論四始是孔子所定，《儀禮》亦孔子所定，解此乃無疑於合樂《關雎》、工歌《鹿鳴》

孔子删定六經，則定《詩》之四始，亦必出於孔子。自漢以後，經義湮廢，讀孔子之書者，必不許孔子有定六經之事，而以删定六經之功歸之周公，於是六經之旨大亂而不能理。《詩》之四始，以《關雎》爲《風》始，《鹿鳴》爲《小雅》始，《文王》爲《大雅》始，《清廟》爲《頌》始，自是定論，必不可不遵者也。《關雎》、《鹿鳴》、《文王》、《清廟》，皆歌文王之德，爲後世法，亦是定論，必不可不遵者也。然考漢以前古義，惟《文王》、《清廟》是言文王，且是周公稱美文王，有明文可據，而《關雎》、

《鹿鳴》無明文。《吕氏春秋》曰：「周公作詩云『文王在上，於昭于天。周雖舊邦，其命維新』，以繩文王之德。」《漢書·翼奉傳》曰：「周公作詩，深戒成王，以恐失天下。曰：『殷之未喪師，克配上帝。』」《世説新語》荀慈明曰：「公旦《文王》之詩，不論堯、舜之德而頌文、武者，親親之義也。」是《文王》詩爲周公作，古有明文。《尚書大傳》曰：「周公升歌《清廟》而弦文、武。」王褒《四子講德論》曰：「周公詠文王之德而作《清廟》，建爲《頌》首。」《劉向傳》曰：「文王既没，周公思慕，歌詠文王之德。其詩云：『肅雍顯相。濟濟多士，秉文之德。』」是《清廟》詩爲周公作，古有明文。而徧考古書，未有言周公作《關雎》與《鹿鳴》者。惟謝太傅劉夫人以《關雎》爲周公詩，見於《世説》。魯、齊《詩》晉已亡，此非雅言，亦非古義，不可據。太史公曰：「周道缺，詩人本之衽席，《關雎》作。仁義陵遲，《鹿鳴》刺焉。」是《關雎》、《鹿鳴》皆出於衰周，非周公作，亦非周公之所及見。四始之義，至孔子始定。孔子以爲《關雎》「貞潔慎匹」，如匡衡所謂「情欲之感無介乎容儀」者，惟文王、太姒足以當之。《鹿鳴》、《四牡》、《皇華》，亦惟文王率殷之叛國足以當之。故推《關雎》、《鹿鳴》爲《風》與《小雅》之始，以配《文王》、《清廟》而爲四。四始之義，是孔子所定，非周初所有也。張超曰「孔氏大之，取冠篇首」，此以《關雎》冠篇首出孔氏之明證。張超又曰「願得周公，配以窈窕」，此尤《關雎》不出周公之明證。若出周公，周公豈得自言？若《關雎》明指文王、太姒，更豈得爲此言？「窈窕淑女」屬太姒，乃周公之母，而願得周公配之，非病狂喪心之人，必無此荒謬不通之語。張子並作《誚青衣賦》，以誚蔡伯喈作《青衣賦》爲志蕩辭淫，若先自居於荒謬不通，不反爲伯喈所誚乎？據張超所言，則《關雎》必不作於周公以前，而四始必由於孔子所定矣。或難之曰：《儀禮》，周公之書，而《鄉飲酒》合樂《關雎》之三，《燕禮》工歌《鹿鳴》之三，非周公時已有《關雎》、《鹿鳴》之明證乎？曰：以《儀禮》爲周公書，亦是後儒之説，古無明文。「恤由之喪，哀公使孺悲學士喪禮於孔子，《士喪禮》於是乎書」，則《儀禮》十七篇，亦孔子所定也。《列女·太姒傳》引《詩》曰「大邦有子」，又曰「太姒嗣徽音」，不引《關雎》，是《魯詩》不以《關雎》詩屬太姒之證。

六、論班固云《關雎》「哀周道而不傷」爲「哀而不傷」之確解

子曰：「《關雎》樂而不淫，哀而不傷。」稱《關雎》以「哀」、「樂」並言，自來莫得其解。毛《序》衍其説曰：「是以《關雎》樂得淑女，以配君子，憂在進賢，不淫其色。哀窈窕，思賢才，而無傷善之心焉。」其解「樂」、「哀」二字，殊非孔子之旨，自宋程大昌以後多疑之，謂與夫子之語全不相似，當爲衛宏所續，不出毛公。鄭《箋》知其不可通也，乃云：「哀」當爲「衷」，字之誤也。然「衷窈窕」仍不可通，且孔子明言「哀」而改爲「衷」，與孔子言「哀」不合。朱注《論語》：「求之未得，則宜其有寤寐反側之憂；求而得之，則宜其有琴瑟鐘鼓之樂。」孔子言「哀」，不言「憂」。朱以「哀」字太重而改爲「憂」，亦與孔子言「哀」不合。近儒劉台拱《論語駢枝》謂「兼《關雎》之三而言之，《關雎》、《葛覃》

『樂而不淫』，《卷耳》『哀而不傷』」，引《卷耳》詩「維以不永傷」爲據。魏源駁之曰：「夫反側憂勞，豈得謂專樂無哀？既哀矣，可不紬其所哀何事乎？文王化行二南之日，太姒歸周已數十年，而猶求之不得，寤寐綢繆，何爲乎？若謂后妃求賢，則以文王之聖，又得太姒之助，即未更得賢嬪，豈遂反側堪哀，且哀而恐至於傷乎？岐周國盡於渭，地不至河，而云『在河之洲』，明爲陝以東之風，非周國所采，而謂作於宮人、女史，其可通乎？《關雎》房中之樂，后夫人侍御於君，女史歌之以節義序，豈惟有頌美，無諷諭乎？」錫瑞案：魏氏駁劉，知《關雎》爲諷諭，又以河洲非屬岐周，正可爲《關雎》非指文王、太姒之證，而猶必以文王、太姒爲說，故仍不得其解。竊嘗以意解之，《關雎》一詩實爲陳古刺今。「樂而不淫」屬陳古言。《韓詩外傳》云：「人君退朝，入於私宮，后妃御見去留有度。」此之謂「樂而不淫」。「哀而不傷」屬刺今言。班固《離騷序》：「《關雎》哀周道而不傷。」馮衍《顯志賦》：「美《關雎》之識微兮，愍王道之將崩〔一〕。」「哀」即「哀周道」〔二〕、「愍王道」之義，「不傷」謂婉而多諷，不傷激切。此之謂「哀而不傷」。班氏於「哀而不傷」中加「周道」二字，義極明晰。「樂而不淫」，《關雎》詩之義也，可見人君遠色之正。「哀而不傷」，作《關雎》詩之義也，可見大臣託

〔一〕「王」，原誤作「周」，據《後漢書·馮衍傳》改。下句「愍王道」同。

〔二〕「周」，原誤作「王」，據前引班固文改。下句「加『周道』」同。

諷之深。二義本不相蒙，後人併爲一談，又必專屬文王、太姒而言，以致處處窒礙。謂君子求淑女，則必以爲文王求太姒。夫國君十五而生子，文王生武王，年止十四，有何汲汲至寤寐反側以求夫人？且「娶妻如之何？必告父母」，文王亦非可結婚自由而自求夫人者。此説之必不可通者也。毛云「后妃之德」，並未明指太姒，《序》言「憂在進賢」，則已有后妃求賢女之意。鄭《箋》遂以爲后妃寤寐求賢女，其義亦本於三家《詩》。《列女·湯妃有㜪傳》引《詩》云：「『窈窕淑女，君子好逑』，言賢女能爲君子和好衆妾。」《詩推度災》曰：「《關雎》有原，冀得賢妃正八嬪。」是魯、齊《詩》已與鄭《箋》意同，乃鄭君之所本。然此亦是旁義，而非正義。蓋不妒忌雖爲后妃盛德，要不得爲王化之原，未足以冠全《詩》。且古諸侯一娶九女，適夫人一姪一娣，左、右媵各一姪一娣，是爲九女。貴妾之數早定，不待后妃求之。故止可爲旁義，而不得爲正義也。論其正義，是詩人求淑女以配君子；論其旁義，是后妃求淑女以配君子，皆不指定文王、太姒。如其説，不知宫人爲何人。朱子知其不可通也，以爲「宫中之人，於其始至，見其有幽閒貞静之德」，爲作是詩。以爲文王之宫人，不應適夫人未至，而已先有宫妾；以爲王季之宫人，尤不應知世子寤寐反側之隱。且適夫人之得不得，尤非宫人之所能求。是皆求其説而不得，從而爲之辭者。

七、論畢公追詠文王、太姒之事以爲規諫，范處義説得之，非本有是詩而陳古以諷

范處義《逸齋詩補傳》曰：「《關雎》詠太姒之德，爲文王風化之始。而韓、齊、魯三家皆以爲康王政衰之詩，故司馬遷、劉向、揚雄、范蔚宗並祖其説。近世説《詩》者以《關雎》爲畢公作，謂得之張超，或謂得之蔡邕。畢公爲康王大臣，册命尊爲父師，盡規固其職也，而張超、蔡邕皆漢儒，多見古書，必有所據。然則《關雎》雖作於康王之時，乃畢公追詠文王、太姒之事，以爲規諫，故孔子定爲一經之首。」錫瑞案：宋以後説《關雎》者，惟范氏此説極通，可謂千古特識。蓋作詩以陳古刺今者畢公，删《詩》而定爲經首者孔子。在畢公視之爲刺詩，在孔子視之爲正詩。如此解，乃無疑於刺詩之不可爲正詩矣。惟范氏於張、蔡二説尚未能定，王應麟《困學紀聞》亦以爲未詳所出。張超《誚青衣賦》，見《藝文類聚》三十五卷。《古文苑》云：「蔡伯喈作《青衣賦》，志蕩詞淫，故張子並作此以規之。」《青衣賦》見《蔡集》中，無畢公作《關雎》語。是以《關雎》爲畢公作，當屬張而不屬蔡矣。又《詩篇目》論曰：「司馬遷曰：『仁義陵遲，《鹿鳴》刺焉。』蔡邕亦曰：『《鹿鳴》者，周大臣之所作也。王道衰，大臣知賢者幽隱，故彈絃諷諫。』且《鹿鳴》，文、武治内之政，先聖孔子自衛反魯，《雅》、《頌》各得其所，不應以刺詩冠《小雅》篇首。就如二人之説，其殆《關雎》之類，雖作於文王之

後，實則文王之事也。孔子讀《鹿鳴》，見君臣之有禮，則非刺明矣。」案：《關雎》、《鹿鳴》同一刺詩，並見《史記》，皆作於文王之後，而追詠文王之事，故雖是刺詩，而可列於四始。孔子讀《鹿鳴》，「見君臣之有禮」；孔子讀《關雎》，何嘗不以爲「生民之屬，王道之原」乎？《關雎》刺詩可冠經首，《鹿鳴》刺詩何獨不可冠《小雅》篇首乎？范氏明於《關雎》而昧於《鹿鳴》，所見未諦。蓋《逸齋補傳》專宗毛、鄭，故雖稱引古義，而仍不能釋然於傳、箋也。薛士龍《答何商霖書》曰：「來教謂《詩》之作，起於教化之衰，所引康王晏朝，將以爲據。《魯詩》所道，可盡信哉！求《詩》名於《禮經》，非後世之作也，又安知《關雎》作刺之説，非賦其詩者乎？」《困學紀聞》曰：「《鹿鳴》在《宵雅》之首，馬、蔡以爲風刺，蓋齊、魯、韓三家之説，猶《關雎》刺時作諷也〔一〕。原注：呂元鈞謂陳古以諷，非謂二詩作於衰周。」案：此皆調停之説也，不欲違背古義，又不能屏除俗説，乃謂周初本有《關雎》、《鹿鳴》之詩，後人陳古以爲諷刺。據鄭君云「賦者，或造篇，或述古」，則以《關雎》爲畢公作，謂是述古而非造篇，似亦有可通者，而揆之漢人所引三家《詩》義，則實不然。《史記》兩言「《關雎》作」，《法言》云「《關雎》作乎上」，《論衡》云「周衰而《詩》作」，楊賜云「《關雎》見幾而作」，既皆云「作」，必是造篇。且《關雎》若本有是詩，女史歌之房中，康王必已飫聞，畢公雖欲託諷，何能使王感悟？未

〔一〕「時」，原誤作「詩」，據王應麟《困學紀聞》卷三改。

可以召公之《常棣》，比畢公之《關雎》也。薛以《禮經》爲疑，不知《禮經》非必出於周公。但知六經皆孔子所定，則於諸經皆豁然無疑矣。歐陽修曰：「《關雎》，周衰之作也。太史公曰『周道缺而《關雎》作』，蓋思古以刺今之詩也。謂此淑女配於君子，不淫其色，而能與其左右勤其職事，則可以琴瑟、鐘鼓友樂之爾，皆所以刺時之不然。先勤其職而後樂，故曰《關雎》『樂而不淫』；其思古以刺今，而言不迫切，故曰『哀而不傷』。」朱子以《儀禮》已有《周南》疑之，由不知《禮經》亦孔子所定。

八、論魏源以《關雎》、《鹿鳴》爲刺紂王，臆説不可信，三家初無此義

魏源《詩古微·四始義例》篇曰：「《二南》及《小雅》，皆當殷之末季，文王與紂之時，謂誼兼諷刺則可，謂刺康王則不可；並誣三家以正《風》、《雅》爲康王時詩，尤大不可。蓋吟詠性情以諷其上者，詩人之本誼也；以文王時諷諭王室之詩施之後王者，國史之旁誼，非詩人之本誼也。考《關雎》之爲刺時〔一〕，《魯詩》則見於《史記》、《漢書》、劉向、揚雄、張超之著述，《韓詩》則見於《後漢書》明帝之詔、楊賜之傳、馮衍之賦。《鹿鳴》之爲刺詩，則亦見於《史記》、王符《潛夫論》、蔡邕《琴操》之

〔一〕「時」，原誤作「詩」，據魏源《詩古微·四始義例篇三》改。

稱引。其間有本義，有旁義，在善學者分别觀之。三家既以《關雎》、《鹿鳴》與《文王》、《清廟》同爲正始，必非衰周之詩。韓《序》祇云『《關雎》，刺時也』，未嘗言刺康王，則是思賢妃以佐君子，即爲諷時之誼。但在文王國中爲正《風》、正《雅》者，在商紂國中視之，則爲變《風》、變《雅》。此《關雎》、《鹿鳴》刺時之本誼也。在盛世歌之爲正《風》、正《雅》者，在衰世歌之即爲變《風》、變《雅》。此畢公刺康王之旁誼也。」又曰：「太史公讀春秋曆譜牒，廢書而歎曰：『師摯見之矣！紂爲象箸而箕子唏。周道缺，自注：「周」當爲「商」，蒙上文師摯、紂、箕子而言之。詩人本之衽席，《關雎》作。仁義陵遲，《鹿鳴》刺焉。』西漢今、古文説，皆謂師摯以商紂樂官而歸周。《韓詩外傳》曰：『有瞽有瞽，在周之庭。』言殷紂之餘民也。故師摯作樂之始，甫聞《關雎》之亂。蓋以《關雎》樂章作於師摯，洋洋盈耳之日，正靡靡溺音之時。《大雅》首《文王》，而往復於殷命之靡常；《周頌》首《清廟》，而肇禋於多士之駿奔。四始皆致意於殷、周之際，豈獨《關雎》、《鹿鳴》而已乎？故曰：『《詩》三百篇，皆仁聖賢人發憤之所爲作也。』摯而有别，即樂而不淫；寤寐反側，即哀而不傷。」錫瑞案：以「摯而有别」爲「樂而不淫」，「寤寐反側」爲「哀而不傷」，前人解《關雎》詩皆如此説，而「樂」與「哀」屬何人説，則無以質言之。三家《詩》並無以《關雎》屬文王、太姒之明文，《焦氏易林》云「《關雎》淑女〔一〕，賢聖配

〔一〕「關雎」，《焦氏易林》卷三本作「雎鳩」。

偶」，未嘗云是文王、太姒。即《毛詩》亦止云「后妃之德也」，未嘗言后妃爲何人。則以屬文王、太姒者，自是推論之辭，若質言之，動多窒礙。范處義云作於文王之後、追詠文王之事，斯爲得之。魏源作《詩古微》，意在發明三家，而不知四始定自孔子，非自周公。《關雎》雖屬刺詩，孔子不妨以爲正《風》，取冠篇首。六經皆孔子手定，並非依傍前人。魏氏惟不知此義，故雖明引三家之說，而與三家全相反對。三家明云周衰時作，魏云必非衰周之詩。三家明云是刺康王，魏云未嘗言刺康王，且改其說，以爲是刺紂王而美文王。試問魏所引魯、韓《詩》，有言及紂王一字者乎？魏謂前人誣三家以正《風》、《雅》爲康王詩，前人實未嘗誣，而魏臆造三家以《關雎》爲刺紂王之説，則誣甚矣。太史公明言「周道缺」，魏臆改「周」爲「商」，牽引師摯、紂、箕子而並言之。案：三家皆以《關雎》爲識微，爲豫見，康王晏起，大臣見幾，正與師摯審音、箕子歎象箸相似，非以三事並合爲一。至孔子云「師摯之始」，此師摯又非紂時之師摯，必是孔子同時之人，故聞其歌《關雎》而有洋洋盈耳之歎。若是商、周時人，孔子安得聞之而歎之乎？必不可並合爲一也。《史記·儒林傳序》「周室衰而《關雎》作」，正與「周道缺，《關雎》作」一轍，如魏氏說，將並改「周室」之「周」字爲「商」，以就其説乎？劉向、揚雄、王充、楊賜、應劭、張超皆明云刺康王，如魏氏說，亦將一概抹摋之乎？魏以畢公爲賦《詩》，非作詩，即宋薛士龍、吕元鈞之意；又强牽合師摯與紂，造爲刺紂、美文之說，則又宋儒之所未言。不知解經是樸學，不得用巧思；解經須確憑，不得任臆說。魏誣三家而創新解，解《關雎》一詩即大誤。恐其惑世，不得不辨。

九、論四始之説當從《史記》所引《魯詩》，《詩緯》引《齊詩》異義亦有可推得者

毛《序》：「《關雎》，后妃之德也，《風》之始也。風，風也，教也。風以動之，教以化之。雅者，正也，言王政之所由廢興也。政有大小，故有《小雅》焉，有《大雅》焉。頌者，美盛德之形容，以其成功告於神明者也。是謂四始，《詩》之至也。」正義曰：「『四始』者，鄭答張逸云：『《風》也，《小雅》也，《大雅》也，《頌》也，此四者，人君行之則爲興，廢之則爲衰。』又箋云：『始者，王道興衰之所由。』然則此四者，是人君興廢之始，故謂之四始也。案：《詩緯汎歷樞》云：『《大明》在亥，水始也。《四牡》在寅，木始也。《嘉魚》在巳，火始也。《鴻雁》在申，金始也。』與此不同者，緯文因金、木、水、火有四始之義，以《詩》文託之。又鄭作《六藝論》，引《春秋緯演孔圖》云『《詩》含五際、六情』者，鄭以《汎歷樞》云：『午亥之際爲革命，卯酉之際爲改正，辰在天門出入候聽。卯，《天保》也。酉，《祈父》也。午，《采芑》也。亥，《大明》也。然則亥爲革命，一際也。亥又爲天門出入候聽，二際也。卯爲陰陽交際，三際也。午爲陽謝陰興，四際也。酉爲陰盛陽微，五際也。其六情者，則《春秋》云喜、怒、哀、樂、好、惡是也。』《詩》既含此五際、六情，故鄭於《六藝論》言之。」案：孔疏以「四始」爲人君

興廢之始，義殊不瞭。陳啟源謂《風》、《雅》、《頌》四者即是始，「非更有爲《風》、《雅》、《頌》之始者」，則何必言四始？毛《序》又何以《關雎》爲《風》之始乎？考《史記》曰「《關雎》之亂以爲《風》始，《鹿鳴》爲《小雅》始，《文王》爲《大雅》始，《清廟》爲《頌》始」〔一〕，義始瞭然。太史公據《魯詩》，毛以《關雎》爲《風》之始，則亦與《魯詩》不異矣。《詩緯》言四始，乃《齊詩》異義。近儒孔廣森推得其說曰：「始、際之義，蓋生於律。《大明》在亥者，應鍾爲均也，《四牡》則太簇爲均，《天保》夾鍾爲均，《嘉魚》仲吕爲均，《采芑》蕤賓爲均，《鴻雁》夷則爲均，《祈父》南吕爲均。漢初古樂未湮者如此，故翼奉曰：『《詩》之爲學，情性而已。五性不相害，六情更興廢。觀性以曆，觀情以律。』律、曆迭相治，與天地稽〔二〕，三朞之變，亦於是可驗。古之作樂，每三詩爲一終。經傳可考者，有升歌《文王》之三，升歌《鹿鳴》之三，間歌《魚麗》之三。然《采薇》、《出車》、《杕杜》，皆所以勞將士，《常棣》、《伐木》、《天保》，皆所以燕朋友、兄弟，《蓼蕭》、《湛露》、《彤弓》，皆所以燕諸侯，亦三篇同奏，確然可信者也。說始、際者，則以與三朞相配，如《文王》爲亥孟，《大明》爲亥仲，《緜》爲亥季。其水始獨言《大明》，猶三朞之先仲、次季而後孟也。故《鹿鳴》、《四牡》、《皇華》同爲寅宫，舉《四牡》

〔一〕「清廟」，原誤作「文王」，據《史記·孔子世家》改。

〔二〕「與」，原誤作「夫」，據初稿本及孔廣森《經學卮言》卷三改。

以表之；《魚麗》、《嘉魚》、《南山有臺》同爲巳宮，舉《嘉魚》以表之。卯不言《伐木》而言《天保》，容三家《詩》次不盡與毛同耳。以次推之，《采薇》之三正合辰位，唯《采芑》爲午，似《蓼蕭》之三，彼倒在《六月》、《采芑》、《車攻》之後而爲未也，《吉日》、《鴻雁》、《庭燎》乃申也。《祈父》非酉之中，又篇次之異。且其戌、子、丑爲何等篇，不可推測矣。」錫瑞案：《詩緯》在漢後爲絶學，孔氏所推甚精，惟《采薇》、《杕杜》、《出車》依三家當爲宣王詩，孔仍《毛詩》，次序稍誤。魏源更正之，以《蓼蕭》、《湛露》、《彤弓》列《魚麗》之前，爲辰，《采薇》、《出車》、《杕杜》列《采芑》之後、《車攻》之前〔一〕，爲午季、未孟、未仲，次序更合。《齊詩》與緯説合，略見翼奉、郎顗二《傳》。郎顗曰「四始之缺」，李賢注不引《汎歷樞》，而引《關雎》爲《國風》之始、《鹿鳴》爲《小雅》之始、《文王》爲《大雅》之始、《清廟》爲《頌》之始以解之；應劭注《漢書》以君臣、父子、兄弟、夫婦、朋友爲五際；宋均注《演孔圖》以風、賦、比、興、雅、頌爲六情，皆甚誤。而據《匡衡傳》曰「孔子論《詩》，以《關雎》爲始」，則《齊詩》雖傳異義，亦未嘗不以《關雎》爲始也。翼奉曰「《易》有陰陽，《詩》有五際，《春秋》有災異」，是《詩》之五際，亦陰陽、災異之類。《易》之陰陽，《春秋》之災異，皆是別傳而非正傳，則《詩》之五際、四始，亦別傳而非正傳矣。《翼奉傳》孟康注引《詩内傳》曰：「五際，卯、酉、午、戌、亥也。陰陽終始際會之

〔一〕「《出車》、《杕杜》」，原倒，據魏源《詩古微·小雅宣王詩發微》乙正。

歲，於此則有變改之政也。」《齊詩内傳》五際數戌，而《詩疏》不及戌。據《郎顗傳》注，宋均云「天門，戌、亥之間」，則亥爲革命當一際，出入候聽應以戌當一際也。迮鶴壽《齊詩翼奉學》、陳喬樅《詩緯集證》發明《齊詩》尤詳，以非正傳，故不備舉。

一〇、論三家亡而毛《傳》孤行，人多信毛疑三家，魏源駮辨明快，可爲定論

魏源《齊魯韓毛異同論》：「程大昌曰：『三家不見古《序》，故無以總測篇意。毛惟有古《序》以該括章旨，故訓詁所及，會全詩以歸一貫。』然考《新唐書·藝文志》，《韓詩》二卷，卜商序、韓嬰注。而《水經注》引《韓詩·周南叙》，曰其地在南郡、南陽之間。至諸家所引《韓詩》，如：『《關雎》，刺時也。』『《漢廣》，説人也。』『《汝墳》，辭家也。』『《芣苢》，傷夫有惡疾也。』『《黍離》，伯封作也。』『《蝃蝀》，刺奔女也。』『《溱與洧》，説人也。』『《鷄鳴》，讒人也。』『《夫移》，燕兄弟也。』『《伐木》，文王敬故也。』『《鼓鍾》，刺昭王也。』『《賓之初筵》，衛武公飲酒悔過也。』『《抑》，衛武公刺王室以自戒也。』『《假樂》，美宣王之德也。』『《雲漢》，宣王遭亂仰天也。』『《雨無極》，正大夫刺幽王也。』『《四月》，歎征役也。』『《閟宫有侐》，公子奚斯作也。』『《那》，美襄公也。』皆與《毛詩》首語一例，則《韓詩》有《序》明矣。《齊詩》最殘缺，而張揖魏人，習《齊詩》，其《上林賦注》曰『《伐檀》，刺賢者不遇明王

也」，其爲《齊詩》之《序》明矣。劉向，楚元王孫，世傳《魯詩》，其《列女傳》以《芣苢》爲蔡人妻作，《汝墳》爲周南大夫妻作，《行露》爲召南申女作，《邶·柏舟》爲衛夫人作，《碩人》爲莊姜傅母作，《燕燕》爲定姜送婦作，《式微》爲黎莊夫人及傅母作，《載馳》爲許穆夫人作，視毛《序》之空衍者，尤鑿鑿不誣。且其《息夫人傳》曰「君子故序之於《詩》」，《黎莊夫人傳》曰「君子故序之以編《詩》」，而向所自著書亦曰《新序》。是《魯詩》有《序》明矣。且三家遺說，凡《魯詩》如此者，韓必同之；《韓詩》如此者，魯必同之。《齊詩》存什一於千百，而魯、韓必同之。苟非同出一原，安能重規疊矩？三人占，則從二人之言。謂毛不見三家古《序》則有之，三家烏用見毛《序》爲哉？程氏其何説之詞？鄭樵曰：『毛公時，《左傳》、《孟子》、《國語》、《儀禮》未盛行，而先與之合，世人未知《毛詩》之密，故俱從三家。及諸書出而證之，諸儒得以考其異同得失，長者出而短者自廢，故皆舍三家而宗毛。』應之曰：《齊詩》先《采蘋》而後《草蟲》，與《儀禮》合，《小雅》四始、五際次第與樂章合，魯、韓《詩》説《碩人》、《二子乘舟》、《載馳》、《黄鳥》與《左氏》合，説《抑》及《昊天有成命》與《國語》合，説《騶虞》樂官備與《射義》合，説《凱風》、《小弁》與《孟子》合，説《出車》、《采薇》非文王伐玁狁與《尚書大傳》合，《大武》六章次第與樂章合，其不合諸書者安在？而《毛詩》則動與抵牾，其合諸書者又安在？顧謂西漢諸儒未見諸書，故舍毛而從三家，則太史公本《左氏》、《國語》以作《史記》，何以宗《魯詩》而不宗毛？賈誼、劉向博極群書，何以《新書》、《説苑》、《列女傳》宗魯而不宗毛？謂東漢諸儒得諸書證合，乃知宗毛而舍三家，則班固評論四家《詩》，何以獨許魯近？《左傳》由賈逵得立，服虔作解，而逵撰《齊魯韓毛異同》，服虔注《左氏》，鄭君注《禮》，皆顯用《韓詩》。即鄭箋毛，亦多陰用韓義。許君《説文叙》自言《詩》稱毛氏皆古文家言，而《説文》引《詩》什九皆三家；《五經異義》論罍制，論《鄭風》，論《生民》，亦並從三家説。豈非鄭、許之用毛者，特欲專立古文門户，而意實以魯、韓爲勝乎？若云『長者出而短者自廢』，則鄭、荀、王、韓之《易》賢於施、孟、梁丘，梅賾當作「頤」，下同。之《書》賢於伏生、夏侯、歐陽，《韓詩外傳》賢於《韓詩内傳》，《左氏》之杜預賢於賈、服〔一〕，而逸《書》十六篇、逸《禮》七十篇皆亡所當亡耶？至錢氏大昕據《孟子》『勞於王事，不得養父母』，爲孟子之用《小序》；《緇衣》篇『長民者衣服不貳，從容有常』，爲公孫尼子之用《小序》，則不如據《論語》『《關雎》樂而不淫，哀而不傷』，爲夫子用《小序》之爲愈也。梅賾之僞古文《書》，其亦三代經傳襲用梅氏耶？鄭氏其何説之詞？姜氏炳璋曰：『漢四家《詩》，惟毛公出自子夏，淵源最古。且《魯頌》傳引孟仲子之言，《絲衣序》引高子之言，《北山序》同《孟子》之語，則又出於孟子。而大毛公親爲荀卿弟子，故毛《傳》多用《荀子》之言，非三家所及。』應之曰：《漢書·楚元王傳》言浮丘伯傳《魯詩》於荀卿，則亦出荀子矣。《唐書》載《韓詩》『卜商序』，則亦出子夏矣。《韓詩外傳》：高子

〔一〕「預」下，魏源《詩古微·齊魯韓毛異同論》本有「注」字。

問《載馳》之詩於孟子，孟子曰：『有衛女之志則可，無衛女之志則怠。』又載荀卿《非十二子》篇，獨去子思、孟子，且《外傳》屢引七篇之文，則亦出孟子矣。故《漢書》曰：『又有毛公之學，自言子夏所傳。』『自言』云者，人不取信之詞也。至《釋文》引徐整三國吳人。云：『子夏授高行子，高行子授薛倉子，薛倉子授帛妙子，帛妙子授河間人大毛公。毛公爲《詩故訓傳》，以授趙人小毛公。小毛公爲河間獻王博士。』一云：『子夏授曾申，申傳魏人李克，克傳魯人孟仲子，孟仲子傳根牟子，根牟子傳趙人孫卿子，孫卿子傳魯人大毛公。』夫同一《毛詩》傳授源流，而姓名無一同，且一以爲出荀卿，一以爲不出荀卿；一以爲河間人，一以爲魯人，展轉傅會，安所據依？豈非《漢書》『自言子夏所傳』一語已發其覆乎？以視三家源流，孰傳信，孰傳疑？姜氏其何說之詞？」錫瑞案：三家亡，毛《傳》孤行，人多信毛而疑三家〔一〕。魏氏辨駁分明，一埽俗儒之陋。

一一、論毛《傳》不可信，而明見《漢志》，非馬融所作

《史記·儒林傳》述漢初經師，《易》止田生一人，《書》止伏生一人，《禮》止高堂生一人，《春秋》有胡毋生、董仲舒二人，而二人皆傳《公羊》，故漢初立《公羊》博士，不分胡、董。惟《詩》有三人，於魯則

〔一〕「人」，原脱，據第十二篇初稿本補。

申培公，於齊則轅固生，於燕則韓太傅。此三人者，生非一處，學非一師，同爲今文而實不同，故漢初分立三博士，蓋有不得不分别者。《史記》不及毛公。若毛公爲六國時人，所著有《毛詩故訓傳》，史公無緣不知。此毛《傳》不可信者一。《漢書·藝文志》雖列《毛詩》與《毛詩故訓傳》，而云：「與不得已，魯最爲近之。三家皆列於學官。又有毛公之學，自謂子夏所傳，而河間獻王好之，未得立。」「自謂」者，人不謂然也。《毛詩》始發見於劉歆，《漢志》多本劉歆《七略》，乃以「魯最爲近」，而於毛有微詞，則班氏初不信毛，《漢志》亦非全用《七略》。此毛《傳》不可信者二。徐整、陸璣説《毛詩》授受源流，或以爲出荀卿，或以爲不出荀卿，魏源辨之已詳。兩漢以前皆無此説。此毛《傳》不可信者三。荀卿非十二子有「子夏之賤儒」，是荀卿之學非出子夏，判然爲二。毛公之學「自謂子夏所傳」，祖子夏，不應祖荀卿；祖荀卿，不應祖子夏。此毛《傳》不可信者四。申公受《詩》於浮丘伯，浮丘伯又受之荀卿，則《魯詩》實出荀卿矣。若《毛詩》亦荀卿所傳，何以與《魯詩》不同？此毛《傳》不可信者五。《漢志》但云「毛公之學」，不載毛公之名，亦無大、小毛公之分。鄭君《詩譜》曰：「魯人大毛公爲《訓詁傳》於其家，河間獻王得而獻之，以小毛公爲博士。」陸璣曰：「荀卿授魯國毛亨，毛亨作《詁訓傳》，以授趙國毛萇。時人謂亨爲大毛公，萇爲小毛公。」蓋鄭君始言大、小毛公有二，陸璣始著大、小毛公之名。如其説，則作傳者毛亨，非毛萇。故孔《疏》云：「大毛公爲其《傳》，由小毛公而題『毛』也。」鄭漢末人，不應所聞詳於劉、班。陸璣吴人，不應所聞又詳於鄭。此毛《傳》不可信者六。《後漢書·章帝紀》建元八年〔一〕，詔令群儒選高才生，「受學《左氏》、《穀梁春秋》、古文《尚書》、《毛詩》，以扶微學，廣異義焉」。袁宏《後漢紀》遂言「於是古文《尚書》、《毛詩》、《周官》皆置弟子」。案：古文在漢時無置博士弟子者，惟《左氏》立而旋罷。故顧炎武斷《後漢·儒林傳》「《詩》，齊、魯、韓、毛」，「毛」字爲衍文。《儒林傳》云「三家皆立博士。趙人毛萇傳《詩》，是爲《毛詩》，未得立」，顧氏之説是也。《儒林傳》：「馬融作《毛詩傳》。」何焯曰：「後人據此《傳》，云《詩序》之出於宏，不悟毛《傳》之出於融，何也？或疑融别有《詩傳》，亦非，范氏明與鄭《箋》連類言之矣。康成親受經於季長，以《箋》爲致敬亦得。」案：何氏説雖有據，而《漢志》已列《毛詩詁訓傳》，仍當以融别有《詩傳》爲是。

一二、論以世俗之見解《詩》最謬，《毛詩》亦有不可信者

凡經學愈古愈可信，而愈古人愈不見信。所以愈可信者，以師承有自，去七十子之傳不遠也。所以愈不信者，去古日遠，俗説沈溺，疑古説不近人情也。後世説經有二弊：一以世俗之見測古聖賢，一以民間之事律古天子、諸侯。各經皆有然，而《詩》爲尤甚，姑舉一二言之。如《關雎》，三家

〔一〕「八」，原誤作「六」，據《後漢書·章帝紀》改。

以爲詩人求淑女以配君子，毛以爲后妃求賢以輔君子，皆不以「寤寐反側」屬文王。俗説以爲文王求太姒，至於寤寐反側。淺人信之，以爲其説近人情矣。不知獨居求偶，非古聖王所爲。且如其説，則《關雎》與《月出》、《株林》相去無幾，正是樂而淫、哀而傷，孔子何以稱其「不淫」、「不傷」，取之以冠篇首？試深思之，則知俗説不可信矣。《卷耳》，三家無明文。荀子以爲「卷耳易采，頃筐易盈也，然而不可以貳周行」，毛以爲后妃佐君子求賢審官，皆不以采卷耳爲實事。俗説以爲提筐采卷耳，因懷人而置之大道，引唐人詩「提籠忘采葉，昨夜夢漁陽」爲比例，又以二、三章爲登山望夫，酌酒銷愁。淺人信之，以爲其説近人情矣。不知提筐采卷耳，非后妃身分，登山望夫，酌酒銷愁，亦非后妃身分，且不似幽閒淑女行爲。試深思之，則知俗説不可用矣。其他如疑詩人不應多諷刺，是不知古者「師箴、瞍賦、矇誦、百工諫」之義也。疑陳古刺今不可信，是不知「主文譎諫，言之者無罪，聞之者足戒」之義也。疑作《詩》不當始衰世，是不知「王道缺而《詩》作，周室壞而《春秋》作」，皆衰世所造之義也。疑康王不應有刺詩，是不知「頌聲作乎下，《關雎》作乎上，習治則傷始亂」之義也。後儒不知詩人作詩之意、聖人編《詩》之旨，每以世俗委巷之見，推測古事，妄議古人。故於近人情而實非者，誤信所不當信；不近人情而實是者，誤疑所不當疑。見毛、鄭之説，已覺齟齬不安，見三家之説，尤爲枘鑿不入，曲彌高而和彌寡矣。或謂：大毛公六國時人，安見不比三家更古？曰：毛公六國時人，並無明文可徵，且毛《傳》實有不可信者。「丕顯」二字，屢見《詩》、《書》。毛《傳》於《文王》「有周不顯」，曰「不顯，顯也」；又於「不顯亦世」，曰「不世顯德乎」，是其意以「不」字爲語詞，爲反言。不知「不顯」即「丕顯」也，「不顯亦世」即「丕顯奕世」也，「不顯不時」即「丕顯丕承」〔一〕。《清廟》之「不顯不承」，正「丕顯丕承」之證也。《卷阿》「伴奐爾游矣」，「伴奐」疊韻，連文爲義，與下「優游」一例，即《皇矣》之「畔援」，顔注《漢書》引《詩》正作「畔换」，亦即《閔予小子》之「判换」，所謂美惡不嫌同辭也。毛《傳》乃云「廣大有文章貌」，是其意分「伴奐」爲兩義，「伴」訓「廣大」，「奐」訓「有文章」。不知下句「優游」何以解之，毛何不分「優游」爲兩義乎？《正義》據孔晁引孔子曰：「奐乎其有文章，伴乎其無涯際。」孔晁，王肅之徒，其所引即《孔叢》、《家語》之類，王肅僞作，必非聖言。《蕩》「曾是彊禦」，「彊禦」亦二字連文爲義。《左氏》昭元年傳曰「彊禦已甚」，十二年傳曰「吾軍帥彊禦」，皆二字連文。《繁露·必仁且智》篇曰「其强足以覆過，其禦足以犯難」，《史記集解》引《牧誓》鄭注曰：「彊禦，猶彊暴也。」「彊禦」即《爾雅·釋天》之「彊圉」。《漢石門頌》倒其文曰「綏億衙彊」。惟其義同，故可倒用。毛《傳》乃云「彊梁禦善也」，不知二字連文而望文生義，豈六國時人之書乎？

〔一〕「即」下，疑有脱文，此句當作「不顯不時即丕顯丕時也，不顯不承即丕顯丕承也」。

一三、論毛義不及三家，略舉典禮數端可證

毛《傳》孤行久矣，謂毛不及三家，人必不信，如《關雎》刺晏朝、《芣苢》傷惡疾之類，人必以爲傳聞各異，事實無徵。今以典禮之實有可徵者，略舉二《南》數事證之。如《韓詩外傳》五引《詩》「鼓鍾樂之」，與《毛詩》「鍾鼓樂之」不同。《外傳》一引《詩》作「鍾鼓」，蓋後人依《毛詩》誤改。《外傳》言「古者天子左五鍾、右五鍾」，而不及鼓。侯包《韓詩翼要》曰「后妃房中樂有鍾、磬」，亦不及鼓，是《韓詩》不作「鍾鼓」甚明。《周禮·磬師》「教縵樂、燕樂之鍾、磬」，鄭注：「燕樂，房中之樂，所謂陰聲也。二樂皆教其鍾、磬。」疏：「云『燕樂，房中之樂』者，此即《關雎》二《南》也。謂之房中者，房中謂婦人。后妃以風喻君子之詩，故謂之房中之樂。」據此，則古《周禮》説與《韓詩》合，皆謂房中樂有鍾、磬而無鼓。鍾、磬清揚，於房中宜。鼓音重濁，於房中不宜。或據《薛君章句》「鼓人上堂」，謂《韓詩》亦當兼言鼓。不知鼓人上堂，不入房中，不與鍾、磬並列，仍不當兼言鼓。「鼓鍾」之「鼓」訓「擊」，是虛字，是一物。「鍾鼓」之「鼓」是實字，是二物。毛作「鍾鼓」，與古禮不合。此毛不及《韓詩》者一。《説文》引《詩》「以晏父母」，與《毛詩》「歸寧父母」不同，蓋三家之異文。《春秋》莊二十七年「杞伯姬來」，何休《公羊解詁》曰：「諸侯夫人尊重，既嫁，非有大故不得反。惟自大夫妻，雖無事，歲一歸宗。」疏云：「其大故者，奔喪之謂。文九年『夫人姜氏如齊』，彼注云『奔父母之喪』

是也。自，從也，言從大夫妻以下，即《詩》云『歸寧父母』是也。案：《詩》是后妃之事，而云大夫妻者，何氏不信毛《叙》故也。」案：「歸寧父母」是《毛詩》，三家不作「歸寧」，亦未必以《葛覃》爲大夫妻，疏引《詩》誤。《左氏傳》曰：「凡諸侯之女歸寧曰來，出曰來歸。夫人歸寧曰如某，出曰歸于某。」據此，則今《春秋》公羊説夫人不得歸寧，古《春秋》左氏説夫人亦得歸寧。案：《詩·竹竿》云「女子有行，遠父母兄弟」，故《泉水》、《載馳》、《竹竿》，皆思歸而不得。《戰國策》左師説趙太后甚愛燕后，飲食必祝曰「必勿使反」。是諸侯女既嫁，不得復反，反即大歸。戰國時猶知此義，當從今文説不得歸寧爲正。《毛詩》與《左傳》同出河間博士，故此傳曰：「寧，安也。父母在，則有時歸寧耳。」毛以父母在得歸寧，父母終不得歸寧，爲調停之説。鄭箋《泉水》云「國君夫人父母在歸寧」，正本毛傳。惠周惕《詩説》謂古無歸寧之禮，毛傳因《左氏》而誤，其説近是。蓋鄭箋又因毛傳而誤也。段玉裁亦疑毛傳，謂「方嫁不得遽圖歸寧，此『歸』字作『以』字爲善」，是欲改毛以從三家，不知今、古文説不同。陳奂謂「父母在」九字爲鄭箋竄入，是欲删毛以歸之鄭，亦不知今、古文説不同。皆明見毛義之不安，而不敢駮。即如陳氏强釋毛義，謂歸以安父母，「歸寧」不訓歸家，而截「歸」字爲一句，殊近不辭，不如三家作「以晏父母」，文義甚明，不與「歸寧」相混。此毛不及三家者二。《困學紀聞》引曹粹中《詩説》：「《齊詩》先《采蘋》而後《草蟲》。」據《儀禮》，合樂歌《周南》，則《關雎》、《葛覃》、《卷耳》三篇同奏；歌《召南》，則《鵲巢》、《采蘩》、《采蘋》三篇同奏。古《詩》篇次，以《采蘋》列《草蟲》之前，三家次第當與毛異。《齊詩》傳自轅固，夏侯始昌爲轅固弟子，后蒼事始昌，通《詩》、《禮》，爲博士，二戴皆后蒼弟子，則《儀禮》及二戴《禮記》中所引《詩》當爲《齊詩》。曹氏所言，不爲無據，毛失其次，與《儀禮》歌《詩》不合。此毛不及《齊詩》者三。《五經異義》：「今《詩》韓、魯説：騶虞，天子掌鳥獸官。古《毛詩》説：騶虞，義獸，白虎黑文。」案：賈誼《新書·禮》篇：「騶者，天子之囿也。虞者，囿之司獸者也。」《儀禮·鄉射禮》注：「其《詩》有『一發五豝、五豵，于嗟騶虞』之言，樂得賢者衆多，歎思至仁之人以充其官。」《禮記·射義》「《騶虞》者，樂官備也」，注：「樂官備者，謂《騶虞》曰『一發五豝』，喻得賢者多也，『于嗟乎騶虞』，歎仁人也。」皆與韓、魯《詩》合。《文選·魏都賦》注引《魯詩傳》曰：「古有梁騶。梁騶，天子獵之田也。」韓義蓋與魯同。若《山海經》、《逸周書》、《尚書大傳》雖言「騶虞」，而未嘗明言即《詩》之「騶虞」。漢初大儒如申公、韓太傅、賈太傅，必無不見《山海經》、《逸周書》而不引以解《詩》之「騶虞」者，知彼所言「騶虞」，非《詩》之所言「騶虞」也。《毛詩》晚出，見「騶虞」二字偶合，遂據以易三家舊説，撰出「義獸」二字，以配麟之仁獸。《異義》引《毛詩》説：「《周南》終《麟趾》，《召南》終《騶虞》，俱稱嗟歎之，皆獸名。」後人多惑其説，不知《麟趾》爲《關雎》之應，《騶虞》爲《鵲巢》之應，此是毛義，非三家義。且即以毛義論，騶虞與麟亦不相對，《麟之趾序》箋云「有似麟應之時」，疏引張逸問云：「致信厚，未致麟。」孔氏引申之曰：「由此言之，不致明矣。」是文王無致麟之事。若騶虞，據《尚書大傳》，散宜生取以獻紂，是文王實致騶虞矣。一實致，一未致；一本事，一喻言，安得以爲相對？至於「于嗟」，歎辭，屢見於《詩》，如「于嗟闊兮」、「于嗟洵兮」、「于嗟鳩兮」、「于嗟女兮」，皆詩人常言，豈可以兩處歎辭偶同，强爲牽合？《焦氏易林》云「陳力就列，騶虞悦喜」，亦以「騶虞」爲官名。陳喬樅以《易林》爲《齊詩》，是三家之説同。《爾雅》多同《魯詩》，故《釋獸》無「騶虞」。以「騶虞」爲獸名，《毛詩》一家之言，與古義不合。此毛不及三家者四。略舉四證，皆二《南》之關於典禮者，學者可以隅反。

一四、論三家《詩》大同小異，《史記·儒林列傳》可證

王應麟《詩考·後序》曰：「劉向《列女傳》謂蔡人妻作《芣苢》，周南大夫妻作《汝墳》，申人女作《行露》，衛宣夫人作《邶·柏舟》，定姜送婦作《燕燕》，黎莊夫人及其傅母作《式微》，莊姜傅母作《碩人》，息夫人作《大車》。《新序》謂伋之傅母作《二子乘舟》，壽閔其兄作憂思之詩，《黍離》是也。楚元王受《詩》於浮丘伯，向乃元王之孫，所述蓋《魯詩》也。」王引之《經義述聞》曰：「《列女傳·貞順傳》蔡人妻傷夫有惡疾而作《芣苢》，與《文選·辨命論》注所引《韓詩》合。《賢明傳》周南大夫妻言仕於亂世者，爲父母在故也，乃作詩曰『魴魚赬尾』云云，與《後漢書·周磐傳》注所引《韓詩章句》合。《貞順傳》召南申女以夫家一物不具，一禮不備，守節持義，必死不往，而作詩曰『雖速我獄』云云，與《韓詩外傳》合。《母儀傳》衛姑定姜賦《燕燕》之詩，與《坊記》鄭注合，鄭爲《記》注時，

多取《韓詩》也。又《上災異封事》引《詩》『密勿從事』，與《文選·爲宋公求加贈劉前軍表》注所引《韓詩》『密勿同心』，皆以『密勿』爲『黽勉』。然則向所述者，乃《韓詩》也。」錫瑞案：二説皆有據，蓋魯、韓義本同。《史記·儒林列傳》曰：「韓生推《詩》之意，而爲《内外傳》數萬言。其語頗與齊、魯間殊，然其歸一也。」以《史記》之説推之，可見魯、齊、韓三家《詩》大同小異。惟其小異，故須分立三家；若全無異，則立一家已足，而不必分立矣。惟其大同，故可並立三家；若全不同，則如《毛詩》大異而不可並立矣。三家《詩》多不傳，今試取其傳者論之。如《黍離》一篇，《新序·節士》篇云衛宣公子壽「閔其兄伋之且見害，作憂思之詩」，此劉子政所引《魯詩》義也。而《韓詩》曰：「《黍離》，伯封作也。」陳思王植《令禽惡鳥論》云：「昔尹吉甫信後妻之讒而殺孝子伯奇，弟伯封求而不得〔一〕，作《黍離》之詩。」後漢郅惲理《韓詩》，光武令惲授皇太子《韓詩》，惲説太子曰：「吉甫賢臣，放逐孝子。」薛君《韓詩注》曰：「詩人求己兄不得。」是《韓詩》以《黍離》爲伯封作，與《魯詩》以爲公子壽作者異。《韓詩外傳》載趙蒼唐爲魏文侯子擊使於文侯，曰：「好《黍離》與《晨風》。」文侯曰：「怨乎？」曰：「非敢怨也，時思也。」《説苑·奉使》篇略同。子政據《魯詩》，而與《韓詩》同者，蓋論此詩之事，則異國、異人並異時；而論此詩之義，則同一孝子之見害，同一悌弟之思兄。此所以小

〔一〕「封」，原誤作「到」，據《太平御覽》卷九百二十三引《令禽惡鳥論》改。

異而大同，《外傳》與《説苑》皆可引爲思親之意也。若其篇次，則《魯詩》當入《衛風》，與《毛詩》異；《韓詩》當入《王風》，與《毛詩》同。而其説解，則魯、韓可合，而與《毛詩》全不合。三家大同小異，可以此詩推之。魏源不知此義，乃欲强合魯、韓爲一，謂伯封乃衛壽之字，反以曹植徵引爲誤，則《御覽》明引《韓詩》伯封作，豈亦誤乎？伯封爲衛壽字，又何據乎？憑臆武斷，詎可爲訓？蓋誤於魯、韓《詩》從無不同之見，而未考《史記·儒林傳》也。

一五、論《詩序》與《書序》同有可信、有不可信，今文可信，古文不可盡信

毛《序》有可信、不可信，爲説《詩》者一大疑案。《關雎序》自「《關雎》，后妃之德也」至「《關雎》之義也」，《經典釋文》卷第五：「舊説云：起此至『用之邦國焉』名《關雎序》〔一〕，謂之《小序》。自『風，風也』訖末，名爲《大序》。沈重云：『案鄭《詩譜》意，《大序》是子夏作，《小序》是子夏、毛公合作。卜商意有不盡，毛更足成之。』」朱子作《詩序辨説》，以「詩者，志之所之」至「詩之至也」爲《大序》，其餘首尾爲《關雎》之《小序》。《詩正義》自《關雎》以後，每詩一篇即有一《序》，皆謂之《小序》。

〔一〕「此」，原脱，據《經典釋文》卷五補。

此《大序》、《小序》之分也。作《序》之人，自《詩譜》外，王肅以爲子夏所序《詩》即今《毛詩序》；范蔚宗以爲衛宏受學謝曼卿，作《詩序》；魏徵等以爲子夏所創，毛公及衛宏又加潤益。韓愈議子夏不序《詩》，有三焉：「知不及，一也；暴揚中冓之私，《春秋》所不道，二也；諸侯猶世，不敢以云，三也。學者欲顯其《傳》，因藉之子夏。」成伯璵以爲「子夏惟裁初句，其下皆是大毛自以詩中之意而繫其辭」。王安石以爲《序》乃詩人所自製。程子以爲《小序》國史之舊文，《大序》孔子所作。蘇轍以爲衛宏所作，非孔氏之舊，止存其首一言，餘皆删去。王得臣以爲首句孔子所題。曹粹中以爲毛《傳》初行，尚未有《序》，門人互相傳授，各記師説。鄭樵、王質以爲村野妄人所作。作《序》之人，説者不一。自唐定《正義》以後，惟宋歐陽修撰《毛詩本義》，爲論以辨毛、鄭之失，猶未甚立異同。迨鄭樵專指毛、鄭之妄，謂《小序》非子夏所作，盡削去之，而以己意爲説。其《詩序辨》曰：「《序》有鄭註而無鄭箋，其不作於子夏明矣。毛公於《詩》第爲之傳，其不作《序》又明矣。《小序》出於衛宏，有專取諸書之文至數句者，有雜取諸家之説而辭不堅決者，有委曲婉轉附經以成其義者。『情動於中而形於言，言之不足，故嗟歎之』，其文全出於《樂記》。『成王未知周公之志，公乃爲詩以遺王』，其文全出於《金縢》。『自微子至於戴公，其間禮樂廢壞』，其文全出於《國語》。『古者長民，衣服不貳，從容有常，以齊其民』，其文全出於《公孫尼子》。則《詩序》之作，實在於數書既傳之後明矣。此所謂取諸書之文有至數句者，此也。案：人多以爲毛《序》與古書合，此則以爲衛《序》取古書。《關雎》之

《序》既曰『風之始也，所以風天下而正夫婦也』，意亦足矣，又曰『風，風也，風以動之，上以風化下，下以風刺上』，又曰『一國之事係一人之本，謂之風』。《載馳》之詩，既曰『許穆夫人閔其宗國顛覆而作』，又曰『衛懿公爲狄所滅』。《緇衣》之詩，既曰『繹賓尸』矣，又曰『靈星之尸也』。此蓋衆説並傳，衛氏得有美辭美意，併録而不忍棄之。此所謂雜諸家之説而辭不堅決者也。《騶虞》之詩，先言『人倫既正，朝廷既治，天下純被文王之化』，而後繼之『蒐田以時，仁如騶虞，則王道成』。《行葦》之詩，先言『國家忠厚〔一〕，仁及草木』，然後繼之以『内睦九族，外尊事黄耇，養老乞言』〔二〕。此所謂委曲宛轉附經以成其義者，此也。惟宏《序》作於東漢，故漢世文字未有引《詩序》者。案：近人引《漢廣序》「德廣所及」等語，漢時古書多未見，必是引《序》。惟黄初四年，有『曹共公遠君子，近小人』之語。蓋魏後於漢，而宏之《序》至是而始行也。使其果知《詩序》出於衛宏，則風雅正變之説，二《南》分係之説，《羔羊》、《蟋蟀》之説，或鬱而不暢，或巧而不合。如《蕩》以『蕩蕩上帝』發語，而曰『天下蕩蕩，無綱紀、文章』；《召旻》以『旻天疾威』發語，而曰『閔天下無如召公之爲臣』；《雨無正》乃大夫刺幽王也，而曰『衆多如雨，非所以爲正』。牽合爲文而取譏於世，此不可不辨也。」《文獻通考》載石林葉氏説略

〔一〕「國」，《毛詩序》本作「周」，《六經奥論》引作「國」。

〔二〕「乞」，原誤作「之」，據《毛詩正義》及《六經奥論》改。

同。程大昌《考古編》曰:「范傳:衛宏『作《毛詩序》,今傳於世』。所序者毛《傳》耳,《詩》之古《序》非宏也。古《序》之與宏《序》,今混並無別,然有可考者。凡《詩》發序兩語,如『《關雎》,后妃之德也』,世人之謂《小序》者,古《序》也;兩語以外,續而申之,世謂《大序》者,宏語也。」錫瑞案:程氏之分《大序》、《小序》,與《釋文》舊説、朱子《辨説》並異。以發序兩語爲《小序》,兩語以外續而申之者爲《大序》,《小序》出於國史,爲古《序》,《大序》綴於衛宏,非子夏所作。其説本於蘇轍,實淵源於成伯璵。近人魏源謂續《序》不得毛《序》之意,正本程説。魏、晉以後,毛《傳》孤行,人多遵信《序》説,以爲真出子夏。至宋,則疑信參半。朱子作《詩集傳》,始亦從《序》,後與吕祖謙争辨,乃改用鄭樵説,有《辨説》攻《小序》,而《集傳》未及追改,如《緇衣》、《豐年》等篇者。元延祐科舉法《詩》用朱子《集傳》,而毛《傳》幾廢。國朝人治漢學,始尊毛而攻朱。近人治西漢今文學,又尊三家而攻毛。平心論之,《詩》之《序》,猶《書》之《序》也。《詩序》有今、古文之分,猶《書序》有今、古文之分也。伏生今文《書序》見於《史記》所引者可信,馬、鄭古文《書序》不可盡信。三家今文《詩序》見於諸書所引者可信,古《毛詩序》不可盡信。鄭君論緯説,云「不信亦非,悉信亦非」。竊謂古文《詩》、《書》之《序》,當如鄭君之説。若鄭樵攻毛《序》而以己意爲《序》,則近於妄。魏源《詩古微》主三家,而三家所無者,皆以己意補之爲《序》,是鄭樵之類也。

一六、論朱子不信毛《序》亦有特見，魏源多本其説

朱子曰：「《詩序》之作，説者不同，或以爲孔子，或以爲子夏，或以爲國史，皆無明文可考。惟《後漢·儒林傳》以爲衛宏『作《毛詩序》，今傳於世』，則《序》乃宏作明矣。然鄭氏又以爲諸序本自合爲一編，毛公始分以寘諸篇之首，則是毛公之前其傳已久，宏特增廣而潤色之耳。故近世諸儒多以《序》之首句爲毛公所分，而其下推説云云者爲後人所益。理或有之，但今考其首句，則已有不得詩人之本意而肆爲妄説者矣，況沿襲云云之誤哉！然計其初，猶必自謂出於臆度之私，非經本文，故且自爲一編，列附經後，又以尚有齊、魯、韓氏之説並傳於世，故讀者亦有以知其出於後人之手，不盡信也。及至毛公引以入經，乃不綴篇後而超冠篇端，不爲註文而直作經字〔一〕，不爲疑辭而遂爲決辭。其後三家之傳又絶，而毛説孤行，則其抵牾之迹無復可見。故此序者遂若詩人先所命題，而詩文反爲因《序》而作。於是讀者轉相尊信，無敢擬議，至於有所不通，則必爲之委曲遷就，穿鑿而附合之，寧使經之本文繚戾破碎，不成文理，而終不忍明以《小序》爲出於漢儒也。愚之病此久矣，然猶以其所從來也遠，其間容或真有傳授證驗而不可廢者。故既頗采以附《傳》中，而

〔一〕「文」，原脱，據朱熹《詩序辨説》補。

復併爲一編以還其舊，因以論其得失云。」又論《邶·柏舟序》曰：「詩之文意、事類，可以思而得，其時世、名氏〔一〕，則不可以强而推。凡《小序》唯詩文明白，直指其事，如《甘棠》、《定中》、《南山》、《株林》之屬，若證驗的切，見於書史，如《載馳》、《碩人》、《清人》、《黄鳥》之類，決爲可無疑者。其次則詞旨大槩可知必爲某事，而不可知其的爲某時某人者，尚多有之。若爲《小序》者，姑以其意推尋探索，依約而言，則雖有所不知，亦不害其爲不自欺；雖有未當，人亦當恕其所不及。今乃不然，不知其時者，必强以爲某王某公之時；不知其人者，必强以爲某甲某乙之事。於是傅會書史，依託名謚，鑿空妄語，以誑後人。其所以然者，特以恥其所不知，而惟恐人之不見信而已。且如《柏舟》，不知其出於婦人而以爲男子，不知其不得於夫而以爲不遇於君，此則失矣。馬端臨引劉向封事以駁朱子。案：《孟子》已引此詩屬孔子矣，或斷章取義，不必泥看。然有所不及而不自欺，則亦未至於大害理也。今乃斷然以爲衛頃公之時，則其故爲欺罔以誤後人之罪不可揜矣。蓋其偶見此詩冠於三衛變《風》之首，是以求之春秋之前，而《史記》所書莊、桓以上衛之諸君事皆無可考者，謚亦無甚惡者，獨頃公有賂王請命之事，其謚又爲甄心動懼之名，如漢諸侯王必其嘗以罪譴〔二〕，然後加以此謚，

〔一〕「名」，原脱，據朱熹《詩序辨説》補。
〔二〕「侯」，原脱，據朱熹《詩序辨説》補。

以是意其必有棄賢用佞之失，而遂以此詩予之。若將以衒其多知而必於取信，不知將有明者從旁觀之，則適所以暴其真不知而啟其深不信也。凡《小序》之失，以此推之，什得八九矣。」錫瑞案：朱子駁毛《序》有特見。古書序皆附末，《毛詩》獨冠篇端，誠有如先有此題而後作此詩者。朱子併爲一編，以還其舊，是也。僞孔古文《尚書》以《序》冠篇首，亦非古法，即此可證其僞。《序》所云刺某君，多無明文可據。朱子云頃公謚惡，故以《柏舟》爲刺頃公。今以朱子之說推之，則《序》所云刺某某者多有可疑。雖未見朱說之必然，亦無以見其必不然也。魏源之駁毛《序》，有朱子已言者。毛有《序》，三家亦有《序》，其《序》說多不同。三家亡而毛義孤行，安見三家《序》皆不是而毛《序》獨是？故朱子深惜三家之傳絶，無以考其抵牾之迹也。

一七、論馬端臨駁朱申毛，可與朱說參看，且能發明風人之旨

馬端臨曰：「《書序》可廢，而《詩序》不可廢。就《詩》而論，《雅》、《頌》之《序》可廢，而十五《國風》之《序》不可廢。蓋《風》之爲體，比興之辭多於叙述，風諭之意浮於指斥，蓋有反覆詠歎、聯章累句而無一言叙作之之意者，而序者乃一言以蔽之，曰爲某事也。苟非其傳授之有源，探索之無舛，則孰能臆料當時指意之所歸，以示千載乎？而文公深詆之，且於《桑中》、《溱洧》諸篇辨析尤

至，以爲安有刺人之惡而自爲彼人之辭，以陷於所刺之地〔一〕？ 其意蓋謂詩之辭如彼，而《序》之説如此，則以詩求詩可也，烏有舍明白可見之詩辭，而必欲曲從臆度難信之《序》説乎？ 然愚以爲必若此，則《詩》之難讀者多矣，豈直《鄭》、《衛》諸篇哉？ 夫《芣苢》之《序》，以婦人樂有子爲后妃之美也，而其詩語不過形容采掇芣苢之情狀而已；《黍離》之《序》，以爲閔周室宫廟之顛覆也，而其詩語不過慨歎禾黍之苗穗而已。 此詩之不言所作，而賴《序》以明者也。 若舍《序》以求之，則其所以采掇者爲何事，而慨歎爲何説乎？ 《叔于田》之二詩，《序》以爲刺鄭莊公，而其詩語則鄭人愛叔段之辭耳；《揚之水》、《椒聊》二詩，《序》以爲刺晉昭公，而其詩語則晉人愛桓叔之辭耳。 此詩之序其事以諷，初不言刺之之意，而賴《序》以明者也。 若舍《序》以求之，則如四詩也，非子雲《美新》之賦，則袁宏《九錫》之文耳。 《鴇羽》、《陟岵》之詩見於變《風》，《序》以爲征役者不堪命而作也；《四牡》、《采薇》之詩見於《正雅》，《序》以爲勞使臣、遣戍役而作也。 而深味四詩之旨，則歎行役之勞苦，叙飢渴之情狀，憂孝養之不遂〔二〕，悼歸休之無期，其辭語一耳。 此詩之辭同意異，而賴《序》以明者也。 若舍《序》以求之，則文王之臣民亦怨其上，而《四牡》、《采薇》不得爲正《雅》矣。 《采薇》，三家

〔一〕「地」下，馬端臨《文獻通考》卷一百七十八本有「而不自知者哉」。

〔二〕「遂」，原誤作「逮」，據馬端臨《文獻通考》卷一百七十八改。

本不以爲文王詩，馬氏專據《毛詩》。即是數端而觀之，則知《序》之不可廢。《序》不可廢，則《桑中》、《溱洧》何嫌其爲刺奔乎？且夫子嘗删《詩》矣，所取於《關雎》，謂其『樂而不淫』，則《詩》之可删，孰有大於淫者？今以文公《詩傳》考之，其指以爲男女淫泆奔誘而自作詩以序其事者，凡二十有四，如《桑中》、《東門之墠》、《溱洧》、《東方之日》、《東門之池》、《東門之楊》、《月出》，則《序》以爲刺淫，而文公以爲淫者所自作也；如《静女》、《木瓜》、《采葛》、《丘中有麻》、《將仲子》、《遵大路》、《有女同車》、《山有扶蘇》、《蘀兮》、《狡童》、《褰裳》、《丰》、《風雨》、《子衿》、《揚之水》、《出其東門》、《野有蔓草》，則《序》本别指他事，而文公亦以爲淫者所自作也。夫以淫昏不檢之人，發而爲放蕩無恥之辭，其多如此，夫子猶存之，不知所删何等一篇也〔一〕？夫子曰：『思無邪。』如序者之説，則雖詩辭之邪，亦必以正視之，如《桑中》刺奔、《溱洧》刺亂之類是也。如文公之説，則雖詩辭之正者，亦必以邪視之，如不以《木瓜》爲美齊桓公，不以《采葛》爲懼讒，不以《遵大路》、《風雨》爲思君子，不以《褰裳》爲思見正，不以《子衿》爲刺學校廢，不以《揚之水》爲閔無臣，而俱指爲淫奔謔浪、要約贈答之辭是也。且此諸篇者，雖其辭之欠莊重，然首尾無一字及婦人，而謂之淫邪，可乎？《左傳》載列國聘享賦《詩》，固多斷章取義，然其太不倫者，亦以來譏誚，如鄭伯有賦《鶉之奔奔》、楚令尹子

〔一〕「一」，原誤作「之」，據馬端臨《文獻通考》卷一百七十八改。

圍賦《大明》，及穆叔不拜《肆夏》、甯武子不拜《彤弓》之類是也。然鄭伯如晉，子展賦《將仲子》；鄭伯享趙孟，子太叔賦《野有蔓草》；鄭六卿餞韓宣子，子齹賦《野有蔓草》，子太叔賦《褰裳》，子游賦《風雨》，子旗賦《有女同車》，子柳賦《蘀兮》。此六詩，皆文公所斥以爲淫奔之人所作也，然所賦皆見善於叔向、趙武、韓起〔一〕，不聞被譏，乃知《鄭》、《衛》之詩未嘗不施於燕享，而此六詩之旨意、訓詁，當如序者之説，不當如文公之説也。」錫瑞案：毛《序》不盡可信。《毛詩》與《左氏春秋》同出河間博士，其與《左氏》合者，亦不盡可信。惟三家既亡，《毛詩》猶爲近古，與其信後人之臆説，又不如信《毛詩》。朱子以《鄭》、《衛》爲淫詩，且爲淫者自作，不可爲訓。馬駁朱以申毛，能發明風人之旨。

一八、論《樂記》疏引《異義》説《鄭》詩非必出於三家，魏源據以爲三家《詩》，未可執爲確證

解經必遵最初之説，而後起之説不可從，尤必據最古之明文，而疑似之文不可用。《禮記·樂記》疏引《異義》云：「今《論》説：鄭國之爲俗，有溱、洧之水，男女聚會，謳歌相感，故云鄭聲淫。

〔一〕「皆」，原誤作「者」，據馬端臨《文獻通考》卷一百七十八改。

《左傳》説：煩手淫聲謂之鄭聲者，言煩手躑躅之聲使淫過矣。許君謹案：《鄭》詩二十一篇，説婦人者十九矣，故鄭聲淫也。今案《鄭》詩，説婦人者唯九篇，《異義》云『十九』者，誤也，無『十』字矣。」錫瑞案：許君《異義》引《詩》之例，必云「今韓魯《詩》説」、「古《毛詩》説」，以爲分别。此謹案下無引今《詩》、古《詩》字樣，則此説必非出於《詩》家，當是許君自爲之説，亦或别有所本。劉寶楠《論語正義》曰：「《魯論》舉《溱洧》一詩，以爲鄭俗多淫之證，非謂《鄭》詩皆是如此。許錯會此旨，舉《鄭》詩而悉被以淫名。自後遂以《鄭》詩混入鄭聲，而謂夫子不當取淫詩，又以《序》所云刺時、刺亂者改爲刺淫，則皆許君之一言誤之矣。」劉氏之説，是以許君爲自爲之説也。《白帖》引《通義》云：「鄭國有溱、洧之水，會聚謳歌相感。今《鄭》詩二十一篇，説婦人者十九，故『鄭聲淫』也。」此《通義》未知是劉向《通義》，或即《白虎通義》，當爲許君之所本也，然其説有可疑者。《異義》、《通義》皆云「《鄭》詩二十一篇，説婦人者十九」，而《鄭》詩實無十九篇説婦人者。孔疏以爲今《鄭》詩説婦人者唯九篇，則其數已不能合矣。以今考之，《鄭》詩説婦人者，《女曰鷄鳴》、《有女同車》、《丰》、《東門之墠》、《出其東門》、《野有蔓草》、《溱洧》，實止七篇。《女曰鷄鳴》，古賢夫婦警戒之詞，雖説婦人，不得謂之淫詩。《野有蔓草》，《韓詩外傳》與《説苑》皆載孔子遭齊程本子，傾蓋而語，孔子引《野有蔓草》之詩。韓、魯義同，以爲邂逅賢士，與毛、朱男女不期而會異。是三家亦不以爲淫詩。除去二篇，止有五篇，其數更不能合矣。疑似之文，既不可解，學者姑置之可也。魏源

《詩古微》好創新説，引《白虎通》與《漢書·地理志》「鄭國山居谷浴，男女錯雜，爲鄭聲以相説懌」，爲班固《魯詩》説；又引《異義》許君謹案之説，爲三家《詩》。不知許君未明引今韓、魯《詩》，何以知爲三家？《白虎通》與《漢志》皆未明引《詩》説，又何以知爲三家？《後漢書》注引《韓詩章句》：「鄭國之俗，三月上巳之辰，於溱、洧二水之上，執蘭招魂，祓除不祥，故詩人願與所説者俱往也」。《韓詩》惟以《溱洧》爲淫詩有明文，與毛義同，不以《野有蔓草》爲淫詩，則與毛義異。韋昭《毛詩答問》云：「草始生而云蔓者，女情急，欲以促時。」江淹《麗色賦》云「感蔓草於《鄭》詩」，自是毛義；而江淹《雜詩》云「既傷蔓草別，方知杕杜情」，則同三家遇賢之義。詩人非經學專家，隨手掇拾，不爲典要。魏乃强爲調停之説，謂遇賢而託諸男女，猶《離騷》比君子於美人。舍《韓詩》明文可據者，而强同於毛義，又於三家無明文可據者，而執《異義》疑似之文以解之，皆非實事求是之義。以申侯爲「狡童」，以子瑕説《揚之水》，皆無據。

一九、論毛《序》或以爲本之子夏，或以爲續於衛宏，皆無明文可據，即以爲衛宏續作，亦在鄭君之前

陳澧曰：「《釋文》引沈重云：『案鄭《詩譜》意，《大序》是子夏作，《小序》是子夏、毛公合作。卜商意有不盡，毛更足成之。』自注：孔《疏》所載《詩譜》不言《序》爲誰作，沈重之説，不知所據。澧案：《儀禮·鄉飲酒

禮》賈疏以『《南陔》，孝子相戒以養也』之類，是子夏《序》文，其下云『有其義而亡其辭』，是毛公續《序》，與沈重足成之説同。今讀《小序》，顯有續作之迹。如《載馳序》云：『許穆夫人作也，閔其宗國顛覆，自傷不能救也。』此已説其事矣，又云：『衛懿公爲狄人所滅，國人分散，露於漕邑。許穆夫人閔衛之亡，傷許之小，力不能救，思歸唁其兄，又義不得，故賦是詩也。』此以上文三句簡略，故複説其事，顯然是續也。《有女同車序》云：『刺忽也。鄭人刺忽之不昏於齊。』此已説其事矣，又云：『太子忽嘗有功於齊，齊侯請妻之。齊女賢而不取，卒以無大國之助，至於見逐。故國人刺之。』此以上文二句簡略，故亦複説其事，顯然是續也。鄭君雖無説，讀之自明耳。鄭君非以《小序》皆子夏、毛公合作也。《常棣序》云：『燕兄弟也。閔管、蔡之失道，故作《常棣》焉。』孔《疏》引《鄭志》答張逸云：『此《序》子夏所爲，親受聖人。』是鄭以此《序》三句皆子夏所爲，非獨『燕兄弟也』一句矣。《十月之交》、《雨無正》、《小旻》、《小宛》四篇《序》皆云刺幽王，《詩譜》則云刺厲王，『漢興之初，師移其第耳』。孔《疏》云：『《十月之交》箋云《詁訓傳》時移其篇第，因改之耳，則所云師者，即毛公也。』據此，則鄭君以《序》皆毛公所定，雖首句亦有非子夏之舊者也。或謂《序》之首句傳自毛公以前，次句以下，毛公後人續作，尤不然也。如《終風序》云：『衛莊姜傷己也。遭州吁之暴，見侮慢而不能正也。』若毛公時《序》但有首句，而無『遭州吁之暴』云云，則次章『莫往莫來』，傳云『人無子道以來事己，己亦不得以母道往加之』，所謂子者誰乎？以母道加誰乎？又如《考槃序》云：『刺莊公也。不能繼先公之業，使賢者退而窮處。』毛傳云：『考，成；槃，樂也。山夾水曰澗。曲陵曰阿。薖，寬大貌。軸，進也。』若毛公時《序》但有首句，則此傳但釋考、槃、澗、阿、薖、軸六字，不知《序》何以云刺莊公矣。且『永矢弗告』，傳云『無所告語』，尤不知所謂矣。《鄭風·羔裘序》云：『刺朝也。言古之君子，以風其朝焉。』毛傳亦但釋字義，不知《序》何以云『刺朝』矣。」錫瑞案：陳氏引《序》文以證鄭義，可謂明切。但如其説，鄭既以爲子夏、毛公合作，又以《序》爲皆出子夏，又以《序》爲皆出毛公，是鄭君一人之説，已前後歧異。蓋本無明據，故游移無定，安見鄭説可盡信乎？陳引《載馳》、《有女同車》，以爲《序》有續作。陳信《毛詩》者，故以爲毛公續子夏。其不信《毛詩》者，不亦可以爲衛宏續毛《序》乎？陳引《終風》、《考槃》、《羔裘》，以爲作傳時不但有首句，足駁衛宏續《序》之説，不知蘇轍、程大昌何以解之。而丘光庭《兼明書》舉《鄭風·出其東門》篇，謂毛傳與《序》不符，曹粹中《放齋詩説》亦舉《召南·羔羊》、《曹風·鳲鳩》、《衛風·君子偕老》三篇，謂傳意、序意不相應，「《序》若出於毛，安得自相違戾」，又不知陳澧何以解之。平心論之，毛《序》本不知出自何人，尊之者推之毛公之前而屬之子夏，疑之者抑之毛公之後而屬之衛宏，其實皆無明文。三家既亡，無有更古於《毛詩》者，即謂《序》出衛宏，亦在鄭君之前，非後人臆説可比，學者當尊崇爲古義，不必争論爲何人也。《四庫提要》「定《序》首二語，爲毛萇以前經師所傳，以下續申之詞，萇以下弟子所附」，斯爲定論。

二〇、論十五《國風》之次當從鄭《譜》，世次、篇次三家亦不盡同於毛

毛義孤行，而《詩》之國次、世次、篇次皆從毛爲定本，其實有不然者。十五《國風》之次，古説已不同。孔《疏》於《毛詩・國風》云：「鄭《譜》，《王》在《豳》後者，退就《雅》、《頌》，並言王世故耳。諸國之次，當是大師所第，孔子删定，或亦改張。襄二十九年《左傳》魯爲季札徧歌周樂，《齊》之下即歌《豳》、歌《秦》，然後歌《魏》。杜預云：『於《詩》，《豳》第十五，《秦》第十一，後仲尼删定，故不同。』杜以爲今所第皆孔子之制，孔子之前則如《左傳》之次。鄭意或亦然也。」又於《王城譜》云：「既譜《王》詩次在《鄭》上，《譜》退《豳》下者，欲近《雅》、《頌》，與王世相次故也。」又於《鄭譜》云：「既譜《檜》事，然後譜《鄭》。」又於《檜譜》云：「鄭滅虢、檜而處之，故譜先《檜》而後《鄭》。」歐陽修曰：「《周南》、《召南》、《邶》、《鄘》、《衛》、《王》、《鄭》、《齊》、《豳》、《秦》、《魏》、《唐》、《陳》、《檜》、《曹》，此孔子未删之前，周太師樂歌之次第也。《周》、《召》、《邶》、《鄘》、《衛》、《王》、《鄭》、《齊》、《魏》、《唐》、《秦》、《陳》、《檜》、《曹》、《豳》〔一〕，此今《詩》次第也。《周》、《召》、《邶》、《鄘》、《衛》、《檜》、《鄭》、

〔一〕「秦」，原脱，據吕祖謙《吕氏家塾讀詩記》卷一引歐陽修説補。

《齊》、《魏》、《唐》、《秦》、《陳》、《曹》、《豳》、《王》，此鄭氏《詩譜》次第也。」魏源曰：「太師舊第，不過以邶、鄘、衛、王東都之地爲一類，豳、秦西都之地爲一類，鄭、齊一類，唐、魏一類，陳、檜、曹小國一類，取其民風相近，初非有大義其間，所謂其文則史者也。夫子挈《豳》於後，先《唐》於《秦》，既皆裁以大義，不事沿襲，則王畿民風烏有仍厠侯國之理？檜爲鄭并，何獨不援魏、唐畫一之例，乃有夫子舊第，大即乎人心所同然，日在人耳目而不覺者？其說曰：《王》在《豳》後，《檜》處《鄭》先。是說也，鄭《詩譜》著之，孔《疏》凡四述之。若非夫子舊第、三家同傳，鄭安敢冒不韙以更毛次？此必因《毛詩》進《王》退《檜》，徒欲復大師原第而大乖夫子古義，故鄭援魯、韓次第以正之。」錫瑞案：三說當從鄭《譜》爲正，魏氏之說近是。以爲「夫子舊第，三家同傳」，雖無明文可證，然其說必有所授。孔《疏》臆斷以爲鄭意亦如杜說，「今所第皆孔子之制」，則鄭君作《譜》，何敢擅更《毛詩》之次第乎？魏源又謂：「《毛詩》篇次，如後《采蘋》於《草蟲》，後《賚》於《桓》，與樂章不符；增笙詩佚篇於《小雅》，則宣王《采薇》、《出車》之詩於正《雅》，與三家《詩》不符。」案《困學紀聞》：「《詩正義》曰：『《儀禮》歌《召南》三篇，越《草蟲》而取《采蘋》，蓋《采蘋》舊在《草蟲》之前。』曹氏《詩說》謂《齊詩》先《采蘋》而後《草蟲》。」今考《齊詩》魏代已亡，曹粹中不知何據，而《儀禮》以《鵲巢》、《采蘩》、《采蘋》三篇連奏。《左氏傳》云《風》有《采蘩》、《采蘋》，則《毛詩》以《草蟲》列《采蘩》、《采蘋》之間，實紊其次。《左氏傳》以《賚》爲《大武》之三章，《桓》爲《大武》之六章，杜注曰：「不合於今

《頌》次第，蓋楚樂歌之次第。」孔疏曰「今《頌》次第，《桓》八，《賚》九」，則《毛詩》與《左傳》不同。六笙詩本不列於《詩》，故《史記》、《漢書》皆云三百五篇，王式云「以三百五篇當諫書」，《樂緯動聲儀》、《詩緯含神霧》、《尚書璿璣鈐》皆云三百五篇。若加六篇，則三百十一篇，與古説皆不合。蓋笙詩本有聲無辭，如金奏、下管，皆樂歌而非詩。以金奏《肆夏》、《樊遏》、《渠》爲《時邁》、《執競》、《思文》，下管《新宫》爲《斯干》，象爲《維清》，皆非是。豳雅、豳頌，亦不敢强爲之説。毛以六笙詩入《詩》非，鄭欲改什尤非。《采薇》、《出車》、《杕杜》爲宣王詩，見於《漢書·匈奴傳》、《後漢書·馬融傳》、《鹽鐵論》、《潛夫論》。《古今人表》文王時無南仲，宣王時有南仲，然則《出車》之南仲，即《常武》之南仲也。《出車》云「王命南仲」，即《常武》云「王命卿士，南仲大祖」也。毛以宣王詩列於文王時，尤篇次之誤者。若鄭《箋》以《十月之交》以下四篇爲刺厲王，《疏》以爲出《魯詩》。《魯詩》以《黍離》爲衛公子壽所作，當入《衛風》，不入《王風》。足見漢人所傳之《詩》，次序不盡與《毛詩》同。惜三家已亡，末由考見。至於世次，則孔《疏》於《衛風》已云「後人不能盡得其次第」，於《鄭風》引「鄭答趙商云：『《詩》本無文字，後人不能盡得其第〔一〕，録者直録其義而已。』如《志》之言，則作《序》乃始雜亂」。是《毛詩》次第之不可據，鄭、孔皆明言之。鄭君時三家俱存，惜不引以正《毛詩》之誤也。鄭《譜》：「《大雅》《生民》下

〔一〕「得」，原誤作「録」，據《毛詩正義》改。

及《卷阿》,《小雅》《南有嘉魚》下及《菁菁者莪》,周公、成王之詩。」《左氏》襄二十九年傳爲季札「歌《小雅》」,服虔注云:「自《鹿鳴》至《菁菁者莪》,道文、武,修小政,定大亂,致太平。」是服氏以《小雅》無成王之詩。傳又云「爲之歌《大雅》」,服虔注云:「陳文王之德、武王之功,自《文王》以下至《鳧鷖》,是爲正《大雅》。」是服氏以《生民》、《行葦》、《既醉》、《鳧鷖》爲武王之詩,與鄭《譜》不同,略可考見三家《詩》之世次。

二一、論迹熄《詩》亡説者各異,據三家《詩》,變《風》亦不終於陳靈

《孟子》曰:「王者之迹熄而《詩》亡,《詩》亡然後《春秋》作。」趙注以「頌聲不作」爲亡,朱注以「《黍離》降爲《國風》而《雅》亡」爲亡。鄭《詩譜》曰:「於是王室之尊與諸侯無異,其詩不能復《雅》,故貶之,謂之王國之變《風》。」《譜》疏引服虔云:「《風》不稱周而稱王者,猶尊之,猶《春秋》王人列於諸侯之上,在《風》則已卑矣。」范甯《穀梁集解序》曰:「就大師而正《雅》、《頌》,因魯史而作《春秋》,列《黍離》於《國風》,齊王德於邦君,所以明其不能復《雅》,政化不足以被群后也。」陸德明謂:「平王東遷,政遂微弱,《詩》不能復《雅》,下列稱《風》。」孔穎達謂:「王爵雖在,政教纔行於畿内,化之所及,與諸侯相似也。《風》、《雅》繫政廣狹,王爵雖尊,猶以政狹入《風》。」據此數説,降《王》於

《國風》而《雅》亡，其説不始於朱子也。而宋人説《詩》亡，多兼《風》、《雅》言之。蘇轍曰：「《詩》止於陳靈，而後孔子作《春秋》。」吕祖謙曰：「《雅》亡而《風》未亡，清議猶懔懔焉。變《風》終於陳靈，而《詩》遂亡。」王應麟曰：「《詩》、《春秋》相表裏，《詩》之所刺，《春秋》之所貶也。《小雅》盡廢，有宣王焉，《春秋》可以無作也。《王風》不復《雅》，君子絶望於平王矣。然《雅》亡而《風》未亡，清議蓋懔懔焉。《擊鼓》之詩，以從孫子仲爲怨，則亂賊之黨猶未盛也；《無衣》之詩，待天子之命然後安，則篡奪之惡猶有懼也。更齊、宋、晉、秦之霸，未嘗無詩，禮義之維持人心如此。魯有《頌》而周益衰，變《風》終於陳靈而《詩》遂亡。夏南之亂，諸侯不討而楚討之，中國爲無人矣，《春秋》所以作與？」據此數説，是《詩》亡兼變《風》言之，而變《風》終於陳靈，去《春秋》託始於隱已遠，年代殊不相合。魏源曰：「王朝變《雅》與王國民風，并亡於平王之末、桓王之初也。何以知之？以《春秋》始平王四十九年知之也。如謂東遷而《雅》降爲《風》，則《春秋》胡不始於平王之初年而始於末年？觀《抑》詩作於平王三十餘年之後，《彼都人士》、《王風》皆作於東遷後、春秋前，故知變《雅》、《王風》一日不亡〔一〕，則《春秋》一日不作。蓋東遷之初，衛武公與晉文侯爲王卿士，『修爾車馬，弓矢戎兵，用戒戎作，用逷蠻方』，王綱尚未解紐，列國陳詩，慶讓之典尚存。及衛武、晉文俱殁，平王

〔一〕「知」，原脱，據初稿本及魏源《詩古微·王風義例篇下》補。

晚政益衰，僅以守府虛名於上，王迹蕩然不存。故以《春秋》作之年，知《詩》亡之年也。若夫此外列國變《風》下逮陳靈，是霸者之迹，非王者之迹矣。觀《齊風》終於襄公，《唐風》終於獻公，而桓、文創伯反無一詩，則知桓、文陳其先世之風於王朝，而《衛》終於《木瓜》美齊桓者，亦齊伯所陳，以著其存衛之功。《秦》之《渭陽》，《曹》之《候人》，皆與晉文相涉，而《曹》之《下泉》有思伯之詞，《秦》之《駟驖》、《無衣》又有勤王之烈，陳靈《株林》則楚莊存陳之盛舉，而鄭則二伯所必争，蓋亦伯者所代陳矣。雖有伯者陳詩之事，而無王朝巡守、述職、慶讓、黜陟之典，陳詩與不陳何異？豈能以伯者虛文，當王者之實政乎？故以《王風》居列國之終，鄭《譜》以《王風》居終。示《風》終於平王，與《雅》亡同也。故《春秋》始於《王風》、二《雅》所終之年，明王迹已熄，不復以列國之變《風》爲存亡也。」錫瑞案：魏説近通，但《孟子》云「王迹」，當即「車轍馬迹」之「迹」。天子不巡守，太師不陳詩，則雖有詩而若亡矣。魏以霸者之迹與王者之迹對舉，似猶未合。以變《風》爲伯者所陳，説亦近理。但齊、晉之伯乃天子所命，楚莊之伯非天子所命。楚與周聲教隔絶，陳靈《株林》之詩未必爲楚所陳，且三家以《燕燕》爲衛定姜送婦之詩，《坊記》注：「《釋文》曰：此是《魯詩》。」又在陳靈之後。據《毛詩》，則變《風》終於陳靈。據三家，則當云變《風》終於衛獻。而三家之説多不傳，或更有後於衛獻者，尤未可執變《風》終於陳靈以斷之也。

二二一、論《詩》齊、魯、韓説聖人皆無父感天而生，太史公、褚先生、鄭君以爲有父又感天，乃調停之説

今、古文多駮異，三家《詩》與《毛詩》尤多駮異，姑舉一二大者言之。《生民》、《玄鳥》、《長發》、《閟宫》四詩，三家皆主感生之説。《生民》疏引《異義》：「《詩》齊魯韓、《春秋》公羊説：聖人皆無父感天而生。」《列女傳》曰：「棄母姜嫄者，邰侯之女也。當堯之時，見巨人迹，好而履之。歸而有娠，浸以益大。心怪惡之，卜筮禋祀以求無子。終生子，以爲不祥，而棄之隘巷，牛羊避而不踐。乃送之平林之中，後伐平林者咸薦覆之。乃取置寒冰之上，飛鳥傴翼之。姜嫄以爲異，乃收以歸，因命曰棄。《詩》云：『赫赫姜嫄，其德不回，上帝是依。』此之謂也。」又曰：「契母簡狄者，有娀氏之長女也。當堯之時，與其妹娣浴於玄丘之水，有玄鳥銜卵，過而墜之，五色甚好。簡狄與其妹娣競往取之，簡狄得而含之，誤而吞之，遂生契焉。《詩》云：『有娀方將，立子生商。』又曰：『天命玄鳥，降而生商。』此之謂也。」劉向所引蓋《魯詩》。褚少孫補《史記》引《詩傳》曰：「湯之先爲契，無父而生。契母與姊妹浴于玄丘水，有燕銜卵，墮之。契母得，故含之，誤吞之，即生契。契生而賢，堯立爲司徒，姓之曰子氏。子者，兹；兹，益大也。詩人美而頌之曰：『殷社芒芒，天命玄鳥，降而生商。』商

質，殷號也。文王之先爲后稷，后稷亦無父而生〔一〕。后稷母爲姜嫄，出見大人迹而履踐之，知於身，即生后稷。姜嫄以爲無父，賤而棄之道中，牛羊避不踐也。抱之山中，山者養之。又捐之大澤，鳥覆席食之。姜嫄怪之，於是知其天子，乃取長之。堯知其賢才，立以爲大農，姓之曰姬氏。姬者，本也。詩人美而頌之曰『厥初生民』，深修益成，而道后稷之始也。」褚少孫事博士王式，由是《魯詩》有褚氏之學，所引《詩傳》乃《魯詩傳》，與《列女傳》正同。《索隱》以史所引出《詩緯》。《詩疏》引《河圖》云：「姜嫄履大人迹，生后稷。」《中候·稷起》云：「蒼耀稷生感迹昌。」《苗興》云：「稷之迹乳。」《契握》云：「玄鳥翔水遺卵流，娀簡吞之，生契封商。」《春秋元命苞》：「姜嫄游閟宫，其地扶桑，履大人迹而生稷。」《齊詩》與緯候多合，則亦與《魯詩》合。董子《繁露·三代改制質文》篇曰：「天將授湯，主天法質而王，祖錫姓爲子氏，謂契母吞玄鳥卵生契。天將授文王，主地法文而王，祖錫姓姬氏，謂后稷母姜嫄履天之迹而生后稷。」董子述《公羊春秋》義，故《異義》以爲《詩》齊魯韓、《春秋》公羊説「聖人皆無父感天而生」也。《異義》又引《左氏》説「聖人皆有父」，謹案：「《堯典》『以親九族』，即堯母慶都感赤龍而生堯，堯安得九族而親之？《禮讖》云唐五廟，知不感天而生。」鄭君駮曰：「諸言感生，得無父；有父，則不感生。此皆偏見之説也。《商頌》『天命玄鳥，降而

〔一〕「后」，原脱，據《史記·三代世表》補。

生商』，謂娀簡吞鳦子生契。是聖人感生，見於經之明文。劉媼是漢太上皇之妻，感赤龍而生高祖，是非有父感神而生者也？且夫蒲盧之氣，嫗煦桑蟲，成爲己子，況乎天氣因人之精，就而神之〔一〕，反不使子賢聖乎？是則然矣，又何多怪？」錫瑞案：今文三家《詩》、《公羊春秋》，聖人皆無父感天而生，爲一義。古文《毛詩》、《左氏》，聖人皆有父，不感天而生，爲一義。鄭君兼取二義，爲調停之説，此其説亦有所自來。張夫子問褚先生曰：「《詩》言契、后稷皆無父而生，今案諸傳記，咸言有父，父皆黄帝子也，得無與《詩》繆乎？」褚先生曰：「不然。《詩》言契生於卵，后稷人迹，欲見其有天命精誠之意耳。鬼神不能自成，須人而生，奈何無父而生乎？一言有父，一言無父，信以傳信，疑以傳疑，故兩言之。」褚少孫兩言之，已與鄭意相似。當時《毛詩》未出，所謂「《詩》言」，即三家《詩》。所謂「傳記」，即《五帝德》、《帝繫姓》之類。太史公據之作《三代世表》，自云「不離古文者近是」，是以稷、契有父，父皆黄帝子，乃古文説，故與《毛詩》、《左氏》合，與三家《詩》、《公羊春秋》不合。太史公作殷、周《本紀》，用三家今文説，以爲簡狄吞玄鳥卵，姜嫄踐巨人迹，而兼用古文説，云殷契母曰簡狄，有娀氏之女，爲帝嚳次妃，后稷母有邰氏女，曰姜嫄，爲帝嚳元妃，是亦合今、古文義而兩言之，又在褚少孫之先。若三家《詩》義，實不如是。據褚先生所引《詩傳》及劉向《列

〔一〕「神」，原誤作「成」，據《毛詩正義·生民》改。

女傳》，皆不云簡狄、姜嫄有夫，亦不云爲帝嚳妃。且《列女傳》言稷、契之生皆當堯之時，則簡狄、姜嫄不得爲帝嚳妃甚明。此等處當分别觀之，不得以《史記》雜采古、今，見其與毛《傳》不同，遂執以爲三家今文義如是也。

一一三、論《生民》、《玄鳥》、《長發》、《閟宫》四詩當從三家，不當從毛

《毛詩》與《左氏》相表裏，故《左氏》説聖人皆有父，《毛詩》亦以爲有父。毛傳云：「后稷之母配高辛氏帝。『履帝武敏』，帝，高辛氏之帝也」。此毛以爲有父不感天之義。鄭《箋》云：「姜嫄當堯之時，爲高辛氏之世妃。『履帝武敏』，帝，上帝也。」此鄭以爲有父又感天之義。錫瑞案：以詩義推之，毛《傳》必不可通。帝既弗無子，生子何又棄之？且一棄、再棄、三棄，必欲置之死地？作此詩者乃周人，尊祖以配天，若非實有神奇，必不自誣其祖。有夫生子，人道之常，何以鋪張生育之奇，乃至連篇累牘？孫毓謂：「自履其夫帝嚳之迹，何足異而神之？」其説甚通。馬融知毛義不可通，强爲遺腹避嫌之説以解之，王基、馬昭已駁之矣。近人又各創爲新説：有謂帝爲帝摯，諸侯廢摯立堯，姜嫄避亂，生子而棄之者。有謂「先生如達」，稷形似羊，如包羲牛首，以其怪異而棄之者。有謂「不坼不副」，「居然生子」，稷初生如卵，古人未知翦胞之法而棄之者。有謂「后稷呱矣」，可見

初生不哭，以其不哭而棄之者。紛紛異説，無一可通。即解《生民》詩可强通，而解《玄鳥》、《長發》、《閟宫》三詩皆不可通。《玄鳥》詩云「天命玄鳥，降而生商」，則契生於鳦卵甚明。若但以爲玄鳥至而祀禖生契，何言天命？又何言「天命玄鳥」？作此詩者近不辭矣。《長發》詩云「有娀方將，立子生商」，《列女傳》、高誘《吕覽注》引皆無「帝」字，詩稱有娀，不及其夫，自不以爲帝嚳，則契非帝嚳所生甚明。鄭解「帝」爲黑帝，不如三家本無「帝」字爲更明也。若《閟宫》詩義尤昭著，云：「赫赫姜嫄，其德不回。上帝是依，無災無害。彌月不遲，是生后稷。」「上帝」必是天帝，人帝未有稱上帝者。《生民》之「帝」，可以高辛帝强解之；《閟宫》之「上帝」，不可以高辛帝强解。故毛傳云：「上帝是依，依其子孫。」此不得已而爲之辭，與詩上下文不相承。箋云：「依，依其身也，天用是馮依。」其解經甚合。後人乃疑不當儕姜嫄爲房后，擬上帝於丹朱。不知周、魯之人作詩以祀祖宗，叙述神奇，並無隱諱，何以後人少見多怪，必欲曲爲掩飾？依古緯説，自華胥生皇羲，以至簡狄、姜嫄，皆有感生之事。許君《異義》早成，《説文》晚定。《異義》從古文説，《説文》仍從今文，云：「古之神聖母感天而生子，故稱天子。」蓋帝王之生皆有神異，豈可偏執一理，以爲必無其事？且據詩而論，無論事之有無，而詩人所言明以爲有，如必斷爲理之所無，則當起周、魯與宋《商頌》宋人作，見後。作詩之人，責以誣祖之罪，不當謂三家説詩爲誤，責以誣古之罪也。古文説聖人皆有父，以姜嫄、簡狄皆帝嚳之妃。如其説，則殷、周追尊，自當妣、祖並重，何以周立先妣姜嫄之廟，不祀帝嚳，

《生民》等詩專頌姜嫄、有娀之德，不及帝嚳？《儀禮》曰：「禽獸知母而不知父。」如古文説，稷、契皆有父，而作詩者但知頌稷、契之母而不及其父，得毋皆禽獸乎？戴震曰：「《帝繫》曰帝嚳上妃姜嫄，本失實之詞，徒以傅會周人禘嚳爲其祖之所自出。使嚳爲周家祖之所自出，何《雅》、《頌》中言姜嫄，言后稷，竟無一語上溯及嚳？且姜嫄有廟，而嚳無廟。若曰履迹感生不得屬之嚳，則嚳明明非其祖所自出。」古文似正而非，今文似奇而是。學者試取詩文，平心而熟玩之，知此四詩斷然當從三家，而不當從毛《傳》。鄭《箋》以毛爲主，而解四詩從三家，不從毛。朱子曰：「履巨迹之事有此理，且如契之生，詩中亦云『天命玄鳥，降而生商』。蓋以爲稷、契皆天生之爾，非有人道之感，不可以常理論也。漢高祖之生亦類此。」故其解《生民》亦從鄭，不從毛。鄭君、朱子皆大儒，其讀書精審，知不如此解詩不能通也。《論衡·奇怪》篇云：「儒者稱聖人之生，不因人氣，更稟精於天。禹母吞薏苡而生禹，故夏姓曰姒。卨母吞燕卵而生卨，故殷姓曰子。后稷母履大人迹而生后稷，故周姓曰姬。夫薏苡，草也；燕卵，鳥也；大人迹，土也。三者皆形，非氣也。燕之身不過五寸，薏苡之莖不過數尺，二女吞其卵、實，安能成七尺之形乎？今謂大人天神，故其迹巨。使大人施氣於姜嫄，姜嫄之身小，安能盡得其精？不能得其精，則后稷不能成人。蒼頡作書，與事相連。姜嫄履大人迹，迹者基也，姓當爲『其』下『土』，乃爲『女』旁『臣』，非基、迹之字，不合本事，疑非實也。以周『姬』況夏、殷，亦知『子』之與『姒』，非燕子、薏苡也。或時禹、卨、后稷之母適欲懷妊，遭吞薏苡、燕卵、履大人迹也。」案：仲任引儒者之言，乃漢時通行今文説，仲任不信奇怪，故加駁詰。其駁詰之語，正所謂痴人前説不得夢。錫瑞嘗謂後世説經之弊，在以世俗之見律古聖賢，以民間之事擬古天子。仲任生於東漢，已有此等習見。即如其説，亦當以爲詩人之誤，不當以爲儒者説詩之誤也。

二四、論《魯頌》爲奚斯作，《商頌》爲正考父作，當從三家，不當從毛

三家與毛又有大駮異處，如以《魯頌》爲公子奚斯作，以《商頌》爲正考父作是也。揚子《法言》曰：「正考甫嘗睎尹吉甫矣，公子奚斯睎正考甫矣。」《後漢書·曹褒傳》曰：「昔奚斯讚魯〔一〕，考父詠殷。」班固《兩都賦序》曰：「故臯陶歌虞，奚斯頌魯。」王延壽《魯靈光賦》曰：「故奚斯頌僖，歌其路寢。」曹植《承露盤銘序》曰：「奚斯魯頌。」《蕩陰令張君表頌》曰：「奚斯讚魯，考父頌殷。」《梁相費汎碑》曰：「感奚斯之德。」《太尉楊震碑》曰：「故感慕奚斯之追述。」《沛相楊統碑》曰：「庶考斯之頌儀。」《郃陽令曹全碑》曰：「嘉慕奚斯、考父之美。」《巴郡太守張納碑》曰〔二〕：「庶慕奚斯缺二字。

〔一〕「讚」，《後漢書·曹褒傳》本作「頌」。

〔二〕「郡」，原誤作「納」，據《張納碑》名改。

之義。」《荆州刺史度尚碑》曰：「於是故吏感《清廟》之頌，歎斯父之詩。」《綏民校尉熊君碑》曰：「昔周文公作頌，宋成考父、公子奚斯追羨遺蹟，紀述前勳。」宋洪适《隸釋》〔一〕，及近人武億《群經義證》、王昶《金石萃編》，皆以漢碑爲誤。錫瑞案：《曹褒傳》注引薛君《韓詩章句》曰：「奚斯，魯公子也。言其新廟奕奕然盛，是詩公子奚斯所作也。正考父，孔子之先也，作《商頌》十二篇。」是奚斯作《魯頌》，考父作《商頌》，義出《韓詩》，而《史記》用《魯詩》，班固用《齊詩》，三家義同，烏得偏據《毛詩》以駁之乎？孔廣森曰：「三家謂詩爲奚斯作者，是也。此與『吉甫作頌，其詩孔碩』文義正同。曼，長也。詩之章句未有長如此篇者，故以『曼』言之。毛傳謂奚斯作廟，則『孔碩且碩』，詞意窘複矣〔二〕。」孔氏以三家爲是，是矣，而未盡也。《駉》毛《序》曰：「季孫行父請命於周，而史克作是頌。」鄭《詩譜》曰：「僖復魯舊制，未徧而薨。國人美其功，季孫行父請命於周而作其頌。」尋毛、鄭之意，蓋謂《魯頌》皆史克作，作於僖公薨後。故解「奚斯所作」爲作廟，不爲作《頌》。今案《閟宮》詩多祝壽之語，且云「令妻壽母」，意必僖公在位，其母成風、其妻聲姜皆在，乃宜爲此頌禱之辭。若在僖公薨後，世無其人已死，猶爲之追祝壽，且並頌其母與妻者。如毛、鄭之説，可謂一大笑話。史克，見《左

〔一〕「适」，原誤作「邁」，據文義改。

〔二〕「詞」，原脱，據孔廣森《經學卮言》補。

氏》文十八年傳，宣公時尚存，見《國語》，其年輩在後。奚斯，見《左氏》閔二年傳，其年輩在前。則奚斯作《頌》於僖公之時，時代正合。故當從三家，以爲奚斯所作。漢人引《詩》各處相合，以爲誤，必無各處皆誤之理。若毛、鄭之説則誠誤，不必爲之曲諱。段玉裁訂《毛詩故訓傳》，乃强改「作是廟也」之「廟」字爲「詩」字，以傅合漢人所引三家《詩》義。陳奂疏毛氏《傳》亦從段説，豈非「童牛角馬，不今不古」者乎？

二五、論正考父與宋襄公年代可以相及，鄭君《六蓺論》從三家《詩》，箋毛亦兼采三家

《史記·宋世家》曰：「宋襄公之時，修仁行義，欲爲盟主。其大夫正考父美之，故追道契、湯、高宗殷所以興，作《商頌》。」史公用《魯詩》説。裴駰集解曰：「《韓詩·商頌》亦美襄公〔一〕。」蓋三家説同。後人不信三家，以「考父頌殷」爲誤，謂考父與宋襄年代遠不相及。錫瑞案：史公去古未遠，從孔安國問故，何至於孔子先世之事懵然不知？《孔子世家》既載孟釐子言正考父佐戴、武、宣矣，《十二諸侯年表》戴、襄相距百有一十六年，則史公非不知考父之年必百三四十歲而後能相及也。百齡以上之壽，古多有之，竇公、張蒼即其明證。或又疑其子見殺，其父不應尚存，則春秋時

〔一〕「頌」下，《史記集解》本有「章句」二字。

明有其人，亦即宋國之人。《左氏》文十六年傳曰：「初，公子蕩卒，公孫壽辭司城，請使意諸爲之。」意諸死昭公之難，歷文十七、十八兩年，宣十八年，成八年，凡二十八年，宋公使公孫壽來納幣，明見於經。蕩意諸見殺，其父公孫壽可來納幣，何獨孔父見殺，其父正考父不可作《頌》乎？今、古文多駁異，《異義》以齊魯韓《詩》、《公羊春秋》爲一説，《毛詩》、《左氏》爲一説。《公羊》稱宋襄爲文王不過此，故三家以《商頌》爲美宋襄。《左氏》於宋襄多貶辭，河間博士治《毛詩》者以爲宋襄無足頌美，故别創一説，此其蹤迹之可尋者。後人乃據《左氏》殤公即位，君子引《商頌》，以駁三家。無論古文説不足難今文，即如《左氏》之言，左氏作《傳》在春秋末，距春秋初二百餘年，所引君子曰或事後追論，豈必殤公同時之人哉？宋襄與魯僖同時，故《商頌》與《魯頌》文體相似。若是商時人作，商質而周文，不應《周頌》簡，《商頌》反繁，且鋪張有太過之處。王夫之嘗摘「昆吾、夏桀」爲失辭矣。魏源《詩古微》列十三證，證《商頌》爲宋詩，可謂深切著明。考《詩序》疏引鄭君《六蓺論》曰：「文王創基，至於魯僖，則《商頌》不在數矣。」羅泌《路史·後紀》注曰：「《商頌》，宋頌也，頌襄公之詩耳〔一〕。」叙詩者以爲正考父所得商詩，中言湯孫，而毛、鄭遂以爲太甲、中宗之詩〔二〕，妄也。

〔一〕「頌」，原誤作「宋」，據羅泌《路史》卷十九改。
〔二〕「詩」，原誤作「時」，據羅泌《路史》卷十九改。

夫言『奮伐荆楚』，襄公事也；『《萬》舞有奕』，非商樂也。蓋宋有商王之廟，而詩爲宋祀之詩〔一〕，此常理爾。故韓嬰、馬遷亦以爲美襄公，然遷以爲考父作，則繆矣。考父佐戴、武、宣，非襄公時，蓋因而誤之。此宋也，而謂之商，不忘本也。引《六蓺論》云：文王創基，至魯僖間，《商頌》不在數矣。孔子删《詩》時，録此五章，豈無意哉。『商邑翼翼，四方之極』，『我有嘉客，亦不夷懌』，豈能忘哉！景山，商墳墓之所在也。商邑之大，豈無賢才哉！『松柏丸丸』，在于斲而遷之，方斲而敬承之，以用之爾。松柏小材，有梴而整布；衆楹大材，有閑而静别。既各得施，則寢成而孔安矣。拱成群材，而任以成國，則人君高拱仰成矣。是『綢繆牖户』之義也。」案：羅氏以《商頌》爲宋頌，是也，引《六蓺論》甚詳，可以推見鄭君之意。子曰「《詩》三百」，自《周南》至《魯頌》，適得三百之數。鄭君以爲《商頌》不在數，孔子删《詩》録此五篇，以寓懷舊之感，其説必有所受。以景山爲商之墳墓，松柏喻商之賢材，且以松柏喻小材，衆楹喻大材，「寢成孔安」喻任群材成國，皆爲喻言，不爲實事，與箋《詩》以陟景山、掄材木爲實事者不同，是鄭君作《論》時從三家之明證。鄭箋《殷武》詩云「時楚僭號王位」，亦兼用三家義，以爲宋詩。若商世，不聞楚有僭王之事。孔《疏》駮馬昭曰：「名曰《商頌》，是商世之頌，非宋人之詩，安得曰宋郊配契也？馬昭雖出鄭門，其言非鄭意也。」孔穎達但知

〔一〕「祀」，原誤作「禮」，據羅泌《路史》卷十九改。

鄭《箋》從毛，不知兼采三家，馬昭既出鄭門，其言當得鄭意。羅氏「荆楚」、「《萬》舞」二證，足明三家之義，而以考父非襄公時爲疑，則猶未知其年代可以相及也。

二六、論鄭《譜》、鄭《箋》之義，知聲音之道與政通

鄭《詩譜序》曰：「勤民恤功，昭事上帝，則受頌聲，弘福如彼；若違而弗用，則被劫殺，大禍如此。吉凶之所由，憂娱之萌漸，昭昭在斯，足作後王之鑒〔一〕，於是止矣。」正義曰：「此言孔子録《詩》唯取三百之意。『弘福如彼』，謂如文、武、成王世修其德，致太平也。『大禍如此』，謂如厲、幽、陳靈惡加於民，被放弑也。『違而不用』，謂不用《詩》義，則『勤民恤功，昭事上帝』是用《詩》義也，互言之也。用《詩》則吉，不用則凶，『吉凶之所由』，謂由《詩》也。《詩》之規諫，皆防萌杜漸。用《詩》則樂，不用則憂，是爲『憂娱之萌漸』也。」陳澧案：「《大序》云『國史明乎得失之迹』，《小序》每篇言美某王某公〔二〕。鄭君本此意以作《譜》，而於《譜序》大放厥辭。此乃三百篇之大義也，此《詩》學所以大有功於世也。鄭《箋》有感傷時事之語。《桑扈》『不戢不難，受福不那』，箋云：『王者

〔一〕「作」，原脱，據《毛詩正義·詩譜序》補。

〔二〕「某公」，原誤作「美公」，據陳澧《東塾讀書記》卷六改。此句，陳澧本作「美某王某公，刺某王某公」。

位至尊，天所子也，然而不自斂以先王之法，不自難以亡國之戒，則其受福禄亦不多也。』此蓋嘆息痛恨於桓、靈也。《小宛》『螟蛉有子，蜾蠃負之』，箋云：『喻有萬民不能治，則能治者將得之。』此蓋痛漢室將亡而曹氏將得之也。又『戰戰兢兢，如履薄冰』，箋云：『衰亂之世，賢人君子雖無罪，猶恐懼。』此蓋傷黨錮之禍也。《雨無正》『維曰于仕，孔棘且殆』，箋云：『居今衰亂之世，云往仕乎，甚急迮且危。』此鄭君所以屢被徵而不仕乎？ 鄭君居衰亂之世，其感傷之語有自然流露者，但箋注之體謹嚴，不溢出於經文之外耳。」錫瑞案：鄭君作《譜序》，深知孔子録《詩》之意。陳氏引鄭《箋》，深知鄭君箋《詩》之意。在心爲志，發言爲詩，言爲心聲，非可勉强，聲音之道，與政相通。故曰：「治世之音安以樂，其政和。亂世之音怨以怒，其政乖。亡國之音哀以思，其民困。」《詩》之世次難以盡知，何楷《世本古義》臆斷某詩爲某人某事作，《提要》以爲大惑不解。即毛《序》某詩刺某君，朱子亦不深信。然今即以詩辭而論，有不待箋釋而知其時之爲盛爲衰，不必主名而見其政之爲治爲亂者，如：《魚麗》美萬物衆多，而《苕華》云「人可以食，鮮可以飽」，則其民之貧富可知；《天保》云「群黎百姓，徧爲爾德」，而《兔爰》云「尚寐無吪」，《苕華》云「不如無生」，則其民之憂樂可知。是即不明言爲何王之詩，而盛衰治亂之象宛然在目，其君之應受弘福與受大禍，亦瞭然於前矣。朱子曰：「周之初興時，『周原膴膴，堇荼如飴』，苦底物亦甜；及其衰也，『牂羊墳首，三星在罶。人可以食，鮮可以飽』，直恁地蕭索。」正得此意。

二七、論先魯、後殷、新周、故宋見《樂緯》，三《頌》有《春秋》存三統之義

孔子所定六經，皆有微言大義。自東漢專講章句、訓詁，而微言大義置不論。今文十四博士師傳中絶，聖經宗旨闇忽不章，猶有遺文散見於古書者。《文選》潘安仁《笙賦》注引《樂緯動聲儀》曰：「先魯，後殷，新周，故宋。」此《詩》三《頌》有通三統之義，與《春秋》存三統大義相通，三家《詩》之遺説不傳而散見於緯書者也。「先魯，後殷」，謂《魯頌》在先，《商頌》在後。所以録《商頌》於後者，即《春秋》「新周、故宋」之義。三家《詩》以《商頌》爲正考父美宋襄公，當云《宋頌》，而謂爲《商頌》者，宋本商後，春秋時稱宋爲商。《左氏傳》司馬子魚曰「天之棄商久矣」，史龜曰「利以伐姜，不利子商」，宗人釁夏曰「孝、惠娶於商」，皆稱宋爲商之明證。或云魯定公諱宋，當時改宋爲商，似未盡然。《樂記》師乙曰：「肆直而慈愛者宜歌《商》，温良而能斷者宜歌《齊》。」《大戴禮記》：「七篇《商》、《齊》，可歌也。」「《商》、《齊》」即師乙所謂《商》、《齊》，《商》與《齊》對舉，非謂商一代，謂宋一國也。《毛詩》與《國語》皆古文，故據《國語》云「正考父校商之名《頌》十二篇於周太師」，以《商頌》爲正考父所校，不以《宋頌》爲正考父所作，與三家《詩》以《商頌》爲美宋襄者判然不合。《毛詩》既據《國語》，又據《左傳》，於宋襄多詆斥之詞故也。自《毛詩》、《左傳》單行，人不信三家《詩》，更不

知《詩》有「先魯，後殷，新周，故宋」之微言，與《春秋》三統之義相通，而孔子删《詩》，如徐陵之選《玉臺新詠》、王安石之選《唐百家詩》，不過編輯成書，並無義例之可言矣。三家《詩》所傳微言必多，惜皆不傳於世，僅存《樂緯》八字猶略可考。其餘與《春秋》相通者，《春秋》「元年春王正月」，「王」謂文王，《詩》之四始皆稱文王。其相通者一。《春秋》尊王，褒美桓、文，《詩·風》終于《豳》，稱周公，《雅》終于《召旻》，言召公，《匪風》思王，《下泉》思伯。其相通者二。《孟子》云「《詩》亡然後《春秋》作」，必更有微言大義相合者，惜今文説亡佚，多不可考耳。顧炎武曰：「《詩》之次序，猶《春秋》之年月，夫子因其舊文，述而不作也。頌者，美盛德之形容，以告宗廟。魯之《頌》，頌其君而已，而列之《周頌》之後者，魯人謂之《頌》也。世儒謂夫子尊魯而進之爲《頌》，是不然。魯人謂之《頌》，夫子安得不謂之《頌》乎？爲下不倍也。《春秋》書公、書郊禘，亦同此義。《孟子》曰『其文則史』，不獨《春秋》也，雖六經皆然。今人以爲聖人作書，必有驚世絶俗之見，此是以私心待聖人。」錫瑞案：顧氏此説，非獨不知《詩》，並不知《春秋》。孟子曰「其文則史」，不嘗引孔子曰「其義，則某竊取之」乎？義不獨《春秋》，六經皆有之。孟子稱孔子作《春秋》功繼群聖，安得無「驚世絶俗之見」，而謂「以私心待聖人」乎？信顧氏説，必不信孟子而後可。「世儒謂夫子尊魯而進之爲《頌》」，正是「先魯，後殷」之義。《宋頌》亦謂之《頌》，正是「新周，故宋」之義。《詩》之次序，《春秋》之年月，皆夫子手定，必有微言大義，而非專襲舊文。「述而不作」是夫子謙辭，若必信以爲真，則夫子手定六經並無大義微言，《詩》、《書》止編輯一過，《春秋》止鈔録一過，所謂萬世師表者安在？成伯璵《毛詩指説》以《魯頌》爲變《頌》，陳鵬飛《詩解》不解殷、魯二《頌》，以爲《商頌》當闕而《魯頌》可廢，皆不知三《頌》有通三統之義也。阮元曰：「頌」本「容皃」之「容」，「容」、「養」、「漾」一聲之轉。「周頌」、「魯頌」、「商頌」，猶云周之樣子、魯之樣子、商之樣子耳。「風」、「雅」惟歌而已，惟「頌」有舞，以象成功，如今之演劇，據孔子與賓牟賈論樂可見。

二八、論《左氏傳》所歌詩皆傳家據已定録之，非孔子之前已有此義

子曰：「吾自衛反魯，然後樂正，《雅》、《頌》各得其所。」然則夫子未正樂之前，《雅》、《頌》必多失次可知。而《左氏傳》載季札觀樂在夫子未正樂之前，十五《國風》、《雅》、《頌》皆秩然不紊，學者多以爲疑。此在漢人已明解之。《周禮·春官·大師》疏引鄭衆《左氏春秋注》云：「孔子自衛反魯，在哀公十一年。當此時，《雅》、《頌》未定，而云爲歌大小《雅》、《頌》者，傳家據已定録之，言季札之於樂與聖人同。」又《詩譜序》疏引襄二十九年《左傳》服虔注云：「哀公十一年，孔子自衛反魯，然後樂正，《雅》、《頌》各得其所，距此六十二歲〔一〕。當時《雅》、《頌》未定，而云爲之歌《小雅》、《大

〔一〕「二」，阮元《毛詩注疏校勘記》校正作「一」。

雅》、《頌》者，傳家據已定録之。」李貽德曰：「是時孔子尚幼，未得正樂，歌者未必秩然如是，傳者從後序其事，則據孔子定之次追録之，故得同正樂後之次第也。」《詩》孔疏以服説爲非，引鄭司農《春官》注，「與鄭同以爲《風》、《雅》先定，非孔子爲之」。不知《春官》賈疏引鄭司農《左氏》、《周官》兩處之注明有兩解，服虔以爲「傳家據已定録之」，正本司農《左氏》之注。是司農雖據《周官》，而解《左氏》知其説不可通，故注《周官》用《周官》義，注《左氏》用《左氏》義。《周官》、《左氏》皆古文，注者皆鄭司農，而不能專持一義解之，以孔子反魯正樂有明文，不敢背其説也。凡古人注經前後不合者，皆於經義有疑，未能決定，意在矜慎，並非矛盾。疏家不明此旨，但主一説而盡棄其餘；即一人之説前後不符，亦專取其一。舉先儒之疑而未定者，臆定以爲決辭，而反相駮難，或且去取乖繆，舍其是者而取其不是者。於是先儒矜慎之意全失，雖有異義，無從考見。其或於他處散見一二，皆學者所宜標出以備參考者也。康成注多歧異，其答弟子明見《鄭志》，孔《疏》駁《鄭志》，專取一書之注，非康成之意。鄭司農在東漢之初，服子慎在東漢之末，二人之説遞相祖述，皆以傳家據孔子所定《雅》、《頌》，「言季札之於樂與聖人同」。蓋當時古文雖盛行，猶未敢以《左氏》、《周官》顯違《論語》之義，不若唐以後人之悍，專主一經而盡廢群經也。《左傳疏》曰：「此爲季札歌《詩》，《風》有十五國，其名皆與《詩》同，唯其次第異耳，則仲尼以前，篇目先具，其所删削，蓋亦無多，記傳引《詩》〔一〕，亡逸甚少，知本先不多也。《史記·

〔一〕「引」，原誤作「與」，據初稿本及《春秋左傳正義》改。

孔子世家》云『古者詩三千餘篇，孔子去其重，取三百五篇』，蓋馬遷之謬耳。」案：孔《疏》據季札所歌，以駁刪《詩》之說，猶之可也；若據季札所歌，而疑孔子以前《詩》與今同，並無定《詩》正樂之事，則斷乎不可。據鄭、服兩說，足見《左氏》一書多以闕里之緒論，爲當時之實事。季札歌《詩》既從後定，其餘諸大夫之斷章取義，其義或亦出於孔子之後，而非出於孔子之前，未可盡以春秋之斷章，爲詩人之本旨也。《左氏》引《易》、《禮》、《論語》，皆當作如是觀。《國語》楚子引《曹》詩「不遂其媾」，乃當時刺曹共公詩。或謂《候人》即爲晉公子作，何以遽傳至楚而楚子引之？殊不可信。俞正燮强護《國語》，謂晉公子從者挾其詩以示人，尤爲臆說無據。

二九、論賦、比、興、豳雅、豳頌皆出《周禮》，古文異說不必深究

《詩》有風、雅、頌，人人所知也，而《周禮·大師》「教六詩，曰風，曰賦，曰比，曰興，曰雅，曰頌」，毛《序》據其說，謂《詩》有六義，於是風、雅、頌之外，有賦、比、興。而傳專言興，不言比、賦，孔疏曰：「毛傳特言興也，爲其理隱故也。」又曰：「風、雅、頌者，詩篇之異體；賦、比、興者，詩文之異辭耳。大小不同，而得並爲六義者，賦、比、興是詩之所用，風、雅、頌是詩之成形。用彼三事，成此三事，是故同稱爲義，非別有篇卷也。《鄭志》：張逸問：『何詩近於比、賦、興？』答曰：『比、賦、興，吴札觀詩已不歌也。孔子録《詩》，已合《風》、《雅》、《頌》中，難復摘別。篇中義多興。』」據此，則比、賦、興難以摘別，與風、雅、頌大小不同，鄭、孔亦明知之，特以毛義不敢駁。毛又本於《周

禮》，是古文異説，今文三家《詩》無是説也。十五《國風》有《豳風》，人人所知也，而《周禮·籥章》「掌土鼓、豳籥，歙豳詩、歙豳雅、歙豳頌」，鄭注：「豳詩，《豳風·七月》也。豳雅，亦《七月》也。《七月》又有『于耜』、『舉趾』、『饁彼南畝』之事，是亦歌其類。謂之雅者，以其言男女之正。豳頌，亦《七月》也。《七月》又有『穫稻』、『作酒』、『躋彼公堂，稱彼兕觥，萬壽無疆』之事，是亦歌其類也。謂之頌者，以其言歲終人功之成〔一〕。」鄭箋《詩》，則以「殆及公子同歸」以上是謂豳風，「以介眉壽」以上是謂豳雅，「萬壽無疆」以上是謂豳頌，孔疏云：「《籥章》之注，與此小殊。彼又觀《籥章》之文而爲説也。以其歌豳詩以迎寒迎暑，故取寒暑之事以當之。吹豳雅以樂田畯，故取耕田之事以當之。吹豳頌以息老物，故取養老之事以當之。就彼爲説，故作兩解也。諸詩未有一篇之内備有風、雅、頌，而此篇獨有三體。」據此，則分《七月》詩爲風、雅、頌本無定説，一篇不應分三體，鄭、孔亦明知之，特欲引據《周禮》，不得不强傅會。是古文異説，今文三家《詩》亦無是説也。至宋以後，異説尤多。朱子《詩傳》以興、比、賦分而爲三，摘毛《傳》不合於興者四十九條〔二〕，且曰：「《關雎》，興詩也，而兼於比。《緑衣》，比詩也，而兼於興。《頍弁》一詩，興、比、賦兼之。」愈求精，愈游移無

〔一〕「言」，原誤作「年」，據《周禮注疏》改。

〔二〕「九」，王應麟《困學紀聞》卷三等引述均作「八」。

定，究不知比、興如何分別。胡致堂引李仲蒙説，「叙物以言情謂之賦，索物以託情謂之比，觸物以起情謂之興」，亦屬空言。王質駮鄭《箋》，謂：「一詩如何分爲三？《籥章》所謂豳詩，以鼓、鐘、瑟、琴四器之聲合籥也。禮，笙師龡竽、笙、壎、籥、簫、篪、篴、管、舂、牘、應、雅，凡十二器，以雅器之聲合籥也。禮，眂瞭播鼗，擊頌磬、笙磬，凡四器，以頌器之聲合籥也」。朱子有三説：「一説豳詩吹之，其調可風、可雅、可頌；一説《楚茨》諸詩是豳之雅，《噫嘻》諸詩是豳之頌；一説王介甫謂豳自有雅、頌，今皆亡矣」。黄震謂：「《楚茨》諸詩於今爲刺幽王之詩，《噫嘻》諸詩於今爲成周郊社之詩，未易遽指以爲豳。若如介甫謂豳詩別自有雅、頌，則豳乃先公方自奮於戎狄之地，此時安得有天子之雅、頌耶[一]？惟前一説得之，以王質考訂爲精詳」。錫瑞案：王質之説尤謬。「舂牘」，先鄭以爲一器，後鄭以爲牘、應、雅教其舂，則笙師所教止十一器，而無十二。「頌磬、笙磬」，鄭注：「在東方曰笙。笙，生也。在西方曰頌。頌或作庸。庸，功也。」引《大射禮》爲據，甚確，則頌磬非頌器之聲。王質引《周禮》，又不用《周禮》之義，改亂古注，以就其説。宋人習氣，固無足怪，而《周禮》亦不可爲據。漢人古説自《周禮》外，無言豳雅、豳頌者。自《周禮》、毛《傳》外，無言賦、比、興者。鄭《注》、孔《疏》强爲傅會，而心不能無疑，宋人又不信注疏而各自爲説，實則皆如孔廣森之論

〔一〕「時」，原誤作「詩」，據黄震《黄氏日鈔》卷四改。

《尚書》「孔、蔡謬悠，議瓜驪山，良無一是」者也。《周禮》一書與諸經本不相通，後人信之，反亂經義。如孔子所定之《易》，《周易》是也。《周禮·太卜》有《連山》、《歸藏》、《周易》，爲三《易》。後人不求明《易》，而争論《連山》、《歸藏》，於是有僞《連山》、《歸藏》。孔子所定之《書》，《尚書》是也。《周禮·外史》有三皇五帝之書〔一〕，後人不求明《書》，而争論三皇五帝之書，於是有僞《三墳》書。孔子所定之《詩》，《風》、《雅》、《頌》是也。《周禮》有賦、比、興、豳雅、頌，後人不求明《詩》，而争論賦、比、興、豳雅、頌。此等皆無裨經義，其真其僞，其是其非，可以不論。治經者先埽除一切單文孤證疑似之文，則心力不分而經義易晰矣。

三〇、論《南陔》六詩與金奏三《夏》不在三百五篇之内

洪邁《容齋續筆》曰：「《南陔》、《白華》、《華黍》、《由庚》、《崇丘》、《由儀》六詩，毛公爲《詩詁訓傳》，各置其名，述其義，而亡其辭。《鄉飲酒》、《燕禮》云：『笙入堂下，磬南，北面立，樂奏《南陔》、《白華》、《華黍》。乃間歌《魚麗》，笙《由庚》；歌《南有嘉魚》，笙《崇丘》；歌《南山有臺》，笙《由儀》。乃合樂《周南·關雎》《葛覃》《卷耳》、《召南·鵲巢》《采蘋》《采蘩》。』切詳文意，所謂歌者，有其辭，

〔一〕「周禮」，原誤作「周易」，據《周禮注疏》改。

所以可歌，如《魚麗》、《嘉魚》、《關雎》以下是也；亡其辭者不可歌，故以笙吹之，《南陔》至於《由儀》是也。有其義者，謂『孝子相戒以養』、『萬物得由其道』之義。亡其辭者，元未嘗有辭也，鄭康成始以爲『及秦之世而亡之』，又引《燕禮》『升歌《鹿鳴》〔一〕，下管《新宫》』爲比，謂《新宫》之詩亦亡。按：《左傳》宋公享叔孫昭子，賦《新宫》，杜注爲逸《詩》，則亦有辭，非諸篇比也。陸德明《音義》云：『此六篇〔二〕，蓋武王之詩，周公制禮，用爲樂章，吹笙以播其曲。孔子删定，在三百一十一篇内，及秦而亡。』蓋祖鄭説耳。且古詩經删及逸不存者多矣，何獨列此六名於《大序》中乎？束晳《補亡》六篇，不可作也。《左傳》叔孫豹如晉，晉侯享之，金奏《肆夏》、《韶夏》、《納夏》，工歌《文王》、《大明》、《緜》、《鹿鳴》、《四牡》、《皇皇者華》。三《夏》者，樂曲名，擊鐘而奏，亦以樂曲無辭，故以金奏之。若六詩，則工歌之矣，尤可證也。」錫瑞案：洪説是也。漢初史遷、王式諸人，皆云《詩》三百五篇，無有云三百十一篇者，是不數六笙詩甚明。《毛詩故訓傳》不以六笙詩列什數，則《序》云「有其義而亡其辭」，「亡」字當讀「有無」之「無」，鄭君以爲「亡逸」之「亡」，箋云：「孔子論《詩》，《雅》、《頌》各得其所，時俱在耳。篇第當在於此，遭戰國及秦而亡之，其義則與衆篇之義合編，故

〔一〕「鳴」，原誤作「歌」，據初稿本及《儀禮·燕禮》改。

〔二〕「六」，陸德明《經典釋文》本作「三」，洪邁引誤作「六」。

存。至毛公爲《詁訓傳》，乃分衆篇之義，各置於其篇端，云又闕其亡者，以見在爲數，故推改什首遂通耳，而下非孔子之舊。」自鄭君爲此説，陸德明、孔穎達、成伯璵皆以爲《詩》三百十一篇，與漢初人云三百五篇不合矣。杜子春《周禮·鍾師》注引《春秋傳》「金奏《肆夏》之三」，云：「《肆夏》與《文王》、《鹿鳴》俱稱三，謂其三章也。以此知《肆夏》，《詩》也。《國語》曰：『金奏《肆夏》、《繁遏》、《渠》，天子所以享元侯。』《肆夏》、《繁遏》、《渠》，所謂三《夏》矣。呂叔玉云：『《肆夏》、《繁遏》、《渠》，皆《周頌》也。《肆夏》，《時邁》也。《繁遏》，《執傹》也。《渠》，《思文》也。』肆，遂也；夏，大也。言遂於大位，謂王位也，故《時邁》曰『肆於時夏，允王保之』。繁，多也；遏，止也。言福禄止於周之多也，故《執傹》曰『降福穰穰』，『降福簡簡』，『福禄來反』。渠，大也。言以后稷配天，王道之大也，故《思文》曰『思文后稷，克配彼天』。」鄭謂：「以《文王》、《鹿鳴》言之，則《九夏》皆《詩》篇名，《頌》之族類也。此歌之大者，載在樂章，樂崩亦從而亡，是以《頌》不能具。」案：呂説蓋以《時邁》、《思文》皆有「時夏」之文，而《執競》一篇在其間，故據以當三《夏》。其説近傅會，鄭君不從，是也，特以爲《頌》之族類，「樂崩亦從而亡」，則猶未知金奏與工歌不同，本不在三百五篇中，非《頌》不能具也。

三一、論《詩》無不入樂，《史》、《漢》與《左氏傳》可證

《史記》曰：「三百五篇，孔子皆弦歌之，以求合《韶》、《武》、《雅》、《頌》之音。」則孔子之時，《詩》

無不入樂矣。《漢書》曰：「行人振木鐸徇於路以采詩，獻之大師，比其音律。」則孔子之前，《詩》無不入樂矣。《墨子》曰：「誦《詩》三百，弦《詩》三百，歌《詩》三百，舞《詩》三百。」則孔子之後，《詩》無不入樂矣。《詩》之入樂，有一定者，有無定者。如《鄉飲酒禮》：「間歌《魚麗》，笙《由庚》；歌《南有嘉魚》，笙《崇丘》；歌《南山有臺》，笙《由儀》；合樂《周南・關雎》《葛覃》《卷耳》、《召南・鵲巢》《采蘩》《采蘋》。」《鄉射禮》合樂同。《燕禮》間歌歌鄉樂，與《鄉飲酒禮》同。《大射》歌《鹿鳴》三終。《左氏傳》云：《湛露》，王所以宴樂諸侯也；《彤弓》，王所以燕獻功諸侯也；《文王》，兩君相見之樂也；亦升歌《清廟》。《鹿鳴》、《四牡》、《皇華》，嘉鄰國、君勞使臣也。此《詩》之入樂有一定者也。三《夏》，依鄭説，不取呂叔玉説爲《肆夏》、《執競》、《思文》。《鄉飲酒禮》正歌備後有「無算樂」，注引《春秋》襄二十九年「吴公子札來聘，請觀於周樂」。此國君之無算」，然則《左氏傳》載列國君卿賦《詩》言志，變《風》、變《雅》皆當在無算樂之中。此《詩》之入樂無一定者也。若惟正《風》、正《雅》入樂，而變《風》、變《雅》不入樂，吴札焉得而觀之，列國君卿焉得而歌之乎？至宋儒，乃有《詩》不入樂之説。程大昌曰：「《南》、《雅》、《頌》，樂名也，若今樂曲之在某宮者也[一]。邶、鄘、衛十三國者，詩皆可采，而聲不入樂，則直以徒詩著之本土。」朱子曰：「二《南》，正《風》，房中之樂也，鄉樂也。二《雅》之正

[一]「某宮」，原誤作「其官」，據程大昌《考古編》卷一改。

《雅》，朝廷之樂也。商、周之《頌》，宗廟之樂也。至變《雅》，則衰周卿士之作，以言時政之得失。而《邶》、《鄘》以下，則大師所陳以觀民風者耳，非宗廟燕享之所用也。」顧炎武用其説，曰：「夫二《南》也，《豳》之《七月》也，《小雅》正十六篇，《大雅》正十八篇，《頌》也，《詩》之入樂者也。《邶》以下十二國之附於二《南》之後，而謂之《風》，《鴟鴞》以下六篇之附於《豳》，而亦謂之《豳》，《六月》以下五十八篇之附於《小雅》，《民勞》以下十三篇之附於《大雅》，而謂之變《雅》，《詩》之不入樂者也。」錫瑞案：謂《詩》不入樂，與《史》、《漢》皆不合，亦無解於《左氏》之文。古者《詩》教通行，必無徒詩不入樂者。唐人重詩，伶人所歌皆當時絶句。宋人重詞，伶人所歌皆當時之詞。元人重曲，伶人所歌亦皆當時之曲，有朝脱稾而夕被管弦者。宋歌詞，不歌詩，於是宋之詩爲徒詩。元歌曲，不歌詞，於是元之詞爲徒詞。明以後歌南曲，不歌北曲，於是北曲亦爲徒曲。今並南曲亦失其傳，雖按譜而填，尠有能按節而歌者。如《古樂府》辭皆入樂，後人擬樂府，則名焉而已。周時《詩》方通行，必不如是。宋人與顧氏之説，竊未敢謂然也。笙入、金奏本非三百五篇之詩，而説者必强以爲《詩》；三百五篇本無不入樂之詩，而説者又謂有徒詩，皆不可據。

三二、論《詩》至晉後而盡亡，開元遺聲不可信

《困學紀聞》曰：「《大戴禮·投壺》云：『凡《雅》二十六篇，其八篇可歌，歌《鹿鳴》、《貍首》、《鵲

巢》、《采蘩》、《采蘋》、《伐檀》、《白駒》、《騶虞》；八篇廢，不可歌；七篇《商》、《齊》，可歌也；三篇閒歌。』《上林賦》『揜群雅』，張揖注云：『《詩·小雅》之材七十四人，《大雅》之材三十一人。』愚謂八篇可歌者，唯《鹿鳴》、《白駒》在《小雅》，《貍首》今亡，鄭氏以爲《射義》所引曾孫侯氏之詩，餘皆《風》也，而亦謂之《雅》，豈《風》亦有《雅》歟？劉氏《小傳》：『或曰：《貍首》，《鵲巢》也，篆文似之。』此有《貍首》，又有《鵲巢》，則或説非矣。張揖言二雅之材〔一〕，未知所出。」閻若璩按：「《小雅》除笙詩，自《鹿鳴》至《何草不黄》，凡七十四篇，《大雅》自《文王》至《召旻》，凡三十一篇，故曰《小雅》之材七十四人，《大雅》之材三十一人，以篇數言也。」屠繼序按：「文當云『八篇廢，不可歌，《史辟》、《史義》、《史見》、《史童》、《史謗》、《史賓》、《拾聲》、《叡挾》〔二〕；七篇《商》、《齊》，可歌也；三篇，間歌也』，合二十六篇之數。」又按：「《伐檀》即《小雅·伐木》也，意三家必有作『伐檀丁丁』者，杜夔傳《琴操》仍其異文耳。」《困學紀聞》又曰：「漢大樂食舉十三曲，一曰《鹿鳴》。杜夔傳舊《雅樂》四曲，一曰《鹿鳴》，二曰《騶虞》，三曰《伐檀》，四曰《文王》，皆古聲辭。《琴操》曰：『古琴有詩歌五曲，曰《鹿鳴》、《伐檀》、《騶虞》、《鵲巢》、《白駒》。』」朱子《儀禮經傳通解》十四「詩樂」十二《詩譜》，《雅》詩

〔一〕「二」，原誤作「大」，據王應麟《困學紀聞》卷三改。

〔二〕「賓」，原誤作「贊」，據《大戴禮記·投壺》改。

六：《鹿鳴》、《四牡》、《皇華》、《魚麗》、《嘉魚》、《南山有臺》，「黃鍾清宫，俗呼正宫」；《風》詩六：《關雎》、《葛覃》、《卷耳》、《鵲巢》、《采蘩》、《采蘋》，「無射清商，俗呼越調」。朱子曰：「今按：《大戴禮》頗有闕誤，其篇目、都數皆不可考。至漢末年，止存三篇，而加《文王》，又不知其何自來也。其後改作新辭，舊曲遂廢〔一〕。至唐開元鄉飲酒禮，其所奏樂乃有此十二篇之目，而其聲今亦莫得聞矣。此譜乃趙彦肅所傳，曰即開元遺聲也。古聲亡滅已久，不知當時工師何所考而爲此也。竊疑古樂有唱有歎，唱者發歌句也，和者繼其聲也，詩詞之外，應更有疊字散聲以歎發其趣。故漢、晉之間，舊曲既失其傳，則其辭雖存而世莫能補，爲此故也。若但如此譜直以一聲叶一字，則古詩篇篇可歌，無復樂崩之歎矣。夫豈然哉！又其以清聲爲調，似亦非古法。然古聲既不可考，則姑存此，以見聲歌之彷彿，俟知樂者考其得失云〔二〕。」錫瑞案：漢食舉奏《鹿鳴》，則《鹿鳴》猶通行。明帝二年幸辟雍，詔曰「升歌《鹿鳴》，下管《新宫》」，《新宫》乃逸《詩》，不知何從得之。杜夔傳四曲有《文王》，亦不知何從得之。《伐檀》變《風》，誠非倫次。屠氏以爲《伐木》，則非是。《上林賦》云「悲《伐檀》，樂樂胥」，《伐檀》云悲，當同毛《序》「賢者不遇明王」之義。若是《伐木》，何悲之有？夔傳

〔一〕「曲」，原誤作「典」，據初稿本及《儀禮經傳通解》卷十四改。

〔二〕「樂」，原誤作「音」，據《儀禮經傳通解》卷十四改。

四曲，皆古聲辭。及太和中左延年改夔《騶虞》、《伐檀》、《文王》，更自作聲節，其名雖存，而聲實異。唯因夔《鹿鳴》全不改易，每正旦大會，東廂雅樂常作者是也。至泰始五年，荀勖乃除《鹿鳴》舊歌，更作行禮詩，於是《鹿鳴》亦亡。若開元所奏趙彦肅所傳十二篇，皆不知所自來。朱子疑之，以一聲叶一字爲非，可謂至論，而《通解》仍載十二《詩譜》，不得已而存餼羊之義耳。今學宮歌詩，正以一聲叶一字者。

三三、論《詩》教温柔敦厚在婉曲不直言，《楚辭》及唐詩、宋詞猶得其旨

《論語》言六經，惟《詩》最詳，可見聖人删《詩》之旨，而不得其解，則反致轇轕。如言「《關雎》樂而不淫，哀而不傷」，毛《序》已糾纏不清，鄭《箋》改「哀」爲「衷」，朱注《論語》又以「憂」易「哀」，後人更各爲臆説矣。言「《詩》三百，一言以蔽之，曰『思無邪』」，《詩》本託諷，聖人恐人誤會，故以「無邪」正之。毛、鄭解《詩》，於此義已不盡合，朱子以《鄭》、《衛》詩爲淫人自言，王柏乃議删《鄭》、《衛》矣。惟言「小子何莫學夫《詩》」一章，興觀群怨，事父事君，多識鳥獸草木之名，本末兼該，鉅細畢舉，得《詩》教之全，而人亦易解。其大者尤在温柔敦厚，長於風諭。《困學紀聞》曰：「子擊好《晨風》、《黍離》，而慈父感悟。見《韓詩外傳》。《韓詩》以《黍離》爲伯奇之弟伯封作，言孝子之事，故能感悟慈父，與《毛詩》

以爲閔周者不同。周磐誦《汝墳》卒章，而爲親從仕。王裒誦《蓼莪》，而三復流涕。裴安祖講《鹿鳴》，而兄弟同食。可謂興於《詩》矣。」焦循《毛詩補疏序》曰：「夫《詩》，温柔敦厚者也，不質直言之而比興言之，不言理而言情，不務勝人而務感人。自理道之説起，人各挾其是非，以逞其血氣。激濁揚清，本非謬戾，而言不本於性情，則聽者厭倦，至於傾軋之不已，而忿毒之相尋。以同爲黨，即以比爲争，甚而假宫闈、廟祀、儲貳之名，動輒千百人哭於朝門，自鳴忠孝，以激其君之怒，害及其身，禍於其國，全戾乎所以事君父之道。余讀《明史》，每歎《詩》教之亡，莫此爲甚。夫聖人以一言蔽三百，曰：『思無邪。』聖人以《詩》設教，其去邪歸正奚待言？所教在思。思者，容也。思則情得，情得則兩相感而不疑。故示之於民，則民從；施之於僚友，則僚友協；誦之於君父，則君父怡然釋。不以理勝，不以氣矜，而上下相安於正。無邪以思致，思則以嗟歎永歌、手舞足蹈而致。《管子》曰：『止怒莫如《詩》。』劉向曰：『夫《詩》，思然後積，積然後滿，滿然後發〔一〕。』《詩》發於思，思以勝怒，以思相感，則情深而氣平矣。此《詩》之所以爲教歟？」又《補疏》曰：「循按：《兼葭》、《考槃》，皆遯世高隱之辭，而《序》則云：《考槃》，刺莊公；《兼葭》，刺襄公。此説者所以疑《序》也。嘗觀《序》之言刺，如《氓》、《静女》刺時，《簡兮》刺不用賢，《芄蘭》刺惠公，《匏有苦葉》、《雄雉》刺衛宣

〔一〕兩「滿」字，焦循原誤作「流」，據《説苑·貴德》改。

公，《君子于役》刺平王，《叔于田》、《太叔于田》刺莊公，《羔裘》刺時，《還》刺荒，《著》刺時不親迎，《葛屨》刺褊，《汾沮洳》刺儉，《十畝之間》刺時，《伐檀》刺貪，《蟋蟀》刺晉僖公，《山有樞》、《椒聊》刺晉昭公，《有杕之杜》刺晉武公，《葛生》、《采苓》刺晉獻公，《宛丘》刺陳幽公，《蜉蝣》刺奢，《鳲鳩》刺不一，《祈父》、《白駒》、《黄鳥》刺宣王，《賓之初筵》衛武公刺時，《魚藻》、《采菽》、《黍苗》、《隰桑》、《瓠葉》刺幽王〔一〕，《抑》衛武公刺厲王。求之詩文，不見刺意。惟其爲刺詩，而詩中不見有刺意，此三百篇所以温柔敦厚，可以興，可以觀，可以群，可以怨也。後世之刺人，一本於私，雖君父，不難於指斥，以自鳴其直。學《詩》三百，於《序》既知其爲刺某某之詩矣，而諷味其詩文，則婉曲而不直言，寄託而多隱語，故其言足以感人，而不以自禍。即如《節南山》、《雨無正》、《小弁》等作，亦惻怛纏綿，不傷於直，所以爲千古事父、事君之法也。若使所刺在此詩中即明白言之，不待讀《序》即知其爲刺某人之作，則何以爲『主文譎諫而不訐，温柔敦厚而不愚』？二語，李行修說。『民之多辟，無自立辟』，洩冶所以見非於聖人也。宋、明之人不知《詩》教，士大夫以理自持，以倖直抵觸其君，相習成風，性情全失，而疑《小序》者遂相率而起。余謂《小序》之有裨於《詩》，至切至要，特詳論於此。」錫瑞案：《詩》婉曲不直言，故能感人。焦氏所言，甚得其旨。三百篇後，得《風》、《雅》之旨者，

〔一〕「瓠」，原誤作「匏」，據初稿本改。

惟屈子《楚辭》。太史公云：「《國風》好色而不淫，《小雅》怨誹而不亂。若《離騷》者，可謂兼之。」而《楚辭》未嘗引經，亦未道及孔子，宋玉始引《詩》「素餐」之語，或據以爲當時孔教未行於楚之證。案：楚莊王、左史倚相、觀射父、白公子張諸人，在春秋時已引經，不應六國時猶未聞孔教，《楚辭》蓋偶未道及，而實兼有《國風》、《小雅》之遺。其後唐之詩人猶通比興，至宋乃漸失其旨，然失之於詩而得之於詞，猶《詩》教之遺也。

三四、論三百篇爲全經，不可增删改竄

《漢書·蓺文志》曰：「《詩》三百篇，遭秦而全者，以其諷誦，不獨在竹帛故也。」班氏據漢博士之説，《詩》遭秦爲全經，漢時所傳之三百篇，即聖人所謂《詩》三百，非有不完不備、待後人補綴者。漢時今《尚書》家以二十九篇爲備，古《尚書》家以爲有百篇，二説不同。而《詩》則三家與毛今、古文皆以爲全經，無不同也。王柏乃疑「今日之三百五篇，豈果爲聖人之三百五篇？秦法嚴密，《詩》無獨全之理。竊意夫子已删去之《詩》，容有存於閭巷浮薄者之口。蓋雅奥難識，淫俚易傳。漢儒病其亡逸，妄取而攙雜，以足三百篇之數」。柏此説與《漢志》相反，柏以前無爲此説者，果何所據而云然乎？吴師道引劉歆言「《詩》始出時，一人不能獨盡其經，或爲《雅》，或爲《頌》，相合而成」，以證王氏之説。案：劉歆但云《雅》、《頌》相合，未云攙雜足數。且班固既著此語於《歆傳》，而

《蓺文志》以《詩》爲全經，是班氏未嘗以歆所云，疑《詩》爲不全也。王氏因朱子以《鄭》、《衛》爲淫詩，毅然删去三十二篇，且於二《南》删去《野有死麕》一篇，而退《何彼襛矣》、《甘棠》於《王風》。聖人手定之經，敢加删改。後人以其淵源於朱子而莫敢議，金履祥、許謙從而和之。不知朱子之説，證以《左氏》，已難據信。朱子曰：「今若以桑中濮上爲雅樂，當以薦何等鬼神，接何等賓客？」案：《桑中》詩雖未見古人施用，而鄭、衛《風》三十二篇，朱子所指爲淫詩、王氏所毅然删去者，如《將仲子》、《褰裳》、《風雨》、《有女同車》、《蘀兮》、《野有蔓草》六詩，明見於《左氏傳》，用以宴享賓客。《左氏傳》雖難盡信，然必非出於漢以後。朱子之説已未可信，王氏所疑豈可信乎？自漢以後，學者不知聖人作經，非後人所敢擬議。王通《續詩》有「四名五志」，或云僞作。朱子曰：王通欲取曹、劉、沈、謝之詩爲《續詩》，曹、劉、沈、謝「又那得一篇如《鹿鳴》、《四牡》、《大明》、《文王》、《關雎》、《鵲巢》」？劉迅取《房中歌》至《後庭鬬百草》、《臨春樂》、《少年子》之類，凡一百四十二篇，以擬《雅》章，又取《巴渝歌》、《白頭吟》、《折楊柳》至《談容娘》，以比《國風》之流，亦屬僭。丘光庭《兼明書》曰：「大中年中，《毛詩》博士沈朗《進新添〈毛詩〉四篇表》云：『《關雎》后妃之德，不可爲三百篇之首，蓋先儒編次不當耳。今别撰二篇爲堯、舜詩，取《虞人之箴》爲禹詩[一]，取《大雅·文王》之篇爲文王詩。請以此

〔一〕「詩」，原誤作「時」，據丘光庭《兼明書》卷二改。

四詩置《關雎》之前〔一〕，所以先帝王而後后妃，尊卑之義也。』朝廷嘉之。明曰：沈朗論《詩》，一何狂謬！不知沈朗自謂新添四篇，爲《風》乎？爲《雅》乎？爲《風》也，不宜歌帝王之道；爲《雅》也，則不可置《關雎》之前。非唯首尾乖張，實謂自相矛盾。其爲妄作，無乃甚乎！」案：沈朗妄添《詩》，罪在劉迅之上；王柏妄删《詩》，罪亦不在沈朗之下。《四庫提要》斥之曰：「柏何人斯，敢奮筆以進退孔子哉！」程敏政、茅坤信王柏，二人非經師，毛奇齡已辨之。閻若璩深於《書》而淺於《詩》，亦誤信王柏，皆不足據。

三五、論風人多託意男女，不可以文害辭

《漢書·食貨志》曰：「男女有不得其所者，因相與歌詠，各言其傷。師古曰：怨刺之詩也。孟春之月〔二〕，群居者將散，行人振木鐸徇於路以采詩，獻之大師，比其音律，以聞於天子。」何休《公羊解詁》曰：「男女有所怨恨，相從而歌。飢者歌其食，勞者歌其事。男年六十、女年五十無子者，官衣食之，使之民間求詩。鄉移於邑，邑移於國，國以聞於天子。」據此二説，則《風》詩實有民間男女之

〔一〕「此」，原脱，據丘光庭《兼明書》卷二補。

〔二〕「孟春」，原誤作「春秋」，據《漢書·食貨志》改。

作。然作者爲民間男女,而其怨刺者,不必皆男女淫邪之事。朱子乃以詞意不莊、近於褻狎者皆爲淫詩,且爲淫人所自作。陳傅良謂「以彤管爲淫奔之具,城闕爲偷期之所,竊所未安〔一〕」,藏其説,不與朱子辨。朱子謂:「陳君舉兩年在家中解《詩》,未曾得見。近有人來説君舉解《詩》,凡《詩》中所説男女事,不是説男女,皆是説君臣。未可如此一律,今人解經,先執偏見,類如此。」錫瑞案:陳止齋《詩説》,今不可得見。據朱子謂其以説男女者爲説君臣,則風人之義,實當有作如是解者。朱子《楚詞集注》曰:「楚人之詞,其寓情草木,託意男女,以極游觀之適者,變《風》之流也;其叙事陳情,感今懷古,以不忘乎君臣之義者,變《雅》之類也;其語祀神歌舞之盛,則幾乎《頌》。而其變也,又有甚焉。其爲賦,則如《騷經》首章之云也;比則香草、惡物之類也;興則託物興詞〔二〕,初不取義,如《九歌》沅芷澧蘭以興思公子而未敢言之屬也。」朱子以《詩》之六義説《楚詞》,以託意男女爲變《風》之流,沅芷澧蘭思公子而未敢言爲興。其於《楚詞》之託男女、近於褻狎而不莊者,未嘗以男女淫邪解之,何獨於《風》詩之託男女、近於褻狎而不莊者,必盡以男女淫邪解之乎？後世詩人得風人之遺者,非止《楚詞》。漢、唐諸家近於比興者,陳沆《詩比興箋》已發明之。初唐四子託於男女者,何

〔一〕「安」,原誤作「妥」,據葉紹翁《四朝聞見録》卷一甲集改。

〔二〕「物」,原誤作「興」,據朱熹《楚辭集注序》改。

景明《明月篇序》已顯白之。古詩如傅毅《孤竹》、張衡《同聲》、繁欽《定情》、曹植《美女》，雖未知其於君臣、朋友何所寄託，要之必非實言男女。唐詩如張籍「君知妾有夫」一篇，乃在幕中卻李師道聘作，託於節婦而非節婦；朱慶餘「洞房昨夜停紅燭」一篇，乃登第後謝薦舉作，託於新嫁娘而非新嫁娘，皆不待箋釋而明者。即如李商隱之《無題》、韓偓之《香奩》，解者亦以爲感慨身世，非言閨房。以及唐宋詩餘，温飛卿之《菩薩蠻》感士不遇，韋莊之《菩薩蠻》留蜀思唐，馮延巳之《蝶戀花》忠愛纏綿，歐陽修之《蝶戀花》爲韓、范作，張惠言《詞選》已明釋之。此皆詞近閨房，實非男女，言在此而意在彼，可謂之接迹風人者。不疑此而反疑風人，豈非不知類乎？孟子曰：「故説《詩》者不以文害辭，不以辭害志。以意逆志，是爲得之。」以託意男女而據爲實言，正以文害辭、以辭害志而不知以意逆志者也。

三六、論鳥獸草木之名當考毛《傳》、《爾雅》、陸《疏》，而參以圖説、目驗

鳥獸草木之名，雖屬《詩》之緒餘，亦足以資多識。三家既亡，詳見毛《傳》。毛公之學，自謂子夏所傳。張揖《進〈廣雅〉表》云：「周公著《爾雅》一篇。今俗所傳三篇，或言仲尼所增，或言子夏所益，或言叔孫通所補，或言沛郡梁文所考。」據此，則毛《傳》與《爾雅》同淵源於子夏，故《爾雅》之《釋草》、《釋木》、《釋鳥》、《釋獸》與毛《傳》略同。曹粹中《放齋詩説》以爲《爾雅》成書在毛公以後。

戴震曰：「傳、註莫先《毛詩》，其爲書又出《爾雅》後。《爾雅》『杜，甘棠』，『梨，山樆〔一〕』，『榆，白枌』，立文少變。杜澀，棠甘，而名類可互見。『杜，赤棠。白者棠』，以棠見杜。『杜，甘棠』，以杜見棠。《毛詩》『甘棠，杜也』誤，『枌，白榆也』不誤。杜，甘曰棠。梨，山生曰樆。榆，白曰枌。朱子《詩集傳》於《陳・東門之枌》云『枌，白榆也』，本《毛詩》；於《唐・山有蓲》云『榆，白枌也』，殆稽《爾雅》而失其讀。其他《毛詩》誤用《爾雅》者甚多。先儒言《爾雅》往往取諸《毛詩》，非也。」錢大昕曰：「毛公所見《爾雅》勝於今本，如草木蟲魚增加偏旁，多出於漢以後經師，而毛猶多存古。夫不、秸鞠、脊令、卑居之屬，皆當依毛本改正者也。」陳奐曰：「大毛公生於六國，其作《詩故訓傳》，傳義有具於《爾雅》，有不具於《爾雅》。用依《爾雅》，編作義類。」案：諸家説皆以《爾雅》先於《毛詩》，與曹氏説不同。考鳥獸草木者，二書之外，陸璣《草木鳥獸蟲魚疏》爲最近古。成伯璵《毛詩指説》曰：「陸璣作《草木疏》二卷，亦論蟲魚鳥獸，然土物所生，耳目不及，相承迷悮〔二〕，明體乖殊，十得六七而已。」據此，則唐人於陸《疏》已不盡信。然十得六七，猶勝後人臆説。宋蔡卞《毛詩名物解》、許謙《集傳名物鈔》、陸佃《爾雅新義》、羅願《爾雅翼》，自矜創獲，求異先儒。而蔡卞、陸佃皆

〔一〕「樆」，原誤作「檎」，據戴震《答江慎修先生論小學書》及《爾雅》改。下「山生曰樆」同。

〔二〕「悮」，原誤作「悟」，據成伯璵《毛詩指説・傳授第三》改。

王安石新學。安石《詩經新義》「八月剥棗」不用《毛詩》「剥，撲」之訓，以爲剥其皮以養老。後罷政居鍾山，聞田家撲棗之言，乃悟杜詩「東家撲棗任西鄰」及「棗熟從人打」，知毛傳「剥，撲」之訓不誤，奏請删去《詩義》。宋人新説之不可信如此，所説名物安可據乎？古今名物不同，未易折衷一是，然不知雎鳩爲何鳥，則不能辨「摯而有别」言「摯至」與言「鷙猛」之孰優；不知芣苢爲何草，則不能定毛與三家「樂有子」與「傷惡疾」之孰是。多識草木鳥獸，乃足以證《詩》義。動、植物學，今方講明，宜考毛《傳》、《爾雅》、陸《疏》，證以圖説，參以目驗，審定古之何物爲今之何物，非但取明經義，亦深有裨實用，未可以其瑣而忽之也。

三七、論鄭《箋》、朱《傳》間用三家，其書皆未盡善

自漢以後，經學宗鄭，説《詩》者莫不主鄭《箋》；自宋以後，經學宗朱，説《詩》者莫不從朱《傳》。鄭《箋》，宗毛者也，而間用三家説；朱《傳》，不宗毛者也，亦間用三家説。惠棟《九經古義》曰：「王伯厚謂鄭康成先通《韓詩》，故注三《禮》與箋《詩》異。案《鄭志》答炅模云：『爲記注時就盧君，先師亦然。後乃得毛公傳記，古書義又且然，記注已行，不復改之。』盧君，謂盧子幹也。先師，謂張恭祖也。《續漢書》盧植與鄭玄俱事馬融，同門相友。玄本《傳》云『又從東郡張恭祖受《韓詩》』，故記注多依韓説。《六藝論》云：『注《詩》宗毛爲主，毛義若隱略，則更表明；如有不同，即下己意。』

案：鄭《箋》宗毛，然亦間有從韓、魯説者。如《唐風》『素衣朱襮』，以『繡黼』爲『綃黼』，《十月之交》爲厲王時〔一〕，《皇矣》『侵阮徂共』爲三國名，皆從《魯詩》。《衡門》『可以樂飢』，以『樂』爲『瘵』，《十月之交》『抑此皇父』，『抑』讀爲『意』，《思齊》『古之人無斁』，『斁』作『擇』，《泮水》『狄彼東南』，『狄』作『鬄』，皆《韓詩》説也。」詳見《毛詩稽古編》、《經義雜記》。此鄭《箋》間用三家之證也。王應麟《詩考序》曰：「賈逵撰《齊魯韓與毛詩異同》，崔靈恩采三家本爲《集注》，今唯毛《傳》、鄭《箋》孤行。獨朱文公閎意眇指，卓然千載之上。言《關雎》，則取康衡；宋人諱「匡」字，改爲「康」。《柏舟》，婦人之詩，則取劉向；笙詩有聲無辭，則取《儀禮》；『上天甚神』，則取《戰國策》；『何以恤我』，則取《左氏傳》；《抑》戒自儆，《昊天有成命》道成王之德，則取《國語》；『陟降庭止』，則取《漢書注》；《賓之初筵》飲酒悔過，則取《韓詩序》；『不可休思』，『是用不就』，『彼岨者岐』，皆從《韓詩》；『禹敷下土方』，又證諸《楚辭》，一洗末師專己守殘之陋。」此朱《傳》間用三家之證也。錫瑞案：鄭《箋》所以間用三家者，當時三家通行，毛不通行，故鄭君注《禮》時，尚未得見毛《傳》。蓋鄭見毛《傳》後，以爲孤學，恐致亡佚，故作箋以表明，有不愜於心者，間采三家，裨補其義。不明稱三家説者，正以三家通行，人人皆知之故。鄭樵曰：「當鄭氏箋《詩》，三家俱存，故鄭氏雖解釋經文，不明言改字之由，亦以學者既習《詩》，則三家之《詩》不容不

〔一〕「時」，原誤作「詩」，據惠棟《九經古義》卷六改。

知也。後世三家既亡，學者惟見其改字，而不見《詩》學之所由異。此鄭氏之所以獲譏也。」其後鄭《箋》既行，而齊、魯、韓三家遂廢。《經典釋文》之説。此鄭君所不及料者。鄭精三《禮》，以禮解《詩》，頗多紆曲，不得詩人之旨。魏源嘗摘其失，如：「『亦既覯止』，引男女之搆精；『言從之邁』，殉古人於泉壤。《菀柳》相戒，言王者不可朝事；《四月》怨役，斥先祖爲非人。除《牆茨》之淫昏，反違禮而害國；頌《椒聊》之桓叔，能均平不偏黨。『瞻烏爰止』，則教民以貳上；昊天爲政，望更姓而改物。成王省耕，王后與世子偕行；閻妻厲妃，童角乃皇后之斥。取子毁室，誅周公之黨與；屨五緌雙，數姜襄之姆傅。」此鄭《箋》之未盡善也。朱《傳》所以間用三家者，亦以毛、鄭不愜於心，間采三家，裨補其義。據王應麟《詩考序》云「扶微學，廣異義，亦文公之意」，則其采輯三家，實由朱子《集傳》啟之。後來范家相、馬國翰更加摭拾，至陳喬樅益詳，未始非朱子先路之導。攻朱者不顧朱義有本，並其本於三家者亦攻駁之，過矣。朱子作《白鹿洞賦》，用「青衿傷學校」語，門人問之，曰：「古《序》亦不可廢。」是朱子作《集傳》，不過自成一家之説。後人尊朱，遂廢注疏，亦朱子所不及料者。鄭《箋》之失，在以禮解《詩》；朱《傳》之失，則在以理解《詩》。其失不同，皆不得詩人之旨。黄震謂「晦菴先生盡去美刺，探求古始，雖東萊先生不能無疑」，陳傅良謂「竊所未安」。是朱《傳》在當時，人已疑之。元延祐科舉條制《詩》用朱《傳》，明胡廣等竊劉瑾之書，作《詩經大全》，著爲令典，於是專宗朱《傳》，漢學遂亡。本《提要》。近陳啟源等乃駁朱申毛，疏證詳明，一一有本。本《提要》。此朱《傳》之未盡善也。然則學者治《詩》，以何書爲主乎？曰：三家既亡，毛又簡略，治《詩》者不得不以唐人《正義》爲本。其書以劉焯《毛詩義疏》、劉炫《毛詩述義》爲稾本，故能融貫群言，包羅古義。本《提要》。雖或過於護鄭，且有强毛合鄭之處，而名物、訓詁極其該洽，遠勝《周易》《尚書疏》之空疏。朱子《集傳》名物、訓詁亦多本於孔《疏》，學者能通其説，不僅爲治《毛詩》之用，且可以通群經。至於近人之書，則以陳奐《詩毛氏傳疏》能專爲毛氏一家之學，在陳啟源、馬瑞辰、胡承珙之上；陳《疏》惟合明堂、路寢爲一，非是，鍾文烝嘗詆爲新奇繆戾。陳喬樅《魯詩遺説考》、《齊詩遺説考》、《韓詩遺説考》能兼考魯、齊、韓三家之遺，比王應麟、范家相、馬國翰爲詳。學者先觀二書，可以得古《詩》之大義矣。陳氏於三家少發明。魏源發明三家，未能篤守古義，且多武斷。

三八、論孔子删《詩》是去其重，三百五篇已難盡通，不必更求三百五篇之外

《史記·孔子世家》曰：「古者詩三千餘篇，及至孔子，去其重，取可施於禮義，上采契、后稷，中述殷、周之盛，至幽、厲之缺，始於衽席，故曰：『《關雎》之亂以爲《風》始，《鹿鳴》爲《小雅》始，《文王》爲《大雅》始，《清廟》爲《頌》始。』三百五篇，孔子皆弦歌之，以求合《韶》、《武》、《雅》、《頌》之音。」案：史公説本《魯詩》，爲西漢最初之義。云「始於衽席」，正與「讀春秋曆譜牒，曰『周道缺，詩

人本之衽席，《關雎》作』」相合，可知《關雎》實是刺詩，而無妨於列正《風》，冠篇首矣。云「《關雎》之亂以爲《風》始」，可知四始實孔子所定，而非周公所定，且並非周初所有矣。云「三百五篇」，可知孔子所定之《詩》止有此數，不得如毛、鄭增入笙詩六篇，而陸、孔遂以爲三百十一篇矣。云「皆弦歌之，以求合《韶》、《武》、《雅》、《頌》」，可知三百五篇無淫邪之詩在内，不得如朱子以爲淫人自作，而王柏妄删《鄭》、《衛》矣。孔子删《詩》之説，孔穎達已疑之，謂：「案書傳所引之《詩》，見在者多，亡逸者少，則夫子所録者，不容十分去九，馬遷之言未可信。」惟歐陽修以遷説爲然，以圖推之，「有更十君而取其一篇者，又有二十餘君而取其一篇者，由是言之，何啻乎三千」？近人朱彝尊、趙翼、崔述、李惇皆力辯删《詩》之非，惟趙坦用史公之説，曰：「删《詩》之旨可述乎？曰：去其重複焉爾。今試舉群經、諸子所引《詩》不見於三百篇者一證之。如《大戴禮·用兵》篇引《詩》云：『魚在在藻，厥志在餌。鮮民之生矣，不如死之久矣。校德不塞，嗣武于孫子〔一〕。』今《小雅》之《魚藻》、《蓼莪》，《商頌》之《玄鳥》等篇，辭句有相似者。《左傳》襄八年引《詩》云：『兆云詢多，職競作羅。』今《小雅》之《小旻》篇句有相似者。《荀子·臣道》篇引《詩》云：『國有大命，不可以告人，妨其躬身。』與今《唐風·揚之水》篇亦相似。凡若此類，複見疊出，疑皆爲孔子所删也。若夫《河水》即

〔一〕「于」，原誤作「丁」，據《大戴禮記》改。

《沔水》，《新宫》即《斯干》，昔人論説有足取者。然則史遷所云『去其重，取可施於禮義』者，直千古不易之論。」王崧亦爲之説曰：「《史記》之書繆誤固多，皆有因而然，從無鑿空妄説者。考《漢書·食貨志》『孟春之月，行人振木鐸徇於路以采詩，獻之太師，比其音律，以聞於天子』云云，《史記》所謂古詩三千餘篇者，蓋太師所采之數，迨比其音律聞於天子，不過三百餘篇。何以知之？采詩非徒存其辭，乃用以爲樂章也。音律之不協者棄之，即協者尚多，而此三百餘篇於用已足，其餘但存之太史，以備所用之或闕。『《詩》三百』『誦《詩》三百』，皆孔子之言，前此未有綜計其數者。蓋古詩不止三百五篇，東遷以後，禮壞樂崩，詩或有句而不成章、有章而不成篇者，無與於弦歌之用。孔子自衛反魯而正樂，釐訂汰黜，定爲此數，以教門人，於是授受不絶。設無孔子，則此三百五篇亦胥歸泯滅矣。故世所傳之逸《詩》，有太師比音律時所棄者，有孔子正樂時所削者。所采既多，其原作流傳誦習，後人得以引之。是則古詩三千餘篇，去其重，取其可施於禮義，乃太師所爲。司馬遷傳聞孔子正樂時，於詩嘗有所删除，而遂以歸之孔子。此其屬辭之未密，或文字有脱誤耳。然謂『孔子皆弦歌之，以求合《韶》、《武》、《雅》、《頌》之音』，可知非獨取其辭意已。」魏源又引三家異文證之，曰：「今所奉爲正經章句者，《毛詩》耳，而孔《疏》謂《毛詩》經文與三家異者動以百數。故崔靈恩載《般》頌末三家有『於繹思』一語，而毛無之。後漢陳忠疏引《詩》云『以雅以南，韎任朱離』，注謂出齊、魯《詩》，而毛無之。《韓詩》北宋尚存，見於《御覽》，乃劉安世述《雨無正》篇首有

『雨無其極，傷我稼穡』二語，而毛無之。至《選注》引《韓詩》經文，有『萬人顒顒，仰天告愬』二語，鄭司農《周禮注》述三家《詩》云『敕爾瞽，率爾衆工，奏爾悲誦』，則今并不得其何篇，使不知爲三家經文，必謂夫子筆削之遺無疑矣。至若《緇衣》、《左傳》引《都人士》首章，而鄭君、服虔之注并以爲逸《詩》，孔疏謂《韓詩》見存，實無首章。然賈誼《新書·等齊》篇引《詩》曰『狐裘黄裳』，『萬民之望』，是《魯詩》有《都人士》首章，而韓逸之也。《左傳》引《詩》『何以恤我，我其收之』，明是《周頌》之異文，而杜注以爲逸《詩》。是皆但據《毛詩》之蔽也。夫毛以三家所有爲逸，猶韓以毛所有爲逸，果孰爲夫子所删之本耶？是逸《詩》之不盡爲逸，有如斯者。推之《韓詩》《常棣》作《夫栘》，《齊詩》《還》作《營》，韋昭謂《鳩飛》即《小宛》，《河水》即《沔水》，是逸篇不盡逸，有如斯者。再推之，則《左傳》澶淵之會引《詩》云『淑慎爾止，無載爾僞』，乃《抑》篇之歧句。《荀子·臣道》篇引《詩》云『國有大命，不可以告人，妨其躬身』，《坊記》引《詩》云『相彼盍旦，尚猶患之』，《緇衣》引《詩》云『誰能秉國成，不自爲政，卒勞百姓』，《漢書》引《詩》云『四牡翼翼，以征不服』，烏知匪《揚之水》、《小弁》、《節南山》、《六月》之文，而謂皆删章、删句、删字之餘耶？」魏説主不删《詩》，而可證《史記》「去其重」之義，故節取之。案：《詩》三百五篇已不能盡通其義，更何暇求三百五篇之外？删《詩》之説，逸《詩》之名，學者宜姑置之，但求通其所能通者可也。

三 禮

一、論漢初無三《禮》之名，《儀禮》在當時但稱《禮經》，今注疏本《儀禮》大題非鄭君自名其學

三《禮》之名，起於漢末，在漢初但曰《禮》而已。漢所謂《禮》，即今十七篇之《儀禮》，而漢不名《儀禮》，專主經言，則曰「禮經」；合記而言，則曰「禮記」。許慎、盧植所稱「禮記」，皆即《儀禮》與篇中之《記》，非今四十九篇之《禮記》也。其後「禮記」之名爲四十九篇之《記》所奪，乃以十七篇之《禮經》别稱《儀禮》，又以《周官經》爲《周禮》，合稱三《禮》。蓋以鄭君並注三書，後世盛行鄭《注》，於是三書有三《禮》之名，非漢初之所有也。《史記·儒林傳》曰：「諸學者多言《禮》，而魯高堂生最。《禮》固自孔子時，而其經不具。及至秦焚書，書散亡益多。於今獨有《士禮》，高堂生能言之。」據《史記》，高堂生所傳《士禮》，即今十七篇之《儀禮》。是史公所云《禮》止數《儀禮》，不及《周禮》與《禮記》也。《漢書·蓺文志》：「《禮》古經五十六卷。經七十篇。原注：后氏、戴氏。劉敞曰：「七十」當作「十七」。《記》百三十一篇。《明堂陰陽》三十三篇。《王史氏》二十一篇。《曲臺后倉》九篇。《中

庸説》二篇。《明堂陰陽説》五篇〔一〕。《周官經》六篇。」據《漢書》，經十七篇即今十七篇之《儀禮》。古經五十六篇，則合逸《禮》言之。《記》百三十一篇，今四十九篇之《禮記》在内；《明堂陰陽》，今《明堂位》、《月令》在内；《中庸説》，即今《禮記》之《中庸》，而《志》皆不稱經。《周官經》别附於後。是班氏所云經，止數《儀禮》，不及《周禮》與《禮記》也。《志》曰：「帝王質文，世有損益。至周，曲爲之防，事爲之制，故曰：『禮經三百，威儀三千。』及周之衰，諸侯將踰法度，惡其害己，皆滅去其籍。自孔子時而不具，至秦大壞。漢興，魯高堂生傳《士禮》十七篇。訖孝宣世，后倉最明。戴德、戴聖、慶普皆其弟子，三家立於學官。《禮》古經者，出於魯淹中及孔氏，學七十篇文相似，多三十九篇。及《明堂陰陽》、《王史氏記》，多天子、諸侯、卿、大夫之制，雖不能備，猶瘉倉等推《士禮》而致於天子之説。」劉敞曰：「讀當云『《禮》古經者，出於魯淹中及孔氏』。孔氏，則安國所得壁中書也。『學七十篇』當作『與十七篇文相似』，五十六卷除十七，正多三十九也。」《禮記・奔喪》正義曰：「鄭云逸《禮》者，《漢書・蓺文志》云：漢興始於魯淹中得古《禮》五十七篇，其十七篇與今《儀禮》正同，其餘四十篇藏在祕府，謂之逸《禮》。其《投壺禮》，亦此類也。又《六蓺論》云：『漢興，高堂生得《禮》十七篇。後孔子壁中得古文《禮》五十七篇，其十七篇與前同，而字多異。』」孔疏引《漢志》云

〔一〕「五」，原誤作「二」，據《漢書・藝文志》改。

十七篇，可證今本之誤，與劉氏説正合。而云古文《禮》五十七篇，其餘四十篇，則又誤多一篇，與《漢志》云五十六卷、多三十九篇之數不合。古云篇、卷，有同有異。此則五十六卷即五十六篇，蓋篇、卷相同者。《禮記正義序》引《六藝論》，作「古文《禮》凡五十六篇」，不誤，下云「其十七篇與高堂生所傳同，而字多異，其十七篇外，則逸《禮》是也」，説尤詳明。下又云「《周禮》爲本，則聖人體之；《儀禮》爲末，賢人履之」，蓋孔穎達推論之辭，諸家輯本皆不以爲鄭君之論。丁晏《儀禮釋注叙》據此，以爲《儀禮》大題，疑鄭君自名其學，非也。

二、論鄭君分別今之《儀禮》及《大戴禮》《小戴禮記》甚明，無小戴删大戴之説

《禮記正義序》又引《六藝論》云：「『案《漢書·藝文志》、《儒林傳》云：傳《禮》者十三家，唯高堂生及五傳弟子戴德、戴聖名在也。』五傳弟子者，熊氏云：『則高堂生、蕭奮、孟卿、后倉及戴德、戴聖爲五也。』」又引《六藝論》云：「『今《禮》行於世者，戴德、戴聖之學也。』又云：『戴德傳《記》八十五篇，則《大戴禮》是也。戴聖傳《記》四十九篇，則此《禮記》是也。』」鄭君分別今之《儀禮》及《大戴禮》《小戴禮記》甚明。近人推闡鄭義者，陳壽祺《左海經辨》爲最晰。其説曰：「壽祺案：二戴所傳《記》，《漢志》不別出，以其具於百三十一篇《記》中也。《樂記》正義引《別録》有《禮記》四十九篇，

此即小戴所傳，則大戴之八十五篇亦必存其目，蓋《别録》兼載諸家之本，視《漢志》爲詳矣。《經典釋文·序録》引陳邵晉司空長史。《周禮論序》云：『戴德删古《禮》二百四篇爲八十五篇，謂之《大戴禮》。戴聖删《大戴禮》爲四十九篇，是爲《小戴禮》。後漢馬融、盧植考諸家同異，附戴聖篇章，去其緐重及所叙略而行於世，即今之《禮記》是也。』邵言微誤。《隋書·經籍志》因傅會，謂戴聖删大戴之書爲四十六篇，馬融足《月令》、《明堂位》、《樂記》爲四十九篇。休寧戴東原辨之曰：『孔穎達義疏於《樂記》云：按《别録》，《禮記》四十九篇。《後漢書·橋玄傳》：七世祖仁，著《禮記章句》四十九篇，號曰橋君學。仁即班固所説小戴授梁人橋仁季卿者也。劉、橋所見篇數已爲四十有九，不待融足三篇甚明。康成受學於融，其《六藝論》亦但曰戴聖傳《記》四十九篇。作《隋書》者徒謂大戴闕篇即小戴所録，而尚多三篇，遂聊歸之融耳。』壽祺案：橋仁師小戴，《後漢書》謂『從同郡戴德學』，亦誤。又《曹褒傳》：父充持《慶氏禮》，褒又傳《禮記》四十九篇，教授諸生千餘人，慶氏學遂行於世。然則褒所受於慶普之《禮記》，亦四十九篇也。二戴、慶氏皆后倉弟子，惡得謂小戴删大戴之書耶？《釋文·序録》云『劉向《别録》有四十九篇，其篇次與今《禮記》同』，然則謂馬融足三篇者，妄矣。」又曰：「錢詹事大昕《漢書考異》云：『《小戴記》四十九篇，《曲禮》、《檀弓》、《雜記》皆以簡策重多，分爲上下，實止四十六篇，合《大戴》之八十五篇，正協百三十一篇之數。』壽祺案：今二《戴記》有《投壺》、《哀公問》兩篇篇名同，大戴之《曾子大孝》篇見小戴《祭義》，《諸侯釁廟》篇見小戴《雜記》，《朝事》篇自『聘禮』至『諸侯務焉』見小戴《聘義》，《本命》篇自『有恩有義』至『聖人因殺以制節』見小戴《喪服四制》〔一〕，其它篇目尚多同者。《漢書·王式傳》稱《驪駒之歌》在《曲禮》，服虔注云在《大戴禮》。《五經異義》引《大戴·禮器》，《毛詩·豳譜》正義引《大戴禮·文王世子》，唐皮日休有《補〈大戴禮·祭法〉》，又《漢書·韋玄成傳》引《祭義》，《白虎通·畊桑》篇引《祭義》、《曾子問》，《情性》篇引《間傳》，《崩薨》篇引《檀弓》、《王制》，蔡邕《明堂月令論》引《檀弓》，其文往往爲《小戴記》所無，安知非出《大戴》亡篇中，如《投壺》、《釁廟》之互存而各有詳略乎？《大戴禮》亡篇四十七，唐人所見已然。《白虎通》引《禮·謚法》、《王度記》、《三正記》、《別名記》、《親屬記》、《五帝記》，《少牢饋食禮》注引《禘于太廟禮》，疏云《大戴禮》文。《周禮注》引《王霸記》，《明堂月令論》引《佋穆》篇，《風俗通》引《號謚記》，《論衡》引《瑞命》篇，皆《大戴》逸篇。其他與《小戴》出入者略可舉數，豈能彼此相足？竊謂二戴於百三十一篇之《記》，各以意斷取，異同參差，不必此之所棄，即彼之所録也。」

〔一〕「命」，原誤作「事」，據《大戴禮記》改。

三、論三《禮》之分自鄭君始，鄭於《儀禮》十七篇次序皆依劉向《别録》[一]，《禮記》四十九篇皆引《别録》，已有《月令》、《明堂位》、《樂記》三篇，非馬融所增甚明

《後漢書·儒林傳》：「中興，鄭衆傳《周官經》，後馬融作《周官傳》，授鄭玄，玄作《周官注》。玄本習小戴《禮》，謂今《儀禮》。後以古經校之，取其義長者，順故爲鄭氏學[二]。玄又注小戴所傳《禮記》四十九篇，通爲三《禮》焉。」案：據此，則《禮》分爲三，實自鄭君始。《周官》古别爲一書，故《藝文志》附列於後。賈《疏》謂其書「既出於山巖屋壁，復入祕府，五家之儒，莫得見焉」。五家即高堂、蕭、孟、后、二戴，是西漢禮家無傳《周官》者。二戴所傳《禮記》亦附經，不别行。自鄭兼注三書，通爲三《禮》，於是《周官》之分經别出者，與《禮》合爲一途；《禮記》之附經不别出者，與經歧爲二軌。鄭君三《禮》之學，其閎通在此，其雜糅亦在此。自此以後，阮諶之《三禮圖》、王肅之《三禮音》、崔靈恩之《三禮義宗》，莫不以「三禮」爲定名矣。鄭注諸經，惟三《禮》有《目録》。《周禮》六

〔一〕「次」，原誤作「自」，據初稿本改。

〔二〕「故」上，初稿本無「順」字。

篇，依六官次序無異。《儀禮》十七篇，則皆依《別録》。《儀禮疏》曰：「其劉向《別録》，即此十七篇之次是也，皆尊卑吉凶次第倫叙，故鄭用之。至於大戴，即以《士喪》爲第四，《既夕》爲第五，《士虞》爲第六，《特牲》爲第七，《少牢》爲第八，《有司徹》爲第九，《鄉飲酒》第十，《鄉射》第十一，《燕禮》第十二，《大射》第十三，《聘禮》第十四，《公食》第十五，《覲禮》第十六，《喪服》第十七。小戴於《鄉飲》、《鄉射》、《燕禮》、《大射》四篇，亦依此《別録》次第，而以《士虞》爲第八，《喪服》爲第九，《特牲》爲第十，《少牢》爲第十一，《有司徹》爲第十二，《士喪》爲第十三，《既夕》爲第十四，《聘禮》爲第十五，《公食》爲第十六，《覲禮》爲第十七。皆尊卑吉凶雜亂，故鄭玄皆不從之矣。」《禮記》四十九篇，鄭《目録》皆引《別録》，曰此於《別録》屬某門。《月令目録》曰：「此於《別録》屬《明堂陰陽記》。」《明堂位目録》曰：「此於《別録》屬《明堂陰陽記》。」《樂記目録》曰：「此於《別録》屬《樂記》。蓋十一篇，合爲一篇[一一]。」據鄭所引劉向《別録》，已有《月令》、《明堂位》、《樂記》三篇。劉與戴聖年輩相近，遠在馬融之前，四十九篇必是小戴原書，而非馬融增入可知。且《六藝論》明云「戴聖傳《記》四十九篇」，鄭受學於馬融，使三篇爲融所增，鄭必不得統同言之，而盡以屬之戴聖矣。鄭《奔喪目録》曰：「實逸《曲禮》之正篇也。」《投壺目録》曰：「實逸《曲禮》之正篇也。」鄭云《曲禮》，即今《儀

[一一]「合」，原誤作「今」，據《禮記正義》改。

禮》。鄭以此二篇當爲逸《禮》之正經，而不當入之《禮記》。當時尚無《儀禮》之稱，故云《曲禮》。《儀禮》本經禮，而謂之「曲禮」，鄭説稍誤。

四、論鄭注《禮器》以《周禮》爲「經禮」、《儀禮》爲「曲禮」有誤，臣瓚注《漢志》不誤

自鄭君以《周禮》爲「經禮」，《儀禮》爲「曲禮」，於是漢代所尊爲《禮經》者反列於後，而《周官》附於《禮經》者反居於前。《禮記正義序》曰：「其《周禮》見於經籍，其名異者見有七處。案：《孝經説》云『禮經三百』，一也。《禮器》云『經禮三百』，二也。《中庸》云『禮儀三百』，三也。《春秋説》云『禮經三百』，四也。《禮説》云『有正經三百』，五也。《周官》外題謂爲《周禮》，六也。《漢書·藝文志》云『《周官經》六篇』，七也。七者皆云三百，故知俱是《周官》。《周官》三百六十，舉其大數而云三百也。其《儀禮》之别，亦有七處，而有五名。一則《孝經説》、《春秋》及《中庸》並云『威儀三千』，二則《禮器》云『曲禮三千』，三則《禮説》云『動儀三千』，四則謂爲《儀禮》，五則《漢書·藝文志》謂《儀禮》爲古《禮經》。凡此七處、五名，稱謂並承三百之下，故知即《儀禮》也。所以三千者，其履行《周官》五禮之别，其事委曲，條數繁廣，故有三千也。非謂篇有三千，但事之殊别有三千條耳。或一篇一卷，則有數條之事。今行於世者，唯十七篇而已。」錫瑞案：《禮器》、《中庸》諸書所言三百、

三千，當時必能實指其數，後世則無以實指之。鄭君以《周官》三百六十與三百之數偶合，遂斷以《周官》爲「經禮」，而强坐《儀禮》爲「曲禮」。此由鄭君尊崇《周官》太過，而後人尊崇鄭義又太過，一軒一輊，竟成鐵案。如孔《疏》所列《周官》七名、《儀禮》五名，除所引《漢・藝文志》外，皆不可據。以《周官》爲「經禮三百」，不過仍以其數偶合。以《儀禮》爲「曲禮三千」，則以所引在「經禮三百」下，而强坐爲「曲禮」。據其説，三千條止存十七篇，即篇有數條，亦比十七篇幾增加百倍。十七篇計五萬餘言，加百倍當有數百萬言，當時如何通行？學者如何誦習？且古書用簡策，必不能如此繁多。此不待辨而知其不然者。《漢志》明以今之《儀禮》爲經，而《周官經》附後，乃强奪經名歸之《周官》，而十七篇不爲經而爲曲，與《漢志》尤不合。《漢志》引「禮經三百，威儀三千」，韋昭曰：「周禮三百六十官也。三百，舉成數也。」臣瓚曰：「禮經三百，謂冠、婚、吉、凶。周禮三百，是官名也。」師古曰：「禮經三百，韋説是也。威儀三千，乃謂冠、婚、吉、凶，蓋《儀禮》是也。」韋以《周官》爲「禮經」，顔以《儀禮》爲「威儀」，是主鄭説。臣瓚以「禮經」爲《儀禮》，非《周官》，是不主鄭説。經禮乃禮之綱，曲禮乃禮之目。《周官》言官制，不專言禮，不得爲《儀禮》之綱。《儀禮》專言禮，古稱《禮經》，不當爲《周官》之目。自鄭注《禮器》有誤，六朝、唐人皆沿其誤。瓚説獨不主鄭，而師古反是韋説，以當時皆從鄭義也。今若改正三《禮》之名，當正名《儀禮》爲《禮經》，以《大戴禮記》、《小戴禮記》附之，而别出《周官》自爲一書，庶經學易分明，而禮家少聚訟矣。

五、論鄭注三《禮》有功於聖經甚大，注極簡妙，並不失之於繁

《史記·儒林傳》「言《禮》，自魯高堂生」，索隱：「謝承云『秦世季代有魯人高堂伯』，則伯是其字。云生者，自漢以來儒者皆號生，亦先生者省字呼之耳。」《後漢書》注「高堂生，名隆」，不知何據，疑涉魏高堂隆而誤。《史記正義》引阮孝緒《七録》，謂「博士侍其生得十七篇」，侍其生不知何時人，或在高堂之後。漢初立博士，《禮》主后倉，見《漢·藝文志》論。《志》云：「訖孝宣世，后倉最明。戴德、戴聖、慶普皆其弟子，三家立於學官。」蓋三家分立，而后氏不立，猶《書》分立歐陽、夏侯，而伏氏不立也。《志》列《曲臺后倉》九篇，如淳曰：「行禮射於曲臺，后倉爲記，故名曰《曲臺記》。」今九篇皆不傳。《志》又列《議奏》三十八篇，原注云：「石渠。」《隋書·經籍志》：「《石渠禮論》四卷，戴聖撰。」即《漢志》之《議奏》，中列蕭望之、韋玄成、聞人通漢、尹更始、劉更生諸人，而題戴聖撰者，蓋小戴所撰集也。今略見於《詩》《禮》疏、杜佑《通典》，共得二十餘條。大戴《喪服變除》一卷，見《唐書·藝文志》，今略見於《禮記》鄭注及疏、杜佑《通典》，共得十餘條。玉函山房皆有輯本，二戴之學猶可考見。漢《禮經》通行，有師授而無注釋。馬融但注《喪服》經、傳，鄭君始全注十七篇。鄭於禮學最精，而有功於《禮經》最大。向微鄭君之注，則高堂傳《禮》十七篇將若存若亡而索解不得矣。《周官》晚出，有杜子春之注，鄭興、鄭衆、賈逵之解詁，馬融之傳。鄭注《周禮》，

多引杜子春、鄭大夫、鄭司農，前有所承，尚易爲力；而十七篇前無所承，比注《周禮》六篇爲更難矣。大、小《戴記》亦無注釋。鄭注《小戴禮記》四十九篇，前無所承，亦獨爲其難者。向微鄭君之注，則小戴傳《記》四十九篇亦若存若亡而索解不得矣。鄭君著書百餘萬言，精力實不可及。《傳》云：「質於辭訓，通人頗譏其繁。」錫瑞案：鄭注《書》、箋《詩》間有過繁之處，而注《禮》文簡義明，實不見其過繁。即如《少牢饋食禮》經二千九百七十九字，注二千七百八十七字，《有司徹》經四千七百九十字，注三千四百五十六字，《學記》、《樂記》二篇經六千四百九十五字，注五千五百三十二字，《祭法》、《祭義》、《祭統》三篇經七千四百六十字，注五千五百二十三字，皆注少於經。又《檀弓》：「司寇惠子之喪，子游爲之麻衰、牡麻絰」，注云：「惠子廢適立庶，爲之重服以譏之。」「文子辭曰：『子辱與彌牟之弟游，又辱爲之服，敢辭。』子游曰：『禮也。』文子退反哭」，注云：「子游名習禮，文子亦以爲當然，未覺其所譏。」「子游趨而就諸臣之位」，注云：「深譏之。大夫之家臣，位在賓後。」「文子退，扶適子南面而立，曰：『子辱與彌牟之弟游，又辱爲之服，又辱臨其喪，虎也敢不復位』」，注云〔一〕：「覺所譏也。虎，適子名。文子親扶而辭，敬子游也。」「子游趨而就客位」，注云：「所譏行。」此一節記文，若無鄭君之注，讀者必不解所謂。鄭注止數十字，而連用五「譏」字，使當

〔一〕「云」，原脱，據初稿本及上下文例補。

時情事歷歷如繪，其文法如此簡妙，豈後人所能及哉！《月令》、《明堂位》、《雜記》疏皆云：「《禮》是鄭學。」兩《漢書·儒林傳》以《易》、《書》、《詩》、《春秋》名家者多，而《禮》家獨少。惟馬融注《周官禮》、《喪服經傳》，隋、唐《志》皆著録，而無《禮記》。《東漢會要》載有融《禮記注》，玉函山房輯本得十六條。盧植注《禮記》二十卷，隋、唐《志》皆著録，《東漢會要》作《禮記解詁》，玉函山房輯本一卷。孔《疏》云「鄭附盧植之本而爲之注」，鄭《禮記注》或亦有本於盧、馬者，而注中未嘗質言之，如《周禮》稱引杜、鄭，則亦未見其必有所本也。

六、論漢立二戴博士是《儀禮》，非《禮記》，後世説者多誤，毛奇齡始辨正之

漢立十四博士，《禮》大、小戴。此所謂《禮》，是大、小戴所受於后倉之《禮》十七篇，非謂《大戴禮記》八十五篇與《小戴禮記》四十九篇。後世誤以大、小戴《禮》爲大、小戴《禮記》，並誤以《后倉曲臺記》爲即今之《禮記》。近儒辨之，已家喻户曉矣。而在國初，毛奇齡《經問》早辨其誤曰：「戴聖受《儀禮》，立戴氏一學，且立一戴氏博士，而於《禮記》似無與焉。今世但知《禮記》爲《曲臺禮》，《容臺禮》爲《戴記》，而並不知《曲臺》、《容臺》與《戴記》之爲《儀禮》。閒嘗考《曲臺》、《容

臺》所由名〔一〕。漢初，魯高堂生傳《士禮》十七篇，即《儀禮》也。是時東海孟卿傳《儀禮》之學，以授后倉。而后倉受《禮》，居於未央宫前之曲臺殿，校書著記，約數萬言，因名其書爲《后氏曲臺記》。至孝文時，魯有徐生，善爲頌。頌者，容也。不能通經，衹以容儀行禮，爲禮官大夫，因又名習禮之處爲容臺。此皆以《儀禮》爲名字者。若其學，則后倉授之梁人戴德及德從兄子聖與沛人慶普三人。至孝宣時，立大小戴、慶氏《禮》。故舊稱《儀禮》爲慶氏《禮》，爲大、小戴《禮》，以是也。宋鄭樵爲《三禮辨》，有云：『魯高堂生所傳《士禮》一十七篇，今之《儀禮》是也。后倉《曲臺記》數萬言，今之《禮記》是也。』按前、後《漢志》及《儒林傳》，皆以高堂所傳十七篇，瑕丘蕭奮即以授后倉，作《曲臺記》。是時兩漢俱並無《禮記》一書，故孝宣立二戴及慶氏學，皆《儀禮》之學，源流不同。鄭樵著《通志》〔二〕，而六經源流尚未能晰，況其他乎？若《禮記》，則前《志》衹云『《記》百三十一篇』，當是《禮記》未成書時底本，然並不名《禮記》，亦並無二戴傳《禮記》之説。惟《後漢·儒林》有鄭玄所注四十九篇之目，則與今《禮記》篇數相合。故鄭玄作《六藝論》云：『今《禮》行於世者，戴德、戴聖之學也。』此《儀禮》也。又云：『戴德傳《記》八十五篇，則今《大戴禮》是也；戴聖傳《禮》四十九篇，則

〔一〕「容臺」，原誤植在下句「傳」下，據初稿本及毛奇齡《經問》卷三移正。

〔二〕「志」，毛奇齡《經問》卷三原誤作「考」，據鄭樵書名改。

《禮記》是也。』然其説究無所考。及觀《隋·經籍志》，則明云：『漢初，河間獻王得仲尼弟子所記一百三十一篇。至劉向校經籍，檢得一百三十篇，因第而叙之。又得《明堂陰陽記》凡五種，共二百十四篇。戴德删其繁重，合而記之，爲八十五篇，謂之《大戴禮》。戴聖又删大戴之書爲四十六篇，謂之《小戴記》。』則二戴爲武、宣時人，豈能删哀、平間向、歆所校之書？荒唐甚矣！且二戴何人，以向、歆所校定二百十四篇，驟删去一百三十五篇，世無是理。況《前漢·儒林》並不載删《禮》之文，而《東漢·儒林》又無其事，則哀、平無幾，陸值莽變，安從删之？又且《大戴》見在，並非與今《禮記》爲一書者。且戴聖所删止四十六篇，相傳三篇爲馬融增入，則與《後漢·儒林》所稱四十九篇之目又復不合。凡此皆當闕疑，以俟後此之論定者。」錫瑞案：毛氏云《士禮》稱《儀禮》不知始於何時，然在漢時即有《容禮》之稱，《容禮》即《儀禮》也，其説頗涉傅會，而分别《儀禮》、《禮記》，辨鄭樵之誤及《隋志》之誤，則極精確。鄭注四十九篇，即今《禮記》。戴聖傳《禮》四十九篇，不待馬融增入。至今説已大著，毛氏猶爲疑辭。蓋在當時，經義榛蕪，未能一旦廓清。而據其所辨明，已可謂卓識矣。

七、論段玉裁謂漢稱《禮》不稱《儀禮》甚確，而回護鄭注未免强辭

段玉裁《〈禮〉十七篇標題漢無「儀」字説》曰：「鄭注《儀禮》十七卷，賈公彦爲疏者，每卷標題首

云『《士冠禮》第一』，次云『《儀禮》』，次云『鄭氏注』。陸德明《經典釋文·叙録》亦云：『鄭某注《儀禮》十七卷。』《儀禮》之名古矣。今按：鄭君本書但云『禮』，無『儀』字，可考而知也。《禮器》曰：『經禮三百，曲禮三千。』注云：『經禮，謂《周禮》，其官有三百六十。曲，猶事也。事禮，謂今《禮》也。《禮》篇多亡，本數未聞，其中事儀三千。』按：云『今《禮》』者，謂當漢時所存《禮》十七篇也。不云《禮》，云『今《禮》』者，恐讀者不了，故加『今』字，便易了也。云『本數未聞』者，對上《周禮》六篇其官三百六十言，漢時經十七篇及《記》百三十一篇乃殘逸之所餘耳。其未殘逸時，具載事儀有三千也。原注：賈《疏》、師古《漢書注》皆云「威儀三千」即今《儀禮》，其説未是。《中庸》曰：『禮儀三百，威儀三千。』易『經禮』爲『禮儀』，易『曲禮』爲『威儀』者，凡禮皆儀〔一〕。故總其綱曰經禮，亦曰禮儀；詳其目曰曲禮，亦曰威儀，《藝文志》亦曰『禮經三百，威儀三千』是也。《禮器》注『今禮』二字，可證鄭本不稱『儀禮』。凡鄭《詩箋》、《三禮注》引用十七篇，多云《士冠禮》、《鄉飲酒禮》、《聘禮》、《燕禮》，每舉篇名，未嘗偁《儀禮》。考《藝文志》曰：『《禮》古經五十六卷。經十七篇。《禮》古經者，出於魯淹中及孔氏，與十七篇文相似。』《景十三王傳》『《周官》〔二〕、《尚書》、《禮》、《禮記》、《孟子》、《老子》之屬』，

〔一〕「禮皆」，原倒，據初稿本及段玉裁《經韻樓集》卷二乙正。

〔二〕「周」上，原誤衍「禮」，據初稿本及《漢書·景十三王傳》删。

師古注云：『《禮》者，《禮經》也。《禮記》者，諸儒記《禮》之説也。』《説文序》曰『其偁《禮》、《周官》』，按：《禮》謂十七篇及《記》百三十一篇也，《周官》即《周禮》也。《説文》全書如『觶』下引《鄉飲酒禮》，『芐』下引《公食大夫禮》，『晢』下引《士冠禮》，『堋』下引《士喪禮》，『鉉』下『《禮》謂之鼏』，皆曰《禮》，無『儀』字。《景十三王傳》《周官》、《禮》、《禮記》並言，則爲三，《説文序》但言《禮》、《周官》，則『禮』字實包《禮》、《禮記》。劉子玄《孝經老子注易傳議》據鄭自序云：『遭黨錮之事，逃難注《禮》。』此『禮』字實包三《禮》。《後漢書·儒林傳》曰：『馬融作《周官傳》，授鄭某，某作《周官注》。某本習小戴《禮》，後以古經校之，取其義長者，順故爲鄭氏學。』原注：順故，猶訓詁也。按：此小戴《禮》，謂小戴之十七篇，鄭《目録》云大戴第幾、小戴第幾是也。鄭以古經校之，謂以古經五十六篇校十七篇也。下文云『某又注小戴所傳《禮記》四十九篇，爲三《禮》焉』，則『某本習小戴《禮》』之爲十七篇無疑。凡漢人於十七篇偁《禮》，不偁《儀禮》，甚著。」錫瑞案：段氏謂漢偁《禮》，不偁《儀禮》，極確，而回護鄭君，以賈疏、顔注爲未是，不思賈疏、顔注正本鄭君之説。段解「事儀三千」明有經十七篇在内，與賈疏、顔注豈有異乎？段又明以「經禮」爲綱，「曲禮」爲目，《周禮》豈得爲《儀禮》之綱乎？後世之偁《儀禮》，正以鄭君誤解「威儀」、「曲禮」爲即十七篇之《禮》也。晉元帝時，荀崧請置鄭《儀禮》博士，是《儀禮》之名已著於晉時。段以爲梁、陳以後乃爲此偁，説亦未諦。

八、論禮所以復性節情，經十七篇於人心世道大有關繫

《漢書·禮樂志》曰：「六經之道同歸，而禮樂之用爲急。治身者斯須忘禮，則暴嫚入之矣；爲國者一朝失禮，則荒亂及之矣。人函天地陰陽之氣，有喜怒哀樂之情。天稟其性而不能節也，聖人能爲之節而不能絶也，故象天地而制禮樂，所以通神明，立人倫，正情性，節萬事者也。人性有男女之情，妬忌之别，爲制婚姻之禮；有交接長幼之序，爲制鄉飲之禮；有哀死思遠之情，爲制喪、祭之禮；有尊尊敬上之心，爲制朝、覲之禮。哀有哭踊之節，樂有歌舞之容，正人足以副其誠，邪人足以防其失。」凌廷堪本之，作《復禮》篇曰：「夫人之所受於天者，性也；性之所固有者，善也。所以復其善者，學也；所以貫其學者，禮也。是故聖人之道，一禮而已矣。《孟子》曰：『契爲司徒，教以人倫，父子有親，君臣有義，夫婦有别，長幼有序，朋友有信。』此五者，皆吾性之所固有者也。聖人知其然也，因父子之道，而制爲士冠之禮；以君臣之道，而制爲聘覲之禮；因夫婦之道，而制爲士昏之禮；因長幼之道，而制爲鄉飲酒之禮；因朋友之道，而制爲士相見之禮。自元士以至於庶人，少而習焉，長而安焉。禮之外，别無所謂學也。夫性具於生初，而情則緣性而有者也。性本至中，而情則不能無過不及之偏，非禮以節之，則何以復其性焉？父子當親也，君臣當義也，夫婦當别也，長幼當序也，朋友當信也。五者，根於性者，所謂人倫也。而其所以親之、義之、别之、序之、

信之，則必由於情以達焉者也。非禮以節之，則過者或溢於情，不及者或漠焉遇之。是故知父子之當親也，則爲醴醮祝字之文以達焉；其禮非《士冠》可賅也，而於《士冠》焉始之。知君臣之當義也，則爲堂廉拜稽之文以達焉；其禮非《聘》、《覲》可賅也，而於《聘》、《覲》焉始之。知夫婦之當別也，則爲笄次帨鞶之文以達焉；其禮非《士昏》可賅也，而於《士昏》焉始之。知長幼之當序也，則爲盥洗酬酢之文以達焉；其禮非《鄉飲酒》可賅也，而於《鄉飲酒》焉始之。知朋友之當信也，則爲雉腒奠授之文以達焉；其禮非《士相見》可賅也，而於《士相見》焉始之。《記》曰：『禮儀三百，威儀三千。』其事蓋不僅父子、君臣、夫婦、長幼、朋友也，即其大者而推之，而百行舉不外乎是矣。其篇亦不僅《士冠》、《聘》、《覲》、《士昏》、《鄉飲酒》、《士相見》也，即其存者而推之，而五禮舉不外乎是矣。」錫瑞案：凌氏作《禮經釋例》，於十七篇用功至深，故能知十七篇足以賅括一切禮文，即有不備，可以推致，與邵懿辰之説相近。凌氏年輩在前，當爲邵所自出，而其實皆本於《漢書》。其論禮所以節情復性，於人心世道尤有關繫。據此，可見古之聖人制爲禮儀，先以洒埽、應對、進退之節，非故以此爲束縛天下之具，蓋使人循循於規矩，習慣而成自然，嚚陵放肆之氣，潛消於不覺。凡所以涵養其德、範圍其才者，皆在乎此。後世不明此旨，以爲細微末節，可以不拘，其賢者失所遵循，或啟妨貴淩長之漸；不肖者無所檢束，遂成犯上作亂之風。其先由小節之不修，其後乃至大閑之踰越，爲人心世道之大害。試觀兩漢取士必由經明行修，所用皆謹守禮法之人，風俗純厚，最爲近古。晉人高語《莊》、《老》，謂禮豈爲我輩設，酣放嫚易，以子字父，遂有五胡亂華之禍，足見細微末節，所關甚鉅。女叔侯謂禮所以保國，晏平仲謂禮可以已亂，洵非迂論。漢、晉之往事，萬世之明鑑也。漢以十七篇立學，灼見本原。後人以《周禮》爲本、《儀禮》爲末，本末倒亂。朱子已駁正其失矣，又引陳振叔説《儀禮》云：「此乃儀，更有禮書。《儀禮》只載行禮之威儀，所謂『威儀三千』是也。禮書如云天子七廟之類〔一〕，説大經處。這是禮，須自有個文字〔二〕。」則猶未知《禮經》關繫之重，更在制度之上也。《儀禮經傳通解》有《王朝禮》，即是説大經之文字，制度雖不可略，然不如冠、昏、喪、祭之禮可以通行。

九、論《禮》十七篇爲孔子所定，邵懿辰之説最通，訂正《禮運》「射御」之誤當作「射鄉」尤爲精確

《周禮》、《儀禮》，説者以爲並出周公。案：以《周禮》爲周公作，固非，以《儀禮》爲周公作，亦未是也。《禮》十七篇蓋孔子所定。《檀弓》云：「恤由之喪，哀公使孺悲學士喪禮於孔子，《士喪禮》於是乎書。」據此，則《士喪》出於孔子，其餘篇亦出於孔子可知。漢以十七篇立學，尊爲經，以其爲孔

〔一〕「云」，原脱，據《朱子語類》卷八十五補。
〔二〕「自」，原誤作「更」，據《朱子語類》卷八十五改。

子所定也。近人邵懿辰《禮經通論》曰：「漢初魯高堂生傳《禮經》十七篇，五傳至戴德、戴聖，分爲大戴、小戴之學，皆不言其有闕也。言僅存十七篇者，後人據《漢・藝文志》及劉歆《七略》，因多逸《禮》三十九而言耳。夫高堂、后蒼、二戴、慶普不以十七篇爲不全者，非專己而守殘也，彼有所取證，證之所附之《記》焉耳。《冠義》、《昏義》諸記，本以釋經，爲《儀禮》之傳，先儒無異説。觀《昏義》曰：『夫禮，始於冠，本於昏，重於喪、祭，尊於朝、聘，和於鄉、射。』故有《冠義》以釋《士冠》，有《昏義》以釋《昏禮》，有《問喪》以釋《士喪》，有《祭義》、《祭統》以釋《特牲》、《少牢》、《有司徹》，有《鄉飲酒義》以釋《鄉飲》，有《射義》以釋《鄉射》、《大射》，有《燕義》以釋《燕》、《食》，有《聘義》以釋《聘禮》，有《朝事》以釋《覲禮》，有《四制》以釋《喪服》，而無一篇之義出於十七篇之外者。是冠、昏、喪、祭、朝、聘、鄉、射八者，約十七篇而言之也。更證之《禮運》。《禮運》嘗兩舉八者以語子游，皆孔子之言也，特『射鄉』譌爲『射御』耳。一則曰『達於喪、祭、射、鄉、(今本作「御」。)冠、昏、朝、聘』，再則曰『其行之以貨、力、辭、讓、飲、食、冠、昏、喪、祭、射、鄉、(今本作「御」。)朝、聘』。貨、力、辭、讓、飲、食六者，禮之緯也。非貨財强力，不能舉其事；非文辭揖讓，不能達其情；非酒醴牢羞，不能隆其養。冠、昏、喪、祭、射、鄉、朝、聘八者，禮之經也。冠以明成人，昏以合男女，喪以仁父子，祭以嚴鬼神，鄉飲以合鄉里，燕射以成賓主，聘食以睦邦交，朝覲以辨上下。天下之人，盡於此矣；天下之事，亦盡於此矣。而其證之尤爲明確而可指者，適合於《大戴》十七篇之次序。《大戴》：《士冠禮》

一，《昏禮》二，《士相見禮》三，《士喪禮》四，《既夕》五，《士虞禮》六，《特牲饋食禮》七，《少牢饋食禮》八，《有司徹》九，《鄉飲酒》十，《鄉射禮》十一，《燕禮》十二，《大射儀》十三，《聘禮》十四，《公食大夫禮》十五，《覲禮》十六，《喪服》十七。是一、二、三篇，冠、昏也；四、五、六、七、八、九篇，喪、祭也；十、十一、十二、十三篇，射、鄉也；十四、十五、十六篇，朝、聘也，而《喪服》之通乎上下者附焉。《小戴》次序最爲雜亂，《冠》、《昏》、《相見》而後，繼以《鄉》、《射》四篇，忽繼以《士虞》與《喪服》，又繼以《特牲》、《少牢》、《有司徹》，復繼以《士喪》、《既夕》，而後以《聘禮》、《公食》、《覲禮》終焉。今鄭、賈注疏所用劉向《别録》次序，則以喪、祭六篇居末，而《喪服》一篇移在《士喪》之前，似依吉凶人神爲次。蓋向見《記》云『吉凶異道，不得相干』、《荀子》云『吉事尚尊，喪事尚親』，遂以昏、冠、射、鄉、朝、聘十篇爲吉禮，居先，而喪、祭七篇爲凶禮，居後焉，較《小戴》稍有條理，而要不若《大戴》之次合乎《禮運》。疑自高堂生、后蒼以來，而聖門相傳篇序固已如此也。夫『經禮三百，曲禮三千』。《儀禮》，所謂『經禮』也，周公所制，本有三百之多。至孔子時，即禮文廢闕，必不止此十七篇，亦必不止如《漢志》所云五十六篇而已也。而孔子所爲定《禮》、《樂》者，獨取此十七篇以爲教，配六藝而垂萬世，則正以冠、昏、喪、祭、射、鄉、朝、聘八者爲天下之達禮耳。」錫瑞案：邵氏此説，犂然有當於人心。以十七篇爲孔子所定，足正後世疑《儀禮》爲闕略不全之誤。以《儀禮》爲「經禮」，足正後世以《周禮》爲「經禮」、《儀禮》爲「曲禮」之誤。訂正《禮運》兩處「射御」當爲「射鄉」，尤爲一字千金，真乃二千年儒先未發之覆。學者治《禮》，當知此義，先於冠、昏、喪、祭、射、鄉、朝、聘八者求之。

一〇、論邵懿辰以逸《禮》爲僞，與僞古文《書》同，十七篇並非殘闕不完，能發前人之所未發

劉歆《移太常博士》云：「魯共王壞孔子宅，得古文逸《禮》，有三十九篇。」《漢·藝文志》「《禮》古經五十六卷」，合十七篇與三十九篇言之。三十九篇無師説，遂致亡佚。朱子曰：「古《禮》五十六篇，班固時其書尚在，鄭康成亦及見之，注疏中多援引，不知何時失之，甚可惜也。」王應麟曰：「逸《禮》三十九，其篇名頗見於他書。若《天子巡狩禮》見《周官·内宰》注，《朝貢禮》見《聘禮》注，《烝嘗禮》見《射人》疏，《中霤禮》見《月令》注及《詩·泉水》疏，《王居明堂禮》見《月令》、《禮器》注，《古大明堂禮》見蔡邕《論》。又《奔喪》疏引逸《禮》、《王制》疏引逸《禮》云『皆升合於太祖』，《文選注》引逸《禮》云『三皇禪云云，五帝禪亭亭』。《論衡》：『宣帝時，河内女子壞老屋，又得佚《禮》一篇，合五十七。』斷珪碎璧，皆可寶也。」吴澄曰：「三十九篇唐初猶存，諸儒曾不以爲意，遂至於亡，惜哉！」邵懿辰曰：「先儒以三百、三千之語，惜古禮散亡，而因惜三十九篇逸《禮》之亡；因三十九篇之亡，遂視十七篇爲殘闕不完之書，而失聖人定《禮》之本意。宋、明以來，直廢此經，不以設科

取士，則皆劉歆之姦且妄，有以淆其耳目而塞其聰明也。夫即後人所引《禘於太廟禮》、《王居明堂禮》、《烝嘗禮》、《中霤禮》、《天子巡狩禮》、《朝貢禮》，及吴氏所輯《奔喪》、《投壺》、《遷廟》、《釁廟》、《公冠》之類，厠於十七篇之間，不相比附而連合也。何也？皆非當世通行之禮，常與變不相入，偏與正不相襲也。況其逸文之存，如《太平御覽》引《巡狩禮》，文辭不古，及『三皇禪云云，五帝禪亭亭』，既誕而不足信矣。而《月令》注及《皇覽》引《王居明堂禮》數條，皆在《尚書大傳》第三卷《洪範五行傳》之中。吴氏不知其有全文，而僅引《禮注》，合爲一篇。然觀其文意，實與伏生《五行傳》前後相協，必非古《王居明堂禮》。而伏生全引入於《大傳》也，則爲劉歆剽取《大傳》，以爲《王居明堂禮》明矣。即此一端，而其他可知。亦猶十六篇逸《書》，即僞《武成》之剽《世俘解》，見其他皆作僞也。就令非僞，亦孔子定十七篇時删棄之餘，康成不爲之注，與十六篇僞古文《書》同。大抵秃屑叢殘，無關理要。」丁晏曰：「位西此論，謂逸《禮》不足信，過矣。當依草廬吴氏，别存逸經爲允。至斥逸《禮》爲劉歆誣僞，頗嫌肊斷。且逸《禮》古經，漢初魯共王得於孔壁，河間獻王得於淹中，《朝事儀》見於《大戴禮》，《學禮》見于賈誼書，皆遠在劉歆以前，未可指爲歆贋作也。」錫瑞案：逸《禮》即非歆贋作，亦不得與十七篇並列。邵氏云「就令非僞，亦孔子定十七篇時删棄之餘」，「大抵秃屑叢殘，無關理要」，其説最爲確當。逸《禮》三十九篇，猶逸《書》十六篇也，皆傳授不明，又無師説，其真其贋，可以勿論。學者於二十九篇《書》、十七篇《禮》未能發明，而偏好於逸《書》、逸《禮》，拾其殘賸，豈可謂知所先務乎？邵氏據諸書所引而斥其不足信，又謂《王居明堂禮》出於伏《傳》，比於《武成》出於《世俘》，可謂卓識。丁氏能證古文《尚書》之僞，而必信逸《禮》爲真，何也？

一一、論古禮情義兼盡，即不能復，而禮不可廢

聖人制禮，情義兼盡。專主情，則親而不尊，必將流於褻慢；專主義，則尊而不親，必至失於疏闊。惟古禮能兼盡而不偏重。論君臣之義，《覲禮》：「侯氏入門右，坐奠圭，再拜稽首。」注云：「入門右，執臣道，不敢由賓客位也。卑者見尊，奠贄而不授〔一〕。」又曰：「侯氏再拜稽首。以馬出，授人，九馬隨之。乃右肉袒於廟門之東，乃入門右，北面立。」注云：「王不使人受馬者，至于享，王之尊益君，侯氏之卑益臣。肉袒者，刑宜施於右也。入更從右者，臣益純也。」蓋古天子、諸侯分土而治，故必嚴君臣之分。侯氏稽首，天子不答，而天子負斧依立，亦不坐受其拜。臣盡臣之敬，君不恃君之尊，且燕饗仍迎送獻酬，待以賓客之禮。諸侯與大夫燕禮，使宰夫爲獻主，臣莫敢與君抗禮也。其他皆如賓客。《詩·鹿鳴》、《彤弓》皆曰「我有嘉賓」。臣有疾，君問之；臣死，君親臨其喪。情義兼盡者，此其一。論父子之義，《曲禮》：「凡爲人子者，冬溫而夏清，昏定而晨省。」《内則》子事父母之禮

〔一〕「奠贄」，原倒，據《儀禮注疏》乙正。

尤詳，子之孝敬父母如此。《冠禮》見于母，母拜之，以成人而與爲禮。《特牲饋食禮》：「嗣舉奠，主人西面，再拜。」以先祖有功德，子孫當嗣之，父母之重其子如此。情義兼盡者，又其一。論夫婦之義，《昏義》：「是以昏禮納采、問名、納吉、納徵、請期，皆主人筵几於廟，所以敬愼重、正昏禮也。父親醮子而命之迎，男先於女也。壻執鴈入，揖讓升堂，再拜奠鴈，蓋親受之於父母也。婦至，壻揖婦以入，共牢而食，合巹而酳，所以合體同尊卑，以親之也。」敬愼重正，而后親之，禮之大體，所以成男女之别，而立夫婦之義也。情義兼盡者，又其一。論長幼之義，「鄉飲酒之禮，六十者坐，五十者立侍，以聽政役，所以明尊長也；六十者三豆，七十者四豆，八十者五豆，九十者六豆，所以明養老也。民知尊長養老，而后乃能入孝弟。民入孝弟，出尊長養老，而后成教，成教而后國可安也。」其餘事先生長者之禮，見於《曲禮》、《少儀》甚詳。情義兼盡者，又其一。論朋友之義，《士相見禮》：奉摯，曰「某子以命，命某見」，主人對曰：「請吾子之就家也，某將走見。」賓請終賜見，主人對「某將走見」。賓固請，主人辭摯，賓對「不以摯，不敢見」。主人固辭，賓又固請。主人出迎於門外，再拜。賓答再拜。主人揖，入門右。賓奉摯，入門左。主人再拜受。賓再拜，送摯，出。一見，如此其敬讓也。其餘凡與客入及坐席、飲食，見於《曲禮》、《少儀》亦詳。情義兼盡者，又其一。夫父子、夫婦、長幼、朋友，皆情得於義，必有禮以節情。惟君臣則義重於情，當有禮以達情。自秦尊君卑臣，漢雖未能復古，其君於將相大臣，猶有在坐爲起、在輿爲下之禮。後世此禮漸廢，至宋並廢坐論之禮，故蘇軾有「禮節繁多，君臣義薄」之言。後世拜跪之禮過繁，誠與古制不合，而矯其弊者，欲盡去拜跪而滅等威，則無以辨上下、定民志矣。父子、夫婦、長幼、朋友之禮，雖不及君臣之嚴，亦非可以不修而聽其廢墜者。

一二、論禮雖繁而不可省，即昏喪二禮可證

《禮器》：「君子曰：甘受和，白受采，忠信之人可以學禮。苟無忠信之人，則禮不虛道。是以得其人之爲貴也。」而《老子》則曰：「禮者，忠信之薄而亂之首也。」與禮家之言正相反。《曾子問》孔子引老聃之説有四，守禮如此謹嚴，其自著書則詆毁禮甚至。故或以爲老子是老萊子，非孔子問禮之老聃。或又以爲老子講禮厭煩，而遁入於空虛，正與六朝人講《喪服》厭煩，乃變而談《莊》、《老》，同一相激相反之意。二説未知孰是。老子，高言上古者也。上古純樸，本無禮文，即以昏、喪二事證之。古者配偶無定，人知有母而不知有父。古者不葬其親，其親死，則舉而委之於壑。伏羲以後，始漸制禮，至周而後大備，郁郁文盛，儀節繁多，如：一獻之禮，賓主百拜；一見之禮，賓主五請。執摯必先固讓，執玉必先固辭。入門必每曲揖，洗爵必下堂階。自常情視之，似乎繁而可省。見則竟見之矣，何必三讓？受則竟受之矣，何必三辭？故《老子》以爲近作僞而非忠信之道。不知《禮》已明言之矣。《聘義》曰：「上公七介。介紹而傳命，君子於其所尊弗敢質，敬之至

也。」《禮器》曰：「是故七介以相見也，不然則已愨；三辭三讓而至，不然則已蹙。」夫兩君相見，即須介紹，何必七介？而禮以爲不然則已愨。其他三辭三讓之禮，可以類推。《檀弓》曰：「夫禮，爲可傳也，爲可繼也，故哭踊有節。」又曰：「辟踊，哀之至也〔一〕。有算，爲之節文也。」又：「有子曰：『予一不知夫喪之踊也，予欲去之久矣。』子游曰：『禮有微情者，有以故興物者，有直情而徑行者，戎狄之道也。禮道則不然。』」夫親死，哀痛迫切，似不必言節文，而禮哭踊有節，以無節爲戎狄之道。其他不若喪禮之迫切者，更可以類推。故常情所見爲可省者，皆先王制禮不敢不至者也。今使直情徑行，而欲盡廢繁文縟節，即以昏、喪二禮證之。昏禮盡去六禮之文，納采、問名、納吉、納徵、請期、親迎一切不用，則將「不待父母之命、媒妁之言，鑽穴隙相窺，踰牆相從」矣，可乎？不可乎？喪禮盡去附身、附棺、小斂、大斂之文，卜兆、封壙一切不用，則將「舉而委之於壑，狐狸食之，蠅蚋姑嘬之」矣，可乎？不可乎？古無束帛儷皮之儀，有持弓毆禽之弔。配偶無定，不葬其親。皇初榛狉，蓋非得已。由今觀之，非直近於野蠻，亦且比於禽獸。《禮》曰「戎狄之道」，戎狄即今所謂野蠻。《曲禮》曰：「是故聖人作爲禮以教人，使人以有禮，知自別於禽獸。」夫知有母，不知有父，親死委之狐狸、蠅蚋，非禽獸而何？在古人特限於不知，後世聖人已作爲禮，而別於禽獸矣。伏

〔一〕「至」，原誤作「變」，據《禮記・檀弓下》改。

義漸近文明，及周，爲文明之極。至文明已極，禮節不得不繁。若厭其太繁而矯枉過正，違文明之正軌，從野蠻之陋風，非惟於勢有所不行，亦必於心有所不忍，乃知古禮有繁而不可省者。文明之異於野蠻者在此，人之異於禽獸者亦在此也。古禮在今日，不過略存餼羊之遺，而昏姻之六禮、喪葬之大事，猶多合於古者，蓋天理、人情之至，皆知其不可廢。若欲舉此而盡廢之，不將爲野蠻、爲禽獸乎？

一三、論古冠昏喪祭之禮，士以上有同有異

有王朝之禮，有民閒通行之禮。論定禮之制，則民閒通行之禮小，而王朝之禮大；論行禮之處，則民閒通行之禮廣，而王朝之禮狹。十七篇古稱《士禮》，其實不皆士禮。純乎士禮者，惟《冠》、《昏》、《喪》、《相見》。若祭禮，則《少牢饋食》、《有司徹》爲大夫禮。《鄉飲》、《射》，士、大夫所通行。《燕禮》、《大射》、《聘禮》、《公食大夫》，爲諸侯禮。《覲禮》，爲諸侯見天子禮。並非專爲士設，其通稱「士禮」者，蓋以《士冠》列首，遂並其下通稱爲士而不復分别耳。若士以上冠、昏、喪、祭之禮，與士或同或異，不見於十七篇而見於《記》與他書者，亦略可以考見。《士冠禮·記》曰：「無大夫冠禮，而有其昏禮。古者五十而后爵，何大夫冠禮之有？公侯之有冠禮也，夏之末造也。天子之元子猶士，天下無生而貴者也。」據此，則天子之子冠，亦用士禮，其後乃别有諸侯之冠禮。

《左氏傳》云「君冠，必以裸享之禮行之，以金石之樂節之」，正後起之禮。冠禮，三加爲度，天子、諸侯冠用四加，亦後起之禮也。昏禮，大夫與士異，蓋五十以後或有續娶。其可考者：士當夕成昏，大夫以上三月廟祭而後禮成。士不外娶，無留車反馬；大夫或外娶，有留車反馬。士必親迎至婦家，天子、諸侯親迎於館。士納徵儷皮、束帛，天子、諸侯加以玉。此禮之稍異者。喪禮，《中庸》曰：「三年之喪，達乎天子。父母之喪，無貴賤一也。」曾子曰：「哭泣之哀，齊斬之情，饘粥之食，自天子達。」孟子曰：「三年之喪，齊疏之服，饘粥之食，自天子達於庶人。」「高宗諒陰」，鄭君讀爲「梁闇」，是天子亦居倚廬。而春秋後禮已不行，故子張疑而問，滕人謂魯先君莫之行。又其後，則大夫與士亦有異。《雜記》曰「端衰、喪車皆無等」，是上下本同；又曰「大夫爲其父母兄弟之未爲大夫者之喪[一]，服如士服」，是大夫、士有異。鄭注：「今大夫喪服禮逸，與士異者，未得而備聞也。《春秋傳》曰：齊晏桓子卒，晏嬰麤衰斬，苴經帶，杖，菅屨，食粥，居倚廬，寢苫，枕草。其老曰：『非大夫之禮也。』曰：『惟卿爲大夫。』此平仲之謙也。」王肅曰：「春秋之時，尊者尚輕簡，喪服禮制遂壞。」張融曰：「士與大夫異者，皆是亂世尚輕涼，非王者之達禮。」孔疏曰：「如融之説，是周公制禮之時則上下同，當喪制無等，至後世以來，士與大夫有異。」據此，則大夫以上喪禮之異於士者，皆

[一]「喪」，原脱，據《禮記·雜記》補。

後起之禮也。祭禮，則廟祧、壇墠之數，禘祫、時祭之名，尊彝、酒齊之分，冠服、牲牢之異，有見於三《禮》明文者，有注疏家所推得者，難於備舉。蓋天子、諸侯之祭禮，與《特牲》、《少牢》本不同，非若喪禮之異，爲後來之變也。

一四、論后倉等推《士禮》以致於天子，乃禮家之通例，鄭《注》、孔《疏》是其明證

《史記·儒林傳》曰：「《禮》固自孔子時，而其經不具。」孟子曰：「諸侯之禮，吾未之學也。」然則天子、諸侯之禮，在孔、孟時已不能備。孔子既不得位，又生當禮壞樂崩之後，雖適周而問老聃、萇弘，入太廟而每事問，委曲詳細，必不盡知。所謂「吾學周禮，今用之」者，蓋即冠、昏、喪、祭、射、鄉，當時民間通用之禮。觀孔子射於矍相之圃，有「觀於鄉而知王道易易」之言，漢初魯儒猶鄉飲、射於孔子家，則當時民間猶行古禮可知。孔子周流四方，參互考證，晚而定《禮》，約之爲十七篇，以爲學者守此，已足以明君臣、父子、兄弟、夫婦、朋友之倫，雖不能備，亦略具矣。禮由義起，在好學深思、心知其意者，即無明文可據，皆可以意推補。古者「五刑之屬三千」，見於《尚書·呂刑》；「威儀三千」、「曲禮三千」，見於《中庸》、《禮器》。其數皆三千者，出乎禮者入於刑，故取其數相準。數至三千，不爲不多，然而事理之變無窮，法制之文有限，必欲事事而爲之制，雖三千有所不能盡。

如今之《大清律》遠本漢、唐，繁簡得中，纖悉備具，而律不能盡者，必求之例，甚至例亦不能盡，更須臨時酌議。《大清通禮》、《禮部則例》雖極明備，而承襲之異、服制之殊，亦有不能全載，上煩部議，取決臨時者。以今準古，何獨不然？是即周時三千之禮具在，其不能盡具者，亦須臨時推補，況在諸侯去籍、始皇焚書之後哉！后倉等推《士禮》以致於天子，乃不得不然之勢。其實是禮家之通例，莫不皆然者也。《漢志》尊崇逸《禮》，謂「雖不能備，猶瘉倉等推《士禮》以致於天子」之説，其意以爲博考逸《禮》，則天子之禮略備，可以無煩推致。鄭君固親見三十九篇之《禮》者也，其注三《禮》，於逸《禮》中之《天子巡狩禮》、《朝貢禮》、《烝嘗禮》、《禘于太廟禮》、《王居明堂禮》引用甚尠，且於古大典禮、後儒所聚訟者，未嘗引逸《禮》以爲斷，仍不能不用倉等推致之意。如《周禮·內司服》「緣衣」，注曰：「此『緣衣』者，實作『褖衣』也。男子之褖衣黑，則是亦黑也，以下推次其色，則闕狄赤，揄狄青，褘衣玄。」此鄭君自云「推次」者。《司尊彝》注曰：「王酳尸用玉爵，而再獻者用璧角、璧散，可知也。」賈疏云：「以《明堂位》云『爵用玉琖，加用璧角、璧散』差之，推次可知也。」《弁師》注曰：「庶人弔者素委貌，一命之大夫冕而無旒，士變冕爲爵弁。」賈疏云：「鄭云此者，以有大夫已上，因言庶人，且欲從下向上，因推出士變冕爲爵弁之意也。」《掌客》「上公鉶四十有二，侯、伯鉶二十有八，子、男鉶十有八」，注曰：「非衰差也。二十八，書或爲二十四，亦非也。其於衰，公又當三十，於言又爲無施。禮之大數，鉶少於豆，推其衰，公鉶四十二宜爲三十八，蓋近之矣。」鄭以推差訂正經文，尤爲精密，而《魯禮禘祫義》曰：「儒家之説禘祫也，通俗不同，或云歲祫終禘，或云三年一祫，五年再禘。學者競傳其聞，是用訩訩争論，從數百年來矣。竊念《春秋》者，書天子、諸侯中失之事，得禮則善，違禮則譏，可以發起是非，故據而述焉。從其禘祫之先後，考其疏數之所由，而粗記注焉。魯禮，三年之喪畢，則祫於太祖，明年春禘於群廟。僖也，宣也，八年皆有禘。祫祭，則《公羊傳》所云『五年而再殷祭』，祫在六年明矣。《明堂位》曰『魯，王禮也』，以相準況，可知也。」夫禘祫乃古大典禮、後儒所聚訟者，鄭君明言訩訩争論，而於逸《禮》《禘於太廟》之類，何不引以爲據，反據《春秋》以相準況？於此足見古文逸《禮》大都單辭碎義，實無關於宏旨。故鄭不爲之注，亦不多引用。鄭之所謂「準況」，即倉等所謂「推致」也。其後孔、賈之疏經、注，亦用推致之法。孔引皇、熊兩家之疏，如《玉藻》疏云：「熊氏更説卿、大夫以下日食及朔食牲牢及敦數多少、上下差别，並無明據。」《郊特牲》疏引皇氏説圜丘之祭燔柴、牲、玉之類，與宗廟祫同；其祭感生之帝，則當與宗廟禘祭同；其五時迎氣，與宗廟時祭同。孔疏云：「皇氏於此經之首，廣解天地百神用樂委曲及諸雜禮制，繁而不要，非此經所須。又隨事曲解，無所憑據。」此則推致太過而有得有失者，要皆禮家之通例也。

一五、論《儀禮》爲經，《禮記》爲傳，當從朱子采用臣瓚之説，《儀禮經傳通解》分節尤明

自逸《禮》之書出，而十七篇有不全不備之疑；自三《禮》之名出，而十七篇有非經非傳之疑。以《周禮》爲「經禮」，《儀禮》爲「曲禮」，是《周禮》爲經，而《儀禮》爲傳矣；謂《儀禮》爲「經禮」，《禮記》爲「曲禮」，是《儀禮》爲經，而《禮記》爲傳矣。朱子曰：「今按：『禮經』、『威儀』〔一〕，劉向作『經禮』、『曲禮』〔二〕，而《中庸》以『禮經』爲《儀禮》。鄭玄等皆曰『經禮』即《周禮》，『曲禮』即今《儀禮》。臣瓚曰：周禮三百，特官名耳；『經禮』，謂冠、昏、吉、凶。蓋以《儀禮》爲『經禮』也。而近世括蒼葉夢得曰：『經禮，制之凡也；曲禮，文之目也。先王之世，二者蓋皆有書藏於有司，祭祀、朝覲、會同，則太史執之以涖事，小史讀之以喻衆。而鄉大夫受之以教萬民，保氏掌之以教國子者，亦此書也。』愚意《禮》篇三名，《禮器》爲勝，諸儒之説，瓚、葉爲長。蓋《周禮》乃制治立法、設官分職之書，而非專爲禮設也。至於《儀禮》，則其中冠、昏、喪、祭、燕、射、朝、聘，自爲『經禮』大目，亦不容專以

〔一〕「禮經」，《禮記集説》、《五禮通考》等引朱子説均作「經禮」，是。下句「《中庸》以禮經」同應作「經禮」。按，皮錫瑞此實引據《經義考》卷一百三十。

〔二〕「經禮」，原倒，據《經義考》卷一百三十乙正。又「劉向」，《禮記集説》等均作「《禮器》」。

「曲禮」名之也。又嘗考之,「經禮」固今之《儀禮》,其存者十七篇,而其逸見於他書者,猶有《投壺》、《奔喪》、《遷廟》等篇,其不可見者,又有古經增多三十九篇,而《明堂陰陽》、《王史氏記》數十篇,及河間獻王所輯禮樂古事,多至五百餘篇。倘或猶有逸在其間者,大率且以春官所領五禮之目約之,則其初固當有三百餘篇亡疑矣。所謂曲禮,則皆禮之微文小節,如今《曲禮》、《少儀》、《内則》、《玉藻》、《弟子職》篇,所記事親、事長、起居、飲食、容貌、辭氣之法,制器、備物、宗廟、宫室、衣冠、車旂之等,凡所以行乎經禮之中者,其篇之全數雖不可知,然條而析之,亦應不下三千有餘矣。」錫瑞案:分别經、傳,當從朱子之説。朱子既有此分别,遂欲合經、傳爲一書。《答李季章書》云:「累年欲修《儀禮》一書,釐析章句而附以傳説。」《答潘恭叔書》云:「《禮記》須與《儀禮》參,通修作一書,乃可觀。」《乞修三禮札子》云:「以《儀禮》爲經,而取《禮記》及諸經史雜書所載有及於禮者,皆以附於本經之下,具列注、疏、諸儒之説。」札子竟不果上,晚年乃本此意修《儀禮經傳通解》。其書釐析章句,朱子已明言之。其失在釐析《儀禮》諸篇多非舊次,如《士冠禮》三屨本在辭後,乃移入前「陳器服章」,戒賓、加冠等辭本總記在後〔一〕,乃分入前各章之下之類,未免宋儒割裂經文之習。其功在章句分明,每一節截斷,後一行題云右某事,比賈《疏》分節尤簡明。《答應仁仲書》

〔一〕「賓」,原誤作「宿」,據《儀禮》改。

云：「前賢常患《儀禮》難讀，以今觀之，只是經不分章，記不隨經，而注、疏各爲一書，故使讀者不能遽曉。今定此本，盡去此諸弊，恨不得令韓文公見之也。」近馬驌《繹史》載《儀禮》、張爾岐《儀禮鄭注句讀》、吴廷華《儀禮章句》、江永《禮書綱目》、徐乾學《讀禮通考》、秦蕙田《五禮通考》，分節皆用朱子之法。

一六、論言理不如言禮之可據，朱子以此推服鄭君，而鄭君之説亦由推致而得

漢儒多言禮，宋儒多言理。《仲尼燕居》：「子曰：禮也者，理也。」《樂記》：「禮者，理之不可易者也。」禮與理本一貫。然禮必證諸實，合於禮者是，不合於禮者非，是非有定，人人共信者也；理常憑於虚，彼亦一是非，此亦一是非，是非無定，不能人人共信者也。今舉一事明之。《宋史》朱熹《乞討論喪服札子》曰〔一〕：「臣聞三年之喪，齊疏之服，饘粥之食，自天子達於庶人，無貴賤之殊。而禮經勅令子爲父、適孫承重爲祖父，皆斬衰三年。蓋適子當爲父後，以承大宗之重，而不能襲位以執喪，則適孫繼統而代之執喪，義當然也。間者遺誥初頒，太上皇帝偶違康豫，不能躬就喪次，

〔一〕按，下引文至「一字不可增損也」，實引自徐乾學《讀禮通考》卷二十一。

陛下實以世適之重，仰承大統，則所謂承重之服，著在禮律，所宜一遵壽皇已行之法，易月之外，且以布衣布冠視朝聽政，以代太上皇帝躬執三年之喪。」《建炎以來朝野雜記》曰：「方文公上議時，門人有疑者，文公未有以折之。後讀《禮記正義·喪服小記》『爲祖後者』條，因自識於本議之末，其略云：準五服年月格，斬衰三年，適孫爲祖，法意甚明，而《禮經》無文，但傳云父没而爲祖後者服斬，然而不見本經，未詳何據。但《小記》云『祖父没而爲祖母後者三年』，可以旁照。至『爲祖後者』條下，疏中所引《鄭志》，乃有『諸侯父有廢疾，不任國政，不任喪事』之問，而鄭答以『天子、諸侯之服皆斬』之文，方見父在而承國於祖之服。向來上此文字時，無文字可檢，又無朋友可問，故大約且以禮律言之。亦有疑父在不當承重者，時無明白證驗，但以禮律、人情大意答之。心常不安，歸來稽考，始見此説，方得無疑，乃知學之不講，其害如此。而《禮經》之文，誠有闕略，不無待於後人。向使無鄭康成〔一〕，則此事終未有斷決。不可直謂古經定制，一字不可增損也。」錫瑞案：朱子以此推服鄭君，而鄭君此條實由推致而得。可見禮爲人倫之至，而以推致言禮，爲一定之法，必惜逸經之不具而疑推致爲無憑，非知禮者也。後儒空言理而不講禮，謂「禮，吾知敬而已；喪，吾知哀而已」，一遇國家有大疑議，則幽冥而莫知其原。宋濮議，明大禮議，舉朝争論，皆無一是，激成朋

〔一〕「使」，原誤作「始」，據初稿本及徐乾學《讀禮通考》卷二十一改。

黨，貽誤國家，尤非知禮者也。即如宋之寧宗，以祖父没而父病不能執喪，代父而立，自應承重，無可疑者。而或疑父在不應承重，亦未嘗不有一偏之理，所謂「彼亦一是非，此亦一是非」也。徒以律法、人情爲説，即以朱子之賢，猶不能折服群疑，必得《鄭志》明文，然後可以自信。此朱子所以服鄭而並欲修禮，晚年所以有《通解》之作而直以鄭注補經也。

一七、論鄭樵辨《儀禮》皆誤，毛奇齡駁鄭樵，而攻《儀禮》之説多本鄭樵

鄭樵《儀禮辨》曰：「古人造士，以《禮》、《樂》、《詩》、《書》並言之者，《儀禮》是也。古人六經〔一〕，以《禮》、《樂》、《詩》、《書》、《春秋》與《易》並言者，《儀禮》是也。《儀禮》一書，當成王太平之日，周公損益三代之制，作爲冠、婚、喪、祭之儀，朝、聘、射、饗之禮〔二〕，行於朝廷、鄉黨之間，名曰《儀禮》，而《樂》寓焉，正如後世《禮樂》《輿服志》之類。漢興，傳《儀禮》者出於高堂生《士禮》十七篇，而魯徐生善爲容，文帝時以容爲禮大夫。後《禮》之古經出於魯淹中〔三〕，河間獻王得之，凡五十六

〔一〕「六」，原誤作「大」，據《六經奥論》卷五改。
〔二〕「射饗」，原倒，據《六經奥論》卷五乙正。
〔三〕「禮」，原誤作「世」，據《六經奥論》卷五改。

篇，並威儀之事。其十七篇與高堂生所傳《士禮》同，而字尤多略，今三十九篇乃逸《禮》。案班固九流、劉歆《七略》，並不注《儀禮》，往往漢儒見高堂生所傳十七篇，遂摸傚《禮經》而作之。而范氏作《後漢書》，云《禮》古經與《周官經》，前世傳其書，未有名家者，中興以後，鄭衆、馬融等爲《周官》作傳，並不及《儀禮》，則《儀禮》一書，蓋晚出無疑者。故《聘禮》一篇所記賓介饔餼之物，禾米薪芻之數，籩豆簠簋之實，鉶壺鼎甕之列，考於《周官·掌客》之禮，皆不相合。《喪服》一篇，凡發『傳曰』以釋其義者十有三，又有『問者曰』、『何以』、『何也』之辭，蓋出於講師，設爲問難以相解釋。此皆後儒之所增益明矣。《儀禮》之書作於周公，春秋以來，禮典之書不存，禮經之意已失。三家僭魯，六卿擅晉，禮之大者已不存矣，士大夫略於禮而詳於儀。故殽烝之宴，武子不能識；彝器之薦，籍談不能對。郊勞贈賄，魯昭公非不知禮，而女叔齊以爲『儀也，非禮也』。揖遜周旋之問，趙簡子非不知禮，而子太叔以爲『儀也，非禮也』。而古人禮意，未有能名者，傳至後世，《漢舊儀》有二郎〔一〕，爲此容貌、威儀事。徐氏、張氏不知經，但能盤辟爲禮容。天下郡國有容史〔二〕，皆詣魯學之〔三〕，則天下所學《儀禮》者，僅容貌、威儀之末爾。今《儀禮》十七篇，鄭康成、王肅等爲之註。唐貞觀中，孔穎達撰《五

〔一〕「郎」，《六經奥論》原誤作「即」，據《漢書·儒林傳》蘇林注改。

〔二〕「史」，《六經奥論》原誤作「吏」，據《漢書·儒林傳》蘇林注改。

〔三〕「魯」，《六經奥論》原誤作「學」，據《漢書·儒林傳》蘇林注改。

經正義》，疑《周禮》、《儀禮》非周公書，其後賈公彦始爲《儀禮疏》。」錫瑞案：樂史論《儀禮》有可疑者五，鄭氏所説多同樂史之論。其所以誤疑《儀禮》者，一則不知《儀禮》之名始於何時，以爲周公時已名《儀禮》，而漢人未嘗稱道《儀禮》，則今之《儀禮》必晚出，當是漢儒摸倣而作。不知《禮》十七篇原於周公，定於孔子。周公、孔子時但名《禮》，漢以立學，名爲《禮經》。班《志》本於劉歆《七略》，其云「經十七篇」譌爲「七十篇」者，劉敞已訂正矣，鄭氏或未見。即今《儀禮》。劉、班時無《儀禮》之名，非别有《儀禮》而《志》不及也。鄭君以前，雖無注《儀禮》者，而馬融已注《喪服》，其非後儒增益明矣。一則誤執《左氏》之説，分儀與禮爲二，且重禮而輕儀。不知《左氏》極重威儀。北宫文子見令尹圍之儀，古本無「威」字，見《經義述聞》。謂其不可以終。於其時君大夫視下言徐、其容俯仰之類，皆斷其將死亡，何嘗以威儀爲末節？若女叔齊謂魯侯習儀，焉知禮，蓋以借諷晉君；子太叔謂是儀非禮，蓋以此進簡子。言非一端，不必過泥。武子不識殽烝，魯人不辨羔雁，此孔子時經不具之明證。若周公成書具在，列國無緣不知。《聘禮》與《掌客》不同，又《儀禮》、《周禮》不出周公之明證。若二書一手所作，何至彼此歧異？漢雖重徐氏之禮容，當時習《禮經》者並非專習容禮。十七篇後稱《儀禮》，蓋以其中或稱儀，《大射》一名《大射儀》。或稱禮而名之，非取容禮爲名，《禮》十七篇亦非僅容貌、威儀之末也。云孔穎達疑《周禮》、《儀禮》非周公書，孔《疏》中無明文。蓋因不疏二書，遂以爲疑之耳。毛奇齡攻《儀禮》多本其説，故具論之。

一八、論熊朋來於三《禮》獨推重《儀禮》，其説甚通

熊朋來曰：「《儀禮》是經，《禮記》是傳，儒者恒言之，以《冠義》、《昏義》、《鄉飲酒義》、《射義》、《燕義》、《聘義》與《儀禮·士冠》、《士昏》、《鄉飲酒》、《射》、《燕》、《聘》之禮相爲經傳也。劉氏又補《士相見》、《公食大夫》二義，以爲二經之傳。及讀《儀禮》，則《士冠禮》自『記：冠義』以後，即《冠禮》之記矣；《士昏禮》自『記：士昏禮凡行事』以後，即《昏禮》之記矣；《鄉飲酒》自『記：鄉朝服謀賓介』以後，即《鄉飲》之記矣；《鄉射禮》自『記：大夫與公士爲賓』以後，即《鄉射》之記矣；《燕禮》自『記：燕朝服於寢』以後，即《燕禮》之記矣；《聘禮》自『記：久無事則聘』以後，即《聘禮》之記矣；《公食大夫禮》自『記：不宿戒』以後，即《公食大夫》之記矣；《覲禮》自『記：几俟於東廂』以後，即《覲禮》之記矣；《士虞禮》自『記：虞沐浴不櫛』以後，即《士虞禮》之記矣；《特牲饋食禮》自『記：特牲』以後，即《特牲》之記矣；《士喪禮》則『士處適寢』以後附在《既夕》者，即《士喪禮》之記矣；《既夕禮》則『啟之昕』以後，即《既夕》之記矣。漢儒稱《既夕禮》即《士喪禮》下篇，故二記合爲一也。《喪服》一篇，每章有子夏作傳，而『記：公子爲其母』以後，又别爲《喪服》之記，其記文亦有傳，是子夏以前有此記矣。十七篇惟《士相見》、《大射》、《少牢饋食》、《有司徹》四篇不言記，其有記者十有三篇。然《冠禮》之記有『孔子曰』，其文與《郊特牲》所記冠義正同。其餘諸篇，惟《既夕》之記略見

於《喪大記》之首章，《喪服》之傳與《大傳》中數與疑「處」字誤。相似，餘記自與小戴冠、昏等六義不同，何二戴不以《禮經》所有之記而傳之也？十三篇之後各有記，必出於孔子之後、子夏之前，蓋孔子定《禮》而門人記之。故子夏爲作《喪服傳》，而並其記亦作傳焉。三《禮》之中，如《周禮》大綱雖正，其間職掌繁密，恐傳之者不皆周公之舊。《左傳》所引『周公制《周禮》曰』，殊與今《周禮》不相似。大、小戴所記固多格言，而訛僞亦不免。惟《儀禮》爲《禮經》之稍完者，先儒謂其文物彬彬，乃周公制作之廑存者。後之君子有志於禮樂，勿以其難讀而不加意也。」錫瑞案：熊氏於三《禮》中推重《儀禮》，以爲孔子所定、周公制作之廑存，自是確論。十七篇爲周公之遺，孔子所定，或本成周之遺制，或參闕里之緒言，久遠難明，而漢稱爲《禮經》，則已定爲孔子之書矣。韓文公苦《儀禮》難讀，又云於今無所用之，蓋慨當時《儀禮》不行，非謂《儀禮》真無所用。南北朝《儒林傳》兼通三《禮》猶不乏人，賈公彦《疏》實本齊黄慶、隋李孟悊。至唐，而習此經者殆絶。見李元瓘上奏。舉行冠禮，人皆快鄭尹而笑孫子，見柳宗元書。唐加母喪三年，並加外親服，褚無量歎曰：「俗情膚淺，一紊其制，誰能正之？」故韓公有慨於此。至宋，有張淳《儀禮辨誤》，李如圭《儀禮集釋》並《釋宮》，世傳《釋宮》爲朱子作。朱子嘗與如圭訂《禮》，或取其書入集中。朱子《儀禮經傳通解》，黄幹、楊復補《喪》、《祭》二禮，復又作《儀禮圖》。元吴澄纂次八經十傳；敖繼公《儀禮集説》疏解頗暢，惟詆鄭注，疵多醇少，近儒褚寅亮、錢大昕、俞正燮已駁正之。熊氏於《儀禮》雖非專家，而所論甚確，由朱子極尊《儀禮》，故宋、元諸儒猶知留意此經也。

一九、論《聘禮》與《鄉黨》文合，可證《禮經》爲孔子作

熊朋來曰：「《聘禮》篇末『執圭如重』、『入門鞠躬』、『私覿愉愉』等語〔一〕，未知《鄉黨》用《聘禮》語，抑《聘禮》用《鄉黨》語？大抵《禮經》多出於七十子之徒所傳。按：朱子《鄉黨集注》引晁氏曰：『定公九年，孔子仕魯，至十三年適齊，其間無朝聘之事，疑使擯、執圭二條，但孔子嘗言其禮如此。』又引蘇氏曰：『孔子遺書，雜記曲禮，非必孔子事也，見得古有《儀禮》之書，聖門因記其語。』」錫瑞案：此正可徵《儀禮》爲孔子作。熊氏謂「未知《鄉黨》用《聘禮》語，抑《聘禮》用《鄉黨》語」，蓋未知《鄉黨》、《聘禮》皆孔子之書，而謂「《禮經》多出於七十子之徒所傳」，則已明知《禮經》出自孔子，而非出自周公矣。晁氏云「孔子嘗言其禮」，則亦略見及之。蘇氏云「古有《儀禮》之書，聖門因記其語」，則但知有《儀禮》作於周公之説，而不知爲孔子所作。夫《鄉黨》之文與《儀禮》多合，蓋有孔子所嘗行者，有孔子未嘗行而嘗言之者。《鄉黨》所言禮，既非孔子之事，又非孔子所言，聖門何

〔一〕「愉愉」，原誤作「愉如」，據熊朋來《經説》卷五改。

必記其禮乎？《左氏》襄二十七年傳〔一〕：「仲尼使舉是禮也，以爲多文辭。」孔疏曰：「服虔云：『以其多文辭，故特舉而用之，後世謂之孔氏聘辭，以孔氏有其辭，故《傳》不復載也。』所言孔氏聘辭，不知事何所出，實享禮而謂之爲聘，舉舊辭而目以孔氏，事亦不必然也。」案：孔氏聘辭，今無可考。服子慎在東漢末，説必有據。《鄉黨》文與《聘禮》合者，當即孔氏聘辭之文。服以爲「孔氏有其辭，故《傳》不復載」，則孔氏聘辭文必繁，不止如《鄉黨》篇中所載之略，此亦可爲《聘禮》傳自孔氏之證。後世必以《儀禮》爲周公所作，於是此等文皆失其解。孔疏正以《儀禮》爲周公作者，故於服氏之説，既不知何所出，遂謂事不必然，而古義盡湮矣。季札觀樂，與今《風》、《雅》、《頌》次序合，服氏以爲「傳者據已定録之」，則《左氏》所載當時諸侯、大夫行禮與《禮經》合者，或亦據孔子所定之《禮》録之。顧棟高《〈左氏〉引經不及〈周官〉〈儀禮〉論》謂：「《周禮》爲漢儒傅會，即《儀禮》亦未敢信爲周公之本文」。俞正燮《〈儀禮〉行於春秋時義》駮顧氏説，謂「時行其儀，故不復引其文」，據臧孫爲季孫立悼子，爲《儀禮》賓爲苟敬及嗣舉奠法；齊侯飲昭公酒，使宰爲主人而請安，爲《儀禮》請安法；邾莊公與夷射姑飲酒，私出，閽乞肉焉，爲《儀禮》取薦脯法。雖其禮相脗合，未可據之以《儀禮》爲周公所作，真出孔子之前也。

〔一〕「二十七」，原誤作「三十八」，據《左傳》改。

二〇、論讀《儀禮》重在釋例，尤重在繪圖，合以分節，三者備則不苦其難

《春秋》有凡例，《禮經》亦有凡例。讀《春秋》而不明凡例則亂，讀《禮經》而不明凡例，則苦其紛繁。陳澧曰：「《儀禮》有凡例，作記者已發之矣。《鄉飲酒禮·記》云：『以爵拜者不徒作。坐卒爵者拜既爵，立卒爵者不拜既爵。凡奠者於左，將舉於右。』此記文之發凡者也。鄭注發凡者數十條。《士冠禮》注云：『凡奠爵，將舉者於右，不舉者於左。』『凡醴事〔一〕，質者用糟，文者用清。』『凡薦，出自東房。』『凡牲，皆用左胖。』其餘諸篇，注皆有之。若鈔出之，即可爲《儀禮凡例》矣。有鄭注發凡，而賈疏辨其同異者。有鄭注不發凡，而賈疏發凡者。有經是變例，鄭注發凡，而疏申明之者。又有經是變例，注不發凡，而疏發凡者。有賈疏不云凡，而無異發凡者。文多不載，見《東塾讀書記》。綜而論之，鄭、賈熟於《禮經》之例，乃能作注作疏。注精而簡，疏則詳而密。分析常例、變例，究其因由，且經有不具者，亦可以例補之。朱子云：『《儀禮》雖難讀，然卻多是重複，倫類若通，則其先後、彼此展轉參照，足以互相發明。』此所謂倫類，即凡例也。近時則凌氏《禮經釋例》，善承鄭、賈

〔一〕「事」，原誤作「士」，據初稿本及陳澧《東塾讀書記》卷八改。

之學，大有助於讀此經者矣。」案：陳氏引注、疏甚明，初學猶苦其分散難考，先觀《禮經釋例》，則一目瞭然矣。陳澧又曰：「鄭、賈作注作疏時，皆必先繪圖。今讀注、疏，觸處皆見其蹤跡。如《士冠禮》『筮人許諾，右還，即席坐』，注云：『東面受命，右還北行就席。』疏云：『鄭知東面受命者，以其上文有司在西方東面，主人在門東西面，今從門西東面主人之宰命之，故東面受命可知也。知右還北行就席者，以其主人在門外之東南，席在門中，故知右還北行乃得西面就席坐也。』如此之類，乃顯而易見者。又如《燕禮》『主人盥，洗象觚』，注云：『取象觚者東面。』疏云：『以膳篚南有臣之篚，不得北面取，又不得南面背君取，從西階來，不得篚東、西面取，以是知取象觚者東面也。』此必鄭有圖，故知東面取；賈有圖，故知不得北面、南面、西面而必東面也。以下文多不載。楊信齋作《儀禮圖》，厥功甚偉，惜朱子不及見也。《通志堂經解》刻此圖，然其書巨帙，不易得，故信齋此圖罕有稱述者。張皋文所繪圖更加詳密，盛行於世，然信齋創始之功不可没也。阮文達公爲張皋文《儀禮圖》序云：『昔漢儒習《儀禮》者必爲容，故高堂生傳《禮》十七篇，而徐生善爲頌，禮家爲頌皆宗之。頌即容也。予嘗以爲讀《禮》者當先爲頌。昔叔孫通爲緜蕝以習儀，他日亦欲使家塾子弟畫地以肄禮，庶于治經之道事半而功倍也。然則編修之書，非即徐生之頌乎？』」澧案：畫地之法，澧嘗試爲之，真事半而功倍，恨未得卒業耳。若夫宮室、器服之圖，則當合三《禮》爲之。此自古有之，今存於世者，惟聶崇義之圖。至國朝，諸儒所繪益精。若取《皇清經解》内諸圖與聶氏圖，考定其是非，而別爲《三禮圖》，則善矣。」錫瑞案：聶氏《三禮圖》，朱子譏其醜怪不經，非古制。今觀其冠制多怪誕，必非三代法物。而據竇儼《序》稱其「博采舊圖，凡得六本」，則實原於鄭君及阮諶、梁正、夏侯伏明、張鎰諸家，特非盡出鄭君。而鄭注《儀禮》、賈疏《儀禮》有圖，則自陳氏始發之。楊復圖世罕傳。惟張惠言《儀禮圖》通行，比楊氏更精密。韓文公苦《儀禮》難讀。讀《儀禮》有三法：一曰分節，二曰釋例，三曰繪圖。得此三法，則不復苦其難。分節，可先觀張爾岐、吴廷華之書；釋例，凌廷堪最詳；繪圖，張惠言最密。若胡培翬《儀禮正義》，雖詳而太繁；楊大堉所補多違古義，與原書不合，不便學者誦習，姑置之。

二一、論宋儒掊擊鄭學實本王肅，而襲爲己説，以别異於注疏

三《禮》繁難，一人精力難於通貫。漢以十七篇立學，后倉《曲臺記》後，並無解義。杜、賈、二鄭止解《周官》。馬融解《周官》與《禮記》，而十七篇止注《喪服》。惟鄭君偏注三《禮》，至今奉爲圭臬，誠可謂宏覽博物，精力絶人者矣。其後禮書之宏富者，有宋何承天删並《禮論》八百卷爲三百卷，梁孔子祛又續何承天《禮論》一百五十卷，隋《江都集禮》一百二十卷，牛弘撰《儀禮》百卷，今皆不傳。惟崔靈恩《三禮義宗》四十七卷，猶存其略。宋陳祥道《禮書》一百五十卷，晁公武、陳振孫並稱其精博。《四庫提要》曰：「其中多掊擊鄭學，如論廟制，引《周官》、《家語》、《荀子》、《穀梁傳》，

謂天子皆七廟，與康成天子五廟之説異；論禘祫，謂圜丘自圜丘，禘自禘，力破康成禘即圜丘之説；論禘大於祫，並祭及親廟，攻康成禘小祫大、祭不及親廟之説；辨上帝及五帝引《掌次》文，闢康成上帝即五帝之説。蓋祥道與陸佃亦皆王安石客，安石説經既刱造新義，務異先儒，故祥道與陸佃亦皆排斥舊説。」錫瑞案：祥道之書，博則有之，精則未也。其自矜爲新義，實多原本王肅。漢時禮家聚訟，古、今文説不同。鄭君擇善而從，立説皆有所據，如説廟制，以爲天子五廟，周合文、武二祧爲七，本《喪服小記》「王者立四廟」，《禮緯稽命徵》「唐、虞五廟；夏四廟，至子孫五；殷五廟，至子孫六；周尊后稷、文、武，則七」。王肅乃數高祖之父、高祖之祖，與文、武而九，不知古無天子九廟之説。而肅説二祧，亦與《祭法》不合也。鄭説圜丘是禘嚳配天，圜丘本《周官》，周人禘嚳本《國語》、《祭法》。王肅乃謂郊、丘是一，引董仲舒、劉向爲據。不知董、劉皆未見《周官》，不知有圜丘，但言郊而不言禘，不足以難鄭也。鄭説三年祫，五年禘，祫大禘小，本於《春秋公羊》經書「有事」爲禘，各於其廟，「大事」爲祫，群廟主悉升於太祖。而肅引《禘於太廟》逸禮「昭尸、穆尸皆升合於太祖」，孔《疏》已駁之曰：「鄭以《公羊傳》爲正，逸《禮》不可用也。」逸《禮》不足信，即此可見，故鄭不用，亦不爲之注。鄭説五帝爲五天帝，本《周官·司服》「祀昊天上帝，則服大裘而冕。祀五帝，亦如之」。五帝配南郊，祭用夏正月，故服大裘；若五人帝，則迎夏、迎秋，不得服裘。又先鄭注《掌次》云「五帝，五色之帝」，陳祥道據《掌次》駁鄭，即此可證其誤。是鄭義本先鄭。王肅以爲五人帝分主五行，然則大皞、炎、黄之先無司五行者乎？此與肅駁鄭義，以爲社稷專祀句龍、后稷，不祀土、穀之神者，同一謬妄也。王肅所據之書，鄭君無緣不知，其所以不用者，當時去取必自有説。肅乃取鄭所不用者，轉以難鄭。鄭據今文，則以古文駁之，如據逸《禮》以駁《公羊》是也；鄭據古文，則以今文駁之，如據董、劉以駁《周官》是也。其時馬昭、張融，下至孔穎達《疏》，已爲細加分别。宋人寡學，不盡知二家之説所自出，取王説之淺近，疑鄭義之博深；又以其時好立新説，鄭《注》立學已久，人多知之，王説時所不行，乃襲取之以爲己説，陳氏《禮書》大率如是〔一〕。皆上誣前賢〔二〕，下誤後學。後人不當承其誤，凡此等書可屏勿觀。朱子曰：「王肅議禮，必反鄭玄。」朱子於禮用功深，故能知「鄭康成考禮名數大有功」。

二二、論王肅有意難鄭，近儒辨正已詳，《五禮通考》舍鄭從王，俞正燮譏之甚是

合今、古文説《禮》，使不分明，始於鄭君，而成於王肅。鄭君以前，界限甚嚴。何休解《公羊傳》，據逸《禮》而不據《周官》，以逸《禮》雖屬古文，不若《周官》之顯然立異也。杜、賈、二鄭解《周

〔一〕「陳氏」云云，原闌入正文，據初稿本眉批改。
〔二〕「皆」，初稿本已删。

官》，皆不引博士説。鄭司農注《大司徒》五等封地，皆即本經立説，不牽涉《王制》，惟注「諸男方百里」一條云：「諸男食者四之一，適方五十里，獨此與五經家説合耳。」「五經家説」，即《王制》「子、男五十里」之説也。鄭君疏通三《禮》，極具苦心，於其分明者，則分之爲周禮，爲夏、殷禮；不分明者，未免含混説之，或且改易文字，展轉求通。專門家法，至此一變。王肅有意攻鄭，正當返求家法，分别今、古，方可制勝。乃肅不惟不知分别，反將今、古文説别異不同之處任意牽合。如《王制》廟制，今説，《祭法》廟制，古説，此萬不能合者。而肅僞撰《家語》、《孔叢子》，所言廟制，合二書爲一説。鄭君以爲《祭法》周禮，《王制》夏、殷禮，尚有蹤跡可尋。至肅，乃盡抉其藩籬，蕩然無復門户，使學者愈以迷亂，不復能知古禮之異。尤可笑者，《家語》、《孔叢》舉禮家聚訟莫決者，盡託於孔子之言以爲折衷。不知禮家所以聚訟，正以去聖久遠，無明文可據，是以石渠、虎觀，至煩天子稱制臨決。若孔子之言如此彰灼，「群言淆亂折諸聖」，尚何庸斷斷争辨乎？古人作注，發明大義而已。肅注《家語》如五帝、七廟、郊丘之類，處處牽引攻鄭之語，殊乖注書之體，而自發其作僞之覆。肅又作《聖證論》以譏短鄭，據唐《元行沖傳》云六十八條，今約存三十條。禮之大者，即五帝、七廟、郊丘、禘祫、社稷之屬，其餘或文句小異，不關大義。肅之所謂聖證，即取證於《家語》、《孔叢》，以爲鄭君名高，非託於聖言，不足以奪其席。而鄭學之徒馬昭已灼知《家語》爲王肅僞作，斯可謂心勞日拙矣。晉武帝，王肅外孫，郊廟典禮皆從肅説。其時鄭、王之徒争辨不已，久而論定。六朝南、北學三《禮》皆遵鄭氏，至唐而孔疏《禮記》，賈疏《周禮》、《儀禮》，發明鄭義尤詳。宋以後，乃舍鄭從王，排斥注、疏。國朝昌明鄭學，於王肅之僞撰《家語》、僞撰古文《尚書》經傳，攻之不遺餘力。肅之私竄《毛詩》以難鄭者，亦深窺其癥結。《聖證論》中所説郊廟大典，惠棟、孫星衍辨正尤詳。惟秦蕙田《五禮通考》多蹈陳祥道《禮書》舍鄭從王之失，似即以《禮書》爲藍本。《四庫提要》曰：「較陳祥道等所作，有過之無不及。」僅以爲過祥道，似亦有微辭焉。俞正燮《癸巳存稿》云：「《五禮通考》所采漢以後事皆是，惟周時書籍，廣搜魏、晉以後議論附於後，本康莊也，而荆棘榛芒之，可謂宋、元人平話經義與帖括經義，日課陋稿，令人憎惡，不可謂之禮書也。據魏、晉以後禮制，多本王肅、皇甫謐，其説不可不采，然宜附所引史志後，不宜附經後。引經止存漢傳注本義，魏、晉以後野文皆削之。宋、元人平話、帖括兩體文，尤不當載。而制度則案年次之，通考之體應如此，此書體例非也。」錫瑞案：《五禮通考》網羅浩博，自屬一大著作，而其大書旁注，低格附載，體例誠多未善，有如俞氏所譏。舍鄭從王，是宋非漢，尤爲顛倒之見，恐誤後學，不得不辨。秦氏之作《通考》，以徐乾學《讀禮通考》惟詳喪葬，而推廣爲五禮。徐氏專講喪禮，條理不繁，故詳審，無可議。秦氏兼及五禮，過於繁博，故體例有未善，足見三《禮》非一人之力所能及。自鄭君並注三《禮》後，孔氏止疏《禮記》，且原本於皇、熊；賈氏疏《儀禮》，本黄慶、李孟悊，《周禮》不著所出，亦必有所承。朱子《儀禮經傳通解》，至歿尚未卒業。若陳氏《禮書》、秦氏《通考》，未免舉鼎絶臏之弊。近人林昌彝《三禮通釋》有編次而少折衷，林喬蔭《三禮陳數求義》有折衷而欠精確。惟江永《禮書綱目》本於朱子，足以補正朱子之書。治三《禮》者，可由此入門，而《五禮通考》姑置之可也。毛鴻賓序《三禮通釋》云：「《五禮通考》所據者，皆宋、元、明以下之説，多鑿壁虚造，而漢、魏、六朝經師之遺言大義尟及之。」可謂知言。

二三、論古人行禮有一定之例，九拜分别，不厭其繁

古人行禮有一定之例，如：主人敬賓，取爵，降洗，賓降，辭洗。主人卒洗，揖讓，升，賓拜洗。主人拜，降盥，賓降。主人卒盥，揖讓，升。主人實爵，獻賓，賓拜，受爵，主人拜送。賓啐酒，拜，告旨，主人答拜。賓卒爵，拜，主人答拜。賓酢主人略同，不告旨，注云：「酒，己物也。」主人酬賓略同，酬酒不舉，注云：「君子不盡人之歡。」獻、酢、酬共爲一獻，所謂一獻之禮。賓主百拜，在今人視之，必以爲繁文縟節，而古人鄉飲、鄉射、燕禮、大射皆行之。惟燕禮、大射使宰夫爲獻主，臣莫敢與君抗禮也。古人之拜與今異，皆一人先拜，拜畢而後，一人答拜。《曲禮》曰：「主人敬客，則先拜客；客敬主人，則先拜主人。凡非弔喪、非見國君，無不答拜者。」解此，可無疑於《士冠禮》之母答拜、《昏禮》之舅姑答拜矣。古無二人並拜之禮。故《昏禮》夫婦不交拜，以壻雖爲主人，婦不自居於客。夫婦敵體，不便一人先拜，一人答拜，故不拜。此古禮之與今異者。古臣朝君不拜，以行禮必在堂，而朝在路門外，無堂，不便行禮。朝禮止打一照面，與今屬員站、上司出班相似。且古無無事而拜者，

及有事而拜，必拜於堂下。君辭之，乃升，成拜，故曰：「拜，下禮也。」《周禮》九拜，杜子春、鄭興、鄭衆、鄭康成、賈公彦、孔穎達、陳祥道、顧炎武、閻若璩、毛奇齡、惠棟、江永、方苞、秦蕙田、段玉裁，言人人殊；凌廷堪與陳壽祺、喬樅父子後出，爲最覈。壽祺云：「九拜皆主祭祀而言。稽首、頓首、空首三者，皆吉禮祭祀之拜也。振動、吉拜、凶拜三者，皆喪禮祭祀之拜也。奇拜、褒拜、肅拜，禮之殺也。一曰稽首，鄭注：『頭至地也。』賈疏云：『稽留之字，頭至地多時，則爲稽首也。』稽首，臣拜君法。二曰頓首，《檀弓》疏引『鄭曰：頭叩地，不停留也。此平敵以下拜也。』三曰空首，鄭注：『空首，拜頭至手，所謂拜手也。』賈疏云：『空首拜者，君答臣下拜。』四曰振動，杜子春云：『動，讀爲哀慟之慟。』壽祺按：此即拜稽顙，成踊也。五曰吉拜，六曰凶拜，惠氏云：『皆喪拜也。喪有吉凶，拜亦如之。有兩説：一小功以下爲吉，大功以上爲凶，其拜也，以吉凶分左右。一齊衰、不杖以下爲吉，齊衰以上爲凶，其拜也，皆稽顙，以吉凶分先後。』七曰奇拜，鄭大夫云：『奇拜，謂一拜也。』八曰褒拜，鄭大夫云：『褒，讀爲報。』報拜，謂再拜也。九曰肅拜，先鄭司農云：『肅拜，但俯下手，今時撎是也。』」錫瑞案：古人一拜之禮，而分别如此其繁，非故爲是瑣瑣也。凡人之情，簡則易，易則慢心生；反是則嚴，嚴則畏心生。禮制之行，以文治，亦以已亂；以誘賢，亦以範不肖。故曰：「出於禮者入於刑，納諸軌物，然後禮明而刑措。」若謂委曲繁重之數，皆戕賊桎梏之具，率天下而趨於苟且便利，將上下無等而大亂。昔漢高帝去秦苛儀，群臣飲酒争功，拔劍妄呼。高帝患之，用叔孫通爲緜蕞起朝儀而後定。「禮樂不可斯須去身」，豈不信乎！

二四、論古禮多不近人情，後儒以俗情疑古禮，所見皆謬

《禮器》：「禮之近人情者，非其至者也。」古人制禮坊民，不以諧俗爲務。故禮文之精意，自俗情視之，多不相近。又古今異制，年代愈邈，則隔閡愈甚。漢人去古未遠，疑經尚少。唐、宋以後，去古漸遠，而疑經更多矣。今舉數事證之。如《士冠禮》：「北面坐取脯，降自西階，適東壁，北面見于母。母拜受，子拜送，母又拜。」鄭注：「婦人於丈夫，雖其子猶俠拜。」《冠義》：「見于母，母拜之，成人而與爲禮也。」是母之拜子，一爲受脯，一爲成人而與爲禮，猶嗣舉奠以父拜子，所以重宗嗣。凡此等皆有深義存焉。杜佑《通典》乃以爲瀆亂人倫，以古禮不近人情也。《昏禮》女家告廟，壻家無告廟之文。《白虎通》明解之曰：「娶妻不告廟者，示不必安也。」蓋古有出妻之事，故恐其不安，不先告廟。後人乃引《曲禮》「齊戒以告鬼神」，《文王世子》「五廟之孫，祖廟未毁，雖爲庶人，冠、娶妻必告」，《左氏傳》「先配而後祖」及「圍布几筵，告於莊、共之廟而來」等語，以證告廟。不知「齊戒告鬼神」，不云告祖禰，當即卜日、卜吉之類。「冠、娶妻必告」，鄭注明云「告於君也」，五廟乃天子、諸侯之制，豈有疏族士庶得自告天子、諸侯廟者？楚公子圍因聘而娶，大夫出聘本應告廟，並非專爲娶妻。「先配後祖」當從賈、服，以祖爲廟見，大夫以上三月廟見，乃始成昏，譏先配也。昏禮

是士禮，當夕成昏，鄭謂大夫以上皆然，不如賈、服之合古禮。夫娶不告廟，又大夫以上三月廟見乃成昏，皆不近人情之甚者。《喪服》父在爲母期，以父喪妻，止於期也。嫂、叔之無服也，蓋推而遠之也。婦爲舅姑期，傳曰：「何以期也？從服也。」女子子不適人者爲其父母期，傳曰：「何以期也？婦人不貳斬也。」然則婦爲舅姑期，亦不貳斬之義。自唐以後，母與舅姑服加至三年，嫂、叔亦有服，正褚無量所謂「俗情膚淺」者，蓋疑古禮制服不近情也。古祭禮必有尸，自天子至於士，皆有筮尸、宿尸之禮。杜佑《理道要訣》謂：「周、隋《蠻夷傳》巴、梁間爲尸以祭，今郴道州人祭祀，迎同姓伴神以享，則立尸之遺法，乃本夷狄風俗，至周未改耳。」杜不知外裔猶存古法，反以古法未離夷狄，是疑立尸不近情也。古士、大夫無主，以不禘祫，無須分別。《少牢饋食》束帛依神，《特牲饋食》結茅爲菆，即以代主。許君、鄭君同義，孔疏、賈疏謂「大夫、士無木主，以幣主其神」。徐邈、元懌乃引《公羊》「大夫聞君之喪，攝主而往」，不知何休解詁明云「宗人攝行主事而往」，不謂木主。又引逸《禮》饋食設主，不知逸《禮》不可據，故鄭不用，亦不爲注。舍許、鄭之明説，從疑似之誤文，是疑無主不近情也。古不祭墓，惟奔喪、去國哭於墓。祭是吉禮，必行於廟。故辛有見被髮野祭，歎其將爲戎。後人乃引《周官·冢人》「祭墓爲尸」，曾子曰「椎牛祭墓」，《孟子》曰「卒之東郭墦閒之祭者」，及魯諸儒歲時上孔子冢，以爲古已祭墓。不知《冢人》「爲尸」，後鄭以爲「或禱祈焉」，先鄭以爲始竁時祭以告后土，與墓祭無涉。趙岐注《孟子》以「卒之東郭墦閒」爲句，亦非墓祭。曾子語見《韓詩外傳》，漢初之書。魯人上孔子冢，亦在秦、漢之間。疑當其時世卿宗法既亡，大夫不皆有廟，乃漸移廟祭爲墓祭，不得爲古祭墓之證。而毛奇齡、閻若璩皆曲徇俗説，是以不祭墓爲不近情也。古今異情若此甚夥，今欲反古，勢所難行，然古有明文，非可誣罔。若沈溺俗説，是今人而非古人，不可也；或更傅會誤文，强古人以從今人，更不可也。

二五、論古禮最重喪服，六朝人尤精此學，爲後世所莫逮

古禮最重喪服。《禮經》十七篇，有子夏《喪服傳》一篇在内。《小戴禮記》四十九篇，有《曾子問》、《喪服小記》、《雜記》上下、《喪大記》、《喪服大記》〔一〕、《奔喪》、《問喪》、《服問》、《間傳》、《三年問》、《喪服四制》十一篇，《别録》皆屬喪服。《檀弓》亦多言喪禮：「大功廢業，或曰：『大功誦可也。』」疏云：「録記之人，必當明禮應事無疑，使後世作法。今檢《禮記》，多有不定之辭。仲尼門徒親承聖旨，子游裼裘而弔，曾子襲裘而弔。又小斂之奠，或云東方，或云西方。同母異父昆弟，魯人或云爲之齊衰，或云大功。其作記之人，多云『蓋』，多云『或曰』，皆無指的，並設疑辭者，以周公制禮，永世作法，時經幽、厲之亂，又遇齊、晉之强，國異家殊，樂崩禮壞，諸侯奢僭，典法譌舛，是以

〔一〕「喪服大記」，初稿本原無。

普天率土，不閑禮教〔一〕。故子思，聖人之胤，不喪出母；隨武子，晉之賢相，不識殽烝。作記之人隨後撰録，善惡兼載，得失備書。但初制禮之時，文已不具，略其細事，舉其大綱。况乃時經離亂，日月縣遠，數百年後，何能曉達？記人所以不定，止爲失禮者多，推此而論，未爲怪也。」錫瑞案：孔疏所言，極其通達。記文所以不定者，一則制禮之初，細數不能備具；一則亂離之後，故籍復不盡存。喪服更糾紛難明，故後儒尤多聚訟。漢人禮書最早而略傳於今者，有《大戴・喪服變除》。十七篇《禮經》，馬融獨於《喪服》有注，鄭君亦有《喪服變除》。其後則有王肅《喪服經傳注》《喪服要記》、射慈《喪服變除圖》、杜預《喪服要集》、袁準《喪服經傳注》、孔倫《集注喪服經傳》、陳銓《喪服經傳注》、劉智《喪服釋疑》、蔡謨《喪服譜》、賀循《喪服要記》、謝徽《喪服要記注》、葛洪《喪服變除》、裴松之《集注喪服經傳》、雷次宗《略注喪服經傳》、崔凱《喪服難問》、周續之《喪服注》、王儉《喪服古今集記》、王逡之《喪服世行要記》，見玉函山房輯本。《釋文・叙録》有蔡超、田僧之、劉道拔，皆不傳。自漢、魏至六朝，諸儒多講禮服，《通典》所載，辨析同異，窮極深微。朱子謂「六朝人多精於《禮》，當時專門名家有此學，朝廷有禮事，用此等人議之」。顧炎武《日知録》云：「唐《開元四部書目》，《喪服傳》義疏有二十三部。昔之大儒，有專以喪服名家者。故蕭望之爲太傅，以《禮

〔一〕「禮」，原誤作「異」，據《禮記正義》改。

服》、《論語》授皇太子。宋元嘉末，徵隱士雷次宗詣京邑，築室於鍾山西巖下，爲皇太子、諸王講《喪服》經。齊初，何佟之爲國子助教，爲諸王講《喪服》。陳後主在東宫，引王元規爲學士，親授《禮記》、《左傳》、《喪服》等義。魏孝文帝親爲群臣講《喪服》於清徽堂。而《梁書》言始興王憺薨，昭明太子命諸臣共議，從明山賓、朱異之言，以慕悼之辭宜終服月。夫以至尊在御，不廢講求喪禮，異於李義府之言不豫凶事而去國恤一篇者矣。」案：六朝尚清言、習浮華之世，講論服制，如此謹嚴。所以其時期功去官，猶遵古禮；除服宴客，致罣彈章。足見江左立國，猶知明倫理、重本原，故能以東南一隅，抗衡中原百餘年也。

二六、論王朝之禮與古異者可以變通，民間通行之禮宜定畫一之制

冠、昏、喪、祭之禮，古時民間通行，後世已不盡通行矣。若夫王朝之禮，古今異制，後世尤不能行。即如禘、郊、祖、宗，據鄭君《祭法》注，祖文、宗武於明堂，周之受命祖也；郊稷於南郊，周之始封祖，有功烈於民者也；禘嚳於圜丘，周之遠祖，有聖德、帝天下者也。惟皆有功德，故可配天而無慚；惟誠爲其祖，故應崇祀而非妄。後世有天下者，與古大異。秦雖無道，其先猶爲諸侯，有始封祖。若漢高崛起，其先並無功德，亦無始封。在漢，惟當以高祖受命，配天南郊，而圜丘、明堂無

人可配。自漢以後，猶夫漢也，若欲仿古典禮，必至如漢之祖堯、魏之祖舜、唐之祖李耳，援引不可考之遥遥華胄，將有「神不歆非類」之誚。故宋神宗罷禘天之祭，誠以無其人也。此則禘、郊、祖、宗，古禮雖有明文，而難以仿效者也。廟制本於服制，服止五，廟亦止五。天子有其人，則增至七。《禮緯》：「夏四廟，至子孫五；殷五廟，至子孫六；周六廟，至子孫七。」是古時已稍有通變。諸侯五廟，魯有周公大廟、魯公世室，與四親廟而六，《明堂位》有武公世室，則僭天子七廟之制。正與周制相仿，雖稍增，而不過七也，過七則應祧遷。如每帝一廟而不祧，商、周數百年，廟將無地以容。漢翼奉、貢禹、韋玄成始建祧遷之議，而議久不決，劉歆復以「宗無數」之妄言亂之。廟所以敬祖先，非所以報功德，有功德即稱宗，不祧。爲天子者，誰肯謂其祖無功德？如此，則無可祧之祖，故東漢遂變爲同堂異室之制。夫廟不二主，若一廟數人，正是祧廟之制。是同堂異室名爲不祧，而早已祧。王者欲尊其祖，必一代之祖各爲一廟，而親盡即祧。誠以尊祖之義，古今一也。此則七廟祧遷，古禮本有明文，而可以仿效者也。古人祭天，一歲凡九：圜丘、南郊、明堂、大雩、五時迎氣。祭祖，一歲凡四：禴、禘、嘗、烝。又有三年祫，五年禘。後世車駕難以數動，經費又恐過繁，於是天地合祭，禘祫不行。明知非古，不免徇時，甚或傅會古制，以爲當然。其實古制不如是，而典禮不可廢。惟圜丘、明堂既無配天之祖，不必强立。此又古禮有明文，而可以斟酌變通者也。其他一切典禮以及度數儀文之末，皆可因時制宜。後世於王朝之禮考訂頗詳，民間通行之禮頒行反略，國異政，家殊俗，聽其自爲風氣，多有鄙俚悖謬之處。官吏既不之禁，士大夫亦相習成風。宜命儒臣定爲畫一之制，原本《儀禮》，參以《司馬書儀》、《朱子家禮》。冠禮、鄉飲，古制宜復，並非難行。昏禮、喪禮，今亦有與古合者。惟祭禮全異，立尸、交爵之類，後世誠不可行，其他亦有可仿效者。古禮多行於廟，今士大夫不皆有廟，有廟亦與所居隔越，故宜變而通之，期不失夫禮意而已。朱軾《儀禮節略》，撫浙時嘗試行之，未能通行，爲可惜也。

二七、論明堂、辟雍、封禪當從阮元之言爲定論

古禮有聚訟千年至今日而始明者，明堂、辟雍、封禪是也。阮元曰：「辟雍與封禪，是洪荒以前之大典禮，最古不可廢者。竊以上古未有衣冠，惟用物遮膝前，後有衣冠之制，不肯廢古制，仍留此以爲韍，與冕並重。此即明堂、辟雍之例也。上古未有宮室，聖人制爲棟宇，以蔽風雨。帝王有之，民間未必即有。故其制如今之蒙古包帳房，而又周以外水，如今邨居之必有溝繞宅也。古人無多宮室，故祭天、祭祖、軍禮、學禮、布月令、行政、朝諸侯、望星象，皆在乎是。故明堂、太廟、太學、靈臺、靈沼，皆同一地，就事殊名。三代後制度大備，王居在城內，有前朝、後市、左祖、右社之分，又有大學等，皆在城內，而別建明堂於郊外，以存古制，如衣冠之有韍也。鄭康成解爲太學、太廟等各異處，而不知城外原有明堂，泰山下亦有之。蔡伯喈知明堂、太廟等同處，而不知此不過城外別建之處，其實祭祀等事仍

在城中。此雖憑虚臆斷，然博綜群書，究其實之如此也。此明堂之説也。封禪者，亦最古之禮，自漢、唐、宋以來，皆爲腐儒説壞。元以爲：封者，即南郊祭天也；禪者，即北郊祭地也。泰山者，古中國之中也。主此事者，天子也。刻石紀號者，如今之修史也。何以言之？古帝王七十二代，荒遠無文，其間如蚩尤、共工等亦皆創霸，大約其威力、功德能服諸侯者即爲天子。正天子之號，必至泰山下，諸侯皆來朝，同祭天地後定天位，然後刻石於泰巔，以紀其號，如夏、商、周之類。其必須刻石者，古結繩而治，非如後世有漆書竹册，可以藏之柱下也，故必須刻石始可知。此管夷吾之所由記憶者。其必在泰山何？古中國地小，以今之齊國爲天下之中。故《爾雅》曰：『齊，中也。』又曰：『中有岱岳，與其五穀魚鹽生焉。』《列子》曰：『不知斯離也。齊中也。國幾千萬里。』皆其證也。夏、商、周以來，禮文大修，諸侯有朝聘之儀，天地有郊澤之祀，太史有國事之書，無須祭泰山刻石矣，故六經不言封禪。《堯典》舜巡四岳，即封禪之禮。禹會諸侯，如之。」錫瑞案：六經不言封禪，惟《禮器》言「因名山升中于天」，即爲封禪也。阮以舜巡四岳爲封禪之禮，説甚通達。潁容、盧植、蔡邕以明堂與太廟、大學、辟雍、靈臺爲一，而漢立明堂、辟雍，不在一處。《後漢紀》注引《漢官儀》曰：「辟雍去明堂三百步。」鄭君習於時王之制，以爲古制亦然。袁準以鄭義駁蔡邕，其實古制當如蔡説，特蔡未能别白其時代，故不免啟後儒之疑。阮云「自漢以來，儒者惟蔡邕、盧植實知異名同地之制，尚昧上古、中古之分」，辨析極精，特以爲太學在城内，與《王制》不合耳。劉歆譏漢儒「若立辟雍、封禪、巡狩之儀，則幽冥而莫知其原」，今得阮氏之通識，可以破前儒之幽冥矣。阮元説見《閲〈問字堂集〉贈言》〔一〕。

二八、論古制不明由於説者多誤，小學、大學皆不知在何處

古制存於三《禮》，而説《禮》者多誤，古制遂以不明。即以學校一事言之。《王制》云：「小學在公宫南之左，大學在郊。」此自古以來天子、諸侯之通制也。自鄭君以後，説者皆誤，由於不知古人立學竟在何處。錫瑞案：古學皆在門堂之塾。《學記》曰：「古之學者，家有塾。」《尚書大傳》曰：「大夫、士七十而致仕，老於鄉里，大夫爲父師，士爲少師。」鄭注：「古者仕焉而已者，歸教於閭里。」又曰：「上老平明坐於右塾，庶老坐於左塾。」鄭注：「上老，父師也。庶老，少師也。」《漢書·食貨志》、《白虎通》、《公羊解詁》皆與《大傳》文略相合。此鄉學在塾之證也。而小學、大學亦在塾。知小學在塾者，「小學在公宫南之左」，古者左宗廟，右社稷，「公宫南之左」乃宗廟之地，安得於此立學？《周禮·師氏》：「以三德教國子，居虎門之左，掌國中失之事，以教國之子弟，凡國之貴游子弟學焉。」《保氏》：「養國子以道，教以六藝、六儀。」據此，則公宫南之左即是虎門之左，乃路門之左塾也。保氏當居右塾，不言者，省文。師氏尊於保氏，《記》以師氏統保氏，故言左不言右，實則左、

〔一〕「閲」，原脱，據孫星衍《問字堂集》卷首補。

右塾皆有學，當如《大傳》云上老坐右塾、庶老坐左塾也。《大傳》言出學，就出言，故尊右。此《記》言入學，就入言，故尊左。國子小學，與鄉人小學制度相同。蔡邕《明堂月令論》曰：「《周官》有門闈之學，師氏教以三德，守王門；保氏教以六藝，守王闈。」然則師氏居東門、南門，保氏居西門、北門也。此師氏居左塾、保氏居右塾之證。蔡氏以此證明堂、大學則誤，以證路門左、右小學則正合矣。小學必在路門左、右塾者，王太子、王子八歲入小學，必離宮中不遠，當是古之通制。若如鄭注「王者相變，小學或在郊」，八歲太子遠入郊學，殊非人情，必不然矣。知大學亦在塾者，蔡邕《明堂月令論》曰：「取其四門之學，則曰大學。引《易傳·太初》篇曰：『太子旦入東學，晝入南學，莫入西學。當作「晡入西學，莫入北學」二句。在中央曰太學，天子之所自學也。』《禮記·保傅》篇曰：『帝入東學，上親而貴仁；入西學，上賢而貴德；入南學，上齒而貴信；入北學，上貴而尊爵；入太學，承師而問道。』與《易傳》同。魏文侯《孝經傳》曰：『太學者，中學明堂之位也。』」據蔡說，則東、西、南、北四學，即在明堂東、西、南、北四門。四學各有異名，《玉海》引《禮象》曰：「辟雍居中，其南爲成均，北爲上庠，東爲東序，西爲瞽宗。」據此，則太學中學即辟雍，在明堂中。明堂爲五經之文所藏處，故宜承師問道，爲天子所自學。古稱四學，亦曰五學，其實皆在一處。故《記》文以上下、東西、左右相對言之。若謂一在國，一在郊，相去甚遠，豈得遥遥相對？兩漢諸儒孔牢、馬宫、盧植、潁容，皆謂明堂、辟雍、太學同處，與蔡邕同。《異義》引《韓詩》說：「辟雍者，天子之學，圓如璧，壅之以水，示圓，所以教天下。春射，秋饗，尊事三老、五更。在南方七里之内，立明堂於中，五經之文所藏處。」此説與《孝經援神契》言「明堂在國之陽七里之内」正合，乃明堂、大學同處之確證。四學在四門，即四門之塾，與各鄉小學、虎門小學不異，此亦當是通制。若如鄭注「王者相變，大學或在國」，古者國中地狹，大學人衆，必不能容。《記》曰：「王太子，王子，群后之太子，卿、大夫、元士之適子，國之俊秀，皆造焉。」是王子、國子由虎門小學，凡民俊秀由各鄉小學，學成之後皆入大學，非國中所能容，故必在郊，郊即南方七里之内也。人知鄉學在塾，不知小學、大學皆在塾。《考工記》「門堂三之一」，則塾之地不狹。明堂四門，門有兩塾，學者雖衆，足以容之。學制所以不明者，由於不信大學在明堂。所以不信大學在明堂者，由於不知四學在明堂四門之塾。袁準駁蔡，正由昧此。孫志祖、段玉裁、顧廣圻、朱大韶互相争辯，其説卒不能定，亦由昧此故耳。

二九、論三《禮》皆周時之禮，不必聚訟，當觀其通

孔子謂殷因夏禮，周因殷禮，皆有損益。《樂記》云：「三王異世，不相襲禮。」是一代之制度，必不盡襲前代。改制度，易服色，殊徽號，《禮》有明徵。而非特後代之興，必變易前代也，即一代之制度，亦歷久而必變。周享國最久，必無歷八百年而制度全無變易者。三《禮》所載，皆周禮也。《禮經》十七篇爲孔子所定，其餘蓋出孔子之後，學者各記所聞，而亦必當時實有此制度，非能憑空

撰造。《儀禮》、《周禮》言聘、覲之禮，不盡合。《禮記·檀弓》言東方、西方之奠，齊衰、大功之喪，亦不盡合。《王制》、《祭法》言廟制、祭禮，尤不相符。説者推而上之，則以爲兼有夏、殷，鄭君云「《王制》，夏、殷雜」是也；抑而下之，則以爲雜出秦、漢，鄭君以《月令》爲秦制，盧植以《王制》爲漢法是也。考其實，皆不然，三《禮》皆周人之書，所記皆周時之禮。《禮記》所載或有夏、殷禮，而既經周因與損益，則亦即周禮矣。秦、漢之禮，又多本之於周。其所以參差抵牾者，由於歷代久遠，漸次變易，傳聞各異，紀載不同，非必上兼夏、殷而下雜秦、漢也。請以漢、唐之禮證之。漢初用叔孫通所定之禮，後漢又使曹褒撰次新禮。既加更定，必與前不盡同。今使因其不同，而謂叔孫所定者爲漢禮，曹褒所定者非漢禮，可乎？唐初用《貞觀》《顯慶禮》，玄宗又作《開元禮》，而五禮始備。既經改作，必與前不盡同。今使因其不同，而謂貞觀、顯慶作者爲唐禮，開元所作者非唐禮，可乎？疑三《禮》之參差抵牾，而謂一是周禮，一非周禮，何以異於是乎？若謂周時變禮無明文可徵，請以官制一事證之。制度以設官爲最重，執政又爲官之最尊。周初成、康之時，周公、召公以冢宰執政，故《周官》首《天官·冢宰》。《左氏傳》曰「鄭武公、莊公爲平王卿士」，又曰「鄭伯爲王左卿士」，又曰「虢公忌父始作卿士於周」，則東遷以後，執政者稱卿士。《詩·十月之交》曰「皇甫卿士，番維司徒」，以卿士列司徒之前，是幽王時已稱執政者爲卿士，又不自東遷始。以此推之，官制可改，安見其餘不可改乎？西周之末，必稍變於成、康以前。東遷之後，又漸變於西周之末。當時既有改易，後世何能折衷？學者惟宜分别異同，以待人之審擇。若必堅持一説，據爲一定之制，則《禮》自孔子時而其經不具，又安得有一書可爲定制乎？周公制作，《洛誥》、《立政》所載不詳。《周官》僞古文，不可據。鄭衆未見僞古文，以爲《周官》六篇即《尚書·周官》篇。卷帙太多，文法不類，其説亦不可信。周一代典禮，無成書可稽，試舉大者論之。《禮緯》云：「周六廟，至子孫七。」蓋周初以后稷爲始封祖、文王爲受命祖，合四親廟爲六；其後武王親盡，以爲受命祖不可祧，增武世室爲七。此當在共、懿之世，《禮》無明文。東都有明堂，無宗廟，「王入太室祼」，即明堂太室。西周亡，宗廟爲禾黍，東遷當更立廟，《禮》無明文。敬王居成周，别立廟與否，亦無明文。孝王以叔父繼兄子，桓王以孫繼祖，定王、顯王以弟繼兄，如何序昭穆，亦無明文。大典如此，其他可知。更以魯事證之。郊則既耕而卜，禘則未應吉禘而禘，廟則立武宫、立煬宫，桓、僖不毁，甚至公廟立於私家，三家《雍》徹，季氏八佾，朝服以縞，婦人髽而弔，皆變禮之大者。《明堂位》謂「禮樂、政俗未嘗相變」，且以武公廟比武世室。凡此等，以爲禮，則實非禮；以爲非禮，則當時實有是事。魯事詳而周事略，以魯推周，則其禮之是非淆亂，記載參差，亦必當時實有是事，而非兼存前朝、誤入後代可知。理本易明，特讀者忽而不察耳。

三〇、論《周官》改稱《周禮》始於劉歆，武帝盡罷諸儒，即其不信《周官》之證

《儀禮》非古名，《周禮》亦非古名。漢初名爲《周官》，始見於《史記・封禪書》，曰「群儒采封禪《尚書》、《周官》、《王制》之望祀射牛事」。賈公彦《疏序》謂：「《周官》孝武之時始出，祕而不傳。《周禮》後出者，以其始皇獨惡之故也。是以馬融《傳》云：『秦自孝公以下，用商君之法，其政酷烈，與《周官》相反。故始皇禁挾書，特疾惡，欲絶滅之，搜求焚燒之獨悉，是以隱藏百年。孝武帝始除挾書之律，開獻書之路，既出於山巖屋壁，復入於祕府，五家之儒，莫得見焉。至孝成皇帝，達才通人劉向、子歆校理祕書，始得列序，著於《録》、《略》。然亡其《冬官》一篇，以《考工記》足之。時衆儒並出共排，以爲非是。唯歆獨識，其年尚幼，務在廣覽博觀，又多鋭精於《春秋》，末年乃知其周公致太平之迹，迹具在斯。奈遭天下倉卒，兵革並起，疾疫喪荒，弟子死喪。徒有里人河南緱氏杜子春尚在，永平之初，年且九十，家于南山，能通其讀，頗識其説，鄭衆、賈逵往受業焉。衆、逵洪雅博聞，又以經書記轉相證明爲解。逵解行於世，衆解不行。兼攬二家，爲備多所遺闕。目瞑意倦，自力補之，謂之《周官傳》也。』鄭玄《序》云：『世祖以來，通人達士大中大夫鄭少贛名興，及子大司農仲師名衆、故議郎衛次仲、侍中賈君景伯、南郡太守馬季長，皆作《周禮解詁》。二鄭者，同宗之

大儒，明理於典籍，㸚識皇祖大經《周官》之義，存古字，發疑正讀，亦信多善，徒寡且約，用不顯傳於世。今讚而辨之，庶成此家世所訓也。』」賈公彦曰：「然則《周禮》起於成帝劉歆，而成於鄭玄，附離之者大半。故林孝存以爲武帝知《周官》末世瀆亂不驗之書，故作《十論》、《七難》以排棄之，何休亦以爲六國陰謀之書。唯有鄭玄偏覽群經，知《周禮》者乃周公致太平之迹，故能答林碩之論難，使《周禮》義得條通。故鄭氏《傳》曰：玄以『括囊大典，網羅衆家』，是以《周禮》大行。」錫瑞案：《周禮》源流，賈氏叙述頗詳，以爲始皇焚書特惡《周禮》，説本馬融，融説亦不知何據。惠帝已除挾書之律，非始武帝，融蓋以《周官》武帝時出而爲此説。劉歆典祕書在哀帝時，亦非成帝，賈公彦已辨之。當時衆儒共排，以爲非是，其説惜不可考。《周官》改稱《周禮》，蓋即始於劉歆。荀悦《漢紀》曰「劉歆奏請《周官》六篇列之於經，爲《周禮》」，陸德明《序録》曰「劉歆始建立《周官經》，以爲《周禮》」，是其明證。武億曰：「班氏於王莽一《傳》之中，凡莽及臣下施於詔議章奏，自號曰《周禮》，必大書之，而自爲史文，乃更端見例，復仍其本名曰《周官》。《食貨志》『莽乃下詔曰：夫《周禮》有賒貸』，及後云『又以《周官》税民』，是亦一《志》而兩見，由其意觀之，固未有著明於此也。《郊祀志》莽改南北郊祭祀猶稱《周官》，時未居攝，不敢紊易。《莽傳》徵天下通藝及張純等奏之稱《周官》，亦皆在未居攝之時。是則《周官》之易名《周禮》，其在居攝之後可知矣。荀悦之言，洵不誣也。」案：《周禮》名始歆、莽，武氏説尤分明。自是之後，《周官》、《周禮》互見錯出。《後漢·儒林傳》言馬融作《周官傳》，鄭玄作《周官注》，蓋以馬、鄭自序原稱《周官》。或據以爲其時尚無《周禮》之名，又謂《周禮》名始鄭君，皆考之未審。鄭自序已稱《周禮》，其注《儀禮》、《禮記》，引《周禮》甚多。《後漢·盧植傳》亦有《周禮》之稱。是其名非起於漢末，特在漢初本名爲《周官》耳。班《志》正名《周官》，不從歆、莽之制。或謂班《志》皆本劉歆《七略》，據其稱《周官》、不稱《周禮》，與「又有毛公之學，自謂子夏所傳」等語，皆與劉歆尊信《毛詩》、《周禮》不同，似《志》非盡本於《七略》。林孝存謂武帝知《周官》瀆亂不驗，或據《封禪書》駮之，謂「武帝知不驗，群儒何敢采用」。不知《封禪書》下文明言「群儒拘牽古文，上盡罷諸儒不用」，此正武帝知《周官》不驗之證，孝存之説必有據也。

三一、論《周官》當從何休之説出於六國時人，非必出於周公，亦非劉歆僞作

《周官》與《左氏》皆晚出，在漢時已疑信參半。後之尊《周官》者以爲周公手訂，似書出太早；抑之者以爲劉歆僞作，似書出太遲。何休以爲出於六國時人，當得其實。毛奇齡《周禮問》曰：「《周禮》自非聖經，不特非周公所作，且並非孔、孟以前之書。此與《儀禮》、《禮記》皆同時雜出於周、秦之間，此在稍有識者皆能言之。若實指某作，則自坐誣妄，又何足以論此書矣？」又曰：「歆

能僞作《周禮》，不能造爲《周禮》出處蹤蹟，以欺當世。假使河間獻王不獻《周禮》，成帝不詔向校理《周禮》，此馬融之説，賈《疏》已辨之。歆可造此諸事，以欺同朝諸儒臣乎？且《景十三王傳》云：獻王所獻『皆古文先秦舊書，《周官》、《尚書》、《禮記》、《孟子》、《老子》之屬，皆經傳説記』。言有經，即有傳與説記也，此必非歆可預造其語者。乃考之《藝文》所志，在當時所有之書，則實有《周官經》六篇、《周官傳》四篇。此班氏所目覩也，此必非襲劉歆語也。使歆既爲經，又復爲傳，此萬無之事。藉曰有之，則偉哉劉歆，東、西二漢，亦安有兩？將所謂博而篤者，必不止論廟一篇書矣〔一〕。且讀書當有究竟。《藝文志》於《樂經》云：『六國之君，魏文侯最爲好古。孝文時，得其樂人竇公，上獻其書，乃《周官·大宗伯》之《大司樂章》也。』則在六國魏文侯時已有此書，其爲春秋、戰國間人所作無疑，而謂是歆作，可乎？且武帝好樂，亦嘗以《周官經》定樂章矣。《藝文志》於竇公獻樂章後，即云『武帝時，河間獻王好儒，與毛生等共采《周官》及諸子言樂事者，以作《樂記》。內史丞王定傳之，以授常山王禹。禹成帝時爲謁者，獻其書，有二十四卷。劉向校書，得《樂記》二十三篇，與禹不同。』則在武帝朝，且有采《周官經》而爲《樂記》者，此不止竇公獻一篇，且必非歆行僞，於《周官經》六篇外，又作此二十四卷，斷可知也。且《周官》之出，在東漢人即有詆其非《周禮》者，

〔一〕「止」，原誤作「在」，據毛奇齡《周禮問》卷一改。

林孝存也。孝存以爲武帝知《周官》爲末世瀆亂不驗之書，擯斥不行，因作《十論》、《七難》以排棄之。是闢此書者亦且明明云漢武時早有此書，而效尤而興者反昧所從來，是攻膏肓而不解墨守曳兵之卒也。若夫《周禮》一書出自戰國，斷斷非周公所作，予豈不曉？然周制全亡，所賴以略見大意，祇此《周禮》、《儀禮》、《禮記》三經，以其所見者雖不無參臆，而其爲周制，則尚居十七。此在有心古學者[一]，方護衛不暇，而欲迸絶之，則餼羊盡亡矣。」錫瑞案：毛氏以《周官》爲戰國時書，不信爲周公所作，又力辨非劉歆之僞，而謂周制全亡，賴有《周禮》、《儀禮》、《禮記》三經，有心古學宜加護衛，最爲持平之論。

三二、論毛奇齡謂《周官》不出周公，並謂《儀禮》不出周公，而不知《儀禮》十七篇乃孔子所定，不可詆毁

《周禮問》又曰[二]：「《書》、《詩》、《易》三經，則《禮記》多引之。《周禮》、《儀禮》、《禮記》三經[三]，則《詩》、《書》三經並未道及[四]。即孔、孟二書，其論經多矣，然未有論及三《禮》隻字者，何也？

[一] 「者」，原脱，據初稿本及毛奇齡《周禮問》卷一補。
[二] 「周禮問」，原誤作「經問」，下引文實見《周禮問》卷二，據改。
[三] 「記」，原脱，據初稿本及毛奇齡《周禮問》卷二補。
[四] 按，據文義，「書」下當有「易」字，但毛奇齡《周禮問》卷二原文如此。

答曰：此予之所以疑此書爲戰國人書也。然此書爲戰國人書，而其禮則多是周禮。嘗讀《大戴記·朝事》一篇，其中所載大宗伯、典命、典瑞、大行人、職方、射人諸職，全是《周禮》原文，所差不過一二字。考是時三《禮》未出，大、小二戴於《儀禮》則直受后倉《曲臺記》，立二戴之學；於《禮記》，則尚未有定，當時見於西漢書府者，猶有二百餘篇；而《周官》一經，則未之見也。乃大戴所録，則儼然有《朝事》諸文。在周人言周禮者與今《周禮》相同，此豈大戴見《周禮》而附會之，抑豈李氏上《周官經》時，竊取此《朝事》諸文而增入之也？然則《周禮》果周制，其爲周末言禮者所通見，當不止《朝事》篇矣。是以《内則》一篇，亦有『凡食齊〔一〕，視春時』，『凡和，春多酸』，及『牛宜稌，羊宜黍』一十四句，又有『春行羔、豚，膳膏腳』，及『牛夜鳴則庮』十句，與《周禮》文全同，所差不過古、今文一二字。此必當時言禮家所習言習用，故彼此並出，全文不易，斷非一人一意可撰造者。」錫瑞案：汪中《周官徵文》共得六事，於毛氏引樂人竇公、《大戴·朝事》、《禮記·内則》之外，增入《逸周書·職方》、《禮記·燕義》、《詩·生民》傳三事。陳澧又考得《雜記》鄭注、《郊特牲》孔疏、《考工記》賈疏、《大司馬》注疏四條。然此諸説，亦但可以證《周官》非劉歆作僞，而無以見其必

〔一〕「齊」，毛奇齡《周禮問》卷二原脱，據《禮記·内則》補。

爲周公所定。後人必以爲周公作，又以《儀禮》亦周公作，然則二書何以不符？又何以不見於孔、孟書及春秋時人所稱引？使人反疑不信，惟從毛氏之説，以爲戰國人作，方足以解兩家之紛。毛氏云：「鄉、遂之官迥異朝廟，其所設諸屬，往往有不必計禄食者。《周官》一書，總以『官不必備』四字統概全經，雖設官多名〔一〕，而備實無幾。」其説可以解官多而禄不給之疑。又云：「三等分國，固有常制，然不無特設，以待非常之典。假若有新封者必需賜國，有大功者必需益地，則不能限以百里，而就其特設，約爲之限，大約公不過五，侯不踰四，伯與子、男以漸而殺。」又云：「五等分國，本造爲設法之例，以統校地數，故曰可以周知天下，非謂一州之中必四公、六侯、十一伯、二十五子、百男也。」其説可以解國多而地不足之疑。毛氏説經多武斷，惟解《周官》心極細，論亦極平。而知《儀禮》不出周公，不知實出孔子，謂《儀禮》亦戰國人作，因《朱子家禮》尊信《儀禮》，乃作《昏禮辨正》、《喪禮吾説篇》、《祭禮通俗譜》，詆斥《儀禮》，而自作禮文，致閻若璩有「毛大可私造典禮」之誚，則由不曉《禮經》傳於孔氏，非《周禮》、《禮記》之比也。

〔一〕「官」，原脱，據初稿本及毛奇齡《周禮問》卷二補。

三三、論《周禮》爲古説，《戴禮》有古有今，當分别觀之，不可合并爲一

漢今文立學，古文不立學，沿習日久，遂以早出立學者爲今文，晚出不立學者爲古文。許慎《五經異義》有古《周禮》説、今《禮》戴説，或云今《大戴禮》説，或云《戴禮》、戴説。其中亦有大、小戴所傳十七篇《禮經》之説，非盡《大戴禮記》、《小戴禮記》也。十七篇《禮》之説，不盡今文。近人分别十七篇經是古文説，經中之記是今文説，而十七篇經文又有今、古文之分。鄭君《傳》云：「玄本習小戴《禮》，後以古經校之。」是小戴所傳十七篇《禮》當時通行，字皆今文，鄭以古經之字校之，取其義長者從之。故鄭注十七篇，或經從今，則注云古文某爲某；或經從古，則注云今文某爲某。詳見胡承珙《儀禮古今文疏義》。此特即其古、今文字傳本不同者言之，非必義説之全異也。許君以《戴禮》爲今説，則對《周禮》爲古説言之耳。至若《小戴禮記》，本非一手所成，或同今文，或同古文。《王制》多同《公羊》、《穀梁》，爲今文説；《祭法》出於《國語》，爲古文説，其言祭禮、廟制不同，此顯有可證者。近人又分别二《戴記》，以《王制》爲今學之祖，取《祭統》、《千乘》、《虞戴德》、《冠義》、《昏義》、《射義》、《聘義》、《鄉飲酒義》、《燕義》等篇注之，取《祭法》爲古《國語》説，又取《玉藻》、《盛德》、《朝事》等篇爲古《周禮》説，又以《曲禮》、《檀弓》、《雜記》爲古《春秋》左氏説，雖未必

盡可據，而《王制》爲今文大宗，《周禮》爲古文大宗，則顯有可證者。即以官制言之。《異義》：「今《尚書》夏侯、歐陽説：天子三公，一曰司徒，二曰司馬，三曰司空，九卿，二十七大夫，八十一元士，凡百二十。古《周禮》説：天子立三公，曰太師、太傅、太保，無官屬，與王同職，故曰『坐而論道，謂之三公』。又立三少以爲之副，曰少師、少傅、少保，是爲三孤。冢宰、司徒、宗伯、司馬、司寇、司空，是爲六卿之屬。大夫、士、庶人在官者，凡萬二千。謹案：周公爲傅，召公爲保，太公爲師，無爲司徒、司空文，知師、保、傅三公，官名也。五帝、三王不同物，此周之制也。」鄭駁無考，而據鄭注《王制》「天子三公、九卿、二十七大夫、八十一元士」曰：「此夏制也。《明堂位》曰『夏后氏之官百』，舉成數也。」鄭以《王制》今文説爲夏制，必以《周禮》説爲周制，其於許君無駁可知。三公、九卿，蓋夏、殷至周初皆同，據《牧誓》、《立政》止有司徒、司馬、司空三公可證。六卿，則周成王以後之制，《甘誓》六卿，六軍之將。據《顧命》「乃同召太保奭、芮伯、彤伯、畢公、衛侯、毛公」，六卿兼三公可證。漢主今文，故三公、九卿。宇文周行《周禮》，故分設六部。其後沿宇文之制，既設六部，又立九卿，官制複重，議者多云可以裁併。不知《周官》、《王制》古、今文説必不相合，乃兼用兩説，多設冗官，皆由經義不明，故官制不善也。

三四、論鄭君和同古、今文，於《周官》古文、《王制》今文力求疏通，有得有失

鄭君兼注三《禮》，調和古、今文兩家說，即萬不能合者，亦必勉强求通，論家法固不相宜，而苦心要不可没也。《周官》「公五百里，侯四百里」，《王制》「公、侯田方百里」，言封國大小迥異，此萬不能合者，惟鄭君能疏通證明之。其注《王制》曰：「周武王初定天下，猶因殷之地，以九州之界尚狹也。周公攝政致太平，斥大九州之界，制禮成武王之意，封王者之後爲公及有功之諸侯，大者地方五百里，其次侯四百里，其次伯三百里，其次子二百里，其次男百里。所因殷之諸侯，亦以功黜陟之。其不合者，皆益之地，爲百里焉。」錫瑞案：鄭注《王制》而引《周官》，能和同古、今文，皆不背其説。或以鄭爲牽合無據，亦非盡無據也，即以齊、魯二國言之。二國始封，在武王時。《史記·周本紀》曰：武王「封功臣、謀士，而師尚父爲首。封尚父於營丘，曰齊。封弟周公旦於曲阜，曰魯。」其時封地蓋仍殷制，《孟子》所謂「爲方百里」是也。魯至成王時益封，《明堂位》曰「地方七百里」，《魯頌譜》疏引《明堂位》以證，曰：「『大啟爾宇』，魯之封疆於是始定。」或疑七百里太大，然必不止百里，如仍百里舊封，何云「大啟爾宇」？《史記·漢興以來諸侯王表》曰「封伯禽、康叔於魯、衛，地各四百里」，與《周官》「侯四百里」合，蓋得其實。七百里，或兼山川、附庸言之。齊之益封，

與魯同時。《史記》又曰：「太公於齊，兼五侯地。」鄭《詩譜》曰：「周武王伐紂，封太師吕望於齊，地方百里，都營丘。周公致太平，敷定九畿，復夏禹之舊制。成王用周公之法，制廣大邦國之境，而齊受上公之地，更方五百里。」《王制》公、侯皆方百里。五百里，正與「兼五侯地」合。是齊、魯實有益地之事。如鄭説，《周官》、《王制》皆可通矣。而鄭亦有偶不照者。注《王制》「三年一大聘，五年一朝」曰：「此大聘與朝，晉文霸時所制也。虞、夏之制，諸侯歲朝。周之制，侯、甸、男、采、衛、要服六者，各以其服數來朝。」疏引鄭《駮異義》云：「《公羊》説『比年一小聘，三年一大聘，五年一朝』，以爲文、襄之制。録《王制》者記文、襄之制耳〔一〕，非虞、夏及殷法也。」又引《異義》云：「《公羊》説：諸侯比年一小聘，三年一大聘，五年一朝天子。《左氏》説：十二年之間，八聘、四朝、再會、一盟。許慎謹案：《公羊》説，虞、夏制；《左氏》説，周禮。《傳》曰『三代不同物』，明古今異説。鄭駮之云：三年聘，五年朝，文、襄之霸制。《周禮·大行人》諸侯各以服數來朝。其諸侯歲聘、間朝之屬，説無所出。晉文公，强盛諸侯耳，非所謂三代異物也。」案：鄭注據《周官》而疑《王制》，以爲文、襄霸制，蓋據《左氏》昭三年傳鄭子太叔之言，然《公羊》必不用《左氏傳》文。《王制》之作，鄭以爲在赧王之後，其時《左氏》未出，非必引以爲證。《左氏》又有歲聘、間朝之説，與昭三年傳文不合，鄭

〔一〕「耳」，原誤作「者」，據初稿本及《禮記正義》改。

以爲不知何代之禮，故不從。許案以《左氏》爲周禮，遂並不從，許案以《公羊》爲虞、夏制也。《王制》與《公羊》合，當是古禮有之。即文、襄創霸，亦必託於古禮。其後晉法變而益密，故又有歲聘、間朝之屬。然則《王制》與《周官》不合，當從許君，以爲前代之制；鄭以爲晉霸之制，似未必然。惟歲聘、間朝之屬，鄭以爲説無所出，可斷以爲晉霸之制耳。

三五、論鄭君以《周禮》爲經、《禮記》爲記，其别異處皆以《周禮》爲正，而《周禮》自相矛盾者仍不能彌縫

鄭《駮異義》曰：「《周禮》是周公之制，《王制》是孔子之後大賢所記先王之事。」是鄭君雖不以《王制》爲漢博士作，而視《周禮》則顯分軒輊。故或據《周官》以疑《王制》，未嘗引《王制》以駮《周官》。所云「先王之事」，即指夏、殷之禮，而於朝聘直以爲晉文霸制，並不以爲夏、殷之禮矣。《鄭志》：「趙商問：《膳夫》云『王日一舉，鼎十有二，物皆有俎』，有三牲備。商案《玉藻》天子之食，『日少牢，朔月太牢』，禮數不同，請問其説。答云：《禮記》，後人所集，據時而言，或諸侯同天子，或天子與諸侯等，所施不同，故難據。《王制》之法與周異者多，當以經爲正。」又曰：「《爾雅》之文雜，非一家之注，不可盡據以難《周禮》。」又：「趙商問：周朝而遂葬，則是殯於宫，葬乃朝廟。按《春秋》晉文公卒，殯於曲沃，是爲去絳就祖殯，與《禮記》義異，未通其説。答曰：葬乃朝廟，當周之正禮

也。其末世諸侯國，何能同也？傳合不合，當解傳耳，不得難經。」又：「趙商問：《祭法》云『大夫立三廟，曰考廟，曰王考廟〔一〕，曰皇考廟』，注『非別子』，故知祖考無廟。商按《王制》『大夫三廟，一昭一穆，與大祖之廟而三』，注云：『大祖，別子始爵者。雖非別子，始爵者亦然。』二者不知所定。答云：《祭法》，周禮。《王制》之云，或以夏、殷雜，不合周制。」錫瑞案：鄭君答問，可以見其進退諸經之大旨，折衷三《禮》之苦心。鄭以《周禮》對《禮記》言之，則《周禮》爲經，《禮記》爲記；以《禮記》對《左傳》言，則《禮記》爲經，《左傳》爲傳。經可以正傳、記，傳、記不得難經。而以《禮記·祭法》對《王制》言之，則《祭法》爲周禮，《王制》爲夏、殷禮。禮家之糾紛難明者，據鄭所分析，已略有明據矣。惟鄭以《周禮》是周公之制，似未必然。《周官》一書亦自有矛盾之處，鄭君雖極力彌縫之，學者不能無疑。趙商問：「《巾車職》曰『建大麾以田』，注云：『田，四時田獵。』商按《大司馬職》曰四時皆建大常，今又云『建大麾以田』何？」答曰：「麾，夏之正色。雖習戰，春夏尚生，其時宜入兵，夏本不以兵得天下，故建其正色，以春夏田。至秋冬出兵之時，乃建大常。」案：《巾車》「建大麾」，《大司馬》「建大常」，兩處之文矛盾，萬無可通之理。鄭既以《周官》爲周公所作，不能加以駁難，故不得不爲之彌縫，其答趙商皆强詞也。秋冬田建大常，明與《巾車》注「四時田」不合，以麾爲夏之

〔一〕「曰王考廟」，原脱，據初稿本及《禮記正義》補。

正色，建之以春夏田，亦未有據。《王制》：「天子殺則下大綏，諸侯殺則下小綏。」注云：「綏，當爲『緌』。緌，有虞氏之旌旗也。」《明堂位》：「有虞氏之旂，夏后氏之綏。」注云：「有虞氏當言緌。緌，謂注旄牛尾於杠首，所謂大麾。《周禮》『建大麾以田』也。」鄭於此數處之文互相證明，自圓其說，以《禮記》之「綏」即《周官》之「麾」。鄭云《王制》多雜夏、殷，故於解《周官》亦謂大麾是用夏制。如此，則《周官》、《王制》古、今文兩不相背，而《周官》兩處之矛盾，仍未能泯其迹也。惠士奇、金榜又不從鄭，而各别爲說，尤傅會不可信。

三六、論《周禮》在周時初未舉行，亦難行於後世

漢今文家張禹、包咸、周生烈、何休、林碩，不信《周禮》者也；賈《疏》云張、包、周、何、林不信《周禮》爲周公所作。古文家劉歆、杜子春、鄭興、鄭衆、衛宏、賈逵、許慎、馬融、鄭玄，尊信《周禮》者也。自漢至今，於《周禮》一書，疑信各半。《周禮》體大物博，即非周公手筆，而能作此書者自是大才，亦必掇拾成周典禮之遺，非盡憑空撰造，其中即或有劉歆增竄，亦非歆所能獨辦也。惟其書是一家之學，似是戰國時有志之士據周舊典，參以己意，定爲一代之制，以俟後王舉行之者，蓋即《春秋》素王改制之旨。故其封國之大，設官之多，與各經不相通，所以張、包、周、何、林皆不信。古文家即尊信《周禮》，亦但可以《周禮》解《周禮》，不可以《周禮》解各經，而馬、鄭注《尚書》官制、服制，皆引《周禮》

爲證。即如其説，以《周禮》爲周公手定，亦不得强虞、夏以從周，況《周禮》未必出於周公，豈可據之以易舊説乎？《禮記》，七十子之後所作，未知與作《周禮》者孰先孰後，其説禮與《周禮》或異，當各從其説以解之。鄭以《周禮》爲經，《禮記》爲記，一切據《周禮》爲正，未免有武斷之失。《周禮》晚出，本無師授，文字奇古，人多不識。鄭注所引故書，乃其原本。杜、鄭諸儒始爲正音讀，明通假。鄭君所云「二三君子所變易，灼然如晦之見明」，使山巖屋壁之書，得以昭見於世，其有功於《周禮》甚大，而因尊信《周禮》太過，一經明而各經皆亂，則諸儒亦不能無過矣。《周禮》鄭註、賈疏之外，王安石、王昭禹、王與之、易祓之説，皆有可采。近人沈彤《周官禄田考》、王鳴盛《周禮軍賦説》，皆能自成一家之説，但未能疏全書，治此經者仍以註、疏爲主。《考工記》，據「胡無弓車」之類，亦屬戰國人作，文字奧美，在《周官》上，可考古人制器尚象之遺。宋林希逸《鬳齋考工記解》，於古器制度未詳核。近人戴震《考工記圖》、程瑶田《考工創物小記》、阮元《車制圖考》、鄭珍《輪輿私箋》皆有發明，惟詳於車，而他物尚略。陳澧云：「《記》以輪爲首，有旨哉！古人以輪行地，今外國竟以輪行水，且西洋人《奇器圖説》所載諸器多以輪爲用。算法之割圜，亦輪之象也。」予謂《易·既濟》、《未濟》皆水火，而爻辭皆云「曳其輪」，亦有微旨。今當振興工藝之日，學者能遠求《考工》之法，必當大著成效。《周禮》自王莽、蘇綽、王安石試行不驗，後人引以爲戒。王莽篡弑之賊，本非能行《官禮》之人，其所致亡，亦非因行《周禮》。蘇綽於宇文泰時行《周禮》，頗有效，隋、唐法制多本宇文。王安石創新法，非必原本《周禮》，賒貸、市易特其一端，實因宋人恥言富强，不得不上引周公，以箝服異議。後人謂安石以《周禮》亂天下，是爲安石所欺。安石嘗云：「法先王之政者，法其意而已。」此言極其通達，故知其所行法，非事事摹周也。《周禮》在周時初未舉行，如王畿居中、封公五百里之類。何能行於後世？古之治天下至纖至悉，後世尚簡而戒煩苛，無論賒貸、市易必不可行，即飲射、讀法亦將大擾。然則法《周禮》者，亦但可如安石所云「法其意而已」矣。

三七、論《周官》之法不可行於後世，馬端臨《文獻通考》言之最晰

馬端臨曰：「按：《周禮》一書，先儒信者半，疑者半。其所以疑之者，特不過病其官冗事多，瑣碎而繁擾耳。然愚嘗論之，經制至周而詳，文物至周而備，有一事必有一官，無足怪者，有如閹閽卜祝各設命官，衣膳泉貨俱有司屬。自漢以來，其規模之瑣碎，經制之煩密，亦復如此，特官名不襲六典之舊耳，固未見其爲行《周禮》，而亦未見其異於《周禮》也。獨與百姓交涉之事，則後世惟以簡易闊略爲便，而以《周禮》之法行之，必至於厲民而階亂，王莽之王田、市易，介甫之青苗、均輸是也。後之儒者見其效驗如此，於是疑其爲歆、莽之僞書而不可行，或以爲無《關雎》、《麟趾》之意則不能行。愚俱以爲未然。蓋《周禮》者，三代之法也。三代之時，則非直周公之聖可行，雖一凡

夫亦能行；三代而後，則非直王莽之矯詐、介甫之執愎不可行，而雖賢哲亦不能行。其故何也？蓋三代之時，寰宇悉以封建，天子所治不過千里，公、侯則自百里以至五十里，而卿、大夫又各有世食禄邑，分土而治，家傳世守。民之服食日用，悉仰給於公上，而上之人所以治其民者，不啻如祖父之於其子孫，家主之於其臧獲。田土則少而授，老而收，於是乎有鄉、遂之官，又從而視其田業之肥瘠、食指之衆寡，而爲之斟酌區畫，俾之均平。貨財則盈而斂，乏而散，於是乎有泉府之官，又從而補其不足〔一〕，助其不給，或賒或貸，而俾之足用。所以養之者如此。司徒之任，則自鄉大夫、州長以至閭胥、比長，自遂大夫、縣正以至里宰、鄰長，歲終正歲，四時孟月，皆徵召其民，考其德藝，糾其過惡而加以勸懲。司馬之任，則軍有將，師有帥，卒有長，四時仲月，則有振旅治兵、茇舍大閱之法，以旗致民，行其禁令而加以誅賞。所以教之者如此。上下蓋弊弊焉，察察焉，幾無寧日矣。然其事雖似煩擾，而不見其爲法之弊者，蓋以私土子人，痛痒常相關，脉絡常相屬。雖其時所謂諸侯、卿、大夫者未必皆賢，然既世守其地，世撫其民，則自不容不視爲一體。既爲一體，則姦弊無由生，而良法可以世守矣。自封建變而爲郡縣，爲人君者宰制六合，穹然於其上，而所以治其民者，則諉之百官、有司、郡守、縣令。爲守令者率三歲而終更，雖有龔、黄之慈良，王、趙之明敏，其

〔一〕「又」，原誤作「而」，據馬端臨《文獻通考》卷一百八十改。

始至也，茫然如入異境，積日累月，方能諳其土俗而施以政令，往往期月之後，其善政方可紀，纔再期而已及瓜矣。其有疲懦貪鄙之人，則視其官如逆旅傳舍，視其民如飛鴻土梗，發政施令，不過授成於吏手。既授成於吏手，而欲以《周官》行之，則事煩而政必擾，政擾而民必病，教養之恩未孚，而追呼之苛嬈已亟矣。是以後之言善政者，必曰事簡。夫以《周禮》一書觀之，成周之制未嘗簡也。自土不分胙，官不世守，爲吏者不過年除歲遷，多爲便文自營之計。於是國家之法度，率以簡易爲便，愼無擾獄市之説，治道去大甚之説，遂爲經國庇民之遠猷。所以臨乎其民者，未嘗有以養之也，苟使之自無失其養，斯可矣；未嘗有以教之也，苟使之自無失其教，斯可矣。蓋壤地既廣，則志慮有所不能周；長吏數易，則設施有所不及竟。於是法立而姦生，令下而詐起，處以簡靖，猶或庶幾，稍涉繁夥，則不勝其瀆亂矣。《周禮》所載，凡法制之瑣碎煩密者，可行之於封建之時，而不可行之於郡縣之後。必知時適變者，而後可以語通經學古之説也。」錫瑞案：馬氏謂《周禮》可行於封建，不可行於郡縣，以壤地既廣、長吏數易之故，最爲通論。今壤地之廣過於南宋，長吏數易亦甚於南宋。彼時守吏猶必三歲而更，今且一歲而數易矣，使與百姓交涉，能至纖至悉乎？外國之法所以纖悉備舉者，以去封建未遠，日本與德意志，皆初合侯國爲一者。壤地不大，官制不同之故。今人作《泰西采風記》、《周禮政要》，謂西法與《周禮》暗合。

三八、論鄭樵解釋《周禮》疑義，未可信爲確據

鄭樵曰：「《周禮》所以難通者有五：一曰《職方》之説萬里，與《禹貢》五千里之制不同。二曰封國公五百里，與《孟子》、《王制》公百里之制不同。三曰《載師》田税用十二，與三代什一之制不同。四曰《遂人》溝洫之數，與《匠人》多寡之制不同。五曰比閭族黨之讀法，無乃重擾吾民乎？今案經文分析，合而一之，以釋五者之疑。《禹貢》有五服，各五百里，是禹之時地方五千里。《職方》有九服，亦各五百里，並王畿千里，則周之時地方萬里矣。禹之五服各五百里，自其一面而數之。《職方》九服各五百里[一]，自其兩面而數之也。周畿千里，不在九服之内，王畿即禹之甸服，侯、甸即禹之侯服，男、采即禹之綏服，衛、蠻即禹之要服，鎮、夷即禹之荒服，大率二畿當一服。而周人鎮服之外，又有五百里藩服，去王城二千五百里，乃九州之外，地增於《禹貢》五百里而已。諸侯之地，當如《孟子》所言；至開方之，則如《王制》所説。薛常州開方法：百里之國開方得百里之國四，是謂侯四百里。七十里之國開方得七十里之國四，是謂伯三百里。四七二十八，二百八十里，舉成數曰三百里。五十里之國開方得五十里之國四，是謂子二百里。什一，天下之中，正《孟

[一]「職」上，原衍「周」，據《六經奥論》卷六删。

子》所謂多則桀，寡則貉。《周禮・載師之職》曰：『凡任地，國宅無征，園廛二十而一，近郊十一，遠郊二十而三，甸、稍、縣、都皆無過十二，惟其漆林之征二十而五。』康成注《匠人》亦引此，謂田税輕近重遠之失。周公制法，不當於十一之外，又有二十而税三、二十而税五者。今案：《載師》文曰『凡任地』，謂之地，則非田矣。又曰『園廛』，謂之園廛，則亦非田矣。又曰『漆林』，則漆林又非田之所植矣。豈得謂之田税？蓋園者不種五穀，其種雜物，所出不貲。廛者工商雜處，百貨所聚，其得必厚。聖人抑末之意，以爲在國之園廛可輕之而爲二十而一，如自郊以往，每增之不過十二，若以其地植漆林，則非二十而五不可也。《遂人》云：十夫有溝，百夫有洫，千夫有澮，萬夫有川。若案文讀，則一同之地有九萬夫，當得九川，而川、澮、溝、洫不幾太多歟？《匠人》云：井間有溝，成間有洫，同間有澮。若案文讀，則一同之地惟有一澮，不幾太少歟？鄭氏求其説而不得，註《遂人》則曰：此鄉、遂法，以千夫、萬夫爲制。註《匠人》則曰：此畿内之采地制，井田異於鄉、遂及公邑。考尋鄭意，以二處不同，故謂鄉、遂制田不用井畫，惟以夫地爲溝洫法，采地制田則以田畫而爲井田法。是以《遂人》、《匠人》制田之法，分而爲二矣。《匠人》之制，舉大概而言；《遂人》之制，舉一端而言。一成之地九百夫。一孔一井，井中有一溝，直。一列凡九井，計九箇溝，横。通一洫。直。是十夫之地有一溝，百夫之地有一洫。九百夫之地有九洫，而爲一成之地。若一同之地，有百成、九萬夫。一孔爲一成，中有九洫，直。横一列凡有十成，計九十洫，直。通一大澮。横。九澮而兩川周其外，是謂九萬夫之地。合而言之，成間有洫，是一成有九洫；同間有澮，是一同有九澮。《匠人》、《遂人》之制，無不相合。周家井田之法，通行於天下，未嘗有鄉遂、采地之異。但《遂人》以一直言之，故曰『以達於畿』；《匠人》以四方言之，故止一同耳。《周禮》五家爲比，五比爲閭，四閭爲族，五族爲黨，五黨爲州，五州爲鄉。州長每歲屬民讀法者四，黨正讀法者七，族師讀法者十四，閭胥讀法者無數。或者以爲是日讀法，即於州長，又於黨正，又於閭胥、族師，且將奔命而不暇。予謂此法亦易曉：如正月之吉讀法，州長、黨正、族師咸預焉。至四孟吉日讀法，則族師、黨正預焉，州長不預。到每月讀法，惟族師職焉。此註所謂『彌親民者，其教亦彌數』。正如今之勸農，守倅令佐皆預焉，其職各帶勸農二字，不必謂之更來迭往也。」錫瑞案：鄭氏彌縫牽合，具見苦心。惟《周官》一書與諸經多不相通，如九服、公五百里之類是，《考工記》亦與《周官》不相通，如《匠人》、《遂人》之類是，欲强合之爲一，雖其說近理，未可信爲確據。

三九、論《周官》並非周公未行之書，宋元人强補《周官》更不足辨

《尚書大傳》曰：「周公攝政，六年制禮作樂，七年致政成王。」又曰：「周公將作禮樂，優游之，三年不能作。君子恥其言而不見從，恥其行而不見隨，將大作，恐天下莫我知也；將小作，恐不能

揚父祖功業德澤。然後營洛，以觀天下之心。於是四方諸侯率其群黨，各攻位於其庭。周公曰：『示之以力役，且猶至，況導之以禮樂乎！』然後敢作禮樂。」《白虎通·禮樂》篇曰：「太平乃制禮作樂何？夫禮樂，所以防奢淫。天下人民飢寒，何樂之乎？功成作樂，治定制禮。王者始起，何用正民？以爲且用先代之禮樂，天下太平乃更制作焉。《書》曰：『肇修稱殷禮，祀新邑。』此言太平去殷禮。必復更制者，示不相襲也。」《書·洛誥》疏引鄭注云：「『王者未制禮樂，恒用先王之禮樂。』伐紂以來，皆用殷之禮樂，非始成王用之也。周公制禮樂既成，不使成王即用周禮，仍令用殷禮者，欲待明年即政，告神受職，然後班行周禮，班訖始得用周禮，故告神且用殷禮也。」錫瑞案：據此，則周公制禮極其慎重，既已優游三年，乃敢制作；又待營洛之後，乃始班行。所以不能不慎重者，觀後世如漢賈誼、董仲舒、王吉、劉向皆請制禮而未能定，曹褒定禮而未能行，唐《顯慶》《開元禮》、宋《政和禮》，其書具在，迄未行用。周公蓋慮及此，故必慎之於始。其始既如此慎重，其後必實見施行。今之《周官》與周時制度多不符，則是當時並未實行，其非周公之書可知。孔子所謂「吾學周禮」，亦非《周官》之書。北宮錡問周室班爵禄，《周官》言班爵禄極詳，孟子乃云「其詳不可得聞」，而所謂「嘗聞其略」者，又不同《周官》，而同《王制》。若《周官》爲周公手定，必無孔、孟皆未見之理，其書蓋出孔、孟後也。後人知《周官》與周時制度不合，乃以爲未成之書，又以爲未行之書。《困學紀聞》引九峰蔡氏云：「周公方條治事之官，而未及師、保之職。《冬官》亦闕，首尾未備，周公未成之書也。」《黄氏日鈔》引孫處之説曰：「《周禮》之作，周公居攝之後，書成歸豐，而實未嘗行。惟其未行，故建都之制不與《召誥》、《洛誥》合，封國之制不與《武成》、《孟子》合，設官之制不與《周官》合，《武成》、《周官》皆僞書，可不引。九畿之制不與《禹貢》合。凡此皆豫爲之也，而未嘗行也。」許宗彦本其説，謂：「武王既有天下，其命官或由商舊，或仍周初侯國之制。其時未有《周禮》，而官名、職掌固已皆定。及夫《周禮》之成，周公蓋將舉其不合者徐徐更之，以爲有周一代之定制。然而周公則已老矣，傳《尚書》者謂周公居攝六年制禮，七年致政成王，其間才一年耳，《周禮》之不能遂行，時則然也。故謂《周禮》爲周代未行之書，可矣；必以一二事疑之，謂非周公所作，不亦過乎？」案：此欲以《周官》强歸周公，乃以後世苟簡之法例周公。伏《傳》云制禮方致政，正是制禮必行之證，何得反據伏《傳》，以爲不能遂行？顯慶、開元作禮書飾太平，而不能實行，後世苟簡之法則然，豈有周公制禮亦如是者？孫處引顯慶、開元爲比，見鄭樵《周禮辨》引，故駁之。雖欲强爲傅會，要無解於孔、孟未見也。若《考工記》，本別爲一書，河間獻王以《周官》闕《冬官》一篇，購以千金不得，取《考工記》合成六篇，奏之。宋俞廷椿作《復古篇》，謂司空之屬分寄於五官。王與之又作《周官補遺》。邱葵本俞、王之説，取五官所屬歸於《冬官》，六屬各得六十，著爲《周禮定本》。吴澄《周禮叙録》：「以《尚書·周官》考之，冬官司空掌邦土，而雜於地官司徒掌邦教之中。今取其掌邦土之官，列於司空之後，庶乎《冬官》不亡。而《考工記》別爲一卷，附之經後。」又與俞、王稍異。要皆宋、元人竄易經文之陋習，不足辨。吴氏不信僞古文，此又執僞《周官》爲説，更不可解。

四〇、論《禮記》始撰於叔孫通

《周禮》出於山巖屋壁，五家之儒莫見，其授受不明，故爲衆儒所排。《儀禮》傳自高堂生，有五傳弟子，其授受最明，故得立於學官。《禮記》删定，由於二戴，其前授受亦莫能詳，魏張揖以爲叔孫通撰輯。揖去漢不遠，其説當有所受。陳壽祺曰：「《漢書·藝文志》禮家『《記》百三十一篇』，班固本注：『七十子後學者所記。』《景十三王傳》曰：『河間獻王所得書，皆古文先秦舊書，《周官》、《尚書》、《禮》、《禮記》、《孟子》、《老子》之屬〔一〕，皆經傳説記，七十子之徒所論。』又曰：『魯恭王壞孔子宅，而得古文《尚書》及《禮記》、《論語》、《孝經》，凡數十篇，皆古字也。』《經典釋文·序録》引鄭君《六藝論》云：『後得孔氏壁中、河間獻王古文《禮》五十六篇，《記》百三十一篇，《周禮》六篇。』又引劉向《别録》云『古文《記》二百四篇』。壽祺案：孔壁所得書，《魯恭王傳》僅言數十篇，知非全書。《藝文志》依《七略》著録《記》百三十一篇，蓋河間獻王所得者，故《六藝論》兼舉之。百三十一篇之《記》，合《明堂陰陽》三十三篇、《王史氏》二十一篇、《樂記》二十三篇、《孔子三朝記》七篇，凡

〔一〕「禮」，原脱，據據初稿本及陳壽祺《左海經辨》卷上《大小戴記考》補。

二百十五篇，並見《藝文志》。而《别録》言二百四篇，未知所除何篇，疑《樂記》二十三篇，其十一篇已具百三十一篇《記》中，除之，故爲二百四篇。《孔子三朝記》亦重出，不除者，篇名不同故也。《大戴禮記》所載七篇，爲《千乘》、《四代》、《虞戴德》、《誥志》、《小辨》、《用兵》、《少間》，不著《孔子三朝記》之名。《隋志》言劉向考校經籍，檢得一百三十篇，向因第而叙之，又得《明堂陰陽記》、《孔子三朝記》、《王氏》《史氏記》、《樂記》五種，合二百十四篇，減少一篇，與《别録》、《藝文志》不符，失之。然百三十一篇之《記》，第之者劉向，得之者獻王，而輯之者蓋叔孫通也。魏張揖《上〈廣雅〉表》曰：『周公著《爾雅》一篇。爰暨帝劉，魯人叔孫通撰置《禮記》，文不違古。』通撰輯《禮記》，此其顯證。稚讓之言，必有所據。《爾雅》爲通所採，當在《大戴禮》中。武進臧庸曰：《白虎通·三綱六紀》篇引《禮親屬記》，見《爾雅·釋親》；《孟子》「帝館甥於貳室」，趙岐注引《禮記》，亦《釋親》文；《風俗通·聲音》引《禮·樂記》，乃《釋樂》文；《公羊》宣十二年注引《禮》，乃《釋水》文，則《禮記》中有《爾雅》之文矣。通本秦博士，親見古籍，嘗作《漢儀》十二篇及《漢禮器制度》。而《禮記》乃先秦舊書，聖人及七十子微言大義，賴通以不墜，功亞河間。《漢志》禮家闕其書，且没其名，何也？」錫瑞案：《禮記》爲叔孫通所撰説，始見於張揖，揖以前無此説；近始發明於陳壽祺，壽祺以前亦無此説。壽祺引臧庸説以證《禮記》中有《爾雅》，尤爲精確。鄭以孔氏壁中、河間獻王兩事並舉者，孔壁所得書無《周禮》。許氏《説文序》曰「壁中書者，魯恭王壞孔子宅，而得《禮》、《記》、《尚書》、《春秋》、《論語》、《孝經》」，不云有《周禮》。獻王得《周官》，見《漢書》本傳。鄭君不析言之，故並舉之。

四一、論《王制》、《月令》、《樂記》非秦、漢之書

陳壽祺曰：「儒者每言《王制》漢博士作，《月令》吕不韋作，或又疑《樂記》出河間獻王，皆非事實也。《禮記·王制》正義引盧植云：『漢孝文皇帝令博士諸生作此書。』《經典釋文》引同。考盧氏説出《史記·封禪書》。《封禪書》曰：『文帝召魯人公孫臣，拜爲博士，與諸生草改曆、服、色事。明年，使博士諸生刺六經作《王制》，謀議巡守、封禪事。』然今《王制》無一語及封禪，言巡守者特一端耳。司馬貞《史記索隱》引劉向《别録》云：『文帝所造書，有《本制》、《兵制》、《服制》篇。』以今《王制》參檢，絶不相合。鄭君《三禮目録》云：「名曰『王制』者，以其記先王班爵、授禄、祭祀、養老之法度。」此則博士所作《王制》，或在《藝文志》禮家《古封禪群祀》二十二篇中，非《禮記》之《王制》也。《月令》正義引鄭《目録》云：『《月令》者，本《吕氏春秋·十二月紀》之首章，以禮家好事鈔合之，後人因題之，名曰《禮記》，言周公所作。』壽祺案：正義云：『賈逵、馬融之徒，皆云《月令》周公所作，故王肅用焉。』《後漢書·魯恭傳》恭議曰：『《月令》，周世所作，而所據皆夏之時也。』蔡邕《明堂月令論》曰：『《周書》七十一篇，而《月令》第五十三。秦相吕不韋著書，取《月令》爲紀號。淮南王安亦取以爲第四篇，改名曰《時則》。故偏見之徒，或云《月令》吕不韋作，或云淮南，皆非也。』《隋書·牛弘傳》：『今《明堂月令》者，蔡邕、王肅云周公所作，《周書》内有《月令》第五十三即此。』《魏鄭公諫録》：『《月令》起於上古。

呂不韋止是修古《月令》，未必始起秦代也。』此則《禮記·月令》非呂不韋著審矣。《唐書》大衍曆議云：『七十二候原於周公《時訓》，《月令》雖頗有增益，然先後之次則同。』僧一行親見《周書·月令》有七十二候，則與《禮記·月令》無異，益信蔡邕之言不妄也。鄭君以爲禮家抄合，殆失之。又鄭君謂三王官無太尉，秦官則有，以此斷《月令》爲呂氏書。案《月令》『命太尉』，《呂覽》『尉』作『封』，然則《禮記》亦當作『命大封』，即《易通卦驗》所謂『夏至景風至，拜大將，封有功』之義。見《太平御覽》引。其作『太尉』者，《淮南·時則》依漢制改，而禮家從之，非其舊也。《樂記》者，《藝文志》云：河間獻王『與毛生等共采《周官》及諸子言樂事，以作《樂記》。其内史丞王定傳之，以授常山王禹。禹成帝時爲謁者，獻二十四卷《記》。劉向校書，得《樂記》二十三篇，與禹不同。』而班《志》兩載其書，曰《樂記》二十三篇、《王禹記》二十四篇。案：《漢書·食貨志》王莽下詔曰『《樂語》有五均』，鄧展注曰：『《樂語》[一]、《樂元語》，河間獻王所傳，道五均事。』臣瓚曰：『其文云：天子取諸侯之土，以立五均，則市無二價，四民常均[二]，强者不得困弱，富者不得要貧，則公家有餘，恩及小民矣。』《白虎通·禮樂》篇亦屢引《樂元語》，此即獻王所傳《樂記》二十四篇之一篇也。《三禮目録》於《禮

〔一〕「語」，陳壽祺引已誤作「記」，據王先謙《漢書補注》改。

〔二〕「四」，陳壽祺引已誤作「而」，據王先謙《漢書補注》改。

記·樂記》云『此於《别録》屬《樂記》』，謂屬二十三篇之《樂記》也。《禮記正義》云：『蓋十一篇合爲一篇，謂有《樂本》，有《樂論》，有《樂施》，有《樂言》，有《樂禮》，有《樂情》，有《樂化》，有《樂象》，有《賓牟賈》，有《師乙》，有《魏文侯》。今《樂記》斷取十一篇，餘有十二篇，其名猶在。案《别録》十一篇，餘次《奏樂》第十二、《樂器》第十三、《樂作》第十四、《意始》第十五、《樂穆》第十六、《説律》第十七、《季札》第十八、《樂道》第十九、《樂義》第二十、《昭本》第二十一、《昭頌》第二十二、《竇公》第二十三是也。按《别録》，《禮記》四十九篇，《樂記》第十九，則《樂記》十一篇入《禮記》，在劉向前矣。』正義言如此，則今《禮記》中之《樂記》，非王禹《樂記》甚審。《史記正義》云：『《樂記》者，公孫尼子次撰也。』此言必本之《别録》、《七略》。《樂記》出公孫尼子，而有《竇公》篇者，竇公本魏文侯樂人，年百八十歲，至漢文帝時猶存，此篇或載其在文侯時論樂事也。《别録》於二百四篇，稱爲古文《記》。《漢書·河間獻王傳》、《魯恭王傳》兩稱《禮記》，皆統以古文。《魯恭王傳》又特明之曰『皆古字也』，《河間獻王傳》且明言『七十子之徒所論』，是惡得有秦、漢作者之文厠其間邪？後儒動訾《禮記》雜出漢儒，不考甚矣。」

四二、論《王制》爲今文大宗，即《春秋》素王之制

《禮記》非雜出漢儒，陳氏之辨晰矣。而《王制》爲今文大宗，與《周禮》爲古文大宗，兩相對峙。

朱子曰《周禮》、《王制》是制度之書，已以兩書對舉。一是周時舊法，一是孔子《春秋》所立新法。後人於《周禮》尊之太過，以爲周公手定，於《王制》抑之太過，以爲漢博士作，於是兩漢今、古文家法大亂。此在東漢已不甚晰，至近日而始明者也。鄭君《駁異義》曰：「《王制》是孔子之後大賢所記先王之事。」又答臨碩曰：「孟子在赧王之際，《王制》之作，復在其後。」推鄭君意，似以《王制》爲孟子之徒所作，以開卷説班爵禄略同《孟子》文也。《王制》非特合於《孟子》，亦多合於《公羊》，姑舉數事明之。《公羊》桓十一年傳：「鄭忽出奔衛。忽何以名？《春秋》伯、子、男一也，辭無所貶。」解詁云：「《春秋》改周之文，從殷之質，合伯、子、男爲一。」《王制》曰：「公、侯田方百里，伯七十里，子、男五十里。」鄭注云：「此地，殷所因夏爵三等之制也。《春秋》變周之文，從殷之質，合伯、子、男以爲一，則殷爵三等者，公、侯、伯也。」正義曰：「何休之意，合伯、子、男爲一，皆稱從子。鄭意合伯、子、男爲一，皆稱伯也」。鄭、何説雖稍異，而《春秋》三等，《王制》亦三等。其相合者一。《公羊》桓四年傳：「春，公狩於郎。狩者何？田狩也。春曰苗，秋曰蒐，冬曰狩。」《穀梁傳》則「春曰田，夏曰苗，秋曰蒐，冬曰狩」。何休《廢疾》引《運斗樞》曰：「夏不田。《穀梁》有夏田，於義爲短。」鄭釋之云：「孔子雖有聖德，不敢顯然改先王之法，以教授於世；若其所欲改，其陰書於緯，藏之以傳後王。《穀梁》四時田者，近孔子故也。《公羊》正當六國之亡，讖緯見，讀而傳爲三時田。」據鄭説，則三時田乃孔子《春秋》制。《王制》曰：「天子、諸侯無事，則歲三田。」其相合者二。其他建國之制曰：「凡四海之内九州，州方千里。」又曰：「二百一十國以爲州，州有伯。」立學之制曰：「小學在公宮南之左，大學在郊。」取民之制曰：「古者公田藉而不税。」鄭注皆以殷制解之〔一〕，正與《春秋》變周之文、從殷之質相合。特鄭君未知即素王之制，故見其與《周禮》不合，而疑爲夏、殷禮。孔《疏》申鄭雖極詳晰，亦未能釋此疑，同異紛紜，莫衷一是。其《王制第五》篇題下疏曰：「案鄭《目録》云：名曰『王制』者，以其記先王班爵、授禄、祭祀、養老之法度。此於《别録》屬制度。《王制》之作，蓋在秦、漢之際。知者，案下文云有『正聽之』，鄭云『漢有正、平，承秦所置』，又有『古者以周尺』之言、『今以周尺』之語，則知是周亡之後也。秦昭王亡周，故鄭答臨碩云：『孟子當赧王之際，《王制》之作，復在其後。』盧植云：『漢孝文皇帝令博士諸生作此《王制》之書。』」錫瑞案：盧氏説，近人已駁正，孔與鄭説並引而不能辨，以「正」爲秦、漢官制，亦未必然。「正」、「長」義同，《尚書·冏命序》已有「周太僕正」，《周禮》有「宫正」，《左氏傳》有「隧正」、「鄉正」、「校正」、「工正」，又云「師不陵正」，注云「正，軍將命卿」，安知古刑官無正？「周尺」之語，或出周、秦之間耳。治經者當先看《禮記注疏》，《禮記》中先看《王制注疏》，注疏中糾纏《周禮》者可姑置之，但以今文家説解經，則經義瞭然矣。《王制》一書，體大物博，非漢博士所能作，必出孔門無疑。近人俞樾説：「《王制》者，孔氏之遺書，

〔一〕「解」，原誤作「改」，據初稿本改。

七十子後學者所記也。王者孰謂？謂素王也。孔子將作《春秋》，先脩王法，斟酌損益，具有規條，門弟子與聞緒論，私相纂輯而成此篇。後儒見其與周制不合而疑之，不知此固素王之法也。」俞氏以《王制》爲素王之制，發前人所未發，雖無漢儒明文可據，證以《公羊》、《穀梁》二傳及《尚書大傳》、《春秋繁露》、《説苑》、《白虎通》諸書，所説制度多相符合，似是聖門學者原本聖人之説，定爲一代之制，其制損益殷、周，而不盡同殷、周，故與《春秋》説頗相同，而於周禮反不相合。必知此爲素王改制，《禮》與《春秋》二經始有可通之機，《王制》與《周官》二書亦無糾紛之患。治經者能得此要訣，可事半功倍也。《王制》，據鄭君説，出在赧王之後。《周官》，據何劭公説，亦出戰國之時。是其出書先後略同，而爲説不同，皆由聖門各據所聞，著爲成書，以待後世之施行者。《王制》簡便易行，不比《周官》繁重難舉，學者誠能考定其法，仿用其意，以治今之天下，不必井田、封建，已可以甄殷陶周矣。孔《疏》解「制，三公一命卷」云「制，謂王者制度」，又云「此篇之作，皆是王者之制」，則孔穎達已知《王制》名篇之義，特未知爲素王之制，故仍説爲夏、殷。

四三、論《禮記》所説之義，古今可以通行

朱子曰：「《儀禮》是經，《禮記》是解《儀禮》。且如《儀禮》有《冠禮》，《禮記》便有《冠義》；《儀禮》有《昏禮》，《禮記》便有《昏義》；以至燕、射之禮，莫不皆然。」此朱子所以分別《儀禮》爲經，《禮

記》爲傳，而有《儀禮經傳通解》之作也。《郊特牲》「冠義」一節，孔疏云：「以《儀禮》有《士冠禮》正篇，此説其義。下篇有《燕義》、《昏義》，與此同。」《鄉飲酒義》孔疏云：「《儀禮》有其事，此《記》釋其義。」《聘義》孔疏云〔一〕：「此篇總明聘義，各顯《聘禮》之經於上，以義釋之於下。」據此，則孔穎達已明言諸《義》是解《儀禮》，非始於朱子矣。《冠義》自爲一篇，《郊特牲》復有「冠義」一節，蓋由解此義者不止一家。「天地合，而後萬物生焉」一節，又是「昏義」。此二節之間有一節云：「禮之所尊，尊其義也。失其義，陳其數，祝史之事也。故其數可陳也，其義難知也。知其義而敬守之，天子之所以治天下者也。」此記者明言禮以義爲重，乃冠、昏、飲、射、燕、聘、祭義之發凡。治《禮經》者，雖重禮之節文，而義理亦不可少。聖人所定之禮，非有記者發明其義，則精意閎旨，未必人人能解。且節文時有變通，而義理古今不易。十七篇雖聖人所定，後世不盡可行，得其義而通之，酌古準今，期不失乎禮意，則古禮猶可以稍復。後世用《禮記》取士，而不用《儀禮》，誠不免棄經任傳之失，而《禮記》網羅浩博，與十七篇亦當並行。焦循《禮記鄭注補疏序》曰：「《周官》、《儀禮》，一代之書也。《禮記》曰〔二〕：『禮，時爲大。』此一言也，以蔽萬世制禮之法可矣。夫《周官》、《儀禮》固作於

〔一〕「義」，原誤作「禮」，據《禮記正義》改。

〔二〕按，據焦循《雕菰集》卷十六，「曰」上當有「萬世之書也。必先明乎《禮記》，而後可學《周官》、《儀禮》。《記》之言」。

聖人，乃亦惟周之時用之。設令周公生宇文周，斷不爲蘇綽、盧辯之建官；設令周公生趙宋，必不爲王安石之理財。何也？時爲大也。且夫所謂時者，豈一代爲一時哉！開國之君，審其時之所宜而損之益之，以成一代之典章度數。而所以維持此典章度數者，猶必時時變化之，以捄民之偏而息民之詐。夫上古之世，民苦於不知，其害在愚；中古以來，民不患不知，而其害轉在智。伏羲、神農之時〔一〕，道在折民之愚〔二〕。故通其神明，使知夫婦、父子、君臣之倫；開其謀慮，使知樹藝、貿易之事。生羲、農之後者，知識既啟，詐僞百出，其黠者往往窺長上之好惡以行其奸，假軍國之禁令以濟其賊，惟聰明睿智有以鼓舞而消息之。故黄帝、堯、舜氏作，通其變，使民不倦，神而化之，使民宜之。吾於《禮運》、《禮器》、《中庸》、《大學》等篇，得其微焉。」錫瑞案：焦氏於三《禮》軒輊太過，謂民患在智，近於老氏之旨，與世界進化之理不符；惟發明「禮，時爲大」之義甚通，言禮者必知此，乃不至於拘礙難行。《抱朴子・省煩》篇云：「冠、昏、飲、射，何煩碎之甚耶？好古官長，時或脩之，至乃講試累月，猶有過誤，而欲以此爲生民之常事，至難行也。余以爲可命精學洽聞之士，使删定三《禮》，割棄不要，次其源流，總合其事，類集以相從，務令約儉，無令小碎，條牒各别，

〔一〕「神農」，原脱，據焦循《禮記鄭注補疏序》補。

〔二〕「愚」，原誤作「患」，據焦循《禮記鄭注補疏序》改。

令易案用。」《朱子語録》云：「古禮於今，實是難行。後世有大聖人者作，與他整理一過，令人蘇醒，必不一一如古人之繁，但放古人大意，簡而易行耳。」此正得其義而通之，期不失乎禮意之説也。毛奇齡謂「《禮記》，舊謂孔子詔七十子共撰所聞以爲記，《儀禮》則顯然戰國人所爲，《儀禮》遜《禮記》遠矣」，務反朱子之説，亦軒輊太過。

四四、論《禮記》記文多不次〔一〕，若以類從，尤便學者，惜孫炎、魏徵之書不傳

《禮記》四十九篇，衆手撰集，本非出自一人；一篇之中，雜采成書，亦非專言一事。即如《曲禮》曰：「若夫坐如尸，立如齊。」鄭注云：「若夫，言欲爲丈夫也。《春秋傳》：『是謂我非夫。』」其説似近迂曲。劉敞《七經小傳》曰：「案：曾子曰：『孝子唯巧變，故父母安之。若夫坐如尸，立如齊，弗訊不言，言必齊色，此成人之善者也，未得爲人子之道也。』此兩『若夫』之文同，疑《曲禮》本取曾子之言而誤留『若夫』。不然，則全脱一簡，失『弗訊』以下十五字。」朱子《答潘恭叔》曰：「《曲禮》雜取諸書精要之語，集以成編，雖大意相似，而文不連屬。如首章四句，乃《曲禮》古經之言。『敖不可長』以下四句，不知是何書語，又自爲一節，皆禁戒之辭也。『賢者』以下六句，又當别是一書。

〔一〕「論」，原脱，據文例補。

『臨財毋苟得』以下六句，又是一書，亦禁戒之辭。『若夫坐如尸，立如齊』，劉原父以爲此乃《大戴記·曾子事父母》篇之辭，『若夫』二句失於删去，鄭氏乃謂此二句爲丈夫之事，其説誤矣。此説得之。『禮從宜，使從俗』，當又是一書。」錫瑞案：劉氏與朱子之説是也。《禮記》他篇亦多類此，故鄭君門人孫炎已有《類鈔》，而書不傳。魏徵因之以作《類禮》，而書亦不傳。王應麟《困學紀聞》云：「《魏徵傳》曰：『以《小戴禮》綜彙不倫，更作《類禮》二十篇，數年而成。太宗美其書，録寘内府。』《藝文志》云『《次禮記》二十卷』，舊史謂『採先儒訓注，擇善從之』。《諫録》載詔曰：『以類相從，别爲篇第，並更注解，文義粲然。』《會要》云：『爲五十篇，合二十卷。』《元行沖傳》：開元中，魏光乘請用《類禮》列於經，命行沖與諸儒集義作疏，將立之學，乃采獲刊綴，爲五十篇。張説言：『戴聖所録，向已千載，與經並立，不可罷。魏孫炎始因舊書，擿類相比，有如鈔掇，諸儒共非之。至徵更加整次，乃爲訓注，恐不可用。』帝然之，書留中不出。行沖著《釋疑》曰：『鄭學有孫炎，雖扶鄭義，乃易前編，條例支分，箴石間起。馬伷增革，向踰百篇；葉遵删修，僅全十二。魏氏采衆説之精簡，刊正芟礱。』朱文公惜徵書之不復見。此張説文人不通經之過也。行沖謂：『章句之士，疑於知新，果於仍故。比及百年，當有明哲君子，恨不與吾同世者。』觀文公之書，則行沖之論信矣。」錫瑞案：《戴記》不廢，張説有存古之功；《類禮》不傳，説亦有泥古之失。當時若新舊並行，未爲不可。朱子惜《類禮》不復見，是以有《儀禮經傳通解》之作。吴澄作《禮記纂言》，更易次序，各以類從。近人懲於宋儒之割裂聖經，痛詆吴澄，並疑《通解》之雜合經傳。平心而論，《禮記》非聖人手定，與《易》、《書》、《詩》、《春秋》不同。且《禮經》十七篇已有附記，《禮記》文多不次，初學苦其難通，《曲禮》一篇即其明證，若加分別部居，自可事半功倍。據《隋志》「《禮記》三十卷，魏孫炎注」，則其書唐初尚存。炎學出鄭門，必有依據。魏徵因之，更加整比，若書尚在，當遠勝於《經傳通解》、《禮記纂言》，而大有益於初學矣。陳澧云：「孔《疏》每篇引鄭《目録》云此於《别録》屬某某，《禮記》之分類，不始於孫炎、魏徵矣。今讀《禮記》，當略仿《别録》之法，分類讀之，則用志不紛，易得其門徑。」

四五、論鄭注引漢事、引讖緯皆不得不然，習《禮記》者當熟玩注疏，其餘可緩

馬端臨《文獻通考》曰：「三代之禮亡於秦。繼秦者漢，漢之禮書，則前有叔孫通，後有曹褒。然通之禮雜秦儀，褒之禮雜讖緯，先儒所以議其不純也。然自古禮既亡，今傳於世者，惟《周官》、《儀禮》、《戴記》，而其説未備。鄭康成於三書皆有註，後世之欲明《禮》者，每稽之鄭注，以求經之意。而鄭注亦多雜讖緯及秦、漢之禮以爲説，則亦必本於通、褒之書矣。此二書者，漢、隋、唐三史《藝文志》俱無其卷帙，則其書久亡，故後世無述焉。然魏、晉而後所用之禮，必祖述此者。」錫瑞案：馬氏之説甚通。《禮》自孔子時而經不具，後世所謂三《禮》，由孔子及七十子後學者撰集，雖未

必與古禮盡合，而欲考古禮者，舍三書無徵焉。通爲秦博士，習秦儀。秦之與古異者，惟尊君、卑臣爲太過，其他去古未遠，必有所受。觀秦二世時議廟制，引古七廟之文可見。通所定禮，不見於《漢·藝文志》，蓋猶蕭何之律、韓信之軍法，其書各有主者，不在向、歆所校中祕書内。許氏《異義》閒引通説，則鄭君注《禮》亦必采用之矣。褒本習《慶氏禮》，乃高堂生、后倉所授，其引讖緯，東漢風氣實然。緯書多先儒説經之文，觀《禮緯含文嘉》可見。鄭注《禮》閒引讖緯，如耀魄寶、靈威仰之類，或亦本之於褒。古禮失亡，通定禮采秦儀，鄭注《禮》用漢事，褒與鄭又引及讖緯，皆不得不然者。後人習用鄭説，而於通雜秦儀、褒雜讖緯則議之，是知二五而不知十也。或且並詆鄭君，如陳傅良謂鄭注《周禮》之誤有三，「漢官制皆襲秦，今以比《周官》」。王應麟引徐筠《微言》，亦同此説。歐陽修請删注疏中所引讖緯，張璁且以引讖緯爲鄭君罪案而罷其從祀。如其説，則漢以後之説《禮》者，不亡於秦火，而亡於宋、明諸人矣。朱子曰：「《禮記》有説宗廟、朝廷説得遠，復雜亂不切於日用。若欲觀禮，須將《禮記》節出切於日用常行者，如《玉藻》、《内則》、《曲禮》、《少儀》看。」又曰：「鄭康成考《禮》名數大有功。」又或問：「《禮記》古注外，無以加否？」曰：「鄭注自好[一]，看注看疏自可了。」朱子推重《禮記注疏》，此至當之論也。孔穎達於三《禮》惟疏《禮記》，實

[一]「好」下，原衍「看」，據《朱子語類》卷八十七删。

貫串三《禮》及諸經，有因《記》一二語而作疏至數千言者。如《王制》「制，三公一命卷」云云，疏四千餘字；「比年一小聘」云云，疏二千餘字；《月令》、《郊特牲》篇題，疏皆三千餘字。其餘一千餘字者尤多。元元本本，殫見洽聞，又非好爲繁博也。既於此一經下詳説此事，以後此事再見，則不復説，亦猶鄭注，似繁而不繁也。學者熟玩《禮記注疏》，非止能通《禮記》，且可兼通群經。若衛湜《禮記集説》一百六十卷，空衍義理者多。杭世駿《續禮記集説》一百卷，亦未免於炫博。陸元輔《陳氏集説補正》，足匡陳澔之失。王夫之《禮記章句》、朱彬《禮記訓纂》、孫希旦《禮記集解》雖有可采，皆不及孔《疏》之詳博，亦不盡合古義，此等書皆可緩。鄭注《禮記》，因盧、馬之本而加校正，其所改字，必有精意。宋陸佃、方慤、馬晞孟等以鄭改讀爲非，而强如本字讀之，解多迂曲。又或以後世之見，疑古禮之不近人情，不但疑注疏，而並至疑經，足以迷誤後學。陳澔《集説》尤陋，學者仍求之《注疏》可也。

四六、論宋、明人疑經之失，明人又甚於宋人

宋、明人疑注疏而並疑經，今略引其説辨之。宋鄭樵曰：「三《禮》之學，其所以詭異者，大端有四：有出於前人之所行，而後人更之者，如：墨始於晉，髽始於魯，廟有二主始於齊桓，朝服以縞始

於季康。以至古者麻冕，今也純儉〔一〕；古者冠縮縫，今也衡縫。同爲一代，而異制如此。幸而遺説尚存，得以推考因革之故。設其不存，則或同或異，無乃滋後人疑乎？有出於聖人之門，而傳之各異者，如：曾子襲裘而弔，子游裼裘而弔。小斂之奠，曾子曰於西方，子游曰於東方〔二〕；異父之服，子游曰爲之大功，子夏曰爲之齊衰。同師而異説如此，況復傳之群弟子之門人，則其失又遠也。從而信之，則矛盾可疑；從而疑之，則其説有師承。此文義不能無乖異也。有後世諸儒損益前代，而自爲一代之典者，如：吕不韋作《月令》，蓋欲爲秦典，故祭祀、官名不純於周；漢博士欲爲漢制〔三〕，故封爵不純於古。案：二説皆非是，前已引陳壽祺説駁之。後世明知二書出於秦、漢，猶且曰《月令》爲周制，《王制》爲商制。況三《禮》之書，所成者非一人，所作者非一時，又烏能使之無乖異也？有專門之學欲自名家，而妄以臆見爲先代之訓者，如：春秋之末執羔、執雁，魯人已不自知，則禮之所存，蓋無幾也。案：此孔子時經不具之證。延乎秦世，灰滅殆盡。漢世不愛高爵以延儒生，寧棄黄金以酬斷簡。諸儒各述所聞，雜以臆見，而實未見古人全書。故其説以霍山爲南岳，案：此説甚是。以太尉爲堯官，案：此見緯書，《禮》無明文。以商之諸侯爲千八百國，以周之封域爲千里者四十九，案：此見

〔一〕「儉」，原脱，據《六經奥論》卷五補。
〔二〕「西」、「東」，原誤植，據《禮記·檀弓上》及《六經奥論》卷五乙正。
〔三〕按，據上下文，「漢博士」下當有「作《王制》蓋」四字，但文淵閣四庫本《六經奥論》原脱。

《王制》，乃《春秋》素王之法，非必商、周。以分陝處内爲三公，案：此《公羊》説，古制當是如此，乃無一國三公之弊。以太宰、太宗、太卜、太士等爲六官。案：此見《曲禮》，鄭以爲殷制。當時信其爲古書而無疑，後世以其傳久遠而不敢辨，又焉能使之無乖異乎？《禮》學之訛以此。後世議明堂，或以爲五室，或以爲九室，或以爲十二室；案：焦循、陳澧辨之以明。議太學，或以爲五學，或以爲當如辟雝，或以爲當如膠庠，或以爲當如成均、瞽宗。案：太學即辟雝，而膠庠、成均、瞽宗又其異名，五學本同一處。夫明堂一也，而制有三；太學一也，而名有六，此何以使後世無疑哉！」明郝敬曰：「凡禮不可常行者，非禮之經。用於古，不宜於今，而猶著之於篇者，非聖人立經之意。即四十九篇中所載，如俎豆席地、袒衣行禮、書名用方策、人死三日斂之類，古人用之，今未宜。案：此等古今異宜，可以通變。父在爲母期，出母無服，師喪無服，此等雖古，近薄。父母爲子斬衰，妻與母同服，此等失倫。案：古聖制服，各有精意，俗情膚淺，豈可妄譏古人？官士不得廟事祖，支子不祭，此等非人情。案：廟制、祭禮分尊卑，辨適庶，亦不可妄議。杖、不杖視尊卑貴賤，哭死爲位於外，熬穀與魚腊置柩旁，此等近迂闊〔一〕。案：杖、不杖非止視尊卑。爲位於外，所以别嫌疑。熬則小節，可變通。國君饗賓，夫人出交爵，命婦入公宮養子，國君夫人入臣子家弔喪，此等犯嫌疑。案：古人避嫌，未若後人之甚。交爵則因陽侯事，已廢矣。祭祀用子弟爲尸，使父兄羅拜，若祫祭則諸孫濟濟一堂爲鬼，此等

〔一〕「此等」句，原脱，據郝敬《禮記通解》卷首《讀禮記》補。

近戲謔。案：立尸是事死如事生，且古人行禮與今不同，非有尸答拜，不能成禮。人死含珠玉以誨盜，壙中藏甕甒筲衡等器，歲久腐敗，陷爲坑谷，此等無益有害。案：此小事，可變通。古人每事不忘本，酒尚玄，冠服用皮，食則祭。至於宗族姓氏，則隨便改易，如司徒、司空，韓氏、趙氏，惟官惟地，數世之後，迷其祖姓，又何其無重本之思也？案：古氏族改，姓不改，男子稱氏，女子稱姓，安有改姓、迷姓之事？廟制，天子至士庶有定數，皆有堂有寢，有室有門〔一〕。大邑巨家，父子世官，兄弟同朝，將廟不多於民居乎〔二〕？如云皆設於宗子家，則宗子家無地可容。如父爲大夫，子爲士庶，則廟又當改毀，倏興倏廢，祖考席不暇煖。案：古惟宗子有廟，無父子兄弟分立之禮。廟在居室之左，何患無地可居？天子、諸侯亦有祧遷，何獨士庶不可興廢？適子繼體，分固當尊，至於抑庶之法，亦似太偏；喪服有等，不得不殺，至於三殤之辨，亦覺太瑣；衰麻有數，不得不異，至於麻葛之易，亦覺太煩。案：古重宗法，故嚴適庶；重本源，故分別喪服，不嫌煩瑣。天子選士觀德用射，射中得爲諸侯，不中不得爲諸侯。案：此猶後世以文字取士。如此之類，雖古禮乎，烏可用也？故凡禮非一世一端可盡，古帝王不相沿襲。聖人言禮，不及器數，惟曰義以爲質，有以也。此四十九篇，大都先賢傳聞，後儒補輯，非盡先聖之舊。而鄭康成信以爲仲尼手澤，案：鄭無以《禮記》

〔一〕「寢」、「室」，原誤植，據郝敬《禮記通解》卷首《讀禮記》乙正。
〔二〕「將廟」，原脱，據郝敬《禮記通解》卷首《讀禮記》補。

爲孔子所作之語。遇文義難通，則稱竹簡爛脱，顛倒其序；根據無實，則推殷、夏異世，逃遁其説。蓋鄭以記爲經，既不敢矯記之非，世儒又以鄭爲知禮，不敢議鄭之失，千餘年來所以卒貿貿然耳〔一〕。」

錫瑞案：鄭樵、郝敬，皆勇於疑經者。鄭猶以爲詭異，郝乃直攻經傳，足見明人之悍而不學，又甚於宋。茲逐條辨之，以釋後儒之疑。

四七、論古宮室、衣冠、飲食不與今同，習禮者宜先考其大略，焦循《習禮格》最善

古之宮室，不與今同也。古之衣服、飲食，不與今同也。惟其不與今同，故俗儒多疑古禮不近人情，即有志於古者，亦苦其扞格不相入。考古禮者，宜先於古之宮室、衣服、飲食等類考其大略，乃有從入之處。古宮室皆南向，外爲大門。門側左、右皆有堂室，謂之塾。内爲寢門，中爲庭，再上爲階，有東階、即阼階。西階。升堂爲東、西堂，有東、西榮，即檐。有東、西序，即牆。有兩楹，即柱。有棟，有楣。上爲户牖間，其後爲室，兩旁爲東、西房。古之室即今之房，有壁。古之房，今過路屋，無壁。東房後有北堂。宮室之左爲廟，有闈門相通。廟制與宮室略同。觀李如圭《儀禮釋宮》、江永《釋宮注》、

〔一〕「然」，原脱，據郝敬《禮記通解》卷首《讀禮記》補。

張惠言《儀禮圖》，得大略矣。古祭服用絲，朝服用布；祭服用冕，朝服用弁或玄冠。古冠小，如今道士之冠，非若後世之帽。冕服、朝服、玄端，皆上衣下裳。惟深衣連上下，無裳，似今之長衫，惟方領對襟，緣以繢，或青或素爲異；用細白布爲之。喪服用布則麤，又各以輕重分精麤。觀任大椿《弁服釋例》，得大略矣。古食用黍、稷，加則有稻、粱。黍、稷、稻、粱爲四簋。常食有羹、胾、葱、湆、醢、醬、脯、羞。飲有酒、有漿。齊則用糟，醴亦有糟。薦用脯、醢，脯以乾牛肉，加薑、桂鍛治者爲脩，細剉脯加鹽酒爲醢。皆生物。酒新釀，冷飲。豕、魚、腊爲三鼎，加羊與腸胃爲五鼎，腊，士用兔，大夫用麋。腸胃用牛、羊，不用豕。加牛與膚、豕肉。鮮魚、鮮腊爲九鼎，加膷、臐、膮牛、羊、豕肉。爲十二鼎。籩盛乾物，豆盛濡物。俎以骨爲主。若今之排骨。骨分前足爲肩、臂、臑共六，長脅、代脅、短脅共六，正脊、挺脊、橫脊共三，後足髀、肫、胳共六，二十一體。髀近竅，賤，不升。鄉飲、燕、射，則牲用狗。燕食有蜩、即蟬。范、即蜂。蚳醢，螘子。今人所不食者。考飲食無專書，亦可得大略也。得其大略，再取張惠言《儀禮圖》，如阮元説，畫地以習之，不患古禮不明。若用焦循《習禮格》，尤爲事半功倍。焦氏《自序》曰：「於《儀禮》十七篇去《喪服》、《士喪禮》、《既夕》、《士虞禮》四篇，餘十三篇，爲格以習之。紙方尺五寸，如弈枰，作朝廟圖一、庠圖一、大夫朝廟圖一，若門，若曲，若階，若堂，若室，若房，若夾室，若東、西堂，若東、西榮，若坫，若牆、墉、屏、宁、户、牖，無不備。削木或石爲棋，若主人，若賓，若介，若僎，若主婦，若宰夫、司馬、樂工之屬，刻之，或以丹墨書。削木或石爲棋，小於前，於諸器物，若聘之圭、璋、皮、馬、錦、幣，若祭之簠、簋、鼎、俎，燕之爵、洗，食之羹、醬，樂工之瑟、笙，射之弓、矢、楅、乏、旌、中、侯、正、豐、觶，冠、昏之冠服，刻之，或以丹墨書。削木或石爲棋，前以圓，此以橢，書若揖，若拜，若再拜，若興，若坐，若立，若飲，若祭之類於上，或用刻。以十三篇爲之譜。習時各任一人，或兼之，按譜而行之，若東、西、左、右、升、降之度，不容紊也，一揖一讓，不容遺也。否則爲負，負者罰。子弟、門人或用心於博弈，思有以易之，爲此格。演之者必先讀經，經熟其文，熟其節。可多人演之，可少人演之，可一人演之。格有定，不容争也，不容詐也。雖戲也，而不詭於正。後之學《禮》者，或有好焉。」

四八、論《禮記》義之精者本可單行，《王制》與《禮運》亦可分篇別出

《禮記》非一人所撰，義之精者可以單行。《漢·藝文志》於《禮記》百三十篇外，已別出《中庸》二篇。梁武帝作《禮記大義》十卷，又作《中庸講疏》一卷。宋仁宗以《大學》賜及第者。表章《中庸》、《大學》，不始朱子。蔡邕作《月令章句》及《問答》。宋太宗令以《儒行》篇刻於版，印賜近臣及新第舉人。司馬光《書儀》云：「《學記》、《大學》、《中庸》、《樂記》，爲《禮記》之精要。」黄道周作《月令明義》、《表記》《坊記》《緇衣》《儒行集傳》。黄宗羲作《深衣考》。江永作《深衣考誤》。邵泰衢作

《檀弓疑問》。焦循謂「於《禮運》、《禮器》、《中庸》、《大學》得其微」。是皆於四十九篇之中，分篇别出者。錫瑞謂：《王制》爲今文大宗，用其説可以治天下，其書應分篇别出；《禮運》説《禮》極精，應亦分篇别出。《黄氏日鈔》云：「《禮運》記五帝三王相變易、陰陽轉移之道，故以運名。雖思太古而悲後世，其主意微近於《老子》，而終篇混混爲一，極多精語。如論造化，謂『天秉陽，垂日星；地秉陰，竅於山川』。如論治，謂『聖人耐以天下爲一家，中國爲一人』。如論人，則謂『人者，天地之心』，謂『天地之德，陰陽之交，鬼神之會，五行之秀氣』。如論禮，則謂禮者『固人肌膚之會〔一〕，筋骸之束』。皆千萬世名言。」《困學紀聞》云：「《禮運》，致堂胡氏云子游作。吕成公謂：蜡賓之歎，前輩疑之，以爲非孔子語。『不獨親其親，子其子』，而以堯、舜、禹、湯爲小康，是老聃、墨氏之論。朱文公謂：程子論堯、舜事業，非聖人不能，三王之事，大賢可爲，恐亦微有此意。但《記》中分裂太甚，幾以帝王爲有二道，則有病。」邵懿辰曰：「《禮運》一篇，先儒每歎其言之精而不甚表章者，以不知首章有錯簡，而疑其發端近乎老氏之意也。今以『禹、湯、文、武、成王、周公，由此其選也，此六君子者，未有不謹於禮者也』二十六字，移置『不必爲己』之下、『是故謀閉而不興』之上，則文順而意亦無病矣。就本篇有六證焉。先儒泥一『與』字，以『大道之行』屬大同，『三代之英』屬小康。不

〔一〕「膚」，原誤作「時」，據《禮記·禮運》及黄震《黄氏日鈔》卷十八改。

知『大道之行』概指治功之盛，『三代之英』切指其治世之人。『與』字止一意，無兩意。而下句『有志未逮』，正謂徒想望焉，而莫能躬逢其盛也。否則，『有志未逮』當作何解？證一也。『今大道既隱』，以周爲今猶可，以夏、商爲今，可乎？既曰未逮，又曰今，自相矛盾。證二也。禮爲忠信之薄，則子游宜舉大道爲問，而曰『如此乎禮之急也』，不承大同而偏重小康，則文義不屬。證三也。『講信修睦』後文三見，皆指聖人、先王，而非遠古。果有重五帝、薄三王之意，後文何無一言相應乎？證四也。五帝官天下，三王家天下，本戰國時道家之説，而漢人重黄、老者述之，實則五帝不皆與賢，堯、舜以前皆與子也。『天下爲公』，即後文所謂『以天下爲一家，中國爲一人』者。『不獨親其親，子其子』，謂『老吾老，以及人之老，幼吾幼，以及人之幼』。『老有所終』以下六句，皆人情之所欲，即『人情以爲田』，而大同即大順也。『天下爲家』，則指東遷以後，政教號令不行於天下，國異政而家殊俗，並無與子、與賢之意。『選賢與能』，對世及而言。世及者，若《春秋》譏世卿，雖有聖人，無自進身，異於周初『建官惟賢，位事惟能』耳。證五也。『我欲觀夏道』，『我欲觀殷道』，『我觀周道』，三『道』字正承『大道』而言。果大道既隱，又何觀焉？後文『大柄』、『大端』、『大竇』，即大道也。證六也。」錫瑞案：移易經文，動言錯簡，乃宋、明人習氣，不可爲訓。而邵氏説極有理，證據亦明。明乎此，可以釋前人之疑，知《禮運》一篇皆無疵，而其精義益著。故備舉其説，以爲《禮運》可以單行之證。

四九、論六經之義禮爲尤重，其所關繫爲尤切要

六經之文，皆有禮在其中；六經之義，亦以禮爲尤重。於何徵之？於《經解》一篇徵之。《經解》首節泛言六經，其後乃專歸重於禮。鄭《目録》云：「名曰『經解』者，以其記六義政教之得失也。此於《别録》屬通論。」孔疏曰：「《經解》一篇，總是孔子之言，記者録之以爲《經解》者，皇氏云：『解者，分析之名。此篇分析六經體教不同，故名曰《經解》也。六經其教雖異，總以禮爲本，故記者録入於《禮》。』」陳澧曰：「記文引孔子曰：『安上治民，莫善於禮。』此篇當録入於《禮》，其義已明矣。」錫瑞案：陳氏之説未盡，此篇自「禮之於正國也」，至引「孔子曰安上治民」云云，皆是説禮。孔疏曰：「從篇首『孔子曰：入其國，其教可知也』至此『長幼有序』，事相連接，皆是孔子之辭，記者録之而爲記。其理既盡，記者乃引孔子所作《孝經》之辭以結之，故云『此之謂也』，言孔子所云者，正此經之謂。」據此，則孔子説六經畢，已特舉禮之重以教人矣。孔疏又曰：「『此之謂也』以後，則是記者廣明『安上治民』之義，非復孔子之言也。」案：記者之文亦極精，能發明《禮經》十七篇之義，曰：「故朝覲之禮，所以明君臣之義也；聘問之禮，所以使諸侯相尊敬也；喪祭之禮，所以明臣子之恩也；鄉飲酒之禮，所以明長幼之序也；昏姻之禮，所以明男女之别也。夫禮禁亂之所由生，猶坊止水之所自來也。故以舊坊爲無所用而壞之者，必有水敗；以舊禮爲無所用而去之者，必有亂患。

故昏姻之禮廢，則夫婦之道苦，而淫辟之罪多矣；鄉飲酒之禮廢，則長幼之序失，而争鬬之獄繁矣；喪祭之禮廢，則臣子之恩薄，而倍死忘生據《漢書》作「先」。者衆矣；聘、覲之禮廢，則君臣之位失，諸侯之行惡，而倍畔侵陵之敗起矣。故禮之教化也微，其止邪也於未形，使人日徙善遠罪而不自知也。是以先王隆之也。」「先王隆之」承上孔子所云「隆禮、由禮」言之；朝覲、聘問承上「以入朝廷，則貴賤有位」言之；喪祭之禮，承上「以奉宗廟，則敬」言之；鄉飲酒之禮，承上「以處鄉里，則長幼有序」言之；昏姻之禮，承上「以處室家，則父子親，兄弟和」言之，而皆不出《禮經》十七篇外。鄉飲以飲該射，昏姻以昏統冠，觀此乃知聖人制禮，非故爲是繁文縟節，實所以禁亂止邪。謂禮猶坊，與《坊記》之義相通。《坊記》曰：「君子之道，辟則坊與？坊民之所不足者也。大爲之坊，民猶踰之，故君子禮以坊德。禮者，因人之情而爲之節文，以爲民坊者也。」使民貧而好樂，富而好禮，「觴酒豆肉，讓而受惡」，而鬬辨之獄息矣，則鄉飲酒之禮明也。「夫禮者，章疑別微，以爲民坊者也。」故貴賤有等，朝廷有位，示民有君臣之别，而弒獄不作矣，則聘、覲之禮明也。教民追孝，示民不争、不貳、不疑，以有上下，而不孝之獄罕矣，則喪、祭之禮明也。「夫禮，坊民所淫，章民之别，使民無嫌，以爲民紀者也。」教民無以色厚於德，而淫亂之獄絶矣，則昏姻之禮明也。《大戴禮·盛德》篇亦云：「凡不孝生於不仁愛，不仁愛生於喪祭之禮不明。喪、祭之禮，所以教仁愛也。致愛，故能致喪祭。死且思慕饋食，況於生而存乎？故喪、祭之禮明，則民孝矣。故有不孝之獄，則飾喪祭之禮。凡弒上生於義不明。

義者，所以等貴賤，明尊卑。貴賤有序，民尊上敬長而弑者，未有也。朝聘之禮，所以明義也。故有弑獄，則飾朝、聘之禮。凡鬬辨生於相侵陵[一]，相侵陵生於長幼無序，鄉教以敬讓也[二]。故有鬬辨之獄，則飾鄉飲酒之禮。凡淫亂生於男女無别，夫婦無義。昏禮，所以别男女，明夫婦之義也。故有淫亂之獄，則飾昏禮。」其説與《經解》正合，喪祭、朝聘、鄉飲、昏禮亦不出十七篇外。觀此諸篇，乃知古禮所存大有關繫，較之各經尤爲切要。若必蕩棄禮法，潰決隄防，正所謂「壞國、喪家、亡人必先去其禮」，與孟子所謂「上無禮，下無學，賊民興，喪無日矣」，可不儆懼乎！

五〇、論《大戴禮記》

鄭君《六蓺論》曰：「戴德傳《記》八十五篇，則《大戴禮》是也。」鄭注《小戴》，不注《大戴》，故《小戴禮》合《周禮》、《儀禮》至今稱爲三《禮》，而《大戴禮》漸至亡佚。八十五篇，《隋志》所録已佚其四十七篇，盧辯《注》亦僅存八卷。《四庫提要》：「司馬貞曰：『《大戴禮》合八十五篇，其四十七篇亡，存三十八篇。』蓋《夏小正》一篇多别行，隋、唐間録《大戴禮》者或闕其篇，是以司馬貞云然。原書

[一]「辨」，原誤作「辦」，據《大戴禮記》改。

[二]「鄉」，《大戴禮記》本作「而」。

不別出《夏小正》篇，實闕四十六篇，存者宜爲三十九篇。《中興書目》乃言存四十篇，則竄入《明堂》篇題，自宋人始矣。書中《夏小正》篇最古，其《諸侯遷廟》、《諸侯釁廟》、《投壺》、《公冠》，皆《禮》古經遺文。又《藝文志》《曾子》十八篇久逸，是書猶存其十篇，自《立事》至《天圓》，篇題中悉冠以『曾子』者是也。」阮元《揅經室集·王實齋〈大戴禮記解詁〉序》曰：「南城王君實齋聘珍，著《大戴禮記解詁》十三卷、《目録》一卷。其言曰：『大戴與小戴同受業於后倉，各取孔壁古文《記》，非小戴删大戴，馬融足小戴也。《禮察》、《保傅》語及秦亡，乃孔襄等所合藏，是賈誼有取於古《記》，非古《記》采及《新書》也。《三朝記》、《曾子》乃劉氏分屬九流，非大戴所哀集也。』其校經文也，專守古本爲家法，有懲於近日諸儒妄據他書徑改經文之失。其爲解詁也，義精語潔，恪守漢法，多所發明，爲孔撝約諸家所未及。能使二千年孔壁古文無隱滯之義，無虚造之文，用力勤而爲功鉅矣。」又《孔檢討廣森〈大戴禮記補注〉序》曰：「今學者皆治十三經，至兼舉十四經之目，則《大戴禮記》宜急治矣。《夏小正》爲夏時書，《禹貢》惟言地理，兹則言天象與《堯典》合；《公冠》、《諸侯遷廟》、《釁廟》、《朝事》等篇，足補《儀禮》十七篇之遺；《盛德》、《明堂》之制，爲《考工記》所未備。《孔子三朝記》、《論語》之外，兹爲極重。《曾子》十篇，儒言純粹，在《孟子》之上。《投壺》儀節較《小戴》爲詳，《哀公問》字句較《小戴》爲確。然則此經宜急治，審矣。顧自漢至今，惟北周盧僕射爲之注，且未能精備。自是以來，章句溷淆，古字更舛，良可慨歎。近時戴東原庶常、盧紹弓學士相繼校訂，蹊逕漸闢。曲阜孔編修巽軒乃博稽群書，參會衆説，爲《注》十三卷，使二千年古經傳復明於世，用力勤而爲功鉅矣。」錫瑞案：《大戴禮記》合十三經爲十四經，見於史繩祖《學齋佔畢》，是宋時常立學。以注者爲北周盧辯，見王應麟《困學紀聞》。近人注此書者，乃有孔廣森、王聘珍二家，阮文達皆以「用力勤、爲功鉅」許之。序王聘珍書，以爲孔撝約所未及，其稱許又在孔書之上。而《皇清經解》有孔書而無王書，或王書之出差後。《續經解》亦未收，或王書之傳未廣歟？凡考據之書後出者勝，王書之勝孔書，宜也。《大戴》書與三《禮》多相出入，不可不知其義，故略言之。

五一、論經學糾纏不明，由專據《左傳》、《周禮》二書，輕疑妄駮

經學之糾纏不明者，其故有二：一則古之事實不明。《左氏》一書所載事實，與《公羊》、《穀梁》、《國語》、《史記》、《新序》、《説苑》、《列女傳》多不合。《公羊》、《穀梁》今文説，與《左氏》古文不同。《國語》與《左氏》皆古文，而不盡同。《史記》、《新序》、《説苑》、《列女傳》皆從今文，故亦不同。後人謂左氏親見國史，於其不同者，以爲諸家事實皆誤，惟《左氏》不誤。案：《左氏》不可盡信，如「君氏卒」、「暨齊平」、「衛宣烝夷姜」之類，皆失實，説已見前〔一〕，其餘劉敞《春秋權衡》辨之尤詳。

〔一〕按，據《師伏堂日記》所載《經學通論》編撰經過，《春秋》卷先成稿，《三禮》卷最後成稿。

太史公、劉子政博極群書，未必不見《左傳》，而其書多與《左傳》不合，《史記》又多前後不符，非故爲是參差也。古人信則傳信，疑則傳疑。漢初古書尚多，傳聞不同，各據所聞記之，意以扶微廣異。後人不明此義，又不曉今、古文之别，專據《左氏》以駁群書，於是事實不備，且多淆亂。此事實不明者一也。二則古之典禮不明。《周官》一書，與《孟子》、《王制》全異，與《儀禮》、《禮記》、《大戴禮》、《春秋》三傳及漢人説禮亦多不合。後人謂《周官》爲周公手定，於其不合者，以爲諸家典禮皆誤，惟《周官》不誤。鄭君注三《禮》，於禮與《周官》有異者，或以爲夏、殷禮，或以爲晉文、襄之制，似惟《周官》爲周制可信矣，而鄭注《職方》「其浸波溠」、「其浸盧維」亦駁其誤，豈有周公作書而有誤者？是鄭亦未敢深信也。故自漢及唐、宋，多疑非周公作，或謂文王治岐之政，或謂成周理財之書，或謂戰國陰謀之書，或謂漢儒附會之説。鄭樵爲之解曰：「《周禮》一書有闕文，《軍司馬》、《輿司馬》之類。有省文，《遂人》、《匠人》之類。有兼官，三公、三孤不必備，教官無府史胥徒，皆兼官。有豫設，凡千里封公四、封侯六、伯十一之類。有不常制，《夏采》、《方相氏》之類。有舉其大綱者，「四兩爲卒」之類。有副相、副貳者，自卿至下士同〔一〕，各隨才高下而同治此事。司馬司上下爵禄事食〔二〕。有常行者，六官分職，各率其屬，正月之吉，垂法象魏之類是也。

〔一〕「同」，原脱，據《六經奥論》卷六補。

〔二〕下「司」字，原脱，據《六經奥論》卷六補。

有不常行者。二至祀方澤，大裘祀上帝，合民詢國遷，珠盤盟諸侯之類是也。注云圜丘服大裘，方澤之祀，經無其服。周無遷國事，至平王東遷，盟詛不及三王。以上事皆豫爲之，而未經行也。今觀諸經，其措置規模，不徒於弼亮天地，和洽人神，而盟詛讎伐，凡所以待衰世者，無不及也。」鄭氏所説，前數條猶可通，惟以盟詛讎伐爲待衰世，則其説殊謬。孔子作《春秋》，欲由撥亂、升平，馴致太平。周公作書，曰「子孫永保」，曰「萬邦咸休」，惟欲至千萬年爲長治久安之計，豈有聖人作書以待衰世，不期世之盛而期世之衰者？盟詛不及三王，而《周官》有盟諸侯之文。故漢人以爲末世瀆亂不驗之書，又以爲戰國人作，正指此類而言。鄭氏强爲之辭，猶杜預以《春秋》凡例爲出周公，而有滅入圍取之例，爲柳宗元、陸淳所駁。此皆傅會無理，必不可通者也。漢立十四博士，皆今文説，雖有小異，無害大同。其時經義分明，無所用其彌縫牽合。及古文説出，漸至淆雜，後人又偏執其説，如《莊子》所謂「暖暖姝姝，守一先生之言」、李斯所用「別黑白以定一尊」之法。以左氏爲親見國史，《周官》爲真出周公，舉一廢百，輕疑妄駁，以致《春秋》事實、周時典禮皆不分明，學者遂以治經爲極難之事。竊謂《春秋》事實當兼采三《傳》及《國語》、《史記》、《新序》、《説苑》、《列女傳》諸書，不必專據《左氏》；周時典禮當兼采《儀禮》、《禮記》、《大戴禮》、《春秋》三傳及漢人遺説，不必專據《周官》，能折衷者加以折衷，不能折衷者任其各自爲説，斯可以省枝節而去葛藤矣。

五二、論《禮經》止於十七篇，並及群經當求簡明有用，不當繁雜無用

邵懿辰曰：「人之心量無窮，而記誦限於其氣質，約而易操，則立心尤固。是故《春秋》萬七千言，《易》二萬四千餘言，《書》二萬五千餘言，《詩》三萬九千餘言，十七篇之《禮經》五萬六千餘言，合十六萬餘言，勢不可以再多，多則不能常存而不滅也。故禮在。當時道器尚不相離，至於後世，文字存焉耳。然則獨其道存焉耳，有所以爲冠、昏、喪、祭、射、鄉、朝、聘，而道豈有遺焉者乎？而尚存乎見少乎？此聖人定十七篇爲《禮經》之意也。若夫《周官》太宰、宗伯之所掌，太史、小史之所執所讀，小行人之所籍，方策之多，可想而知，雖秉禮之宗國，有不能備。司鐸火，子服景伯命出禮書。而哀公使孺悲學士喪禮於孔子，則魯初無《士喪禮》。執羔、執雁尚不能知，則魯無《士相見禮》。孔子周流列國，就老聃、萇弘識大識小之徒而訪求焉者，但得其大者而已，勢不能傳而致之，盡以教及門之士。與其失之繁多而終歸於廢墜，不如擇其簡要而可垂諸永久也。此《禮經》在孔子時不止十七篇，亦不止五十六篇，而定爲十七篇，舉要推類而盡其餘者，非至當不易之理歟？」

錫瑞案：邵氏不尊《周官》，不信逸《禮》，專據十七篇爲孔子手定，故謂繁多不如簡要。此《禮經》之定論，實亦諸經之通論也。孔子定六經以教萬世，必使萬世可以通行。上智少而中材多，古今之

所同然。若書過於繁多，則惟上智之人能通，而中材之人不能通，不受教者多，而受教者少矣。古無紙墨栞印，漆書竹簡尤不能繁。即如邵氏所推合六經十六萬餘言，傳誦已苦不易。凡學務精，不務博；務實，不務名；務簡明有用，不務繁雜無用。孔子定六經之旨，曰删正，曰筆削，皆變繁雜爲簡明之意也。漢人治經，能得此旨，其後乃漸失之。《藝文志》曰：「古之學者耕且養，三年而通一藝，存其大體，玩經文而已。是故用日少而畜德多，三十而五經立也。後世經傳既已乖離，博學者又不思多聞闕疑之義，而務碎義逃難，便辭巧説，破壞形體，説五字之文至於二三萬言，後進彌以馳逐。故幼童而守一藝，白首而後能言。安其所習，毁所不見，終以自蔽。此學者之大患也。」班氏此言，能括漢一代經學之盛衰，而爲萬世治經之龜鑑。經學莫盛於西漢，如《禹貢》治河、《洪範》察變、《春秋》決獄、《詩》當諫書，皆簡明而有用。至西漢末，此風遂變，乃有若秦恭之三萬言説「若稽古」者。章句破碎，繁雜無用，於是古文家起而抵其隙；師説太多，莫知所從，於是鄭君出而集其成。及漢亡而經學遂衰，皆由貪多務博者貽之咎也。今科學尤繁，課程太密，即上智之士，亦不能專力治經。是以大義不明，好新奇者詆毁舊學，至有燒經之説。故作《通論》，粗發大綱，俾學者有從入之途，而無多歧之患。條舉群經之旨，冀存一綫之遺，觀者當諒其苦衷，而恕其僭妄。以教初學，或有裨益。若贍學淵聞之士，固無取乎此也。

春　秋

一、論《春秋》大義在誅討亂賊，微言在改立法制，《孟子》之言與《公羊》合，朱子之注深得《孟子》之旨

《春秋》有大義，有微言。所謂大義者，誅討亂賊以戒後世是也；所謂微言者，改立法制以致太平是也。此在《孟子》已明言之，曰：「世衰道微，邪説暴行又作，臣弑其君者有之，子弑其父者有之。孔子懼，作《春秋》。《春秋》，天子之事也。是故孔子曰：『知我者，其惟《春秋》乎？罪我者，其惟《春秋》乎？』」趙注：「設素王之法，謂天子之事也。」朱注引胡氏曰：「罪孔子者，以謂無其位而託二百四十年南面之權。」朱注又曰：「仲尼作《春秋》以討亂賊，則治世之法垂於萬世，是亦一治也。」《孟子》又曰：「王者之迹熄而《詩》亡，《詩》亡然後《春秋》作。晉之《乘》，楚之《檮杌》，魯之《春秋》，一也。其事則齊桓、晉文，其文則史。孔子曰：『其義，則丘竊取之矣。』」趙注：「竊取之，以爲

素王也。」朱注：「此又承上章歷叙群聖[一]，因以孔子之事繼之，而孔子之事莫大於《春秋》，故特言之。」錫瑞案：孟子説《春秋》，義極閎遠。據其説，可見孔子空言垂世，所以爲萬世師表者，首在《春秋》一書。孟子推孔子作《春秋》之功，可謂天下一治，比之禹抑洪水、周公兼夷狄驅猛獸；又從舜明於庶物，説到孔子作《春秋》，以爲其事可繼舜、禹、湯、文、武、周公，且置孔子删《詩》《書》、訂《禮》《樂》、贊《周易》皆不言，而獨舉其作《春秋》，可見《春秋》有大義微言，足以治萬世之天下，故推尊如此之至。兩引孔子之言，尤可據信。是孔子作《春秋》之旨，孔子已自言之；孔子作《春秋》之功，孟子又明著之。孔子懼弑君弑父而作《春秋》，「《春秋》成而亂臣賊子懼」，是《春秋》大義。「天子之事」，「知我、罪我」，「其義竊取」，是《春秋》微言。大義顯而易見，微言隱而難明。孔子恐人不知，故不得不自明其旨。「其事則齊桓、晉文」一節，亦見於《公羊》昭十二年傳，大同小異，足見孟子《春秋》之學，與《公羊》同一師承，故其表章微言，深得《公羊》之旨。趙岐注《孟子》，兩處皆用《公羊》「素王」之説。朱子注引胡《傳》，亦與《公羊》「素王」説合。素，空也，謂空設一王之法也，即孟子云「有王者起，必來取法」之意，本非孔子自王，亦非稱魯爲王。後人誤以此疑《公羊》，《公羊》説實不誤。胡《傳》曰「無其位而託南面之權」，此與「素王」之説有以異乎？無以異乎？趙岐

〔一〕「又」，原誤作「文」，據朱熹《四書集注》改。

漢人，其時《公羊》通行，岐引以注《孟子》，固無足怪。若朱子宋人，其時《公羊》久成絶學，朱子非墨守《公羊》者，胡安國《春秋傳》，朱子亦不深信，而於此注不能不引胡《傳》爲説，誠以《孟子》義本如是，不如是則解《孟子》不能通也。後人於《公羊》「素王」之説群怪聚駡，並趙岐注亦多詬病，而朱注引胡《傳》則尊信不敢議，豈非知二五而不知十乎？朱子云「孔子之事莫大乎《春秋》」，深得《孟子》、《公羊》之旨，云「治世之法垂於萬世，是亦一治」，亦與《公羊》撥亂功成、太平瑞應相合，人多忽之而不察耳。

二、論《春秋》是作不是鈔録，是作經不是作史，杜預以爲周公作凡例，陸淳駁之甚明

説《春秋》者，須知《春秋》是孔子作。作是做成一書，不是鈔録一過。又須知孔子所作者，是爲萬世作經，不是爲一代作史。經、史體例所以異者，史是據事直書，不立褒貶，是非自見；經是必借褒貶是非，以定制立法，爲百王不易之常經。《春秋》是經，《左氏》是史。後人不知經、史之分，以《左氏》之説爲《春秋》，而《春秋》之旨晦；又以杜預之説誣《左氏》，而《春秋》之旨愈晦。杜預曰：「《周禮》有史官，掌邦國四方之事，達四方之志。諸侯亦各有國史，大事書之於策，小事簡牘而已。《孟子》曰：『楚謂之《檮杌》，晉謂之《乘》，而魯謂之《春秋》，其實一也。』韓宣子適魯，見《易·

象》與魯《春秋》，曰：『周禮盡在魯矣。吾乃今知周公之德與周之所以王。』韓子所見，蓋周之舊典禮經也。周德既衰，官失其守，上之人不能使《春秋》昭明，赴告策書，諸所記注，多違舊章。仲尼因魯史策書成文，考其真僞而志其典禮，上以遵周公之遺制，下以明將來之法。其教之所存，文之所害，則刊而正之，以示勸戒，其餘則皆即用舊史。」錫瑞案：杜預引《周禮》、《孟子》，皆不足據。孟子言魯之《春秋》止有其事、其文而無其義，其義是孔子創立，非魯《春秋》所有，亦非出自周公。若周公時已有義例，孔子豈得不稱周公而攘爲己作乎？杜引《孟子》之文不全，蓋以其引孔子云云不便於己説，故諱而不言也。《周禮》雖有史官，未言史有凡例。杜預云：「其發凡以言例，皆經國之常制，周公之垂法。」正義曰：「今案《周禮》，竟無凡例。」是孔穎達已疑其説，特以疏不駁注，不得不强爲傅會耳。正義又曰：「先儒之説《春秋》者多矣，皆云丘明以意作傳，説仲尼之經，凡與不凡無新舊之例。」據孔説，則杜預以前，如賈逵、服虔諸儒説《左氏》者，亦未嘗以凡例爲周公作。蓋謂丘明既作傳，又作凡例，本是一人所作，故無新例、舊例之别也。至杜預，乃專據韓宣疑似之文，盡翻前人成案，以《左氏傳》發凡五十爲周公舊例，周衰史亂，多違周公之舊，仲尼稍加刊正，餘皆仍舊不改，其稱書、不書、先書、故書、不言、不稱、書曰之類，乃爲孔子新例。此杜預自謂創獲，苟異先儒，而實大謬不然者也。自孟子至兩漢諸儒，皆云孔子作《春秋》，無攙入周公者。及杜預之説出，乃有周公之《春秋》，有孔子之《春秋》；周公之凡例多，孔子之變例少。若此，則周公之功大，孔子之功小。以故唐時學校尊周公爲先聖，抑孔子爲先師。以生民未有之聖人，不得專享太牢之祭，止可降居配享之列。《春秋》之旨晦，而孔子之道不尊，正由此等謬説啟之。據孟子説，孔子作《春秋》是一件絶大事業，大有關繫文字。若如杜預經承舊史、史承赴告之説，止是鈔録一過，並無褒貶義例，則略識文字之鈔胥皆能爲之，何必孔子？即曰「據事直書，不虚美，不隱惡」，則古來良史如司馬遷、班固等亦優爲之，何必孔子？孔子何以有「知我罪我」、「其義竊取」之言？孟子何以推尊孔子作《春秋》之功配古帝王，説得如此驚天動地？與其信杜預之説，奪孔子制作之功以歸之周公，曷若信孟子之言，尊孔子制作之功以上繼周公乎！陸淳《春秋纂例》駁杜預之説曰：「杜預云凡例皆周公之舊典禮經，按其傳例，云：『弑君稱君，君無道也；稱臣，臣之罪也。』然則周公先設弑君之義乎？又曰：『大用師曰滅，弗地曰入。』又周公先設相滅之義乎？又云：『諸侯同盟，薨則赴以名。』又是周公令稱先君之名以告鄰國乎？雖夷狄之人，不應至此也。」案：陸淳所引後一條，即《左氏》所謂禮經、杜預所謂常例。陸駁詰明快，不知杜預何以解之，祖杜預者又何以解之。柳宗元亦曰「杜預謂例爲周公之常法，曾不知侵伐入滅之例，周之盛時不應預立其法」，與陸氏第二條説同。

三、論董子之學最醇，微言大義存於董子之書，不必驚爲非常異義

孟子之後，董子之學最醇。朱子稱仲舒爲醇儒。然則《春秋》之學，孟子之後，亦當以董子之學爲最醇矣。《史記·儒林列傳》曰：「言《春秋》，於齊、魯自胡毋生，於趙自董仲舒。董仲舒，廣川人也。以治《春秋》，孝景時爲博士。漢興至于五世之間，惟董仲舒名爲明於《春秋》，其傳公羊氏也。胡毋生，齊人也。孝景時爲博士。齊之言《春秋》者，多受胡毋生。公孫弘亦頗受焉。」錫瑞案：太史公未言董子受學何人，而與胡毋同爲孝景博士，則年輩必相若。胡毋師公羊壽，董子或亦師公羊壽。何休《解詁序》謂「略依胡毋生《條例》」，疏云：「胡毋生以《公羊》經傳傳授董氏，猶自別作《條例》。」太史公但云公孫弘受胡毋，不云董子亦受胡毋。《漢書·儒林傳》於胡毋生云：「與董仲舒同業，仲舒著書稱其德。」云「同業」，則必非受業。戴宏《序》、鄭君《六蓺論》，皆無傳授之説，未可爲據。何氏云依胡毋而不及董，《解詁》與董書義多同，則胡毋、董生之學本屬一家。胡毋書不傳，而董子《春秋繁露》十七卷尚存。國朝儒臣復以《永樂大典》所存樓鑰本詳爲勘訂，凡補一千一百二十一字、删一百二十一字、改定一千八百二十九字，前之訛缺不可讀者，今粗得通，聖人之微言大義，得以復明於世。漢人之解説《春秋》者，無有古於是書，而廣大精微，比伏生《大傳》、《韓詩外

傳》尤爲切要，未可疑爲非常異義而不信也。《太史公自序》：「余聞董生曰：周道衰廢，孔子爲魯司寇，諸侯害之，大夫壅之。孔子知言之不用、道之不行也，是非二百四十二年之中，以爲天下儀表，貶天子，退諸侯，討大夫，以達王事而已矣。子曰：『我欲載之空言，不如見之行事之深切著明也。』夫《春秋》，上明三王之道，下辨人事之紀，别嫌疑，明是非，定猶豫，善善惡惡，賢賢賤不肖，存亡國，繼絶世，補敝起廢，王道之大者也。撥亂世反之正，莫近於《春秋》。《春秋》文成數萬，其指數千。萬物之聚散，皆在《春秋》。《春秋》之中，弑君三十六，亡國五十二，諸侯奔走不得保其社稷者不可勝數，察其所以，皆失其本已。故《易》曰：『失之毫釐，差以千里。』故曰：『臣弑君，子弑父，非一旦一夕之故也，其漸久矣。』故有國者不可以不知《春秋》，前有讒而弗見，後有賊而不知；爲人臣者不可以不知《春秋》，守經事而不知其宜，遭變事而不知其權。爲人君父而不通於《春秋》之義者〔一〕，必蒙首惡之名。爲人臣子而不通於《春秋》之義者，必陷簒弑之誅、死罪之名。其實皆以爲善，爲之不知其義，被之空言而不敢辭。夫不通禮義之旨，至於君不君，臣不臣，父不父，子不子。夫君不君則犯，臣不臣則誅，父不父則無道，子不子則不孝。此四行者，天下之大過也。以天下之大過予之，則受而弗敢辭。故《春秋》者，禮義之大宗也。夫禮禁未然之前，法施已然之後。法之所爲用者易見，

〔一〕「之義」，原脱，據《史記·太史公自叙》補。

而禮之所爲禁者難知。」案：太史公述所聞於董生者，微言、大義兼而有之，以禮説《春秋》，尤爲人所未發。《春秋》撥亂反正，道在別嫌明微。學者知《春秋》近於法家，不知《春秋》通於禮家；知《春秋》之法可以治已然之亂臣賊子，不知《春秋》之禮足以禁未然之亂臣賊子。自漢以後，有用《春秋》之法，如誅意、如無將而引經義以斷獄者矣，未有用《春秋》之禮，別嫌疑、明是非而明經義以撥亂者也。若宋孫復《尊王發微》狹隘酷烈，至謂《春秋》有貶無褒，是以《春秋》爲司空城旦書，豈知《春秋》者乎！董子嘗作《春秋決事》，弟子呂步舒等以《春秋》顓斷於外，而其言禮之精如是。是董子之學，當時見之施行者特其麤觕，而其精者並未嘗見之施行也。然則世但知漢世《公羊》盛行，究之其盛行者，特酷吏藉以濟其酷，致後人爲《公羊》詬病。董子所謂「禮義之大宗」，漢時已以爲迂而不之用矣。董子之學不行，後人並疑其書而不信。試觀太史公所述，有一奇辭險語否？何必驚爲非常異義乎！

四、論存三統明見董子書，並不始於何休，據其説，足知古時

五帝三王本無一定〔一〕

何氏《文謚例》：《春秋》有「五始、三科、九旨、七等、六輔、二類之義」，三科、九旨尤爲閎大。

〔一〕「五」，原誤作「二」，據文義改。

《文謚例》：「三科九旨者，新周，故宋，以《春秋》當新王，此一科三旨也；所見異辭，所聞異辭，所傳聞異辭，二科六旨也；内其國而外諸夏，内諸夏而外夷狄，是三科九旨也。」宋氏之注《春秋説》：「三科者，一曰張三世，二曰存三統，三曰異外内，是三科也。九旨者，一曰時，二曰月，三曰日，四曰王，五曰天王，六曰天子，七曰譏，八曰貶，九曰絶。」何氏九旨在三科之内，宋氏九旨在三科之外，其説亦無大異。而三科之義，已見董子之書。《楚莊王》篇曰：「《春秋》分十二世以爲三等：有見，有聞，有傳聞。有見三世，有聞四世，有傳聞五世。故哀、定、昭，君子之所見也；襄、成、宣、文，君子之所聞也；僖、閔、莊、桓、隱，君子之所傳聞也。所見六十一年，所聞八十五年，所傳聞九十六年。」此張三世之義。《王道》篇曰：「内其國而外諸夏，内諸夏而外夷狄，言自近者始也。」此異外内之義。《三代改制質文》篇曰：「《春秋》應天作新王之事，時正黑統，王魯，尚黑，絀夏，新周，故宋。」又曰：「《春秋》上絀夏，下存周，以《春秋》當新王。《春秋》當新王者奈何？曰：王者之法必正號，絀王謂之帝，封其後以小國，使奉祀之，下存二王之後以大國，使服其服，行其禮樂，稱客而朝。故同時稱帝者五，稱王者三，所以昭五端，通三統也。是故周人之王，尚推神農爲九皇，而改號軒轅，謂之黄帝，因存帝顓頊、帝嚳、帝堯之帝號，絀虞，而號舜曰帝舜，録五帝以小國，下存禹之後於杞，存湯之後於宋，以方百里，爵號公，皆使服其服，行其禮樂，稱先王客而朝。《春秋》作新王之事，變周之制，當正黑統，而殷、周爲王者之後，絀夏，改號禹，謂之帝禹，録其後以小國，故曰：絀夏，存周，以《春秋》當新王。」此存三統之義。錫瑞案：「存三統」尤爲世所駭怪，不知此是古時通禮，並非《春秋》創舉。以董子書推之，古王者興，當封前二代子孫以大國，爲二王後，並當代之王爲三王，又推其前五代爲五帝，封其後以小國，又推其前爲九皇，封其後爲附庸，又其前則爲民。殷、周以上皆然。然則有繼周而王者，當封殷、周爲二王後，改號夏禹爲帝。《春秋》託王於魯，爲繼周者立法，當封夏之後以小國，故曰絀夏；封周之後爲二王後，故曰絀周。此本推遷之次應然。《春秋》「存三統」，實原於古制。逮漢以後，不更循此推遷之次，人但習見周一代之制，遂以五帝、三王爲一定之號。於是《尚書大傳》「舜乃稱王」，解者不得其説；《周禮》先、後鄭注引「九皇六十四民」，疏家不能證明。蓋古義之湮晦久矣。晉王接，宋蘇軾、陳振孫，皆疑「黜周」、「王魯」《公羊》無明文，以何休爲《公羊》罪人。不知存三統明見董子書，並不始於何休。《公羊傳》雖無明文，董子與胡毋生同時，其著書在《公羊》初著竹帛之時，必是先師口傳大義。據其書，可知古時五帝、三王並無一定，猶親廟之祧遷。後世古制不行，人遂不得其説。學者試取董書《三代改制質文》篇深思而熟讀之，乃知《春秋》損益四代，立一王之法，其制度纖悉具備，誠非空言義理者所能解也。

五、論異外内之義與張三世相通，當競争之時，尤當講明《春秋》之旨

三科惟「張三世」之義明見於《公羊傳》。隱元年：「公子益師卒。何以不日？遠也。所見異辭，所聞異辭，所傳聞異辭。」解詁曰：「所見者，謂昭、定、哀，己與父時事也。所聞者，謂文、宣、成、襄，王父時事也。所傳聞者，謂隱、桓、莊、閔、僖，高祖、曾祖時事也。所以三世者，禮，爲父母三年，爲祖父母期，爲曾祖父母齊衰三月。立愛自親始，故《春秋》據哀録隱，上治祖禰。」與董子書略同，皆以三世爲孔子之三世。據此，足知《春秋》是孔子之書。「張三世」之義雖比「存三統」、「異外内」爲易解，然非灼知《春秋》是孔子作，必不信「張三世」之義，而《春秋》書法詳略遠近，皆不得其解矣。「張三世」有二説。顏安樂以爲從襄二十一年之後孔子生訖，即爲所見之世。《演孔圖》云：「文、宣、成、襄，所聞之世也。」顏氏分張一公而使兩屬[一]，何劭公以爲任意。二説小異，而以三世爲孔子三世則同。「異外内」之義與「張三世」相通。隱元年解詁曰[二]：「於所傳聞之世，見治起於

[一]「一」，原誤作「二」，據《春秋公羊傳注疏》改。

[二]「年」，原誤作「羊」，據初稿本改。

衰亂之中，用心尚麤觕，故内其國而外諸夏，先詳内而後治外。於所聞之世，見治升平，内諸夏而外夷狄。至所見之世，著治太平，夷狄進至於爵，天下遠近小大若一。」錫瑞案：《春秋》有攘夷之義，有不攘夷之義。以攘夷爲《春秋》義者，但見宣十一年晉侯會狄于攢函，解詁有「殊夷狄」之文；成十五年叔孫僑如等會吴于鍾離，傳有「曷爲殊會吴？外吴也」之文。不知宣、成皆所聞世，治近升平，故殊夷狄。若所見世，著治太平，哀四年晉侯執戎曼子赤歸于楚，十三年公會晉侯及吴子于黄池，夷狄進至于爵，與諸夏同，無外内之異矣。外内無異，則不必攘；遠近小大若一，且不忍攘。聖人心同天地，以天下爲一家，中國爲一人，必無因其種族不同而有歧視之意。而升平世不能不外夷狄者，其時世界程度尚未進於太平，夷狄亦未進化，引而内之，恐其侵擾。故夫子稱齊桓、管仲之功，有「被髮左衽」之懼，以其能攘夷狄、救中國而特筆褒予之。然則以《春秋》爲攘夷，聖人非無此意，特是升平主義，而非太平主義。言豈一端而已，夫各有所當也。撥亂之世内其國而外諸夏，諸夏非可攘者，而亦必異外内，故董子明言「自近者始」。王化自近及遠，由其國而諸夏而夷狄，以漸進於大同。正如由修身而齊家而治國，以漸至平天下。進化有先後，書法有詳略，其理本極平常。且春秋時夷狄，非真夷狄也。吴，仲雍之後。越，夏少康之後。楚，文王師鬻熊之後。而姜戎是四岳裔胄，白狄、鮮虞是姬姓。皆非異種異族，特以其先未與會盟，中國擯之，比於戎狄，故《春秋》有七等進退之義。《公羊》莊十三年傳曰：「州不若國，國不若氏，氏不若人，人不若名，名不若字，字不若子。」疏云：「言荆不如言楚，言楚不如言潞氏、甲氏，言潞氏不如言楚人，言楚人不如言介葛盧，言介葛盧不如言邾婁儀父，言邾婁儀父不如言楚子、吴子。」《春秋》設此七等，以進退當時之諸侯。韓文公曰：「諸侯用夷禮則夷之，進於中國則中國之。」是中國、夷狄之稱，初無一定。宣十二年傳曰：「不與晉而與楚子爲禮也。」《繁露·竹林》篇曰：「《春秋》之常辭也，不予夷狄而予中國爲禮〔一〕。至邲之戰，偏然反之。晉變而爲夷狄，楚變而爲君子，故移其辭以從其事。」是進退無常，可見《春秋》立辭之變。定四年傳曰：「吴何以稱子？夷狄也，而憂中國。」「吴入楚」傳曰：「吴何以不稱子？反夷狄。」是進退甚速，可見《春秋》立義之精，皆以今之所謂文明、野蠻爲褒貶予奪之義。後人不明此旨，徒嚴種族之辨，於是同異競争之禍烈矣。蓋託於《春秋》義，而實與《春秋》義不甚合也。

六、論《春秋》素王不必説是孔子素王，《春秋》爲後王立法，即云爲漢制法亦無不可

《公羊》有《春秋》「素王」之義，董、何皆明言之，而後世疑之者，因誤以「素王」屬孔子。杜預

〔一〕「予」，原誤作「與」，據《春秋繁露·竹林》改。

子以爲欺天。而云仲尼素王，丘明素臣，又非通論也。」正義曰：「麟是帝王之瑞，故有素王之說。言孔子自以身爲素王，故作《春秋》，立素王之法；丘明自以身爲素臣，故爲素王作左氏之《傳》。漢、魏諸儒，皆爲此說。董仲舒對策云：『孔子作《春秋》，先正王而繫以萬事，見素王之文焉。』賈逵《春秋序》云：『孔子覽史記，就是非之說，立素王之法。』鄭玄《六藝論》云：『孔子既西狩獲麟，自號素王，爲後世受命之君制明王之法。』盧欽《公羊序》云：『孔子自因魯史記而修《春秋》，制素王之道。』是先儒皆言孔子立素王也。《孔子家語》稱齊太史子餘歎美孔子，言『天其素王之乎』。素，空也，言無位而空王之也。彼子餘美孔子之深，原上天之意，故爲此言耳，非是孔子自號爲素王。先儒蓋因此而謬，遂言《春秋》立素王之法；左丘明述仲尼之道，故復以爲素臣。其言丘明爲素臣，未知誰所說也。」錫瑞案：據杜、孔之說，則《春秋》「素王」非獨《公羊》家言之，《左氏》家之賈逵亦言之。至杜預，始疑非通論。杜所疑者是「仲尼素王」，以爲孔子自王，此本說者之誤。若但云「《春秋》素王」，便無語弊。孔疏所引云「素王之文」、「素王之法」、「素王之道」，皆不得謂非通論。試以孔疏解「素」爲「空」解之，何不可通？杜預《序》云「會成王義，垂法將來」，其與「素王立法」之說有以異乎？無以異乎？惟《六藝論》之「自號素王」，頗有可疑。鄭君語質，不加別白，不必以辭害意。孔子作《春秋》以討亂賊，必不自蹈僭妄，此固不待辨者。《釋文》於《左傳序》「素王」字云：

「王，於況反。下『王魯』、『素王』同。」然則「素王」之「王」，古讀爲「王天下」之「王」，並不解爲「王號」之「王」。孔子非自稱「素王」，即此可證。若丘明自稱「素臣」，尤爲無理。丘明尊孔子，稱弟子可矣，何必稱臣示敬？孔疏亦不知其説所自出，蓋《左傳》家竊取《公羊》「素王」之説，張大丘明以配孔子，乃造爲此言耳。漢人又多言《春秋》爲漢制法。《公羊疏》引《春秋説》云：「『伏羲作八卦，丘合而演其文，瀆而出其神，作《春秋》以改亂制。』又云：『丘水精治法，爲赤制功。』又云：『黑龍生爲赤，必告云象使知命〔一〕。』又云：『經十有四年春，西狩獲麟，赤受命，倉失權，周滅火起，薪采得麟。』以此數文言之，《春秋》爲漢制明矣。」據此，則《春秋》爲漢制法，説出緯書。何氏《解詁》於哀十四年云：「木絶火王，制作道備。」「血書端門」明引《春秋緯演孔圖》，《史晨》、《韓勑》諸碑亦多引之。東平王蒼曰：「孔子曰『行夏之時，乘殷之輅，服周之冕』，爲漢制法。」王充《論衡》曰：「夫五經亦漢家之所立，儒生善政大義皆出其中。董仲舒表《春秋》之義，稽合於律，無乖異者。然則《春秋》，漢之經，孔子制作，垂遺於漢。」「孔子曰：『文王既没，文不在兹乎？』文王之文，傳在孔子。孔子爲漢制文，傳在漢也。」仲任發明《春秋》義甚暢，而史公、董子書未有《春秋》爲漢制法之説，故後人不信。歐陽修譏漢儒爲狹陋，云：「孔子作《春秋》，豈區區爲漢而已哉！」不知《春秋》爲後王立

〔一〕「云」，原誤作「之」，據初稿本及《春秋公羊傳注疏》改。

法，雖不專爲漢，而漢繼周後，即謂爲漢制法，有何不可？且在漢言漢，推崇當代，不得不然。即如歐陽修生於宋，宋尊孔教，即謂《春秋》爲宋制法，亦無不可。今人生於大清，大清尊孔教，即謂《春秋》爲清制法，亦無不可。歐陽所見，何拘閡之甚乎！漢尊讖緯，稱爲内學，鄭康成、何劭公生於其時，不能不從時尚。後人議何氏《解詁》不應引《演孔圖》之文，試觀《左氏》文十三年傳「其處者爲劉氏」，孔疏明云：「《左氏》不顯於世，先儒無以自申。劉氏從秦從魏，其源本出劉累。插注此辭，將以媚世。明帝時，賈逵上疏云：『五經皆無證圖讖明劉氏爲堯後者，而《左氏》獨有明文。』竊謂前世藉此以求道通，故後引之以爲證耳。」據孔疏，足見漢時風氣，不引讖緯不足以尊經。而《左氏》家擅增傳文，《公羊》家但存其説於注而未敢增傳，相提並論，何氏之罪不比賈逵等猶可末減乎？

七、論《春秋》改制猶今人言變法，損益四代，孔子以告顔淵，其作《春秋》亦即此意

《史記·孔子世家》：「子曰：『弗乎，弗乎，君子病殁世而名不稱焉。吾道不行矣，吾何以自見於後世哉！』乃因史記作《春秋》，上至隱公，下訖哀公十四年，十二公。據魯，親周，故殷，運之三代，約其辭文而指博。故吴、楚之君自稱王，而《春秋》貶之曰子；踐土之會實召周天子，而《春秋》

諱之曰『天王狩於河陽』。推此類以繩當世，貶損之義，後有王者舉而開之，《春秋》之義行，則天下亂臣賊子懼焉。孔子在位聽訟，文辭有可與人共者，弗獨有也。至於爲《春秋》，筆則筆，削則削，子夏之徒不能贊一辭。弟子受《春秋》，孔子曰：『後世知丘者以《春秋》，而罪丘者亦以《春秋》。』」又《自序》引壺遂曰：「孔子之時，上無明君，下不得任用，故作《春秋》，垂空文以斷禮義，當一王之法。」錫瑞案：此二條，史公未明引董生，不知亦董生所傳否，而其言皆明白正大。云「據魯，親周，故殷」，則知《公羊》家「存三統」之義古矣。云有貶損、有筆削，則知《左氏》家「經承舊史」之義非矣。云「垂空文」、「當一王之法」，則知「素王改制」之義不必疑矣。《春秋》有「素王」之義，本爲改法而設。後人疑孔子不應稱王，不知「素王」本屬《春秋》，《淮南子》以《春秋》當一代。而不屬孔子；疑孔子不應改制，不知孔子無改制之權，而不妨爲改制之言。所謂改制者，猶今人之言變法耳。法積久而必變。有志之士，世不見用，莫不著書立説，思以其所欲變之法傳於後世，望其實行。自周、秦諸子，以及近之船山、亭林、梨洲、桴亭諸公皆然。亭林《日知録》明云「立言不爲一時」。船山《黄書》、《噩夢》，讀者未嘗疑其僭妄，何獨於孔子《春秋》反以僭妄疑之？《春秋》變周之文，從殷之質。或疑孔子自言「從周」，何得變周從殷？不知孔子周人，平日行事，必從時王之制，至於著書立説，不妨損益前代。顔子問爲邦，子兼取虞、夏、殷、周以答之。此損益四代之明證。鄭君解《王制》與《周禮》不合者，率以殷法解之，證以爵三等、歲三田，皆與《公羊》義合。此《春秋》從殷之明證。正如今人生於大清，衣冠、禮節必遵時制；若著書言法政，則不妨出入，或謂宜從古制，或謂宜采西法。聖人制法，雖非後學所敢妄擬，然自來著書者莫不如是，特讀者習而不察耳。《春秋》所以必改制者，周末文勝，當救之以質。當時老子、墨子、子桑伯子、棘子成，皆已見及之。《春秋》從殷之質，亦是此意。《檀弓》一篇三言郰婁，與《公羊》齊學同，而言禮多從殷。《中庸》疏引趙商問：「孔子稱：『吾學周禮，今用之，吾從周。』《檀弓》云：『今丘也，殷人也。』兩楹奠殯、哭師之處，皆所法於殷禮，未必由周，而云『吾從周』者，何也？」答曰：「今用之者，魯與諸侯皆用周之禮法，非專自施於己。在宋冠章甫之冠，在魯衣逢掖之衣，何必純用之？」《儒行》疏：「案《曲禮》云：『去國三世，唯興之日，從新國之法。』防叔奔魯，至孔子五世，應從魯冠，而猶著殷章甫冠者，以丘爲制法之主，故有異於人。所行之事多用殷禮，不與尋常同也。且《曲禮》『從新國之法』，祇謂禮儀法用，未必衣服盡從也。」案：鄭、孔所言，足解「從殷」之惑。惟衣冠、禮法是一類。冠章甫本周制，故公西華可以相禮。兩楹奠殯，哭師於寢，蓋當時亦可通行。惟作《春秋》立法以待後王，可自爲制法之主耳。謂《春秋》皆本魯史舊文，孔子何必作《春秋》？謂《春秋》皆用周時舊法，孔子亦何必作《春秋》？

八、論《春秋》爲後世立法，惟《公羊》能發明斯義，惟漢人能實行斯義

孔子手定六經，以教後世，非徒欲使後世學者誦習其義，以治一身，並欲後世王者實行其義，以治天下。《春秋》立一王之法，其義尤爲顯著。而惟《公羊》知《春秋》是素王改制，爲能發明斯義；惟漢人知《春秋》爲漢定道，爲能實行斯義。姑舉數事證之。《公羊》之義：大一統。路温舒曰：「臣聞《春秋》正即位，大一統而慎始也。」《公羊》之義：立子以貴不以長。光武詔曰：「《春秋》立子以貴不以長。東海王陽，皇后之子，宜承大統。」《公羊》之義：子以母貴。公孫瓚罪狀袁紹曰：「《春秋》之義，子以母貴。紹母親爲傅婢，無虚退之心。」《公羊》之義：大居正。袁盎曰：「方今漢家法周。周之道不得立弟，當立子。故《春秋》所以非宋公，死不立子而與弟。弟受國死，復反之與兄之子。弟之子争之，以爲我當代父，後即刺殺兄子。以故國亂，禍不絶。故《春秋》曰：『君子大居正。』」《公羊》之義：天子嘗娶於紀，故封之百里。《恩澤侯表》：「其餘后父据《春秋》褒紀之義。」應劭曰：「《春秋》天子將納后於紀，紀本子爵也，故先褒爲侯，言王者不娶於小國。」《公羊》之義：子尊不加於父母。鄭玄《伏后議》：「帝皇后父、屯騎校尉不其亭侯伏完，公庭，完拜如臣禮；及皇后在離宫，拜如子禮。」《公羊》之義：昏禮不稱主人，不稱母，母不通也。杜鄴曰：「禮明

三從之義，雖有文母之德，必繫於子。《春秋》不書紀侯之母，陰義殺也。」《公羊》之義：褒儀父，貶無駭。李固曰：「《春秋》褒儀父以開義路，貶無駭以閉利門。」《公羊》之義：三公之職號，尊名也。翟方進曰：「《春秋》之義，尊上公謂之宰，海内無不統焉。」《公羊》之義：昭公出奔，國當絶。匡衡曰：「《春秋》之義，諸侯不能守其社稷者絶。」《公羊》之義：善善及子孫。成帝封丙吉孫詔曰：「夫善善及子孫，古今之通義也。」《公羊》之義：臣有大喪，則君三年不呼其門。陳忠曰：「先聖人緣人情以著其節，制服二十五月。是以《春秋》臣有大喪，三年不呼其門。」《公羊》之義：出竟有可以安社稷、利國家者，專之可也。御史大夫張湯劾徐偃矯制大害，法至死，偃以爲：「《春秋》之義，大夫出疆，有可以安社稷、存萬民，顓之可也。」《公羊》之義：譏世卿。樂恢曰：「世卿持禄，《春秋》所戒。」《公羊》之義：原情定罪。霍諝曰：「《春秋》之義，原情定過，赦事誅意。故許止雖弑君而不罪，趙盾以縱賊而見書。」《公羊》之義：人臣無將。膠西王曰：「淮南王安，廢法行邪。《春秋》曰：『臣無將，將而誅。』安罪重於將。」《公羊》之義：三年一祫，五年一禘。張純曰：「《春秋傳》曰：『大祫者何？合祭也。毁廟及未毁廟之主，皆登合食太祖，五年而再殷。』漢舊制，三年一祫，毁廟主合食高廟，存廟主未嘗合祭。元始五年，諸王公、列侯朝會，始爲禘祭。」《公羊》之義：未踰年君不書葬。周舉曰：「北鄉立未踰載，年號未改。孔子作《春秋》，王子猛不稱崩，魯子野不書葬。」《公羊》之義：譏逆祀。質帝詔曰：「昔定公追正順祀，《春秋》善之。其令恭陵次康陵，憲陵次恭陵。」

《公羊》之義：不書閏。班固以閏九月爲後九月。《公羊》之義：懷藏以養微，是月不殺。章帝詔曰：「《春秋》於春每月書王者，重三正，慎三微也。律，十二月立春，不以報囚。」《公羊》之義：通三統。劉向曰：「王者必通三統，明天命所授者博，非獨一姓。」此皆見於兩《漢書》者。更以漢碑考之。《巴郡太守張納碑》云「正始順元」，用《公羊》「五始」之義。《處士嚴發殘碑》云「蓋孔子作《春秋》，褒儀甫旨中缺塞利欲之傒」，《成陽令唐扶頌》云「通天三統」，《楊孟文石門頌》云「《春秋》記異」，《安平相孫根碑》云「仲伯撥亂，蔡即「祭」字。足譎權」，《衛尉卿衡方碑》云「存亡繼絶」，《樊毅修華嶽碑》云「世室不修，《春秋》作譏」，《郎中郭君碑》云「爲人後者爲之子」，皆本《公羊》。足見漢時《公羊》通行，故能知孔子作《春秋》爲後世立法之義，非止用之以決獄也。胡安國曰：「武、宣之世，時君信重其書，學士大夫誦説，用以斷獄決事。雖萬目未張，而大綱克正，過於春秋之時，其效亦可見矣。」

九、論《穀梁》在春秋之後，曾見《公羊》之書，所謂「一傳」即《公羊傳》

鄭君《釋廢疾》曰：「孔子雖有聖德，不敢顯然改先王之法〔一〕，以教授於世；若其所欲改，其陰

〔一〕「王」，原誤作「生」，據《釋廢疾》改。

書於緯，藏之以傳後王。《穀梁》『四時田』者，近孔子故也。《公羊》正當六國之亡，讖緯見，讀而傳爲『三時田』。作傳有先後，雖異，不足以斷《穀梁》也。」鄭君言《春秋》改制之義極精，故鄭云「《公羊》善於讖」，而以《公羊》之出在《穀梁》後，則未知所據。《釋文·序録》云：公羊高受之於子夏，穀梁赤乃後代傳聞。陳澧曰：「《釋文·序録》之言是也。莊二年『公子慶父帥師伐於餘丘』，《公羊》云：『邾婁之邑也，曷爲不繫乎邾婁？國之也。曷爲國之？君存焉爾。』《穀梁》云：『公子貴矣，師重矣，而敵人之邑，公子病矣。其一曰：君在而重之也。』劉原父《權衡》云：『此似晚見《公羊》之説而附益之。』隱二年『無駭帥師入極』，八年『無駭卒』，《穀梁傳》皆兩説，劉氏亦以爲穀梁見《公羊》之書而竊附益之。澧案：更有可證者。文十二年『子叔姬卒』，《公羊》云：『此未適人，何以卒？許嫁矣。』《穀梁》云：『其曰子叔姬，貴也，公之母姊妹也。其一傳曰：許嫁以卒之也。』此所謂『其一傳』，明是《公羊傳》矣。宣十五年『初税畝』。冬，『蝝生』，《穀梁》云：『蝝非災也。其曰蝝，非税畝之災也。』此《穀梁》駁《公羊》之説也。《公羊》以爲宣公税畝，『應是而有天災』。《穀梁》以爲不然，故曰『非災也』，駁其以爲天災也。又云『其曰蝝，非税畝之災也』，駁其以爲應税畝而有此災。其在《公羊》之後，更無疑矣。《公羊》、《穀梁》二傳同者，隱公不書即位，《公羊》云『成公意』，《穀梁》云『成公志』；鄭伯克段於鄢，皆云『殺之』。如此者，不可枚舉矣。僖十七年『夏，滅項』，《公羊》云：『孰滅之？齊滅之。曷爲不言齊滅之？《春秋》爲賢者諱。此滅人之國，何賢爾？君子惡惡也疾始，善善也樂終。桓公嘗有繼絶存亡之功，故君子爲之諱也。』《穀梁》云：『孰滅之？桓公也。何以不言桓公也？爲賢者諱也。既滅人之國矣，何賢乎？君子之惡惡疾其始，善善樂其終。桓公嘗有存亡繼絶之功，故君子爲之諱也。』此更句句相同，蓋《穀梁》以《公羊》之説爲是而録取之也。《穀梁》在《公羊》之後，研究《公羊》之説，或取之，或不取，或駁之，或與己説兼存之。其傳較《公羊》爲平正者，以此也。」錫瑞案：以《穀梁》晚出，曾見《公羊》之書，劉原父已言之，陳氏推衍尤晰。治《穀梁》者必謂《穀梁》早出，觀此可以悟矣。晁説之曰：「《穀梁》晚出於漢，因得監省《左氏》、《公羊》之違畔而正之。至其精深遠大者，真得子夏之所傳。范氏又因諸儒而博辨之，申《穀梁》之志也，其於是非亦少公矣。非若征南一切申傳，汲汲然不敢異同也。」晁氏以爲《穀梁》監省《左氏》、《公羊》，與陳氏所見同，不知陳氏見晁説否。晁以范氏是非爲公，則宋重通學，不守專門之見也。

一〇、論《公羊》、《穀梁》二傳當爲傳其學者所作，《左氏傳》亦當以此解之

子夏傳公羊高，至四世孫壽，乃著竹帛。戴宏所言，當得其實。穀梁則有數説，且有四名。桓譚《新論》云：「《左氏》傳世後百餘年，魯人穀梁赤爲《春秋》，殘亡多所遺失。」應劭《風俗通》云：

「穀梁子名赤,子夏弟子。」麋信則以爲秦孝公同時人。阮孝緒則以爲名俶,字元始。《漢書·藝文志》顏注云名喜,而《論衡·案書》篇又云穀梁寘。豈一人有四名乎?抑如《公羊》之祖孫父子相傳,非一人乎?名赤見《新論》,爲最先,故後人多從之。而據《新論》,後《左氏》百餘年,年代不能與子夏相接,而與秦孝公同時頗合。《四庫提要》曰:「其傳,則士勛疏稱『穀梁子名俶,字元始,一名赤。受經於子夏,爲經作傳』,則當爲穀梁子所自作。徐彦《公羊傳疏》又稱:公羊高五世相授,至胡毋生乃著竹帛,題其親師,故曰《公羊傳》。《穀梁》亦是著竹帛者題其親師,故曰《穀梁傳》,則當爲傳其學者所作。案《公羊傳》『定公即位』一條引『子沈子曰』,何休解詁以爲後師。此傳『定公即位』一條,亦稱『沈子曰』。公羊、穀梁既同師子夏,不應及見後師。又『初獻六羽』一條,稱『穀梁子曰』。《傳》既穀梁自作,不應自引己説。且此條又引『尸子曰』,尸佼爲商鞅之師,鞅既誅,佼逃於蜀,其人亦在穀梁後,不應預爲引據。疑徐彦之言爲得其實,但誰著於竹帛,則不可考耳。」錫瑞案:楊《疏》云穀梁傳孫卿。孫卿去子夏甚遠,穀梁如受經於子夏,不得親傳孫卿,以《傳》爲傳其學者所作,極是。非獨《公》、《穀》二傳,即《左氏傳》亦當以此解之。故其《傳》有後人附益,且及左氏後事。若必以爲左氏自作,反爲後人所疑。趙匡、鄭樵遂以爲左氏非丘明,是六國時人矣。朱子亦云:「左氏不必解是丘明,《公》、《穀》傳大概皆同,所以林黄中説只是一人。只是看他文字,疑若非一手者。」羅璧《識遺》云:「公羊、穀梁,自高、赤作《傳》外,更不見有此姓。萬見春謂皆姜字切韻腳，疑爲姜姓假託。」案：邾婁爲鄒、勃鞮爲披之類，兩音雖可合爲一字，《越絶書》云「以口爲姓，承之以天」。朱子注《楚詞》，自署鄒訢。古人著書，亦有自隱其姓名者，而二子爲經作傳，要不應自隱其姓。至謂公羊、穀梁，高、赤外不見有此姓，則尤不然。《禮記·檀弓》明云〔一〕：「蟞巾以飯，公羊賈爲之也。」何得謂公羊高外，不見公羊姓乎？疑「公羊賈」即《論語》之「公明賈」，「公羊高」即《孟子》之「公明高」。高，曾子弟子，亦可從子夏受經。古讀「明」如「芒」，《詩》以「我齊明」與「我犧羊」爲韻，「明」、「羊」音近，或亦可通。是説雖未見其必然，而據《禮記》，明明有姓公羊者矣。《漢書·古今人表》有公羊、穀梁，列四等，必實有其人可知。近人又疑「公羊」、「穀梁」皆「卜商」轉音，更無所據。

一一、論《穀梁》廢興及三《傳》分别

《史記·儒林傳》曰：「瑕丘江生爲《穀梁春秋》。自公孫弘得用，嘗集比其義，卒用董仲舒。」《漢書·儒林傳》曰：「瑕丘江公受《穀梁春秋》及《詩》於魯申公，傳子至孫，爲博士。武帝時，江公與董仲舒並。仲舒通五經，能持論，善屬文。江公訥於口，上使與仲舒議，不如仲舒。而丞相公孫

〔一〕按，下引文實見於今本《禮記·雜記下》。

弘本爲《公羊》學，比輯其議，卒用董生。於是上因尊《公羊》家，詔太子受《公羊春秋》，由是《公羊》大興。太子既通，復私問《穀梁》而善之。其後浸微。宣帝即位，聞衛太子好《穀梁春秋》，以問丞相韋賢、長信少府夏侯勝及侍中樂陵侯史高，皆魯人也，言穀梁子本魯學，公羊氏迺齊學也，宜興《穀梁》。由是《穀梁》之學大盛。」故范甯論之曰：「廢興由於好惡，盛衰繼於辯訥。」是漢時不獨《左氏》與《公羊》爭勝，《穀梁》亦嘗與《公羊》爭勝。武帝好《公羊》，而《公羊》之學大興；宣帝好《穀梁》，而《穀梁》之學大盛，非奉朝廷之意旨乎？公孫弘齊人，而祖齊學之《公羊》；韋賢魯人，而祖魯學之《穀梁》，非出鄉曲之私見乎？據《漢書》，江公「傳子至孫，爲博士」，周慶、丁姓皆爲博士，申章昌亦爲博士，贊曰「孝宣世復立《穀梁春秋》」，則《穀梁》在前漢嘗立學官，有博士。而後漢十四博士止有《公羊》嚴、顏二家，而無《穀梁》，則《穀梁》雖暫立於宣帝時，至後漢仍不立，猶《左氏》雖暫立於平帝與光武時，至其後仍不立也。《後漢·賈逵傳》云：「建初八年，乃詔諸儒各選高才生，受《左氏》、《穀梁春秋》、古文《尚書》、《毛詩》，由是四經遂行於世。」此四經雖行於世，而不立學，觀《左氏》、《毛詩》、古文《尚書》終漢世不立學，《穀梁春秋》可知。熹平石經止有《公羊》，無《穀梁》。然則《穀梁》雖暫盛於宣帝之時，而漢以前盛行《公羊》，漢以後盛行《左氏》。蓋《穀梁》之義不及《公羊》之大，事不及《左氏》之詳，故雖監省《左氏》、《公羊》，立說較二家爲平正，卒不能與二家鼎立。鄭樵曰：「《儒林傳》學《公羊》者凡九家，而以《穀梁》名家獨無其人。」此所謂師說久微也。無論瑕丘江公，即尹、胡、申章、房氏之學，今亦無有存者。僅存者惟范氏《集解》，而《集解》所引亦惟同時江、徐及兄弟子姪諸人。古義淪亡，無可探索，求如《公羊》大師董子猶傳《繁露》一書、胡毋生《條例》猶存於《解詁》者，渺不可得。今其條理略可尋者，時、月、日例而已。綜而論之，《春秋》有大義，有微言，大義在誅亂臣賊子，微言在爲後王立法。惟《公羊》兼傳大義、微言。《穀梁》不傳微言，但傳大義。《左氏》並不傳義，特以記事詳贍，有可以證《春秋》之義者。故三《傳》並行不廢，特爲斟酌分别，學者可審所擇從矣。

一二、論《春秋》兼采三《傳》、不主一家始於范甯，而實始於鄭君

何休《解詁》專主《公羊》，杜預《集解》獨宗《左氏》，雖義有拘窒，必曲爲解説，蓋專門之學如是。惟范甯范字武子，其名當爲「甯武子」之「甯」。《穀梁集解》，於三《傳》皆加貶辭，曰：「《左氏》以鬻拳兵諫爲愛君，文公納幣爲用禮。《穀梁》以衛輒拒父爲尊祖，不納子糾爲内惡。《公羊》以祭仲廢君爲行權，妾母稱夫人爲合正。以兵諫爲愛君，是人主可得而脅也。以納幣爲用禮，是居喪可得而婚也。以拒父爲尊祖，是爲子可得而叛也。以不納子糾爲内惡，是仇讐可得而容也。以廢君爲行權，是神器可得而闚也。以妾母爲夫人，是嫡庶可得而齊也。若此之類，傷教害義，不可强通者

也。」又曰：「《左氏》豔而富，其失也巫。《穀梁》清而婉，其失也短。《公羊》辨而裁，其失也俗。」錫瑞案：范氏兼采三《傳》，不主一家，開唐啖、趙、陸之先聲，異漢儒專門之學派。蓋經學至此一變，而其變非自范氏始。鄭君從第五元先習《公羊》，其解禮多主《公羊》説，而《鍼膏》、《起廢》兼主《左氏》、《穀梁》，嘗云「《左氏》善於禮，《公羊》善於讖，《穀梁》善於經」，已爲兼采三《傳》之嚆矢。蓋解禮兼采三《禮》，始於鄭君；解《春秋》兼采三《傳》，亦始於鄭君矣。晉荀崧曰：「孔子作《春秋》，左丘明、子夏造膝親受，此用劉歆之説。無不精究。丘明撰所聞爲傳，其書善禮，多膏腴美辭，張本繼末，以發明經意，信多奇偉。儒者稱公羊高親受子夏，立於漢朝，辭義清俊，斷決明審，多可採用，董仲舒之所善也。穀梁赤師徒相傳，暫立於漢。以爲「暫立」，最是。時劉向父子猶執一家，莫肯相從。其書文清義約，諸所發明，或《左氏》、《公羊》所不載，亦足訂正。是以三《傳》並行。」荀崧在東晉初請立《公羊》、《穀梁》博士，觀其持論，三《傳》並重，亦在范氏之前。范氏並詆三《傳》乖違，惟《左氏》兵諫、喪娶二條，何氏《膏肓》已先斥之，誠爲傷教害義，不可强通。若《穀梁》以衛輒拒父爲尊祖，是尊無二上之義；以不納子糾爲内惡，是敵怨不在後嗣之義，皆非不可通者。范解《穀梁》不以爲是，故於《序》先及之。《公羊》以祭仲廢君爲行權，乃《春秋》借事明義之旨。祭仲未必知權，而借以爲行權之義。仲廢君由迫脅，並非謀篡。范以爲闚神器，未免深文。妾母稱夫人爲合正，《春秋》質家，本有「母以子貴」之義，董子《繁露·三代改制質文》篇言之甚明。范氏主《穀梁》妾母不得稱夫人，義雖正大，然是文家義，不合於《春秋》質家。劉逢禄治《公羊》，乃於此條必從《穀梁》，以汩《公羊》之義，是猶未曙於質家、文家之别也。

一三、論《春秋》借事明義之旨，止是借當時之事做一樣子，其事之合與不合、備與不備，本所不計

借事明義是一部《春秋》大旨，非止祭仲一事。不明此旨，《春秋》必不能解。董子曰：「孔子知時之不用、道之不行也，是非二百四十二年之中，以爲天下儀表，貶天子，退諸侯，討大夫，以達王事而已矣。曰：『我欲載之空言，不如見之行事之深切著明也。』」錫瑞案：董子引孔子之言，與孟子引孔子之言，皆《春秋》之要旨，極可信據。「載之空言，不如見之行事」，後人亦多稱述，而未必人人能解。《春秋》一書亦止是載之空言，如何説是見之行事？即後世能實行《春秋》之法，見之行事，亦非孔子之所及見，何以見其深切著明？此二語看似尋常之言，有令人百思而不得其解者，必明於《公羊》借事明義之旨，方能解之。蓋所謂「見之行事」，謂託二百四十二年之行事，以明褒貶之義也。孔子知道不行而作《春秋》，斟酌損益，立一王之法以待後世，然不能實指其用法之處，則其意不可見，即專著一書，説明立法之意如何，變法之意如何，仍是託之空言，不如見之行事使人易曉。猶今之《大清律》，必引舊案以爲比例，然後辦案乃有把握。故不得不借當時之事，以

明褒貶之義，即褒貶之義，以爲後來之法，如：魯隱非真能讓國也，而《春秋》借魯隱之事，以明讓國之義；祭仲非真能知權也，而《春秋》借祭仲之事，以明知權之義；齊襄非真能復讐也，而《春秋》借齊襄之事，以明復讐之義；宋襄非真能仁義行師也，而《春秋》借宋襄之事，以明仁義行師之義。所謂「見之行事，深切著明」，孔子之意蓋是如此。故其所託之義，與其本事不必盡合，孔子特欲借之以明其作《春秋》之義，使後之讀《春秋》者，曉然知其大義所存，較之徒託空言而未能徵實者，不益深切而著明乎？三《傳》惟《公羊》家能明此旨，昧者乃執《左氏》之事，以駁《公羊》之義，謂其所稱祭仲、齊襄之類如何與事不合。不知孔子並非不見國史，其所以特筆褒之者，止是借當時之事做一樣子，其事之合與不合、備與不備，本所不計。孔子是爲萬世作經而立法以垂教，非爲一代作史而紀實以徵信也。董子曰：「《春秋》文成數萬，其旨數千。」張晏曰「《春秋》萬八千字」，李仁甫曰「細數之，尚減一千四百二十八字」，與王氏《學林》云萬六千五百餘字合。夫以二百四十二年之事，止一萬六千餘字。計當時列國赴告，魯史著録，必十倍於《春秋》所書。孔子筆削，不過十取其一，蓋惟取其事之足以明義者筆之於書，以爲後世立法，其餘皆削去不録。或事見於前者，即不録於後；或事見於此者，即不録於彼。以故一年之中寥寥數事，或大事而不載，或細事而詳書，學者多以爲疑，但知借事明義之旨，斯可以無疑矣。

一四、論三統、三世是借事明義，黜周、王魯亦是借事明義

《春秋》借事明義，且非獨祭仲數事而已也。「存三統」、「張三世」，亦當以借事明義解之，然後可通。隱公非受命王，而《春秋》於隱公託始，即借之以爲受命王。哀公非太平世，而《春秋》於哀公告終，即借之以爲太平世。故論春秋時世之漸衰：春秋初年，王迹猶存，及其中葉，已不逮春秋之初，至於定、哀，駸駸乎流入戰國矣。而論《春秋》三世之大義：《春秋》始於撥亂，即借隱、桓、莊、閔、僖爲撥亂世；中於升平，即借文、宣、成、襄爲升平世；終於太平，即借昭、定、哀爲太平世。世愈亂，而《春秋》之文愈治，其義與時事正相反。蓋《春秋》本據亂而作，孔子欲明馴致太平之義，故借十二公之行事，爲進化之程度，以示後人治撥亂之世應如何，治升平之世應如何，治太平之世應如何，義本假借，與事不相比附。《公羊疏》於注「至所見之世，著治太平」云：「當爾之時，實非太平，但《春秋》之義，若治之太平於昭、定、哀也，猶如文、宣、成、襄之世實非升平，但《春秋》之義而見治之升平然。」《疏》之解此亦甚明矣，昧者乃引當時之事，譏其不合。不知孔子生於昭、定、哀世，豈不知其爲治爲亂？《公羊》家明云「世愈亂而《春秋》之文愈治」，亦非不知其爲治爲亂也。孟子以《春秋》成爲天下一治。「黜周」、「王魯」，亦是假借。《公羊疏》引：「問曰：《公羊》以魯隱公爲受命王，黜周爲二王後。案《長義》云：『名不正則言不順，言不順則事不成。今隱公人臣而虛稱以王，

周天子見在上而黜公侯，是非正名而言順也。』答曰：《春秋》藉位於魯，以託王義。隱公之爵不進稱王，周王之號不退爲公，何以爲不正名？何以爲不順言乎？」賈逵所疑，《疏》已解之。《左傳疏》引劉炫難何氏云：「新王受命，正朔必改，是魯得稱元，亦應改其正朔，仍用周正，何也？即託王於魯，則是不事文王，仍奉王正，何也？諸侯改元，自是常法，而云託王改元，是妄説也。」錫瑞案：劉炫習見後世諸侯改元之事，不知何氏明言「惟王者改元立號」，《春秋》王魯，故得改元。託王非真，故雖得改元，不得改正朔。此等疑義，皆甚易解。後之疑《公羊》與董、何者，大率皆如賈逵、劉炫之説，不知義本假託，而誤執爲實事，是以所見拘滯。劉逢禄《釋三科例》曰：「且《春秋》之託王至廣，稱號名義仍繫於周，挫强扶弱常繫於二伯，何嘗真黜周哉！郊禘之事，《春秋》可以垂法，而魯之僭則大惡也。就十二公論之，桓、宣之弑君宜誅，昭之出奔宜絶，定之盗國宜絶，隱之獲歸宜絶，莊之通讎、外淫宜絶，閔之見弑宜絶，僖之僭王禮、縱季姬、禍鄫子，文之逆祀、喪娶、不奉朔，成、襄之盗天牲，哀之獲諸侯、虚中國以事强吴，雖非誅絶，不免於《春秋》之貶黜者多矣，何嘗真王魯哉！」劉氏謂「黜周」、「王魯」非真，正明其爲假借之義。陳澧乃詆之曰：「言黜周、王魯非真，然則《春秋》作僞歟？」不知爲假借，而疑爲作僞。蓋《春秋》是專門之學，陳氏於《春秋》非專門，不足以知聖人微言也。

一五、論《春秋》有現世主義，有未來主義，義在尊王攘夷，而不盡在尊王攘夷

董子曰「其旨數千」，即孟子所引「其義則丘竊取」者。以《春秋》萬六千餘字，而其旨以千數，則必有兩義並行而不相悖、二意兼用而適相成者，自非專門之學，則但見其顯而不見其隱，知其淺而不知其深。聖人之書，廣大精微，仁者見仁，知者見知，得其一解，已足立義，亦無背於聖人之旨也。特患習於所見而蔽所不見，但見其義之顯而淺者，而於其義之隱而深者素所不解，遂詆而不信，或瞋目扼腕以争之，則所得者少，而所失者多矣。《春秋》之義旨，既如此之多，必非據事直書，而論者以爲止於據事直書；且必非止懲惡勸善，而論者以爲止於懲惡勸善。微言大義既已闇而不章，宋儒孫復、胡安國之徒，其解《春秋》又專言尊王攘夷。不知《春秋》有「尊王」之義，而義不止於「尊王」；有「攘夷」之義，而義不止於「攘夷」。既言「尊王」，又有「黜周」、「王魯」之義，似相反矣，而《春秋》爲後王立法，必不專崇當代之王，似相反，實非相反也。既言「攘夷」矣，又有「夷狄進至於爵」之義，似相反矣，而聖人欲天下大同，必漸推漸廣，遠近若一，似相反，亦非相反也。成元年「王師敗績於貿戎」，《公羊傳》曰：「王者無敵，莫敢當也。」疏云：「《春秋》之義，託魯爲王，而使舊王無敵者，見任爲王，寧可會奪？正可時時内魯見義而已。」陳澧遂據此傳，謂：「既以周爲王者無敵，

必無黜周、王魯之説。此疏正可以駁黜周之説。」不知疏明言《春秋》王魯，不奪舊王，是《春秋》「尊王」之義與「王魯」之義本可並行不悖也。僖四年「楚屈完來盟于師，盟于召陵」，《公羊傳》曰：「南夷與北狄交，中國不絶若綫。桓公救中國而攘夷狄，卒帖荆，以此爲王者之事。」解詁曰：「言桓公先治其國以及諸夏，治諸夏以及夷狄，如王者爲之，故云爾。」後人多據此傳，以爲《春秋》「攘夷」之證。不知解詁明言「桓公先治其國以及諸夏，治諸夏以及夷狄」，僖公當所傳聞世而漸近於所聞，故有合於《春秋》「内其國而外諸夏，内諸夏而外夷狄」之義。若至所見世，夷無可攘。是《春秋》「攘夷」之義與「夷狄進至於爵」之義，本是兩意相成也。綜而言之，有現世主義，有未來主義。聖人作《春秋》，因王靈不振，夷狄交横，尊王攘夷，是現世主義，不得不然者也。而王靈不振，不得不爲後王立法；夷狄交横，不能不思用夏變夷。爲後王立法，非可託之子虛烏有，故託王於魯以見義；思用夏變夷，非可限以種族不同，故進至於爵而後止。此未來主義，亦不得不然者也。《春秋》兼此二義，惟《公羊》、董、何能發明。今爲一語道破，亦實尋常易解，並無非常異義可怪之論。而不治《公羊》，則但知其一，不知其二，即尋常之義，亦駭怪以爲非常矣。

一六、論孔子成《春秋》不能使後世無亂臣賊子，而能使亂臣賊子不能無懼

或曰：孟子言「孔子成《春秋》，而亂臣賊子懼」，何以《春秋》之後，亂臣賊子不絶於世？然則孔子作《春秋》之功安在？孟子之言殆不足信乎？曰：孔子成《春秋》，不能使後世無亂臣賊子，而能使亂臣賊子不能全無所懼。自《春秋》大義昭著，人人有一《春秋》之義在其胸中，皆知亂臣賊子人人得而誅之。雖極凶悖之徒，亦有魂夢不安之隱；雖極巧辭飾説，以爲塗人耳目之計，而耳目仍不能塗。邪説雖横，不足以蔽《春秋》大義。亂賊既懼當時義士聲罪致討，又懼後世史官據事直書。如王莽者，多方掩飾，窮極詐僞，以蓋其篡弑者也。如曹丕、司馬炎者，妄託禪讓，褒封先代，篡而未敢弑者也。如蕭衍者，已行篡弑，旋知愧憾，深悔爲人所誤者也。如朱温者，公行篡弑，猶畏人言，歸罪於人以自解者也。他如王敦、桓温謀篡多年，而至死不敢；曹操、司馬懿及身不篡，而留待子孫。凡此等固由人有天良，未盡泯滅，亦由《春秋》之義深入人心，故或遲之久而後發，或遲之又久而卒不敢發。即或冒然一逞，犯天下之不韙，終不能坦懷而自安，如蕭衍見吴均作史，書其助蕭道成篡逆，遂怒而擯吴均；燕王棣使方孝孺草詔，孝孺大書「燕賊篡位」，遂怒而族滅孝孺。其怒也，即其懼也。蓋雖不懼國法，而不能不懼公論也。或曰：桓温嘗言「不能流芳百世，亦當貽臭

萬年」，彼自甘貽臭者，又豈能懼清議？曰：桓温雖有此言，亦止敢行廢立，而未敢行篡弑，正由懼清議之故。且彼自知「貽臭」，則已有清議在其心矣，安能晏然不一動乎？是非曲直，世之公理。獨臣子於君父，不得計是非曲直，所謂「天下無不是的父母」。《春秋》弑君三十六，而弑父者三：文二年楚世子商臣弑其君頵，襄三十年蔡世子般弑其君固，昭十九年許世子止弑其君買。被弑三人，皆兼君父。許止進藥而藥殺，非真弑者，而《春秋》以弑書。蔡侯淫而不父，禍由自取，楚子輕於廢立，機洩致禍，《春秋》亦以弑書。蓋君父雖有過慝，臣子無可解免。以此推之，臣子之於君父，不當論是非曲直，亦不當分别有道、無道。臣子既犯弑逆之罪，即人倫之大變，天理所不容。雖其人有恩惠於民，有功勞於國，亦不當稱道其小善，而縱舍其大惡。春秋時如齊之陳氏，未嘗無恩惠於民；晉之趙盾，亦未嘗無功勞於國，而經一概書弑，不使亂臣賊子有所藉口。正如後世曹操、劉裕之類，有功於國，有德於民，而論者不爲末減也。至於但書弑君，而不書弑君爲何人，蓋由所據舊史未有明文，聖人以爲既無主名，自難擅入人罪，雖有傳聞，未可據以增加，不若闕之爲愈。此正「罪疑惟輕」與「不知蓋闕」之義。若「弑君稱君，君無道」之例，與《春秋》大義反對，必非聖人作經之旨。杜預姦言誣聖，先儒已加駁正，學者不當更揚其波，使邪説誣民，充塞仁義也。

一七、論《春秋》一字褒貶之義，宅心恕而立法嚴

《春秋》大義在討亂賊，則《春秋》必褒忠義。經曰：「宋督弑其君與夷，及其大夫孔父。」「宋萬弑其君捷，及其大夫仇牧。」「晉里克弑其君卓，及其大夫荀息。」三大夫皆書「及」，褒其皆殉君難。《公羊傳》曰：「何賢乎孔父？孔父可謂義形於色矣。」「何賢乎仇牧？仇牧可謂不畏强禦矣。」「何賢乎荀息？荀息可謂不食其言矣。」《春秋》同一書法，《公羊》同一褒辭，足以發明大義。《左氏》序事之書，本不傳義，故不加褒，亦不加貶，惟荀息引君子曰「斯言之玷」，語含譏刺。此林黄中所以謂《左傳》「君子曰」是劉歆增入也。杜預乃有「書名罪之」之例，《釋例》曰：「孔父爲國政則取怨於民，治其家則無閨闈之教，身先見殺，禍遂及君，既無所善。仇牧不警而遇賊，又死無忠事。晉之荀息，期欲復言，本無大節。先儒皆隨加善例，又爲不安。」孔疏曰：「《公羊》、《穀梁》及先儒皆以善孔父而書字。知不然者，案『宋人殺其大夫司馬』，傳稱握節以死，故書其官。又『宋人殺其大夫』，傳以爲無罪，不書名。今孔父之死，傳無善事。故杜氏之意，以父爲名，言若齊侯禄父、宋公兹父之等。」錫瑞案：大夫「書名罪之」之例，本不可信，且《左氏》明云「孔父嘉爲司馬」，是其名嘉甚明。古人名嘉字孔，鄭公子嘉字子孔可證。「父」通「甫」，漢碑稱「孔甫」、「宋甫」可證。甫者，男子之美稱，豈有以「父」與「甫」爲名者乎？禄父、兹父非單名父，不稱齊侯父、宋公父也。穎達曲徇

杜預而毒詈其遠祖，豈自忘其爲孔氏子孫乎？　杜、孔之解《春秋》如此等處，不謂之邪説不可也。陳澧謂：「孔《疏》覼縷數百言，尤所謂鍛鍊深文，不知孔穎達何以惡其先世孔父至於如此。」錫瑞案：聖人之作《春秋》，其善善也長，其惡惡也短，有一字之褒貶。三大夫之書「及」，所謂一字之褒。弑君之臣一概書「弑」，所謂一字之貶。聖人以爲其人甘於殉君，即是大忠，雖有小過，如《左氏》所書孔父、荀息之事。可不必究；其人忍於弑君，即是大惡，雖有小功，如《左氏》所書趙盾之事。亦不足道。蓋宅心甚恕，而立法甚嚴也。《春秋》之法，弑君者於經不復見，以爲其人本應伏誅，雖未伏誅，而削其名不再見經，即與已伏誅等。趙盾弑君所以復見者，以其罪在不討賊，與親弑者稍有分别。《春秋》之法，弑君賊不討不書葬，以爲君父之仇未報，不瞑目於地下，雖葬與不葬等。許止弑君未討而君書葬，以其罪在誤用藥，與親弑者稍有分别。是亦立法嚴而宅心恕也。歐陽修謂趙盾弑君，必不止不討賊，許止弑君，必不止不嘗藥，以三《傳》爲皆不足信。不知如三《傳》之説，於趙盾見忠臣之至，於許止見孝子之至，未嘗不情真罪當。「臣弑君，凡在官者殺無赦。子弑父，凡在宫者殺無赦」，未嘗不詞嚴義正，而歐陽修等必不信《傳》。孫復曰：「稱國以弑者，國之人皆不赦也。」然則有王者作，將比一國之人而誅之乎？　雖欲嚴《春秋》誅亂賊之防，而未免過當矣。

一八、論《春秋》書災異，不書祥瑞，《左氏》、《公羊》好言占驗，皆非大義所關

胡安國《進〈春秋傳〉表》曰：「仲尼制《春秋》之義，見諸行事，垂訓方來。雖祖述憲章，上循堯、舜、文、武之道，而改法創制〔一〕，不襲虞、夏、商、周之迹。蓋『洪水滔天，下民昏墊』，與『《簫韶》九成，百獸率舞』，並載於《虞書》；『大木斯拔』與『嘉禾合穎』，『鄙我周邦』與『六服承德』，同垂乎周史。此上世帝王紀事之例。至《春秋》，則凡慶瑞之符，禮文常事，皆削而不書，而災異之變，政事闕失，則悉書之以示後世，使鑑觀天人之理，有恐懼祇肅之意。乃史外傳心之要典，於以反身，日加修省，及其既久，積善成德，上下與天地同流，自家刑國，措之天下，則麟鳳在郊，龜龍游沼，其道亦可馴致之也。故始於隱公，終於獲麟，而以天道終焉，比於《關雎》之應，而能事畢矣。」錫瑞案：胡氏此論，深得《春秋》改制、馴致太平之義。《春秋》書災異，不書祥瑞，聖人蓋有深意存焉。絶筆獲麟，《公羊》以爲受命制作，有「反袂拭面」、稱「吾道窮」之事，則是災異，並非祥瑞。若以麟至爲太平瑞應，比於《麟趾》之應《關雎》，則又别是一義。胡氏引此以責難於君，非前後矛盾也。《困學

〔一〕「制」，原誤作「治」，據《春秋胡傳》卷首改。

紀聞》曰：「《春秋》三書孛，文十四年、昭十七年、哀十三年。而昭十七年有星孛於大辰，申須曰：『彗所以除舊布新也。』《史記·天官書》、劉更生封事云《春秋》彗星三見，則彗、孛一也。《晏子春秋》齊景公睹彗星，使伯常騫禳之，晏子曰：『孛又將出，彗星之出，庸何懼乎？』則孛之爲變，甚於彗矣。星孛東方，哀十三年冬。在於越入吴之後。十三年夏。彗見西方，在衛鞅入秦之前。天之示人著矣。齊桓之將興也，恒星不見，星實如雨。晉文之將興也，沙鹿崩。自是諸侯無王矣。晉三大夫之命爲侯也，九鼎震。自是大夫無君矣。故董子曰：『天人相與之際，甚可畏也。』」又曰：「『八世之後』，莊二十二年。其田氏篡齊之後之言乎？『公侯子孫，必復其始』，閔元年。其三卿分晉之後之言乎？『其處者爲劉氏』，文十三年。其漢儒欲立《左氏》者所附益乎？皆非《左氏》之舊也。新都之篡，以沙鹿崩爲祥。釋氏之熾，以恒星不見爲證。蓋有作俑者矣。」案：此亦得《春秋》書災異、不書祥瑞之旨。書災異，所以示人儆懼；不書祥瑞，所以杜人覬覦。《困學紀聞》前説以爲天人相應，此示人儆懼之意也；後説以爲後人附益，此杜人覬覦之意也。《左氏》好言祥異占驗，故范甯以爲「其失也巫」。而如懿氏卜妻敬仲、畢萬筮仕于晉之類，又或出於附益，而非《左氏》之舊。《公羊》家與《左氏》異趣，而亦好言祥異占驗。漢儒言占驗者，齊學爲盛，伏《傳》五行、《齊詩》五際皆齊學。公羊氏亦齊學，故董子書多説陰陽、五行，何氏《解詁》説占驗亦詳。要皆《春秋》之別傳，與大義無關，猶《洪範五行傳》與《齊詩》，非《詩》、《書》大義所關也。

一九、論獲麟《公羊》與《左氏》説不同，而皆可通，鄭君已疏通之

臧琳曰：「杜元凱《春秋左氏傳序》：『《春秋》之作，《左傳》及《穀梁》無明文。』正義曰：『據杜云《左傳》及《穀梁》無明文，則指《公羊》有其顯説。今驗何注《公羊》，亦無作《春秋》事。案：孔舒元《公羊傳》本云：「十有四年，春，西狩獲麟。何以書？記異也。以上何本同。今麟，非常之獸。其爲非常之獸奈何？二句何本無。有王者則至，無王者則不至。二句何本同。然則孰爲而至？爲孔子之作《春秋》。」二句何本無。是有成文也。《左傳》及《穀梁》則無明文。』案：孔舒元未詳何時人，《儒林傳》及《六蓺論》皆無之。《隋志》有『《公羊春秋傳》十四卷，孔衍集解』，未知是否。杜氏作《序》既所據用，則爲古本可知矣。」錫瑞案：臧氏據孔《疏》以證《公羊》逸文，能發人所未發。疑舒元即孔衍而未能決，不知舒元即孔衍之字。《晉書·儒林傳》：「孔衍字舒元，孔子二十二世孫。中興初，補中書郎，出爲廣陵郡。」亦見劉知幾《史通》。見《書論》。衍雖晉人，其年輩在杜預後。杜所據用，非必衍書，或杜所見《公羊》與衍所據本同。漢時《公羊》有嚴、顔二家。何劭公據顔氏，故少數語。杜預、孔衍蓋據嚴氏，故多數語。鄭君注《禮》箋《詩》引《公羊》，與何本不同，如「昉」作「放」，「登來」作「登戾」，「野留」作「鄙留」，「祠兵」作「治兵」，「大瘠」作「大漬」，「已蹷」作「已戚」，「使之將」作「使之將兵」，「群公禀」作「群公慊」，「爲周公主」作「爲周公後」，「佐然從乎趙盾」作「疑然從於趙

盾」。《考工記》注引「子家駒曰：天子僭天」，何本無之。皆《嚴氏春秋》也。「獲麟」有數說。《異義》：「《公羊》說：哀十四年獲麟，此受命之瑞，周亡失天下之異。《左氏》說：麟是中央軒轅大角獸。孔子備「備」當爲「作」，字之誤。《春秋》，禮修以致其子，故麟來爲孔子瑞。陳欽說：麟，西方毛蟲。孔子作《春秋》，有立言。西方兑，兑爲口，故麟來。許慎謹案云：議郎尹更始、劉更生等議，以爲吉凶不並，瑞災不兼。今麟爲周亡天下之異，則不得爲瑞以應孔子至。玄之聞也：以下鄭《駁》。《洪範》五事，二曰言。言曰從〔一〕，從作乂。乂，治也。言於五行屬金。孔子時，周道衰亡，已有聖德，無所施用，作《春秋》以見志。其言少從以爲天下法〔二〕，故應以金獸性仁之瑞。賤者獲之，則知將有庶人受命而得之。受命之徵已見，則於周將亡，事勢然也。興者爲瑞，亡者爲災，其道則然，何『吉凶不並，瑞災不兼』之有乎？如此，修母致子，不若『立言』之説密也。」案：如鄭君之義，則《公羊》、《左氏》可通。「興者爲瑞，亡者爲災」，所見明通，並無拘閡。據孔舒元引《公羊傳》，麟至「爲孔子之作《春秋》」，與《左氏》家賈逵、服虔、潁容以爲「孔子修《春秋》，文成致麟，麟感而至」，見《左傳正義》引。本無異義。惟杜預苟異先儒，以爲感麟而作，則與《左氏》義違；又不取稱「吾道窮」

〔一〕「曰」，原誤作「從」，據《禮記·禮運》正義引《駁五經異義》改。

〔二〕「少」，袁堯年以爲當作「可」，參見皮錫瑞《駁五經異義疏證》。

之文，則與《公羊》又異。杜預以爲孔子《春秋》鈔録舊文，全無關繫，故爲瑞、爲災之説，皆彼所不取也。

二〇、論《春秋》本魯史舊名，《墨子》云「百國《春秋》」即百二十國寶書

孔穎達曰：「『春秋』之名，經無所見，惟傳、記有之。昭二年韓起聘魯，稱見魯《春秋》。《外傳·晉語》司馬侯對晉悼公云羊舌肸習《春秋》，《楚語》申叔時論傅太子之法，云教之以《春秋》。《禮·坊記》云『魯《春秋》記晉喪曰：殺其君之子奚齊』，又《經解》曰『屬辭比事，《春秋》教也』。凡此諸文所説，皆在孔子之前，則知未修之時，舊有『春秋』之目。其名起遠，亦難得而詳。」鄭樵曰：「今《汲冢瑣語》亦有魯《春秋》，記魯獻公十七年事。諸如此類，皆夫子未生之前未經筆削之《春秋》也。西、東周六百年事。孟子云：『《詩》亡然後《春秋》作。』又曰：『知我者其惟《春秋》乎？罪我者其惟《春秋》乎？』諸如此類，皆魯史記東遷已後事，已經夫子筆削之《春秋》也。自平王四十九年始。或謂『春秋』之名，取『賞以春夏，刑以秋冬』；或謂一褒一貶，若春若秋；或謂春獲麟，秋成書，《公羊正義》解「獲麟」云。謂之《春秋》。皆非也。惟杜預所謂『年有四時，故錯舉以爲所記之名』，此説得之。《汲冢瑣語》記太丁時事，目爲《夏殷春秋》。見《史通》。《墨子》曰：『吾見百國《春秋》。』以至晏子、虞

卿、吕不韋、陸賈著書，皆曰《春秋》。蓋當時述作之流，於正史外各記其書，皆取《春秋》以名之。然觀其篇第，本無年月，與錯舉春秋以爲所記之名則異矣。」錫瑞案：鄭氏之説，多本劉知幾《史通·六家》篇。劉氏云：「《春秋》家者，其先出於三代。」亦引《國語》、《左傳》之文，則「春秋」自是舊名，非夫子始創。或謂春獲麟，秋成書，雖出《公羊》家説，而與《傳》引不脩《春秋》之文不合。或謂賞刑褒貶，説亦近鑿。當以杜預云錯舉四時爲是。晏、吕之書非錯舉四時，而亦名《春秋》，當時百國《春秋》具存，其體例或亦有所本。百國《春秋》，即百二十國寶書。《公羊疏》：「案閔因叙云：『昔孔子受端門之命，制《春秋》之義，使子夏等十四人求周史記，得百二十國寶書，九月經立。《感精符》、《考異郵》、《説題辭》具有其文。』問曰：『若然，《公羊》之義，據百二十國寶書以作《春秋》，今經止有五十餘國，通戎、夷、宿、潞之屬，僅有六十，何言百二十國乎？』答曰：『其初求也，實得百二十國寶書。但有極美可以訓世、有極惡可以戒俗者，取之；若不可爲法者，則棄而不録。是故止得六十國也。』」蘇軾《春秋列國圖説》曰：「春秋之世〔一〕，見於經、傳者，總一百二十四國：魯、晉、楚、齊、秦、吴、越、宋、衛、鄭、陳、蔡、邾、曹、許、莒、杞、滕、薛、小邾、息、隨、虞、北燕、紀、巴、鄧、郕、徐、鄫、芮、胡、南燕、州、梁、荀、賈、凡、祭、宿、郿、原、夔、舒鳩、滑、郯、黄、羅、邢、魏、霍、郜、鄟瞞、向、

〔一〕「世」，原誤作「國」，據《春秋四傳》卷首《春秋列國東坡圖説》改。

偪陽、韓、舒庸、焦、楊、夷、申、密、耿、麇、萊、弦、頓、沈、穀、譚、舒、邳、白狄、賴、肥、鼓、戎、唐、潞、江、鄎、權、道、柏、貳、軫、絞、蓼、六、遂、崇、戴、冀、蠻、温、厲、項、英氏、介、巢、盧、根牟、無終、郝、姒、蓐、狄、房、鮮虞、陸渾、桐、鄀、於餘丘、須句、顓臾、任、葛、蕭、牟、鄟、極、鄣。蠻夷戎狄，不在其間。」蘇氏云百二十四國，正合「百二十國寶書」之數。《公羊疏》但據經言，止得其半；蘇氏兼據《左氏傳》，乃得其全。於餘丘、鄣之類，《公羊》以爲邑，《左氏》以爲國。故知蘇據《左氏》。惟蘇氏計數亦有疏失，云百二十四國，今數之止百二十一國，二號及齊所遷之陽、楚所滅之庸，皆失數。《傳》言毛、聃、雍、邗、應、蔣、茅、胙，亦不列入。沈、姒、蓐、黄在北，沈、胡、江、黄在南，當有二沈、二黄，止列其一。云「蠻夷戎狄，不在其間」，又有鄋瞞、白狄、肥、鼓、戎、蠻、潞、狄、無終、鮮虞、陸渾諸國，此皆夷蠻戎狄，未必有寶書。當去諸國，而以所漏列者補之，數雖稍贏，計其整數，亦與百二十國合也。

二一、論《漢志》「《春秋》古經」即《左氏》經，《左氏》經長於二《傳》，亦有當分別觀之者

《漢志》「《春秋》古經十二篇」，班氏無注。錢大昕曰：「謂《左氏》經也。漢儒傳《春秋》者，以《左氏》爲古文，《公羊》、《穀梁》爲今文，稱『古經』，則共知其爲《左氏》矣。《左氏》經、傳本各單行，故別有《左氏傳》。」《漢志》「經十一卷」，班氏注云：「《公羊》、《穀梁》二家。」沈欽韓曰：「二家合閔

公於莊公，故十一卷。彼師當緣閔公事短，不足成卷，並合之耳，何休乃云『繫閔公篇於莊公下者，子未三年，無改於父之道』。」錫瑞案：何氏說是也。沈專主《左氏》，故不以何爲然。《漢志》「《左氏傳》三十卷」，班氏注云：「左丘明，魯太史。」案：《說文叙》曰「北平侯張蒼獻《春秋左氏傳》」，《論衡》曰「《左傳》三十篇，出恭王壁中」，二說不同。班氏無明文，似不信此二說。《漢志》「《公羊傳》十一卷」，注云：「公羊，齊人。」《漢志》「《穀梁傳》十一卷」，注云：「穀梁子，魯人。」不別出《公》、《穀》二家之經。馬端臨云：「《公羊》、《穀梁傳》直以其所作傳文攙入正經，不曾別出，而《左氏》則經自經而傳自傳。又杜元凱《經傳集解》序文以爲『分經之年，與傳之年相附』，則是左氏作傳之時，經文本自爲一書，至元凱始以《左氏傳》附之經文各年之後。是《左氏傳》中之經文，可以言古經矣。」案：漢熹平石經《公羊》隱公一段直載傳文而無經文，是《公羊》經、傳亦自別行，不如馬氏之言。孔疏云：「丘明作傳，與經別行，《公羊》、《穀梁》，莫不皆然。」是《公羊》、《穀梁》、《左氏》之經、傳皆自別行。《左氏》經、傳，至杜預始合之。《公》、《穀》經、傳，不知何人始合之也。《漢志》所列「古經」，即是《左氏》之經，馬氏不知，乃云：「《春秋》古經雖《漢·藝文志》有之，然夫子所修之《春秋》，其本文世所不見，而自漢以來所編古經，則俱自三《傳》中取出經文，名之曰正經耳。」又云：「《春秋》有三《傳》，亦本與經文爲二，而治三《傳》者合之。先儒務欲存古，於是取其已合者復析之，命之曰『古經』。」案：三《傳》與經皆別行，而後人合之。馬氏乃以爲漢人於三《傳》中取出經文，不知何據。馬氏所云先儒，似指朱子所刻《春秋經》、李燾所定《春秋古經》而言，然不得謂之「漢以來」。其立説不分明，皆由不知《漢志》之古經即是《左氏》經也。《四庫提要》曰：「徐彦《公羊傳疏》曰『《左氏》先著竹帛，故漢儒謂之古學』，則所謂『古經十二篇』，即《左傳》之經，故謂之『古』，刻《漢書》者誤連二條爲一耳。今以《左傳》經文與二《傳》校勘，皆《左氏》義長，知手録之本確於口授之經也。」謹案：《左氏》經長於二《傳》，詳見侯康《春秋古經説》。然則《春秋》經文，三《傳》不同，如「蔑」「昧」、「鄍」「微」之類，專據《左氏》可也，而「君氏」、「尹氏」之類，仍當分别觀之。

二二、論左氏不在七十子之列，不得口受傳指，《左傳疏》引《嚴氏春秋》不可信，引劉向《别録》亦不可信

《史記·十二諸侯年表序》曰：「是以孔子明王道，干七十餘君，莫能用，故西觀周室，論史記舊聞，興於魯而次《春秋》，上記隱，下至哀之獲麟。約其辭文，去其煩重，以制義法，王道備，人事浹。七十子之徒口受其傳指，爲有所刺譏褒諱挹損之文，不可以書見也。魯君子左丘明，懼弟子人人異端，各安其意，失其真，故因孔子史記，具論其語，成《左氏春秋》。」《漢書·劉歆傳》曰：「初，《左氏傳》多古字古言，學者傳訓故而已。及歆治《左氏》，引傳文以解經，轉相發明，由是章句、義理備

焉。」錫瑞案：史公生於劉歆未出之前，其説最爲近古。班氏生於《左氏》盛行之後，其説信而有徵。史公以丘明爲「魯君子」，别出於七十子之外，則左氏不在弟子之列、不傳《春秋》可知；云「七十子之徒口受其傳指」，而左氏特「因孔子史記，具論其語」，則左氏未得口授可知。班氏云漢初學《左氏》者惟傳訓故，則其初不傳微言大義可知；云「歆治《左氏》，引傳文以解經」，由是備章句、義理，則劉歆以前未嘗引傳解經，亦無章句、義理可知。據馬、班兩家之説，則漢博士謂「左丘明不傳《春秋》」，范升謂「《左氏》不祖孔子而出於丘明，師徒相傳又無其人」，必是實事而非誣妄。《左傳疏》據沈氏云：「《嚴氏春秋》引《觀周》篇云：『孔子將修《春秋》，與左丘明乘如周，觀書於周史，歸而修《春秋》之經，丘明爲之傳，共爲表裏。』」案：沈氏謂陳沈文阿，《嚴氏春秋》久成絶學，未必陳時尚存。漢博士治《春秋》者惟嚴、顔兩家，嚴氏若有明文，博士無緣不知。如《左氏傳》與《春秋》經相表裏，何以有丘明不傳《春秋》之言？劉歆博極群書，又何不引《嚴氏春秋》以駁博士？則沈引《嚴氏春秋》必僞。其不可信者一也。《左傳疏》引劉向《别録》云：「左丘明授曾申。申授吴起。起授其子期。期授楚人鐸椒。鐸椒作《鈔撮》八卷，授虞卿。虞卿作《鈔撮》九卷，授荀卿。荀卿授張蒼。」陸德明《經典釋文》略同，蓋皆本於《别録》。案：《左氏》傳授，《史》、《漢》皆無明文。《漢書·儒林傳》云：「漢興，北平侯張蒼及梁太傅賈誼、京兆尹張敞、太中大夫劉公子，皆修《春秋左氏傳》。」而《張蒼》《賈誼》《張敞傳》皆不云傳《左氏春秋》，故范升以爲師徒相傳無其人。若如《别録》

傳授源流若此彰灼，范升何得以此抵《左氏》，陳元又何不引以轉抵范升？蓋如《釋文》所引《毛詩》源流，同爲後人附會。則陸、孔所引劉向《别録》必僞。其不可信者二也。趙匡已以《釋文·序例》爲妄，謂：「此乃近世之儒欲尊崇《左氏》，妄爲此記。向若傳授分明如此，《漢書·張蒼》《賈誼》及《儒林傳》何故不書？則其僞可知也。」是唐人已知之而明辨之矣。

二三、論趙匡、鄭樵辨左氏非丘明，《左氏傳》文實有後人附益

劉歆以爲「左丘明好惡與聖人同，親見夫子」，始以作《傳》之左氏爲《論語》之丘明。漢博士惟争「左丘明不傳《春秋》」，而作《傳》之丘明與《論語》之丘明是一是二，未嘗深辨。其後桓譚、班固以至啖助，皆同劉歆説，無異議。趙匡始辨之曰：「啖氏依舊説，以左氏爲丘明，受經於仲尼。今觀《左氏》解經淺於《公》、《穀》，誣謬實繁。若丘明才實過人，豈宜若此？推類而言，皆孔門後之門人。但《公》、《穀》守經，《左氏》通史，故其體異耳。丘明者，蓋夫子以前賢人，如史佚、遲任之流，見稱於當時耳。」王安石《左氏解》疑左氏爲六國時人者十一事，其書不傳。葉夢得疑《傳》及韓、魏、知伯、趙襄子之事。鄭樵《六經奥論》辨之尤力，曰：「《左氏》終紀韓、魏、知伯之事，又舉趙襄子之謚。若以爲丘明，自獲麟至襄子卒已八十年矣，使丘明與孔子同時，不應孔子既没七十有八年之後，丘明猶能著書。此左氏爲六國人，明驗一也。《左氏》『戰於麻隧，秦師敗績，獲不更女父』，

又云『秦庶長鮑、庶長武帥師』，及晉師戰于櫟。秦至孝公時立賞級之爵，乃有不更、庶長之號，明驗二也。《左氏》云『虞不臘矣』。秦至惠王十二年初臘，明驗三也。《左氏》師承鄒衍之説，而稱帝王子孫。案：齊威王時鄒衍推五德終始之運，明驗四也。《左氏》言分星，皆準堪輿。案：韓、魏分晉之後，而堪輿十二次始於趙分曰大梁之語，明驗五也。《左氏》云『左師展將以公乘馬而歸』。案：三代時有車戰，無騎兵，惟蘇秦合從六國，始有『車千乘，騎萬匹』之語，明驗六也。《左氏》序呂相絶秦、聲子説齊，當作「楚」，此誤。其爲雄辨狙詐，真游説之士、捭闔之辭，明驗七也。《左氏》之書序晉、楚事最詳，如『楚師熸』、『猶拾瀋』等語，則左氏爲楚人，明驗八也。據此八節，可以知左氏非丘明，是爲六國時人，無可疑者。或問伊川曰：『左氏是丘明否？』曰：『傳無丘明字，不可考。』真知言歟！」朱子亦謂《左傳》有縱横意思、「不臘」是秦時文字，二條蓋本鄭樵。錫瑞案：《史記》張守節正義云「秦惠文王始效中國爲之」，明古有臘祭，秦至是始用，非至是始創，則以「不臘」爲秦時文字，固未可據。「左師展將以公乘馬而歸」，即子家子謂「公以一乘入於魯師」之意，一乘仍是車乘，亦未可據爲乘馬之證。傳及知伯，或後人續增。不更、庶長之類，或亦後人改竄。《左氏》一書實有增竄之處。文十三年傳「其處者爲劉氏」，劉炫、孔穎達已明言先儒插此媚世。僖十五年傳「上天降災」至「唯君裁之」四十一字〔一〕，服、杜及唐《定本》皆無〔二〕。林黄中謂《左傳》「君子曰」是劉歆之辭。王應麟曰：「『八世之後』，其田氏篡齊之後之言乎？『公侯子孫，必復其始』，其三卿分晉之後之言乎？『其處者爲劉氏』，其漢儒欲立《左氏》者所附益乎？皆非《左氏》之舊也。」近儒姚鼐以「公侯子孫，必復其始」，及季札聞歌《魏》，曰「以德輔此，則明主也」，傳中盛稱魏絳、魏舒之類，爲吳起附益以媚魏者。陳澧以《左傳》凡例與所記之事有違反者，可見凡例未必盡是，而傳文亦有後人所附益。劉逢禄以《左氏》凡例、書法皆出劉歆。雖未見其必然，而《左氏》有後人附益之辭，唐、宋人已有此疑矣。

二四、論賈逵奏《左氏》義長於《公羊》，以己所附益之義爲《左氏》義，言多誣妄

《后漢書·賈逵傳》：「帝善逵説，使出《左氏傳》大義長於二《傳》者。逵於是具條奏之曰：『臣謹擿出《左氏》三十事尤著明，斯皆君臣之正義，父子之紀綱。其餘同《公羊》者什有八九，或文簡小異，無害大體。至如祭仲、紀季、伍子胥、叔術之屬，《左氏》義深於君父，《公羊》多任於權變。』」

〔一〕「五」，原誤作「六」，據《公羊傳》改。

〔二〕「杜」，原誤作「柱」，據初稿本文義改。

李賢注：「《左傳》：宋人執鄭祭仲，曰：『不立突，將死。』祭仲許之，遂出昭公而立厲公。杜預注云：『祭仲之如宋，非會非聘，見誘被拘，廢長立少，故書名罪之。』《公羊傳》曰：『祭仲者何？鄭之相也。何以不名？賢也。何賢乎祭仲？以爲知權也。其知權奈何？宋人執之，謂之曰：爲我出忽而立突。祭仲不從其言，則君必死，國必亡；從其言，則君可以生易死，國可以存易亡。古之有權者，祭仲之權是也。』《左傳》：紀季以酅入于齊，紀侯大去其國。賈逵以爲紀季不能兄弟同心以存國，乃背兄歸讎，書以譏之。《公羊傳》曰：『紀季者何？紀侯之弟也。何以不名？賢也。何賢乎？服罪也。其服罪奈何？請後五廟，以存姑姊妹〔一〕。』《左傳》：楚平王將殺伍奢，召伍奢子伍尚、伍員曰：『來，吾免而父。』尚謂員曰：『聞免父之命，不可以莫之奔；親戚爲戮，不可以莫之報。父不可棄，名不可廢。』子胥奔吴，遂以吴師入郢，卒復父讎。《公羊傳》曰：『父受誅，子復讎，推刃之道也。』《公羊》不許子胥復讎，是不深父也。《左傳》曰：『冬，邾黑肱以濫來奔。賤而書名，重地故也。君子曰：名之不可不慎。以地叛，雖賤必書。地以名其人，終爲不義，不可滅已。是以君子動則思禮，行則思義。』《公羊傳》：『冬，黑肱以濫來奔。文何以無邾婁？通濫也。曷爲通濫？賢者子孫宜有地。賢者孰謂？謂叔術也。何賢乎叔術？讓國也。』」錫瑞案：《春秋》大義

〔一〕「五」，原誤作「立」，據《公羊傳》及《後漢書·賈逵傳》李賢注改。

在誅亂臣賊子，賈逵以義深君父爲重，自是正論，而所舉數事，則無一合者。《公羊》，釋經者也。經書祭仲、紀季，字而不名，故以爲賢；書黑肱不加邾婁，故以爲通濫。《左氏》紀事，不釋經者也。序祭仲事與《公羊》略同，而未加斷語。杜預乃執大夫書名之例，以祭仲書名爲有罪。《左氏》明云「祭封人仲足」，又屢舉「鄭祭足」，是名足、字仲甚明，豈有以伯、仲、叔、季爲名者乎？《左氏》曰「紀侯不能下齊，以與紀季」，則紀季入齊是受兄命，亦與《公羊》略同。賈責以「背兄歸讎」，《左氏》有此説乎？《左氏》序子胥，亦未加斷語，而鬬辛有「君討臣，誰敢讎之」之言，忠孝不能兩全，二人各行其是。若如賈逵之説，正可以《左氏》載鬬辛語爲不深父矣。《公羊》借子胥明復讎之義，謂「父不受誅，子復讎可也。父受誅，子復讎，此推刃之道」，是泛言人子應復讎、不應復讎之通義。子胥之父以忠獲罪，正不受誅、應復讎者，《公羊》未嘗不許子胥復讎。賈逵乃不引其上句與事合者，而引其下句不與事合者，妄斷爲不深父，不猶胥吏之舞文乎？叔術事，《左氏》不載，可不必論。何休《解詁序》謂：「賈逵緣隙奮筆，以爲《公羊》可奪，《左氏》可興。」賈逵《春秋左氏長經》二十卷見於《隋書·經籍志》者，今佚不存。其所摘三十事，亦不可考。而如所引祭仲、紀季、伍子胥事，皆不足爲《左氏》深君父、《公羊》任權變之證。《公羊》於祭仲之外，未嘗言權，逵乃以緣隙奮筆之私心，逞舞文弄法之謬論，欲抑《公羊》而莫能抑，欲伸《左氏》而莫能伸，乃必以爲《左氏》義長，而此三事《左氏》止紀實，而未嘗發義，不知其長者安在？逵以己所附益之義爲《左氏》義，以難

《公羊》，上欺其君，而下欺後世。東漢之治古學、貴文章者，大率類此，惜李育、何休未能一一駮之。

二五、論《左氏傳》不解經，杜、孔已明言之，劉逢禄考證尤詳晰

晉王接謂：「《左氏》自是一家書，不主爲經發。」此確論也。祖《左氏》者或不謂然，試以《春秋》經及《左氏傳》證之。莊公二十六年傳：「秋，虢人侵晉。冬，虢人又侵晉。」杜預集解云：「此年經、傳各自言其事者，或經是直文，或策書雖存而簡牘散落，不究其本末，故傳不復申解，但言傳事而已。」孔疏曰：「此年傳不解經，經、傳各自言事。伐戎、日食，體例已舉，或可經是直文，不須傳說。曹殺大夫，宋、齊伐徐，或須說其所以。此去丘明已遠，或是簡牘散落，不復能知故耳。上二十年亦傳不解經，彼經皆是直文，故就此一說，言下以明上。」劉逢禄《左氏春秋考證》曰：「左氏後於聖人，未能盡見列國寶書，又未聞口授微言大義，惟取所見載籍，如晉《乘》、楚《檮杌》等，相錯編年爲之，本不必比附夫子之經，故往往比年闕事。劉歆强以爲傳《春秋》，或緣經飾說，或緣《左氏》本文前後事，或兼采他書以實其年。如此年之文，或即用《左氏》文，而增春、夏、秋、冬之時，遂不暇比附經文，更綴數語。要之，皆出點竄，文采便陋，不足亂真也。然歆雖略解經文，顛倒《左氏》，二書猶不相合。《漢志》所列《春秋》古經十二篇、經十一卷、《左氏傳》三十卷是也。自賈逵以後，分經

附傳，又非劉歆之舊，而附益改竄之跡益明矣。」錫瑞案：劉氏以爲劉歆改竄傳文，雖未見其必然，而《左氏傳》不解經，則杜、孔極祖《左氏》者，亦不能爲之辨。杜《序》明言「分經之年，與傳之年相附」，孔疏云：「丘明作傳，不敢與聖言相亂。經、傳異處，於省覽爲煩，故杜分年相附。」是分年附傳實始於杜，非始賈逵，劉氏説猶未諦。　劉氏《考證》又舉隱二年「紀子帛、莒子盟于密」，證曰：「如此年《左氏》本文全闕，所書皆附益也。」十年「六月，戊申」，證曰：「十年《左氏》文闕。」桓公元年，證曰：「是年《左氏》文闕。」七年，「冬，曲沃伯誘晉小子侯殺之」，證曰：「即有此事，亦不必在此年。是年《左氏》文闕。」九年「冬，曹太子來朝」，證曰：「是年《左氏》文闕，巴子篇年月無考。」十年「冬，齊、衛、鄭來戰于郎，我有辭也」，證曰：「是年《左氏》文闕，虞叔篇年月無考。」十一年，證曰：「楚屈瑕篇年月無考。」十二年，證曰：「是年《左氏》文闕，楚伐絞篇當與屈瑕篇相接，年月亦無考。」十三年，證曰：「是年亦闕，伐羅篇亦與上相接，不必蒙此年也。」十四年，證曰：「是年文亦闕。」十六年，證曰：「是年亦闕。」十七年，證曰：「是年文蓋闕。」莊元年，證曰：「此以下七年文闕，楚荆尸篇、伐申篇年月亦無考。」十三年、十五年、十七年，證曰：「文闕。」二十七年，證曰：「比年《左氏》文闕，每於年終分析晉事，附益之跡甚明。　蓋《左氏》舊文之體，如《春秋》前則云惠之二十四年，獲麟以後則云悼之四年，本不必拘拘比附《春秋》年月。」二十九年，證曰：「文闕。」三十年，證曰：「是年亦闕。」三十一年，證曰：「文闕。」僖元年，證曰：「是年文闕。」錫瑞案：自幼讀《左氏傳》書、不書之類，獨詳於隱公前數年，而其後甚略，疑其不應如此草草。及觀劉氏考證《左氏》釋經之文，闕於隱、桓、莊、閔爲尤甚，多取晉、楚之事敷衍，似皆出晉《乘》、楚《檮杌》。尤可疑者，杜、孔皆謂經、傳各自言事，是雖經劉歆、賈逵諸人極力比附，終不能彌縫其迹。王接謂《傳》「不主爲經發」，確有所見。以劉氏《考證》爲左驗，學者可以恍然無疑。劉逢禄曰：「左氏以良史之材，博聞多識，本未嘗求附於《春秋》之義。後人增設條例，推衍事蹟，强以爲傳《春秋》，冀以奪《公羊》博士之師法，名爲尊之，實則誣之，《左氏》不任咎也。余欲以《春秋》還之《春秋》，《左氏》還之《左氏》，而删其書法、凡例，及論斷之謬於大義、孤章絶句之依附經文者，冀以存《左氏》之本真。」近人有駁劉氏者，皆强説，不足據。

二六、論《左氏傳》止可云載記之傳，劉安世已有「經自爲經，傳自爲傳，不可合一」之説

張杓曰：「傳有二義，有訓詁之傳，有載記之傳。訓詁之傳，主於釋經；載記之傳，主於紀事。經昔之傳《春秋》者五家，鄒氏無師，夾氏無書，今所傳惟《左》、《公》、《穀》。《公》、《穀》依經立傳，經所不書，更不發義。故康成謂『《穀梁》善於經』，王接亦曰『《公羊》於文爲儉，通經爲長』。此而例之訓詁之傳，猶或可也。若《左氏》之書，據太史公《十二諸侯年表》，則曰《左氏春秋》，而不言傳；

據嚴彭祖引《觀周》篇之文，則言爲傳，與《春秋》相表裏，而不言是釋經；據盧氏植、王氏接，則謂囊括古今，成一家之言，不主爲經發；據高氏祐、賀氏循，則並目之爲史。是漢、晉諸儒言《左氏》者，莫不以爲紀事之書，所謂載記之傳是也。故漢《左氏傳》與《春秋》分行。至杜元凱作《集解》〔一〕，始割傳附經，妄生義例，謂『傳或先經以始事〔二〕，或後經以終義，或依經以辨理，或錯經以合異』，一似《左氏》此書專爲解駁經義者，獨不思經止哀十六年，而傳則終於二十七年。如依杜說，此十有一年之傳，爲先後何經、依錯何經耶？甚矣，其惑也！後儒不察，乃反依據杜本，妄議《左氏》之書。唐權德輿謂：『《左氏》有無經之傳，失其根本。』宋王晳謂：『《左氏》貪惑異説，於聖人微旨疏略。』明何異孫謂：『《左氏》疏於義理，理不勝文。』凡此狂言，皆杜氏以傳附經，謂《左氏》專爲釋經而作有以啟之也。昔人謂三《傳》作而《春秋》微，余亦謂杜《註》行而《左傳》隱。」錫瑞案：《史記》云「《左氏春秋》」，《漢志》云「《左氏傳》」，近人據博士説「左丘明不傳《春秋》」，以《漢志》稱《傳》爲沿劉歆之誤。此獨分別有訓詁之傳，有載記之傳，以《左傳》爲載記之傳，其説亦通。《南齊書·陸澄傳》曰：「泰元取服虔，而兼取賈逵經。由服傳無經〔三〕，雖在註中，而傳又有無經者故也。今留

〔一〕「解」，原誤作「傳」，據張杓《磨甋齋文存》卷一改。
〔二〕「始」，原誤作「紀」，據杜預《春秋經傳集解序》改。
〔三〕「由」，原脱，據《南齊書·陸澄傳》補。

服而去賈，則經有所闕。」據此，則服子慎知經、傳有別，故但釋傳而不釋經，賈景伯則經、傳並釋。杜從賈，不從服，故《集解序》不及服虔。其後服、杜並行，卒主杜而廢服，蓋以杜解有經、服解無經之故。不知經、傳分行，實古法也。劉安世曰：「《公》、《穀》皆解正《春秋》，《春秋》所無者，《公》、《穀》未嘗言之。若《左傳》，則《春秋》所有者或不解，《春秋》所無者或自爲傳。故先儒以謂《左氏》『或先經以起事，或後經以終義，或依經以辨理，或錯經以合異』，然其説亦有時牽合。要之，讀《左氏》者當經自爲經，傳自爲傳，不可合而爲一也，然後通矣。」據此，則《左氏》經、傳當各自爲書，宋人已見及之，可爲劉逢禄先路之導。

二七、論杜預解《左氏》始别異先儒，盡棄二《傳》，不得以杜預之説爲孔子《春秋》之義

杜預《春秋序》曰：「古今言《左氏春秋》者多矣，今其遺文可見者十數家，大體轉相祖述，進不成爲錯綜經文以盡其變，退不守丘明之傳。於丘明之傳有所不通，皆没而不説，而更膚引《公羊》、《穀梁》，適足自亂。預今所以爲異，專修丘明之傳以釋經。經之條貫，必出於傳；傳之義例，總歸

諸凡。推變例以正褒貶，簡二《傳》以去異端。蓋丘明之志也。然劉子駿創通大義〔一〕，賈景伯父子、許惠卿，皆先儒之美者也。末有潁子嚴者〔二〕，雖淺近，亦復名家。故特舉劉、賈、許、潁之違，以見同異。分經之年，與傳之年相附，比其義類，各隨而解之，名曰《經傳集解》。」疏曰：「丘明作傳，不敢與聖言相亂，故與經别行。何止丘明，公羊、穀梁，及毛公、韓嬰之爲《詩》作傳，莫不皆爾。經、傳異處，於省覽爲煩，故杜分年相附，别其經傳，聚集而解之。杜言『集解』，謂聚集經、傳爲之作解。」錫瑞案：據杜、孔之説，杜之《集解》異於先儒者有數事。古者經自經，傳自傳。漢熹平石經《公羊》有傳無經，是其證。杜乃分經附傳，取便學者省覽。此異於先儒者一也。《左氏》本不解經，先儒多引《公》、《穀》二傳，以釋經義。漢儒家法，尚無臆説。杜乃盡棄二《傳》，專以己意解傳，並以己意解經。如以周公爲舊例，孔子爲新例是。此異於先儒者二也。鄭注《周禮》，先引杜、鄭。韋注《國語》，明徵賈、唐。言必稱先，不敢掠美。杜乃空舉劉、賈、許、潁，而《集解》中不著其名。此異於先儒者三也。杜解不舉所出，劉與許、潁之説盡亡，賈、服二家尚存崖略。杜舉四家而不及服，孔疏遂云「服虔之徒，劣於此輩〔三〕」，其説非是。南北分立時代，江南《左傳》則杜元凱，河、洛則服子

〔一〕「駿」，原誤作「駁」，據初稿本及杜預《春秋經傳集解序》改。

〔二〕「潁」，原誤作「穎」，據初稿本及杜預《春秋經傳集解序》改。下句「潁」同此。

〔三〕「劣」上，《春秋左傳正義》本有「殊」字。

愼。當時有「寧道孔、孟誤，諱言鄭、服非」之語，則服《注》盛行可知。據《世説新語》云鄭君作《左氏傳注》未成，以與子愼，則鄭、服之學本是一家。北方諸儒徐遵明傳服《注》，傳其業者有張買奴、馬敬德、邢峙諸人；衛冀隆申服難杜；劉炫作《春秋述義》、《攻昧》、《規過》，以規杜氏；惟姚文安排斥服《注》。南方則崔靈恩申服難杜，虞僧誕又申杜難服，以答靈恩；秦道静亦申杜，以答衛冀隆。杜預玄孫坦與弟驥爲青州刺史，故齊地多習杜義。蓋服、杜之争二百餘年，至唐始專宗杜。杜作《集解》，别異先儒，自成一家之學。唐作《正義》，埽棄異説，如駮劉炫以申杜是。又專用杜氏一家之學。自是之後，治《春秋》者既非孔子之學，亦非《左氏》之學，又非賈、服諸儒之學，止是杜預一家。正如元、明以來，治《春秋》者止是胡安國一家，當時所謂經義，實安國之傳義。蓋舍經求傳，而《春秋》之義晦；舍傳求注，而《春秋》之義更晦矣。

二八、論孔子作《春秋》以闢邪説，不當信劉歆、杜預，反以邪説誣《春秋》

《春秋》大義，炳如日星，而討亂臣賊子之明文仍茫昧不明者，邪説蔽之也。據孟子所言「邪説暴行又作，孔子懼，作《春秋》」，是孔子時已有邪説。邪説與暴行相表裏。暴行即謂弑君、弑父；邪説謂爲弑君父者多方掩飾，解免其罪，大率以爲君父無道，應遭弑逆之禍，而弑逆者罪可末減。凡人欲弑君父，不能無所顧忌；有人倡爲邪説，以爲有辭可執，乃横行而全無所畏；更有人張大邪説，設爲淫辭助攻，益肆行而相率效尤。後世史書於被弑之君，皆甚言其惡。如秦苻生，史稱好殺，劉裕滅後秦得一老人，親見苻秦之事，云苻生並不好殺。苻堅簒國，史書誣之，劉知幾《史通》云「秦人不死，驗苻生之厚誣」是也。金完顔亮，史稱淫惡，幾非人類。由世宗得國後，令人以海陵惡事進呈者有賞。史稱宋、齊之主，亦極醜穢不堪，船山史論力辨其不足信。可見亂世無信史，而多助亂之邪説也。此等邪説，春秋時已有之，《左氏》一書是其明據。《傳》載韓厥稱趙盾之忠，士鞅稱欒書之德，弑君之賊，極口贊美；史墨云「君臣無常位」，逐君之賊，極力解免，而反罪其君。可見當時邪説誣民，故《春秋》二百四十二年之中，致有弑君三十六之事。孔子於此䀌然傷之，以爲欲治亂賊，必先闢邪説；欲闢邪説，不得不作《春秋》。此孟子所以極推作《春秋》之功也。《左氏》原本國史，據事直書，當時邪説不得不載。正賴《左氏》載之，孟子言春秋時有邪説益信，孔子作《春秋》闢邪説之功益彰。此《左氏》所以有功於《春秋》也。至於《左氏》凡例，未審出自何人，杜預以爲周公，陸淳、柳宗元已駁之；或以爲孔子，更無所據。據孔《疏》，云先儒以爲並出丘明。劉逢禄以爲劉歆竄入。例與傳文不合，實有可疑。「凡弑君，稱君，君無道也；稱臣，臣之罪也」一條，尤與《春秋》大義反對。杜預《釋例》曲暢其説，以爲君無道則應弑，而弑君者無罪。不知君實有道，何至被弑；君而被弑，無道可知。惟無道亦有分别。使如桀、紂殘賊，民欲與之偕亡，湯、武伐罪弔民，自不當罪其弒。若但童昏兒戲，非有桀、紂之暴，如晉靈公、鄭靈公之類，權臣素有無君之心，因小隙而弒之，與湯、武之伐罪弔民全然不同，豈得藉口於君無道而弒者無罪乎？杜預於鄭祝聃「射王中肩」一事，曲爲鄭伯回護，謂「鄭志在苟免，王討之非」。焦循作《左傳補疏序》曰：「預爲司馬懿女壻，目見成濟之事，射王中肩，即成濟抽戈犯蹕也。將有以爲昭飾，且有以爲懿、師飾，即用以爲己飾。此《左氏春秋集解》所以作也。」錫瑞案：預父恕，與司馬懿不合，幽死。預忘父仇而娶懿女，助司馬氏篡魏，正與劉歆父向言劉氏、王氏不並立，而歆助王莽篡漢相似。二人不忠不孝，正《春秋》所討之亂賊。而《左氏》創通於劉歆，昌明於杜預，則《左氏》一書必有爲二人所亂者。故林黄中以「君子曰」爲劉歆之言，劉逢禄以爲歆竄入凡例，焦循以爲預作《集解》將爲司馬氏飾。孔子作《春秋》以闢邪説，後人乃反以邪説誣《春秋》，蓋不特孔子之經爲所誣罔，即《左氏》之傳亦爲所汩亂，致使學者以《左氏》爲詬病。若歆與預，乃《左氏》之罪人，豈得爲《左氏》之功臣哉！讀《左氏》者，於此等當分别觀之，一以孔子之《春秋》大義斷之可也。

二九、論《左氏》采各國之史以成書，讀者宜加别白，斷以《春秋》之義

《左氏》采各國之史以成書，作者意在兼收，讀者宜加别白。或古今異事，各有隱衷；或借儆其

君，自有深意；或阿附權臣，實爲邪説，未可一概論也。所謂古今異事，各有隱衷者，古者諸侯世爵，大夫世卿，卿命於天子，與諸侯同守社稷，故君臣皆以社稷爲重。如崔子弑齊君，晏子曰：「君爲社稷死，則死之；爲社稷亡，則亡之。若爲己死而爲己亡，非其私暱，誰敢任之？」與孟子社稷爲重、君爲輕之義若合符節。孟子言「諸侯危社稷〔一〕」，則君屬諸侯。説《春秋》義「國君死社稷」，國君亦屬諸侯。或疑孟子之言爲過，又疑晏子不死爲無勇，皆未曉古義也。又如晉范文子、魯叔孫昭子，皆使祝宗祈死而卒，杜預以爲因禱自裁。夫二子不惜一死自明，文子何不以死衛君，昭子何不以死討季氏而復君？而二子不爲者，彼自祖宗以來，世有禄位，外雖憂國，内亦顧家，故寧亡其身，而不肯亡其家。文子之祈死也，恐與三郤同夷族也。昭子之祈死也，以「無季氏，是無叔孫氏也」。觀於宋公孫壽辭司城，使其子意諸爲之，謂「去官，則族無所庇。雖亡子，猶不亡族」，可知春秋世卿，以族爲重，非如後世大臣起自田間，其位既非受之祖宗，其死亦無關於家族，忠義奮發，可無内顧。此則古今異事，而古人之隱衷不盡白於後世者也。所謂借儆其君，自有深意者，如衛侯出奔齊，師曠侍於晉侯，晉侯曰：「衛人出其君，不亦甚乎？」對曰：「或者其君實甚。」又曰：「天之愛民甚矣，豈其使一人肆於民上，以縱其淫，而棄天地之性？必不然矣！」危言激論，令人悚然，借儆其君，不嫌過當。

〔一〕「危」，原誤作「違」，據《孟子·盡心下》改。

孟子有「土芥」、「寇讎」之言，有「殘賊」、「一夫」之戒，皆對齊王言之。或疑孟子之言未純，蓋不知爲託諷。師曠之意，猶孟子之意也。所謂阿附權臣，實爲邪説者，如魯昭公薨于乾侯，趙簡子問於史墨曰：「季氏出其君，而民服焉，諸侯與之。君死於外，而莫之或罪也？」對曰：「魯君世從其失，季氏世修其勤，民忘君矣。雖死於外，其誰矜之？社稷無常奉，君臣無常位，自古以然。故《詩》曰：『高岸爲谷，深谷爲陵。』三后之姓，於今爲庶，主所知也。在《易》卦，雷乘《乾》曰《大壯》，天之道也。」夫簡子，晉之權臣，正猶魯之季氏。爲史墨者，當斥季氏之無君，戒簡子之效尤，乃盛稱季氏而反咎魯君，且以「君臣無常位」爲言，則真助亂之邪説矣。君尊臣卑，比於上天下澤，何得以雷乘《乾》與陵谷之變，爲「君臣無常位」之比哉！師曠與史墨兩説相似，而實不同，一對君言，則不失爲納約自牖；一對臣言，則適足以推波助瀾。國史並記之，《左氏》兼存之，讀者當分别觀之而是非自見，不當不分黑白而概執爲《春秋》之義也。

三〇、論《左氏》所謂禮多當時通行之禮，非古禮，杜預短喪之説，實則《左氏》有以啟之

朱大韶《左氏短喪説》曰：「《晉書·杜預傳》議曰：『周景王有后、世子之喪，既葬，除喪而宴。叔向不譏其除喪，而譏其宴樂，則是既葬應除，而違諒闇之節。』按：杜預短喪之説，固爲名教罪人，

實則《左氏》有以啟之。諸傳所載：文元年，『晉襄公既祥，朝王於温』。襄十五年，『十二月，晉悼公卒』；十六年，『春，平公即位，改服，修官，烝於曲沃，會於溴梁。晉侯與諸侯宴，使諸大夫舞，歌詩必類』。傳載其事，而無貶刺之文。昭十二年，『晉侯享諸侯，子産相鄭伯，請免喪而後聽命，晉人許之，禮也。六月，葬鄭簡公』。未葬而請免喪，則既葬即除喪矣。以此爲禮，此杜預所藉口以誣世者也。襄九年，『五月，穆姜薨。冬十二月，同盟於鹹。晉侯以公宴，問公年，曰：「可以冠矣。」季武子對曰：「君冠，必以祼享之禮行之，以金石之樂節之，以先君之祧處之。今寡君在行，請及兄弟之國而假備焉。」公還，及衛，冠於成公之廟，假鐘磬焉，禮也』。按《雜記》曰：『以喪冠者，雖三年之喪可也。既冠於次，哭踊者三，乃出。』此謂孤子當冠之年，因喪而冠，故《曾子問》曰：『除喪不改冠乎？』明不備禮。穆姜，襄公適祖母，承重三年。公年十二，未及冠，又因喪冠而用吉冠，此何禮也？文元年，『穆伯如齊，始聘焉，禮也。凡君即位，卿出並聘，踐修舊好，要結外援，好事鄰國，以衛社稷，忠信卑讓之道也』。襄元年，『邾子來朝。冬，衛侯使公孫剽來聘』。《左氏》並曰：『禮也。凡君即位，小國朝之，大國聘焉，以繼好結信，謀事補闕，禮之大者也。』二年，『春，王正月，葬簡王』。昭十一年，『五月，齊歸薨，大蒐于比蒲，非禮也』。孟僖子會邾莊公，盟于祲祥，禮也』。按《聘禮》於聘君曰：『宰入，告具于君，朝服出門左，南鄉。』於所聘之君曰：『公皮弁，迎賓于大門内。』始即位必相聘，則兩國之孤並須釋服即吉。《禮經》又曰：『聘遭喪，入境則遂。不郊勞，不筵几，不禮賓。遭夫人、世子之喪〔一〕，君不受，使大夫受于廟，其他如遭君喪。』此已入竟而遭所聘君之喪，非因即位而聘。又曰：『聘句，君若薨于後，入竟則遂。赴者未至，則哭于巷，衰于館。赴者至，則衰而出。』云『入竟則遂』，若未入竟，則反奔喪矣，豈有君喪未期而使大夫朝服出聘乎？喪三年不祭，不以純凶接純吉也。烝嘗之禮尚不行，而要結外援，舍其本而末是圖，此何禮也？昭十年，晉平公既葬，諸侯之大夫送葬者欲因見新君，叔向辭曰：『大夫之事畢矣。而又命孤，孤斬焉在衰絰之中，其以嘉服見，則喪禮未畢；其以喪服見，是重受弔也。大夫將若之何？』皆無辭以對。引彼證此，自相乖剌，而鄭《箴膏肓》曰：『《周禮》：邦交，世相朝。《左氏》合古禮。』按：父子相繼曰世，非謂三年之中必相朝。依禮，三年喪畢，當先朝天子，不得誣《周官》。《喪服·斬衰章》一曰君。天王崩未葬，而諸侯自相朝，此何禮也？君母之喪服斬。盟禮非皮弁即朝服，以大蒐爲非禮，而以盟爲禮，此何禮也？文二年，『襄仲如齊納幣，禮也。凡君即位，好甥舅，修婚姻，取元妃以奉粢盛，孝也。孝，禮之始也。』按《公羊》曰：『三年之内不圖昏。』董子曰：『納幣之月在喪分，故謂之喪取。』而《箴膏肓》曰：『僖公母成風主昏，得權宜之禮。』按：《禮》爲長子三年，無論成風不當主昏，即主昏，亦須禫後。凡事可以權，三年之重無所謂權。鄭此說，所謂『又從而爲之辭』。《左氏》

〔一〕「夫人」，原誤作「大夫」，據《儀禮》及朱大韶《左氏短喪説》改。

習於衰世之故，以非禮爲禮。不知《春秋》所書，皆直書其事，不待貶絶而其惡自見者也。」錫瑞案：鄭君云「《左氏》善於禮」，實則《左氏》之所謂禮，多春秋衰世之禮，不盡與古禮合，故《左氏》亦自有矛盾之處。如以大蒐爲非禮，載叔向辭諸大夫欲見新君，非不知吉凶不可並行，而於他處又以爲禮。此矛盾之甚者。朱子曰：「《左氏》説禮，皆是周末衰亂不經之禮，無足取者。」陳傅良謂：「禮也者，蓋魯史舊文，未必皆合於《春秋》。」其説是也。鄭《駮異義》謂「諸侯歲聘、間朝之屬，説無所出，或以爲文、襄之制」，則鄭君亦知《左氏》之禮不可盡據，而《箴膏肓》又强爲飾説，至以喪娶爲合權宜，不亦謬乎！朱大韶駮《左氏》，可謂辭嚴義正。三年之喪在春秋時已不通行，故滕人有「魯先君亦莫之行」等語。《左氏》序事之書，據事直書，不加褒貶，自是史家通例。其所云禮，爲當時通行之禮，亦不必爲《左氏》深咎。惟文元年穆伯如齊始聘、文二年襄仲如齊納幣、襄元年邾子來朝之類，乃《左氏》自發之凡。杜預且以凡例皆出周公，是周公已制短喪之禮，且制喪娶之禮矣。此則萬無可解，即袒《左氏》者如沈欽韓等，亦無以申其説。必如劉逢禄以凡例爲劉歆增竄，乃可以爲《左氏》解也。文公喪娶在三年外，惟納采、問名猶在三年之中，故《左氏》不以爲非。公羊受經子夏，子夏作《喪服傳》，講喪禮最嚴，故《公羊》云「三年之内不圖昏」。此《公羊》有師授、《左氏》無師授之一證。杜、孔乃曲爲《左氏》解，以爲文公納采在爲太子之時，此所謂「又從爲之辭」，亦非《左氏》意也。

三一、論《春秋》是經，《左氏》是史，必欲强合爲一，反致信傳疑經

《左氏》叙事之工、文采之富，即以史論，亦當在司馬遷、班固之上，不必依傍聖經，可以獨有千古。《史記》、《漢書》，後世不廢，豈得廢《左氏》乎？ 且其書比《史》、《漢》近古，三代故實，名臣言行，多賴以存，如：納鼎有諫，觀社有諫，申繻名子之對，御孫别男女之贄，管仲辭上卿之饗，魏絳之述夏訓、虞箴，郯子之言紀官，子革之誦《祈招》，且有齊虞人之守官，魯宗人之守禮，劉子所云天地之中，子産所云天地之經，胥臣敬德之聚，晏子禮之善物。 王應麟《漢制考序》嘗歷舉之，顧棟高、陳澧皆引之，以爲《左氏》之善矣。 然《左氏》記載誠善，而於《春秋》之微言大義實少發明，則陸淳《春秋纂例》嘗言之矣：「或問：無經之傳，有仁義誠節、知謀功業、政理禮樂、讜言善訓多矣，頓皆除之，不亦惜乎？ 答曰：此經，《春秋》也。 此傳，《春秋傳》也。 非傳《春秋》之言〔一〕，理自不得録耳，非謂其不善也。 且歷代史籍善言多矣，豈可盡入《春秋》乎？ 其當示於後代者，自可載於史書爾。 今《左氏》之傳見存，必欲耽玩文彩、記事迹者，覽之可也。 若欲通《春秋》者，即請觀此傳焉。」

〔一〕「言」，原誤作「旨」，據陸淳《春秋集傳纂例》卷一改。

錫瑞案：陸氏自言其所作《集傳》，不取《左氏》無經之傳之義。治《春秋》者，皆當知此義，分别《春秋》是經，《左氏》是傳，離之雙美，合之兩傷。經本不待傳而明，故漢代《春秋》立學者止有《公羊》，並無《左氏》，而《春秋》經未嘗不明。其後《左氏》盛行，又專用杜預《集解》，學者遂執《左氏》之説爲《春秋》之義，且據杜氏之説爲《左氏》之義，而《春秋》可廢矣。分别《春秋》、《左氏》最明者，惟唐大中時工部尚書陳商《立春秋左傳學議》：「以孔子修經，褒貶善惡，類例分明，法家流也；左丘明爲魯史，載述時政，惜忠賢之泯滅，恐善惡之失墜，以日繫月，修其職官，本非扶助聖言、緣飾經旨，蓋太史氏之流也。舉其《春秋》，則明白而有實〔一〕；合之《左氏》，則叢雜而無徵。杜元凱曾不思夫子所以爲經，當與《詩》、《書》、《周易》等列〔二〕，丘明所以爲史，當與司馬遷、班固等列，取二義乖刺不侔之語，參而貫之，故微旨有所不周，宛章有所未一。」此《議》載令狐澄《大中遺事》、孫光憲《北夢瑣言》。陳商在唐代不以經學名，乃能分别夫子修經，與《詩》、《書》、《周易》等列，丘明作史，與《史記》、《漢書》等列，以杜預參貫經、傳爲非是，可謂卓識。其謂《左傳》「非扶助聖言」，即漢博士云「丘明不傳《春秋》」之説也；非「緣飾經旨」，即晉王接云「《左氏》自是一家言，不主爲經發」之説也。經、史

〔一〕「實」，原誤作「識」，據《北夢瑣言》卷一改。
〔二〕「與」，原誤作「以」，據《北夢瑣言》卷一改。

體例，判然不同。經所以垂世立教，有一字褒貶之文；史止是據事直書，無特立褒貶之義。杜預、孔穎達不知此意，必欲混合爲一，又無解於經、傳參差之故，故不能據經以正傳，反信傳而疑經矣。

三二、論《公羊》、《左氏》相攻最甚，何、鄭二家分左右袒，皆未盡得二《傳》之旨

《公羊疏》云：「《左氏》先著竹帛，故漢時謂之古學。《公羊》漢世乃興，故謂之今學。是以許愼作《五經異義》，云『古者，《春秋》左氏説；今者，《春秋》公羊説』，是也。」又引戴宏《序》云：「子夏傳與公羊高，高傳與其子平，平傳與其子地，地傳與其子敢，敢傳與其子壽。至漢景帝時，壽乃共弟子齊人胡毋子都著於竹帛。」錫瑞案：戴宏漢人，其言當可信據。《左氏》書先出而不傳口授之義，《公羊》書後出而實得口授之傳，此漢所以立《公羊》而不立《左氏》也。漢今、古文家相攻擊，始於《左氏》、《公羊》，而今、古文家相攻若仇，亦惟《左氏》、《公羊》爲甚。四家《易》之於《費氏易》，三家《尚書》之於古文《尚書》，三家《詩》之於《毛詩》，雖不並行，未聞其相攻擊。漢博士惟以《尚書》爲備，亦未嘗攻古文。惟劉歆請立《左氏》，則博士以「左丘明不傳《春秋》」抵之；韓歆請立《左氏》，則范升以「《左氏》不祖孔子」抵之。鄭衆作《長義》十九條十七事，「論《公羊》之短，《左氏》之長」。賈逵作《長義》四十條，「云《公羊》理短，《左氏》理長」。李育讀《左氏傳》，「雖樂文采，然謂不得聖人深意」，作《難

左氏義》四十一事〔一〕。何休與其師羊弼「追述李育意，以難二《傳》，作《公羊墨守》、《左氏膏肓》、《穀梁廢疾》」。鄭康成鍼《膏肓》、發《墨守》、起《廢疾》。隗禧謂：「《左氏》爲相斫書，不足學。」鍾繇謂：「《左氏》爲大官，《公羊》爲賣餅家。」各經皆有今、古文之分，未有相攻若此之甚者。蓋他經雖義説不同，尚未大相反對，惟《左氏》與《公羊》不止義例不合，即事實亦多不符。《左氏》以文、宣爲父子，昭、定爲兄弟，《公羊》以文、宣爲兄弟，昭、定爲父子，魯十二公倫序已大不同。《左氏》經作「君氏卒」，以爲魯之聲子；《公羊》經作「尹氏卒」，以爲周之世卿。所傳之經，一字不同，而一以爲婦人，一以爲男子，乖異至此，豈可並立？平心而論，以《左氏》爲相斫書，則詆之大過，亦由治《左氏》者專取莫敖采樵、欒枝曳柴之類有以致之。以《左氏》爲大官，《公羊》爲賣餅家，專以繁簡詳略言之，不關大義。鄭衆、賈逵《長義》不傳。賈所舉《左氏》深於君父，不可據，已見前。李育、羊弼書亦不傳。何休《墨守》僅存一二，《廢疾》得失互見，《膏肓》以《左氏》所載之文爲《左氏》之罪，未知國史據事直書之例，且駁論多瑣細，惟兵諫、喪娶數條於大義有關。鄭《發墨守》亦僅存一二，《起廢疾》亦得失互見，《鍼膏肓》多强説，以文公喪娶爲權制，豈有喪娶可以從權者乎？《後漢書》於鄭康成《鍼膏肓》下云「自是《左氏》大興」，蓋鄭君雖先習《公羊》，而意重古學，常軒《左氏》而輊

〔一〕「義」，原脱，據《後漢書·李育傳》補。

《公羊》，重其學者意有偏重〔一〕，遂至《左氏》孤行。自漢以後，治《公羊》者如晉之王接、王愆期，已不多見。《北史·儒林傳》云何休《公羊傳》大行於河北，而其《傳》載習《公羊》者止有梁祚一人，且《傳》又云《公羊》、《穀梁》多不措意，則以爲河北行《公羊》，似非實録。《唐志》《公羊疏》無撰人名氏，《崇文總目》或云徐彦，《郡齋讀書志》引李獻民説同。董逌《廣川藏書志》亦稱「世傳徐彦，不知時代」，意其在貞元、長慶之後。王應麟《小學紺珠》謂：「《公羊疏》，徐彦撰。」《宋志》直云「徐彦《公羊疏》三十卷」，嚴可均曰：「不知何據。即徐彦，亦不知何代人。東晉有徐彦，與徐衆同時，見《通典》九十五，又九十九有武昌太守徐彦《與征西桓温牋》。而《疏》中引及劉宋庾蔚之，則非東晉人。今世皆云唐徐彦，尤無所據，蓋涉徐彦伯而譌耳。《疏》先設問答，與蔡邕《月令章句》相似，唐疏無此體例。所引書百三十許種〔二〕，最晚者郭璞、庾蔚之，餘皆先秦、漢、魏。開卷疏『司空掾』，云『若今三府掾是也』。齊、梁、陳、隋、唐無此官制，惟北齊有之，則此《疏》北齊人撰也。」洪頤煊、姚範之説略同。王鳴盛以爲即北史徐遵明，考其年代，似亦相近。惟據《北史》所載，遵明傳鄭《易》、《尚書》、三《禮》、服氏《春秋》，未聞傳何氏《公羊》，其弟子亦無治《公羊》學者，則謂彦即遵明，尚在疑

〔一〕「重其學者」，初稿本作「承其學者」。

〔二〕「三」，原誤作「二」，據嚴可均《鐵橋漫稿》卷六《書〈公羊疏〉後》改。

似之間。若以「葬桓王」一條同於楊士勛《穀梁疏》，謂徐襲楊《疏》，當在楊後，又安知楊士勛非襲徐《疏》乎？

三三、論《春秋》必有例，劉逢禄、許桂林《釋例》大有功於《公羊》、《穀梁》，杜預《釋例》亦有功於《左氏》，特不當以「凡例」爲周公所作

《禮記·經解》引孔子曰：「屬辭比事，《春秋》教也。」又曰：「《春秋》之失亂。」《經解》引此爲夫子自道，是猶孟子兩引孔子之語，皆聖人自發其作《春秋》之旨，最可憑信。古無「例」字，「屬辭比事」即「比例」。《漢書·刑法志》師古曰：「比，以例相比況也。」《後漢書·陳寵傳》注：「比，例也。」夫子以《春秋》口授弟子，必有比例之説，故自言「屬辭比事」爲《春秋》教。《春秋》文簡義繁，若無比例以通貫之，必至人各異説而大亂不能理，故曰「《春秋》之失亂」。亂，由於無比例。是後世説經之弊，夫子已豫防之矣。何休《公羊解詁序》曰：「往者略依胡毋生《條例》，多得其正。」是胡毋生以《公羊傳》著於竹帛，已爲之作《條例》。董仲舒曰「《春秋》無達例」，則董子時《公羊春秋》已有例可知。胡毋生《條例》散見《解詁》，未有專書。何休《文謚例》僅見於《疏》所引。《公羊傳條例》見於《七録》，今佚。劉逢禄作《公羊何氏釋例》以發明之，其《釋時月日例》引子思贊《春秋》上律天

時，以爲「《春秋》不待褒譏貶絶，以月、日相示，而學之者湛思省悟」，推闡甚精。《穀梁》時、月、日例更密於《公羊》，許桂林作《穀梁釋例》以發明之，其有功於《穀梁》，與劉逢禄有功於《公羊》相等。范甯解《穀梁》亦有例，《四庫提要》曰：「《自序》有『商略名例』之句，疏稱甯别有《略例》百餘條，此本不載，然注中時有『傳例曰』字，或士勛割裂其文，散入注疏中歟？」陳澧曰：「楊《疏》有稱范氏《略例》者，有稱范《例》者，有稱范氏《别例》者，皆即《略例》也。范氏注中已有例，又别爲《略例》，故可稱《别例》。楊《疏》所引二十餘條，王仁圃《漢魏遺書鈔》已鈔出。」據此，則《公羊》、《穀梁》二家説《春秋》者皆有例矣。《左氏》之例始於鄭興、賈徽，其子鄭衆、賈逵各傳家學，亦有《條例》。潁容已有《釋例》，在杜預之前。《左氏傳》本無日、月例，孔《疏》曰：「《春秋》諸事，皆不以日、月爲例。其以日、月爲義例者，唯卿卒、日食二事而已。」陳澧曰：「此説可疑，豈有一書内唯二條有例者乎？且日食不書日爲官失之，其説通；大夫卒，公不與小斂，不書日，則不可通。孔巽軒云：『九月，甲申，公孫敖卒於齊，公豈得與小斂乎？』此無可置辨矣。蓋《左傳》無日、月例，後人附益者以《公》、《穀》有之，故亦倣效而爲此二條耳。」錫瑞案：二條爲後人附益，固無可疑。即五十凡，亦未知出自何人。然鄭、賈、潁已言例在前，則非杜預所創，特不當以舊例爲周公所定耳。

三四、論日、月、時正變例

胡安國曰：「《春秋》之文，有事同而辭同者，後人因謂之例；有事同而辭異，則其例變矣。是故正例非聖人莫能立，變例非聖人莫能裁。正例，天地之常經。變例，古今之通誼。惟窮理精義，於例中見法、例外通類者，斯得之矣。」案：《春秋》正變例以日、月、時爲最著明。正例日則變例時，正例時則變例日，而月在時、日之間。《公羊》、《穀梁》説已詳晰，而後人猶疑之者，以解者繁雜，未有簡明之説以括之也。今據《春秋》之例，討賊、侵伐常事，與不以日、月計者，皆例時。以月爲變者，不以月計也。《春秋》以月計時事，以月分尊卑，除二者之外，遂不以日、月爲例。《春秋》記事，大事記之詳，如君、夫人葬薨，大夫卒，天王崩，外諸侯卒，大異，宗廟災，祭事，盟，戰，所關者大，重録之則詳，故記其日；小事則從略，如來往，如致，朝聘，會遇，外盟，外戰，一切小事，皆例時。大事日，小事時，一定之例也，亦記事之體應如是也。至於輕事而重之，則變時而日、月焉；重事而輕之，則變日而月、時焉。事以大小爲準，例以時、日爲正，一望而知者也。而月在時、日之中，爲消息焉。凡月，皆變例。大事例日，如盟例日，而桓盟皆不日而月，變也。柯之盟時者，變之至也。此日爲正，月爲變，時爲尤變之例也。小事例時，如外諸侯葬例時，月爲變，日爲變之甚。此時爲正，月爲變，日爲尤變之例也。又如朝時也，變之則月，尤變則日；用幣時也，謹之則日。因其事之小，知其日、月之爲變。外諸侯卒例日，變之則月，尤變則時。因其事之大，知其月、時之爲變。凡變，則有二等，以差功過淺深，故月皆變例。從時而日，從日而時，皆變之尤甚者。有條不紊，綱目明白。先儒因有記時分早暮二例，遂偏推之，則正例有三等，無以進退，而於二主之間又添一主，則正、變不明，端委朦混，治絲而棼，故使人疑之也。淺人以爲經承舊史，或時，或月，或日，皆無義例，則「斷爛朝報」可爲確論矣。

三五、論三《傳》以後説《春秋》者亦多言例，以爲本無例者非是

洪興祖曰：「《春秋》本無例，學者因行事之迹以爲例，猶天本無度，治曆者因周天之數以爲度。」錫瑞案：洪氏此説，比例正合。聖人作《春秋》，當時嘗自定例與否，誠未可知，而學者觀聖人之書，譬如觀天，仁者見仁，知者見知，各成義例，皆有可通。治曆者因周天之數以爲度，不得以爲非天之度。學者因行事之迹以爲例，豈得以爲非《春秋》之例乎？朱彝尊《經義考》論崔子方《本例》云〔一〕：「以例説《春秋》，自漢儒始。曰《牒例》，鄭衆、劉實也。曰《謚例》，何休也。曰《釋例》，潁容、杜預也。曰《條例》，荀爽、劉陶、崔靈恩也。曰《經例》，方範也。曰《傳例》，范甯也。曰《詭

〔一〕按，下引文實見朱彝尊《曝書亭集》卷三十四《涪陵崔氏〈春秋本例〉序》。

例》，吴略也。曰《略例》，劉獻之也。曰《通例》，韓滉、陸希聲、胡安國、畢良史也。曰《統例》，啖助、丁副、朱臨也。曰《纂例》，陸淳、李應龍、戚崇增也。曰《總例》，韋表微、成元、孫明復、周希孟、葉夢得、吴澂也。曰《凡例》，李瑾、曾元生也。曰《説例》，劉敞也。曰《忘例》，馮正符也。曰《演例》，劉熙也。曰《義例》，趙瞻、陳知柔也。曰《刊例》，張思伯也。曰《明例》，王晳、王日休、敬鉉也。曰《新例》，陳德寧也。曰《門例》，王鎡、王炫也。曰《地例》，余嘉也。曰《會例》，胡箕也。曰《斷例》，范氏也。曰《異同例》，李氏也。曰《顯微例》，程迥也。曰《類例》，石公孺、周敬孫也。曰《序例》，家鉉翁也。曰《括例》，林堯叟也。曰《義例》，吴迂也。而梁簡文帝、齊晉安王子懋皆有《例苑》，孫立節有《例論》，張大亨有《例宗》，劉淵有《例義》，刁氏有《例序》。繩之以例，而義益紛綸矣。彦直崔子方字。謂：『聖人之書，編年以爲體〔一〕，舉時以爲名，著日月以爲例。』《春秋》固有例也，而日、月之例蓋其本，乃列一十六門，而皆以日、月、時例之，亦一家之言云爾。」案：諸家書多不傳，未能考其得失，惟陸淳《纂例》兼采三《傳》，崔子方《本例》多本《公》、《穀》，能成一家之言。其後趙汸《春秋屬辭》爲最著，孔廣森《公羊通義》本之，謂知《春秋》者惟趙汸一人。或謂趙汸、崔子方無三科九旨以統貫之，故其例此通而彼窒，左支而右絀。是二家之書亦未盡善。蓋日、月例，

〔一〕「編」，原誤作「總」，據朱彝尊《曝書亭集》卷三十四改。

《公》、《穀》已極詳密，崔子方等更求詳於《公》、《穀》之外，又不盡用《公》、《穀》之義，未免過於穿鑿。然例雖未盡善，猶愈於全不言例者。全無例，則必失亂矣。後人矯言例者支離破碎之過，謂《春秋》本無例，例出後儒傅會。鄭樵謂例非《春秋》之法。爲此説者，非獨不明《春秋》之義，並不知著書作文之體例矣。凡修史皆有例，《史記》、《漢書》自序，即其義例所在。後世修史，先定凡例，詳略增損，分別合並，或著録，或不著録，必有一定之法。修州郡志亦然。即自著一部書，或注古人之書，其引用書傳、編次子目，亦必有凡例，或自列於簡端。即爲人撰碑志墓銘，其述祖考、子孫、官爵、事實亦有例，故有《墓銘舉例》、《金石三例》等書。惟日録、筆記，隨手紀載，乃無義例，再下則胥吏之檔案、市井之簿録耳。聖人作經以教萬世，乃謂其全無例義，同於檔案、簿録，比後儒之著書作文者猶不逮焉，誠不知何説也。

三六、論啖助説《左氏》具有特識，説《公》、《穀》得失參半，《公》、《穀》大義散配經文，以傳考之，確有可徵

《春秋》雜采三《傳》〔一〕，自啖助始。《三傳得失議》曰：「古之解説，悉是口傳。自漢以來，乃爲

〔一〕「春秋」上，當有「治」字。

章句。如《本草》皆後漢時郡國，而題以神農；《山海經》廣説殷時，而云夏禹所記。自餘書籍，比比甚多。是知三《傳》之義本皆口傳，後之學者乃著竹帛，而以祖師之目題之。予觀《左氏傳》，自周、晉、齊、宋、楚、鄭等國之事最詳。晉則每一出師，具列將佐；宋則每因興廢，備舉六卿。故知史策之文，每國各異。左氏得此數國之史，以授門人，義則口傳，未形竹帛。後代學者乃演而通之，總而合之，編次年月以爲傳記，又廣采當時文籍，故兼與子産、晏子及諸國卿佐家傳，并卜書、夢書及雜占書、縱横家、小説、諷諫等雜在其中。故叙事雖多，釋意殊少，是非交錯，混然難證。其大略皆是《左氏》舊意，故比餘傳，其功最高，博采諸家，叙事尤備，能令百代之下，頗見本末，因以求意，經文可知。又況論大義，得其本源，解三數條大義，亦以原情爲説〔一〕，欲令後人推此以及餘事。而作傳之人，不達此意，妄有附益，故多迂誕。又《左氏》本未釋者，抑爲之説，遂令邪正紛糅，學者迷宗也。《公羊》、《穀梁》初亦口授，後人據其大義，散配經文，原注：《傳》中猶稱「穀梁子曰」，是其證也。故多乖謬，失其綱統。然其大指亦是子夏所傳，故二《傳》傳經，密於《左氏》。《穀梁》意深，《公羊》辭辨，隨文解釋，往往鈎深。但以守文堅滯，泥難不通，比附日月，曲生條例，義有不合，亦復强通，踳駮不倫，或至矛盾，不近聖人夷曠之體也。夫《春秋》之文，一字以爲褒貶，誠則然矣，其文亦有文

〔一〕「亦」，原誤作「不」，據陸淳《春秋集傳纂例》卷一改。

異而義不異者。原注：「詳内以略外」、「因舊史之文」之類是也。二《傳》穿鑿，悉以褒貶言之，是故繁碎甚於《左氏》。《公羊》、《穀梁》又不知有『不告則不書』之義，凡不書者，皆以義説之。且列國至多，若盟會、征伐、喪紀，不告亦書，則一年之中可盈數卷，況他國之事，不憑告命，從何得書？但書所告之事，定其善惡，以文褒貶耳。《左氏》言褒貶者，又不過十數條，其餘事同文異者亦無他解，舊解皆言從告及舊史之文。若如此論，乃是夫子寫魯史，何名修《春秋》乎？予故謂二者之説俱不得中。」錫瑞案：啖氏《春秋》之學非專家，故所説有得有失。其説《左氏》具有特見，説《公》、《穀》則得失參半。謂三《傳》皆後學著竹帛，「而以祖師之目題之」，與《公羊》徐疏同。徐疏惟言《公羊》、《穀梁》，啖氏並言《左氏》，亦以爲門人乃著竹帛，且有附益。故啖氏兼取三《傳》，而不盡信三《傳》也。啖氏不云左氏非丘明，但云《傳》非丘明自作，比趙匡之論爲更平允。謂《公》、《穀》得子夏口授，「後人據其大義，散配經文」，所見尤精。既云「二《傳》傳經，密於《左氏》」，不得疑其繁碎。《春秋》之旨數千，聖人詳示後人，無所謂不夷曠，若其矛盾穿鑿，正由散配經文時致誤，與《左氏》之徒附益迂誕正相等耳。《公》、《穀》釋經雖密，亦或有經無傳，經所書者，間無其説，不書者以義説之，實所罕見。啖氏知「不告則不書」，不知《春秋》即告者亦多不書。聖人筆削，大率筆者一而削者十。若從舊史、赴告全録，則一年之中亦可盈卷矣。以「夫子寫魯史，何名修《春秋》」，駁《左氏》家經承舊史，尤爲明快。知啖氏云《公》、《穀》大義散配經文之説是者，如「君子大居正」一條，《公羊》以之説宋宣，《穀梁》以之説魯隱，是二家據《春秋》「大居正」之大義散配經文，而參差不同之明證也。《公羊傳》「《春秋》有譏父老子代從政者，未知其爲齊與、曹與」，是《公羊》家據《春秋》「譏世子」之大義散配經文，而未知其屬齊世子、屬曹世子，游移莫決之明證也。明乎此，則於傳義之可疑者，不必强通。啖氏見及此，可謂卓識矣。

三七、論啖、趙、陸不守家法，未嘗無扶微學之功，宋儒治《春秋》者皆此一派

三《傳》專門之學，本不相通，而何休《解詁序》云：「援引他經，失其句讀。」疏云：「三《傳》之理，不同多矣，群經之義，隨經自合。而顔氏之徒既解《公羊》，乃取他經爲義，猶賊黨入門，主人錯亂，故曰『失其句讀』。」據此，則漢之治《公羊》者，未嘗不兼采三《傳》也。杜預《集解序》云：「古今言《左氏春秋》者多矣，膚引《公羊》、《穀梁》，適足自亂。」孔疏云：「《公羊》、《穀梁》口相傳授，因事起問，意於《左氏》不同，故引之以解《左氏》，適足以自錯亂也。」《疏序》又云：「鄭衆、賈逵、服虔、許惠卿之等，各爲詁訓，然雜取《公羊》、《穀梁》以釋《左氏》。」據此，則漢之治《左氏》者，未嘗不兼采三《傳》也。范武子《穀梁集解序》兼及《左氏》、《公羊》，尤爲顯著。惟諸人兼采三《傳》，仍是專主

一家，間取二家之說，裨補其義。晉劉兆作《春秋調人》三萬言〔一〕，又爲《左氏傳》解，「名曰《全綜》，《公羊》、《穀梁》解詁皆納經、傳中〔二〕，朱書以别之」，似已合三《傳》爲一書，而其書不傳。今世所傳合三《傳》爲一書者，自唐陸淳《春秋纂例》始。淳本啖助、趙匡之説，雜采三《傳》，以意去取，合爲一書，變專門爲通學，是《春秋》經學一大變。宋儒治《春秋》者皆此一派，如孫復、孫覺、劉敞、崔子方、葉夢得、吕本中、胡安國、高閌、吕祖謙、張洽、程公説、吕大圭、家鉉翁，皆其著者，以劉敞爲最優，胡安國爲最顯。劉敞《春秋傳》本啖、趙、陸之法，删改三《傳》，合爲一傳。陳澧糾其删改不當：「如鄭伯克段于鄢，録《左傳》而改之云：『太叔出奔，公追而殺諸鄢。』既信《公》、《穀》殺段之説，乃録《左傳》而删改之。此孔沖遠所謂方鑿圓枘者。」胡安國《春秋傳》雜采三《傳》，參以己意。朱子已駁其王不稱天、以宰晅爲冢宰、桓公不書秋冬、貶滕稱子之類。其説有本於《公》、《穀》者；有胡氏自爲説，出《公》、《穀》之外者。蓋宋人説《春秋》，本啖、趙、陸一派，而不如啖、趙、陸之平允。邵子曰：「《春秋》三傳之外，陸淳、啖助可以兼治。」程子稱其「絶出諸家，有攘異端、開正途之功」。朱子曰：「趙、啖、陸淳皆説得好。」吴澄曰：「唐啖助、趙匡、陸淳三子，始能信經駁傳，以聖人書

〔一〕「三萬言」，今《晉書·儒林傳》作「七萬餘言」。

〔二〕「公羊」上，原衍「作」，據《晉書·儒林傳》删。

法纂而爲例，得其義者十七八。自漢以來，未聞或之先也。」案：吴氏極推三子得聖人之義〔一〕，勝於漢儒之不合不公。蓋自唐、宋以後，《春秋》無復專門之學，故不知專門之善，而反以爲非。後儒多歸咎於昌黎三《傳》束閣之言，見昌黎贈玉川子盧仝詩。詆啖、趙、陸不守家法，而據啖子曰「今《公羊》、《穀梁》二傳殆絶，習《左氏》者皆遺經存傳」，則其時《春秋》之學不講可知。唐開元八年，國子司業李元瓘上言「《公羊》、《穀梁》殆絶」；十六年，楊瑒爲國子祭酒，奏言「今明經習《左氏》者十無一二，《公羊》、《穀梁》殆將絶廢」。啖氏正當其時，於經學廢墜之餘，爲舉世不爲之事，使《公》、《穀》二傳復明於世，雖不守家法，不得謂其無扶微學之功也。

三八、論《公》、《穀》傳義，《左氏》傳事，其事亦有不可據者，不得以親見國史而盡信之

自啖助斟酌三《傳》，各取其長，云：「《左氏》叙事尤備，能令百代之下，頗見本末，因以求意，經文可知。二《傳》傳經，密於《左氏》。《穀梁》意深，《公羊》辭辨。」宋人推衍其説，胡安國曰：「事莫備於《左氏》，例莫明於《公羊》，義莫精於《穀梁》。」葉夢得曰：「《左氏》傳事不傳義，是以詳於史而

〔一〕「三」，原誤作「二」，據上引吴澄之語改。

事未必實。《公羊》、《穀梁》傳義不傳事，是以詳於經而義未必當。」朱子曰：「《左氏》是史學，《公》、《穀》是經學。史學者，記得事卻詳，於道理上便差。經學者，於義理上有功，然記事多誤。」又曰：「左氏曾見國史，考事頗精，只是不知大義，專去小處理會，往往不曾講學。公、穀考事甚疏，然義理卻精，二人乃是經生，傳得許多説話，往往不曾見國史。」呂大圭曰：「左氏熟於事，公、穀深於理。蓋左氏曾見國史，而公、穀乃經生也。」吴澄曰：「載事則《左氏》詳於《公》、《穀》，釋經則《公》、《穀》精於《左氏》。」錫瑞案：諸説皆有所見，朱子之説尤晰。惟兼采三《傳》，亦必有啖、趙諸人之學識，方能别擇，初學不守家法，必至茫無把握，而陷於「《春秋》之失亂」。《公》、《穀》精於義，《左氏》詳於事，誠如諸儒之説。《春秋》重義不重事。治《春秋》者，當先求《公》、《穀》之義，而以《左氏》之事證之，乃可互相發明，不至妄生疑難。即啖助云「因以求意，經文可知」之説。若但考《左氏》之事，不明《春秋》之義，將並傳之不可信者而亦信之，必至如杜預、孔穎達諸人從傳駁經，非聖無法，正猶齊人知有孟嘗君而不知有王、秦人知有穰侯而不知有王矣。引《左氏》之事，以證《春秋》之義，可也；據《左氏》之義，以爲《春秋》之義，不可也。《左氏》不傳《春秋》，本無義例。劉歆治《左氏》，引傳文以解經，始有章句、義理。杜預排斥二《傳》，始專發《左氏》義。劉歆、杜預之義明，而孔子《春秋》之義隱。《左氏》凡例、書法、君子曰，前人已多疑之。陸淳已駁弑君、滅國、薨赴以名之例矣。朱子曰：「《左傳》君子曰最無意思。因舉『芟夷蘊崇之』一段，是關上文甚事？」「左氏是一箇審利害之幾、善避就底人〔一〕，所以其書有貶死節等事。指孔父、荀息諸人。《左氏》亦無貶諸人明文，惟論荀息有君子曰。其間議論有極不是處，如周、鄭交質之類，是何議論？此是實事，史官據事直書，卻不礙。其曰：『宋宣公可謂知人矣。立穆公，其子饗之，命以義夫。』只知有利害，不知有義理。此段不如《穀梁》說『君子大居正』〔二〕，卻是儒者議論。」案：朱子說是也。且殤公立而被弑，所謂「其子饗之」安在？非但不明義理，並不合事實。《左氏》於叙事中攙入書法，或首尾橫決，文理難通。如「鄭伯克段于鄢」，傳文「太叔出奔共」下，接「書曰鄭伯克段于鄢」，至「不言出奔，難之也」云云，乃曰「遂置姜氏於城潁」，「遂」字上無所承，文理鶻突。若删去「書曰」十句，但云「太叔出奔共，遂置姜氏於城潁」，則一氣相承矣。其他「書曰」、「君子曰」亦多類此，爲後人攙入無疑也。諸儒多云「左氏親見國史，事必不誤」，亦未盡然，姑舉一二證之。如昭七年「春，王正月，暨齊平」，杜解曰：「暨，與也。燕與齊平。前年冬，齊伐燕，間無異事，故不重言燕，從可知。」孔疏曰：「此直言『暨齊平』，不知誰與齊平。《穀梁傳》云『以外及内曰暨』，謂此爲魯與齊平。賈逵、何休亦以爲魯與齊平。許惠卿以爲燕與齊平。服虔云：襄二十四年『仲孫羯侵齊』，二十五年『崔杼伐我』，自爾以來，齊、魯不相侵伐。且齊是大

〔一〕「氏」，原誤作「傳」，據《朱子語類》卷八十三改。

〔二〕按，主張「君子大居正」的是《公羊傳》，朱子此說有誤。

國，無爲求與魯平。此六年『冬，齊侯伐北燕，將納簡公』，齊侯貪賄而與之平，故傳言『齊求之也』。『齊次于虢』，『燕人行成』，其文相比，許君近之。案經例，即燕與齊平，當書燕；魯與諸侯平，皆言暨。下『三月，公如楚，叔孫婼如齊涖盟』，公不在國，故齊無來者。據經言之，賈君爲得，杜則從許説也。」案：疏舉經例甚明，當從《公》、《穀》，而《左氏》本年傳明云「齊、燕平之月」，則《左》實以爲燕與齊平。賈解《左氏》，仍從《公》、《穀》。孔《疏》云賈逵雜采《公》、《穀》，此其一證。許、服、杜則以《左》解《左》，然《左》實與書法不合。親見聖人、親見國史者，何以有此誤乎？《左氏傳》衛宣公烝於夷姜，生急子，爲之妻于齊而美，公妻之，生壽及朔。夫宣公烝庶母，必在即位之後；生子能妻，必十六七年；公妻之，生壽及朔，朔能譖兄，壽能代死，必又十六七年。而衛人立晉在隱四年，宣公卒在桓十三年〔一〕，共止二十年，如何能及？若謂烝夷姜在即位前，桓公不應容其弟濁亂宮闈，石碏未必立此穢德彰聞之公子。《史記》云「愛夫人夷姜」，不云烝淫，則《左氏》未可信。洪邁謂：「十九年之間，如何消破？此最爲難曉也。」晉獻公烝齊姜，近人亦有疑之者。蘧伯玉、延陵季子皆年近百，而服官帥師，事亦可疑。是《左氏》之事，亦不盡可信也。朱子曰「《左氏》所傳《春秋》事恐八九分」，是亦不盡信《左氏》。《公羊傳》惟季姬使鄫子請己、單伯淫子叔姬、叔術妻嫂事有可疑。董子《繁露》於此數事皆無説，或以不

〔一〕按，衛宣公卒於魯桓公十二年，從隱四年至桓十二年，共十九年，皮錫瑞下文説「共止二十年」有誤。

闕大義，或亦疑而不信。學者於此等處闕疑可也。《解詁》是章句，不得不解傳。《繁露》説大義，故於此數條皆無説。學者亦不必强説。

三九、論劉知幾詆毁《春秋》並及孔子，由誤信杜預、孔穎達，不知從《公》、《穀》以求聖經

説《春秋》者，唐劉知幾爲最謬。其作《史通》，有《惑經》、《申左》二篇，詆毁《春秋》，並詆孔子，曰：「善惡必書，斯爲實録。觀夫子修《春秋》也，多爲賢者諱。狄實滅衛，因桓恥而不書；河陽召王，成文美而稱狩。斯則情兼向背，志懷彼我。哀八年及十三年，公再與吴盟，而皆不書。桓二年公及戎盟，則書之。戎實豺狼，非我族類。夫非所諱而仍諱，謂當恥而不恥，求之折衷，未見其宜。如魯之隱、桓弑，昭、哀放逐，姜氏淫奔，子般夭酷，斯則邦之孔醜，諱之可也。如公送晉葬，公與吴盟，爲齊所止，爲邾所敗，盟而不至，會而後期，並諱而不書，豈非煩碎之甚？」錫瑞案：劉氏但曉史法，不通經義，專據《左氏》，不讀《公》、《穀》，故不知《春秋》爲尊親諱，其書不書皆有義例，非可以史法「善惡必書」繩之。《左氏傳》云：孫、甯出君，「名藏在諸侯之策，曰：『孫林父、甯殖出其君。』」夫子以爲臣出君，不可訓，故更之曰「衛侯衎出奔齊」，以君自出爲文。「天王狩于河陽」，其義亦然。《左氏》引「仲尼曰：以臣召君，不可以訓」，是隱諱之義，《左氏》亦知之。而續經云「齊陳

恒執其君，寘于舒州」，則與《春秋》不書孫、甯出君之義相背。是《左氏》於《春秋》隱諱之旨半明半昧，劉氏則全不知。夫吴爲伯主，故恥不書；公及戎盟，本無庸諱。且及戎盟，隱、桓二年凡兩見，劉舉桓而失隱，知其讀《春秋》不熟矣。劉氏又曰：「齊、鄭及楚國有弑君，各以疾赴，遂皆書卒。反不討賊，藥不親嘗，遂皆被以惡名，播諸來葉。」案：劉氏此説，亦由不解隱諱之義。鄭伯髡原如會，卒於操，《公羊傳》明以爲隱，以爲弑，以爲爲中國諱。楚子卷、齊侯陽生卒，《公羊》無説，《左氏》亦但於鄭伯之卒，云以瘧疾赴於諸侯。楚郟敖、齊悼公，《左氏》以爲弑，而不云以疾赴。劉云「各以疾赴」，不知何據。「反不討賊」，本晉史之舊文；「藥不親嘗」，由君子之聽止。是二君之弑，初非夫子所加，夫子特因舊文書之，以著忠臣孝子之義。若齊、鄭、楚三君，其國無董狐之直筆，國史本不書弑，夫子豈得信傳聞之説，遽加人以弑逆之罪乎？至鄭伯隱諱，又是一義。劉氏不明其義，而并爲一談，斯惑矣。魯桓弑隱，但書「公薨」。劉氏以爲：「董狐、南史，各懷直筆。孟子言孔子成《春秋》而亂臣賊子懼，無乃烏有之談？」不知南、董非崔、趙之臣，故可直書；孔子是魯臣，於其先君篡弑，不可直書。劉氏在唐，曾爲史官，試問其於唐代之事，能直書無隱否？乃以此惑聖經，並疑孟子之言爲烏有，固由讀書粗疏，持論獷悍，亦由誤信杜預、孔穎達，不知從《公》、《穀》以求聖經也。

四〇、論劉知幾據竹書以詆聖經，其惑始於杜預，唐之陸淳、劉貺已駁正其失

且劉氏受惑之處，非直此也。曰：「案：汲冢竹書《晉春秋》及《紀年》之載事也，如重耳出奔，惠公見獲，書其本國，皆無所隱。唯魯《春秋》之紀其國也，則不然。何者？國家事無大小，苟涉嫌疑，動稱恥諱。」又：「案：晉自魯閔公以前，未通於上國，至僖二年滅下陽已降，漸見於《春秋》。蓋始命行人，自達於魯也。而《瑣語·春秋》載魯國閔公時事，言之甚詳。斯則聞見必書，無假相赴者也。蓋當時國史，他皆倣此。至於夫子所修也，則不然。凡書異國，皆取來告，苟有所告，雖小必書；如無其告，雖大必闕。尋茲例之作也，蓋因周禮舊法，魯策成文。夫子既撰不刊之書，爲後王之則，豈可仍其過失而不中規矩乎？」又：「案：古者國有史官，具列時事。觀汲墳出記，皆與魯史符同。至於周之東遷，其說稍備；隱、桓已上，難得而詳。此之煩省，皆與《春秋》不別。又『獲君曰止』，『誅臣曰刺』，『殺其大夫曰殺』，『執我行人』，『鄭棄其師』，『隕石於宋五』，諸如此句，多是古史全文。則知夫子之所修者，但因其成事，就加雕飾，仍舊而已，有何力哉！」錫瑞案：劉氏據《左傳》而疑經，謂經全因舊史，已是大惑；又據竹書而疑經，謂經何以不改舊史，更滋其惑。而其惑實始於杜預。杜預《春秋集解後序》論汲冢書云：「其著書文意，大似《春秋》經，推此足見古者策

書之常也〔一〕。文稱『魯隱公及邾莊公盟於姑蔑』，即《春秋》所書邾儀父『未王命，故不書爵，曰儀父，貴之也』。又稱『晉獻公會虞師伐虢，滅下陽』，即《春秋》所書『虞師、晉師滅下陽』，『先書虞，賄故也』。又稱『周襄王會諸侯於河陽』，即《春秋》所書『天王狩於河陽』，『以臣召君，不可以訓』也。諸若此輩甚多，略舉數條，以明國史皆承告據實而書時事，仲尼修《春秋》，以義而制異文也。」胡渭曰：「《竹書紀年》文意簡質，雖頗似《春秋》經，然此書乃戰國魏哀王時人所作，往往稱謚以記當時之事，如『魯隱公及邾莊公盟於姑蔑』，『晉獻公會虞師伐虢，滅下陽』，『周襄王會諸侯於河陽』，明係春秋後人約《左傳》之文，倣經例而爲之，與身爲國史、承告據實書者不同。杜氏《後序》則謂『推此足見古者國史策書之常』，不亦過乎？」案：胡氏此說足解杜氏之惑，即足解劉氏之惑。《春秋》傳於子夏。子夏退老西河，爲魏文侯師，魏人必有從之受《春秋》者。《紀年》作於魏哀王時，距孔子作《春秋》已百年，其書法明是倣《春秋》。杜氏乃疑古史書法本然，孔子《春秋》是依倣此等書爲之，而益堅其經承舊史、史承赴告之説。不思著書年代先後具有明徵，但有後人襲前人，未有前人襲後人者。孔子作《春秋》在百年前，魏人作《紀年》在百年後，猶之《史記》在《漢書》前，《三國志》在《後漢書》前，若有謂史公襲班書，陳壽襲范書，人未有不啞然笑者。杜氏之惑，何異於是？陸

〔一〕「策」上，杜預《春秋集解後序》本有「國史」二字。

淳《春秋纂例》嘗言之矣：「或曰：若左氏非受經於仲尼，則其書多與汲冢《紀年》符同，何也？答曰：彭城劉惠卿名貺。著書云：『《紀年》序諸侯列會皆舉其謚，知是後人追修，非當世正史也。至如「齊人殲於遂」、「鄭棄其師」，皆夫子褒貶之意，而竹書之文亦然。其書「鄭殺其君某」，因釋曰是子亹；「楚囊瓦奔鄭」，因曰是子常，率多此類。別有《春秋》一卷，全録《左氏傳》卜筮事，無一字之異。故知此書按《春秋》經傳而爲之也。』劉之此論當矣。且經書『紀子伯、莒子盟於密』，《左氏》經改爲『紀子帛』，傳釋云『魯故也』，以爲是紀大夫裂繻之字，緣爲魯結好，故褒而書字，同之内大夫，序在莒子上。此則魯國褒貶之意，而竹書自是晉史，亦依此文而書，何哉？此最明驗〔一〕。其中有『鄭莊公殺公子聖』，《春秋》作「段」。『魯桓公、紀侯、莒子盟於區蛇』，如此等數事，又與《公羊》同。其稱今王者，魏惠成王也。此則魏惠成王時史官約諸家書，追修此紀，理甚明矣。觀其所記，多詭異鄙淺，殊無條例，不足憑據而定邪正也。」案：劉貺、陸淳皆唐人，曾見《紀年》全書，其説可憑。陸年輩後於劉知幾，其説正可駁劉。以「齊人殲於遂」、「鄭棄其師」爲夫子褒貶之特筆，遠勝劉説以爲出《瑣語·晉春秋》矣。陸通經學，劉不通經，故優劣判然也。

〔一〕「最」，原誤作「是」，據陸淳《春秋集傳纂例》卷一改。

四一、論《春秋》家、《左傳》家當分爲二，如劉知幾説

劉知幾説《春秋》雖謬，猶知《春秋》、《左傳》之分。其論史體六家，一曰《尚書》家，二曰《春秋》家，三曰《左傳》家，四曰《國語》家，五曰《史記》家，六曰《漢書》家。前二家經也，後二家史也，中二家《左傳》、《國語》，則在經、史之間。是劉知幾猶知《春秋》家與《左傳》家體例不同，當分爲二，不當合爲一也。古經、傳皆别行，據《漢書·蓺文志》與《左傳序》孔疏，具有明證。熹平石經《公羊春秋》有傳無經。漢時專主《公羊》，故直以《公羊》爲《春秋》。後世孤行《左傳》，又直以《左傳》爲《春秋》。《公羊》字字解經，經、傳相附，以《公羊》爲《春秋》，可也。《左氏》本不解經，經、傳不相附，或有經無傳，或有傳無經，以《左氏》爲《春秋》，不可也。唐人作《五經正義》，《春秋》主《左氏傳》，《公羊》、《穀梁》雖在中經、小經之列〔一〕，而習此二經者殆絶。唐時如啖、趙、陸兼通三《傳》者甚少，如陳商能分别《春秋》是經、《左氏》是史者，更别無其人矣。宋人刊《十三經注疏》，《公》、《穀》稱《公羊》、《穀梁》，《左氏》稱《春秋左傳》，明以《春秋》專屬《左氏》，而屏《公》、《穀》於《春秋》之外。夫以《公》、《穀》之字字解經者，不以《春秋》屬之，《左氏》之本不解經者，獨以《春秋》屬之，宜乎學者止

〔一〕按，據《新唐書·選舉志》，《公羊》、《穀梁》均爲小經。

知有《左氏傳》，不知有《春秋》經，聖人之作經爲萬世法者，付之若存若亡之列。洪邁《容齋續筆》有「紹聖廢《春秋》」一條云：「五聲本於五行而徵音廢，四瀆源於四方而濟水絶，《周官》六典所以布治而司空之書亡，是固出於無可奈何，非人力所能爲也。乃若六經載道，而王安石欲廢《春秋》。紹聖中，章子厚作相，蔡卞執政，遂明下詔罷此經，誠萬世之罪人也。」如洪氏説，彼悍然廢《春秋》者罪誠大矣，然亦豈非唐、宋以來不尊《春秋》有以階之厲乎？宋人以《春秋》專屬《左傳》，由於唐作正義但取《左傳》。漢人以《禮經》專屬《儀禮》，而唐作正義但取《禮記》，故後世以《禮記》取士，論者譏其舍經用傳。《禮記》體大物博，雖有解《儀禮》數篇之義，而非盡解《儀禮》，不得全謂之傳。若《左氏》，明明《春秋》之傳，傳又不與經合，而後世《左氏》孤行，舍經用傳，較之舍《儀禮》而用《禮記》者，蓋有甚焉。王應麟《困學紀聞》先列《春秋》，繼以《左傳》、《公羊》、《穀梁》，分别尚晰。學者當知如此分别，則經、傳部居不紊，不得以《春秋》專屬《左氏》，而竟以《左氏》冒《春秋》。後之治《左氏》者，能詮擇經義，解説凡例，可附於《春秋》家。若專考長曆、地名、人名、事實，或參以議論者，止可入《左氏》家，以與聖經大義無關，止可謂之史學，不得謂之經學也。

四二、論孔子作《春秋》，增損改易之迹可尋，非徒因仍舊史

陳壽祺曰：「竊觀孟子言『孔子作《春秋》』，『作』之云者，雖據舊史之文，必有增損改易之迹。

不修《春秋》曰：『雨星不及地尺而復。』君子修之曰：『星隕如雨。』諸侯之策曰：『孫林父、甯殖出其君。』孔子書之曰：『衛侯衎出奔齊。』晉文公召王而朝之，孔之曰：『以臣召君，不可以訓。』故書曰：『天王狩於河陽。』魯《春秋》去夫人之姓曰吴，其卒曰孟子卒。孔子書『孟子卒』，而不書夫人吴。此其增損改易之驗見於經典者也。華督得罪於宋殤公，『名在諸侯之策』。晉董狐書曰：『趙盾弑其君。』齊太史書曰：『崔杼弑其君。』魯《春秋》記晉喪曰：『弑其君之子奚齊，及其君卓。』孔子於《春秋》皆無異辭。此循舊而不改之驗也。太子獨記『子同生』，而不及子赤、子野、襄公，則知此爲《春秋》特筆，以起不能防閑文姜之失。妾母獨録惠公仲子、僖公成風，而略於敬嬴、定姒、齊歸，則知此亦《春秋》特筆，以著公妾立廟稱夫人之始。『有年』，『大有年』，惟見桓三年及宣十六年，蓋承屢祲之後，書以示幸。王臣書氏，惟見隱三年及昭二十三年、二十六年，蓋兆世卿之亂王室，以示譏。則其他之删削者夥矣。外大夫奔書字，惟見文十四年宋子哀，蓋褒其不失職。外大夫見殺書字，惟見桓二年孔父，蓋美其死節。公子季友、公弟叔肸稱字，季子、高子稱子，所以嘉其賢。齊豹曰盜，三叛人名，所以斥其惡。公薨以不地見弑，夫人以尸歸見殺，師以戰見敗，公夫人奔曰孫，内殺大夫曰刺，天王不言出，凡伯不言執，與王人盟不言公，皆《春秋》特筆也。是知聖人修改之迹，不可勝數。善善惡惡，義踰衮鉞，然後是非由此明，功罪由此定，勸懲由此生，治亂由此正。故曰：『《春秋》，天子之事。』苟徒因仍舊史，不立褒貶，則諸侯之策當時未始亡也，孔子何爲作《春秋》？且使《春秋》直寫魯史之文，則孟子何以謂之『作』？則『知我』、『罪我』安所徵，亂臣賊子安所懼？」錫瑞案：陳氏引《春秋》書法，兼采三《傳》，求其增損改易之迹，可謂深切著明。即此足見《左氏》家經承舊史、史承赴告，其説近是而實不是。孔子作《春秋》，非可憑空結撰，其承舊史是應有之事。魯史亦非能憑臆揑造，其承赴告亦是應有之事。《左氏》家説本非全然無理，特後人視之過泥，持之太堅，謂《春秋》止是鈔録舊文，尚不如《漢書》之本《史記》，《後漢書》之襲《三國志》，新《五代史》、《唐書》之因舊《五代史》、《唐書》，猶有增損改易之功，則《春秋》一書，於魯史爲重臺，於《左傳》爲疣贅，宋人廢之，誠不爲過矣，而《春秋》經豈若是乎！

四三、論宋五子説《春秋》有特見，與《孟子》、《公羊》合，足正杜預以後之陋見謬解

宋五子於《春秋》無專書，而説《春秋》皆有特見。周子曰：「《春秋》正王道，明大法也，孔子爲後世王者而修也。亂臣賊子誅死者於前，所以懼生者於後。」邵子曰：「《春秋》者，孔子之刑書也。功過不相揜，聖人先褒其功而貶其罪，故罪人有功，亦必録之。」程子曰：「夫子作《春秋》，爲百王不易之大法。斯道也，惟顏子嘗聞之矣：『行夏之時，乘殷之輅，服周之冕，樂則《韶舞》。』此其準的也。後世以史視《春秋》，謂褒善貶惡而已，至於經世之大法，則不知也。《春秋》大義，炳如日星，

乃易見也。惟其微辭隱義，時措咸宜者，爲難知也。或抑或縱，或予或奪，或進或退，或微或顯，而得乎義理之安，文質之中，寬猛之宜，是非之公，乃制事之權衡，揆道之模範也。」張子曰：「《春秋》之書，在古無有，乃仲尼所自作，惟孟子爲能知之。」朱子曰：「孔子作《春秋》，當時亦須與門人講説，所以公、穀、左氏得一箇源流，只是漸漸訛舛。當初若是全無傳授，如何鑿空撰得？」又曰：「三家皆非親見孔子，左氏不必解是丘明。」又曰：「杜預每到不通處，不云傳誤云經誤，可怪，是何識見！」錫瑞案：《春秋》始誤於杜預，而極謬於劉知幾，當以宋五子之説正之，其説與《孟子》、《公羊》之旨合。周子曰「《春秋》正王道，明大法」，非即「素王改制」之旨乎？曰「孔子爲後世王者而修」，非即「爲漢定道」之旨乎？邵子曰「《春秋》者，孔子之刑書」，非即「貶天子，退諸侯，討大夫，以達王事」之旨乎？曰「功過不相揜」，非即「善善從長」之旨乎？程子曰「作《春秋》，爲百王不易之大法」，非即「作《春秋》，垂空言以斷禮義，當一王之法」之旨乎？引「行夏之時」四語爲證，非即「損益四代，變周之文，從殷之質」之旨乎？張子曰「《春秋》之書，在古無有」，豈得如杜預云周公已有《春秋》凡例乎？曰「乃仲尼所自作」，豈得如杜預云孔子多鈔魯史舊文乎？朱子曰「孔子作《春秋》，與門人講説」，即「七十子之徒口受其傳旨」之意，而《史記》以「魯君子左丘明」列七十子口受傳旨之外，則丘明不得口受，不當如劉歆輕口説而重傳記矣。曰「三家皆非親見孔子」，公、穀皆子夏弟子，未必親見孔子；而作傳之丘明與《論語》之丘明是一是二，古無明文，不必如劉歆云「丘明親見聖人」、荀崧云「丘明造膝親受」矣。程子云「後世以史視《春秋》，謂褒善貶惡而已，至於經世之大法，則不知也」，尤道盡杜預以後諸儒之陋見謬解。「《春秋》經世」，莊子嘗言之矣。其義，在《孟子》云「天子之事」，《公羊》云「素王改制」，其大者在三科九旨。杜預以後，不明此義，其高者以爲懲惡勸善，僅同良史直書；其下者以爲録舊增新，不過鈔胥校對。其失由於專據《左氏》，不治《公》、《穀》，於孔子所以爲後王立法以馴致太平者，全未夢見；孟子所稱爲天下一治、功可繼群聖者，亦不致思。宋五子非《春秋》專門，未必深求《公》、《穀》二傳，乃獨能知微言大義，不惑於杜預諸人淺陋之見，由其學識超卓，亦由此心此理之同，與古人不謀而合也。程子曰「大義炳如日星」，朱子已引「成宋亂」、「宋災故」之類以證之。至於微辭奥義、時措咸宜，程、朱以爲難知者，學者能研求《公》、《穀》二傳，當知之矣。

四四、論「斷爛朝報」之説不必專罪王安石，朱子疑胡《傳》，並疑《公》、《穀》，故於《春秋》不能自信於心

《困學紀聞》引：「王介甫答韓求仁問《春秋》曰：『此經比他經尤難，蓋三《傳》不足信也。』尹和靖云：『介甫不解《春秋》，以其難之也。廢《春秋》，非其意。』」又林希逸曰：「『尹和靖言介甫未嘗廢《春秋》。廢《春秋》，以爲斷爛朝報，皆後來無忌憚者託介甫之言也。』」錫瑞案：此諸説，可爲安

石平反。然《春秋》之義具在三《傳》，安石過爲高論，以三《傳》不足信，則《春秋》不廢而廢矣。以《春秋》經爲難知，何不深求三《傳》？至於斷爛朝報，則非特宋人有是言，自《左氏》孤行、杜預謬解，人之視《春秋》者，莫不如是。專信《左氏》家經承舊史之説，一年之中寥寥數事，信手抄録，並無義例，則是朝報而已。不信《公》、《穀》家一字褒貶之義，日月、名氏、爵號有不具者皆爲闕文，萬六千餘字而闕文百數十條，則是朝報之斷爛者而已。如杜預、孔穎達之説，《春秋》實是「斷爛朝報」，並不爲誣。若不謂然，則當罪杜、孔，不當罪宋人矣。《困學紀聞》又引：「朱文公亦曰：『《春秋》義例，時亦窺其一二大者，而終不能自信於心，故未嘗敢措一辭。』」王應麟引王介甫、尹和靖二條，繼引朱文公説，蓋謂朱子亦以《春秋》爲難知，與王介甫意同。案：朱子所謂「《春秋》義例窺其一二大者」，如「成宋亂」、「宋災故」，既引以證程子所云大義，又云：「如書會盟侵伐，不過見諸侯擅興自肆耳；書郊禘，不過見魯僭禮耳。至於三卜、四卜，牛傷、牛死，是失禮之中又失禮也。如『不郊，猶三望』，是不必望而猶望也。如書『仲遂卒，猶繹』，是不必繹而猶繹也。如此等義，卻自分明。」此朱子所云「窺其一二」者。朱子學最篤實，故於《春秋》之義，但言其分明可據者，若其義稍隱，或不見經而但見傳，則皆不敢信據。當時盛行胡《傳》，《朱子語録》曰：「胡文定《春秋》非不好，卻不合。這件事聖人意是如何下字，那件事聖人意又如何下字？要知聖人只是直筆，據見在而書，豈有許多忉怛？」案：胡《傳》議論苛碎，多出《公》、《穀》之外。朱子懲胡《傳》之苛碎，遂並不信

《公》、《穀》一字褒貶之義，以爲「必於一字一辭之間求褒貶所在，竊恐不然」，「聖人只是直筆，據見在而書」，則仍惑於杜預、孔穎達，而與孟子、程子之説不合矣。朱子謂「《春秋》自難理會」，足見朱子矜慎，遠勝强不知爲知者，但亦有矜慎太過處。胡《傳》不可盡信，而《公》、《穀》近古則可信。能深考《公羊》之微言大義，參以《穀梁》之例，又參以《左氏》所載事實，亦可以得十之七八。朱子謂「須是己之心，果與聖人之心神交心契，始可斷他所書之旨」，則聖人往矣，安得復有聖人？以朱子之賢，猶不敢自信，安得復有自信與聖人神交心契者？《春秋》一經，將沈霾終古矣。《公羊疏》引閔因叙云：「昔孔子制《春秋》之義，使子夏等十四人求周史記，得百二十國寶書。」莊七年傳云：「不修《春秋》曰：『雨星不及地尺而復。』君子修之曰：『星霣如雨。』」朱子病二書之不傳，不得深探聖人筆削之意。夫二書不得見，學者無如何也；三《傳》猶幸存，學者所當信也，亦何必矜慎太過而不措一辭乎？

四五、論據朱子之説足證《春秋》是經非史，學《春秋》者當重義不重事

朱子曰：「前輩做《春秋》義，言辭雖粗率，卻説得聖人大意出。如二程未出時，便有胡安定、孫泰山、石徂徠，他們説經雖是甚有疏略處，觀其推明治道，直是懍懍可畏。《春秋》本是嚴底文字，

聖人此書之作，遏人欲於横流，遂以二百四十二年行事，寓其褒貶，一字不敢胡亂下。」又林問：「先生論《春秋》一經，本是正誼明道、權衡萬世典刑之書，如朝聘、會盟、侵伐等事，皆是因人心之敬肆，爲之詳略，或書字，或書名，皆就其事而爲之義理，最是斟酌，毫忽不差。後之學《春秋》，多是較量齊、魯短長。自此以後，如宋襄、晉悼等事，皆是論霸事業。不知當時爲王道作耶？爲霸者作耶？若是爲霸者作，則此書豈足爲義理之書？」曰：「大率本爲王道，正其紀綱。看以前《春秋》文字雖觕，尚知有聖人明道正誼道理，尚可看。近來止説得伯業權譎底意思，更開眼不得。此義不可不知。」錫瑞案：據朱子之説，可知學者當以《春秋》爲經，不當以《春秋》爲史；當重《春秋》之義，不當重《春秋》之事。謂「以二百四十二年行事，寓其褒貶」，即借事明義也。謂「一字不敢胡亂下」，即一字褒貶也。謂「書字、書名，皆就其事而爲之義理」，亦即一字褒貶之旨。正誼明道，權衡萬世，惟在《春秋》一經，若置經而求傳，舍義而論事，則不過較量齊、魯之短長，宋襄、晉悼之霸事而已。《孟子》曰：「王者之迹熄而《詩》亡，《詩》亡然後《春秋》作。」是《春秋》所以承王者之迹，故孟子斷之曰「天子之事」。若夫魯之舊史，止有「其事則齊桓、晉文」，而無其義，故孔子裁之以義，曰「其義，則丘竊取之矣」。《春秋》是經不是史，重義不重事，即孔子、孟子之言足以證之。《左氏》叙事詳而釋義略，仍如魯史其事、其文之舊，非但侈陳桓、文。《春秋》雖褒桓、文，實與而文不與。孟子深於《春秋》，謂「仲尼之徒，無道桓、文之事」，蓋裁之以義，不當侈陳其事，並晉悼之霸亦侈陳之。何劭公不許晉悼之霸，鄭君以爲「鄉曲之學，深可忿疾」。不知桓、文之事猶無足道，何論晉悼？以鄭君之學而所見如此，何怪後之學者「遺經存傳，談其事迹」？用啖助語。或且樂道陰謀詭計，如魏禧作《左傳經世》，又纂《左氏兵謀》《兵法》，以張其燄，與「《春秋》無義戰」之旨全然相反，正朱子所謂「止説得伯業權譎，更開眼不得」者。試思《春秋》爲王道作，豈專論伯事者哉！朱子云「以前文字雖觕」，即指胡安定、孫泰山諸人。胡書不傳。孫氏《尊王發微》論雖近苛，尚能比附《春秋》之義，以其重義不重事，是經不是史，故文字雖觕，而與聖人之旨猶近也。後來止説「伯業權譎」，雖由其人識見卑陋，亦由專主《左氏》，不知有《春秋》經，而其流弊遂至於此。以其重事不重義，是史不是經，故議論猥多，而與聖人之旨愈遠也。學《春秋》者，觀朱子之論，可以審所去取矣。

四六、論杜預專主《左氏》，似乎《春秋》全無關繫、無用處，不如啖、趙、陸、胡説《春秋》尚有見解

凡書必有關繫、有用處，然後人人尊信誦習；若無關繫、無用處，雖間存於一二好古之士，而尊信誦習者尟矣。漢人之尊《春秋》，在《易》、《詩》、《書》之上，一則以爲諸經止是孔子贊修，不如《春秋》爲孔子手作；二則孔子贊修諸經之旨未甚著明，不如孔子所作之《春秋》，微言大義顯然可見；

三則諸經雖爲後世立法，亦不如《春秋》素王改制之顯。故爲漢定道，多專屬之《春秋》，且多引《春秋》以決時事。是漢人以《春秋》爲有關繫、有用處，人人尊信誦習，由專主《公羊》之故也。及《左氏傳》出而一變。《左氏》自成一家之書，亦未嘗與《公羊》抵牾，而偏護古文者務張大其説，以駁異今文。自劉歆、韓歆欲以《左氏》立學，爲今文博士所排，仇隙愈深，反對愈甚。賈逵已將臆造之説爲《左氏》之説，以斥《公羊》，而解《左氏》猶采《公》、《穀》。至杜預出，乃盡棄二《傳》，專執韓宣「周禮在魯」一語，以《左氏傳》五十凡例盡屬周公，孔子止是鈔録成文，並無褒貶筆削，又安得有微言大義與立法改制之旨？故如杜預所説，《春秋》一經全無關繫，亦無用處。由於力反先儒之説，不信漢儒之論，不顧《孟子》之文，以致聖人所作之經沈廢擱棄，良可浩歎！啖助在唐時，已云：「習《左氏》者，皆遺經存傳，談其事迹，翫其文采，如覽史籍，不復知有《春秋》微旨。」蓋《左氏傳》本是史籍，並無《春秋》微旨在内，止有事實、文采可翫。自漢以後，六朝及唐皆好尚文辭，不重經術，故《左氏傳》專行於世，《春秋》經義委之榛蕪。啖、趙、陸始兼采三《傳》，不專主《左氏》，推明孔子褒貶之例，不以凡例屬周公，雖未能上窺微言，而視杜預、孔穎達以《春秋》爲録成文而無關繫者，所見固已卓矣。宋儒通學，啖、趙遺風。至程子出，乃於孔子作《春秋》爲後王立法之意有所窺見，其《春秋傳自序》曰：「夫子當周之末，以聖人不復作也，順天應時之治不復有也，於是作《春秋》，爲百王不易之大法。後王知《春秋》之義，則雖德非禹、湯，尚可以法三代之治。自秦而下，其學不傳。

予悼夫聖人之志不明於後世也，故作傳以明之，俾後之人通其文而求其義，得其意而法其用，則三代可復也。」自漢以後，論《春秋》者尠知此義。惜其《傳》作於晚年，略舉大義，襄、昭以後尤略，書止二卷。胡安國師程子，其作《傳》大綱本孟子，而微旨多以程子之説爲據。本黿、陳二氏之説。其《序》曰：「孟氏發明宗旨，目爲『天子之事』者，周道衰微，乾綱解紐，亂臣賊子接迹當世，人欲肆而天理滅矣。仲尼天理之所在，不以爲己任而誰可？五典弗惇，己所當叙。五禮弗庸，己所當秩。五服弗章，己所當命。五刑弗用，己所當討。故曰：『我欲載之空言，不如見之行事之深切著明也。』空言獨能載其理，行事然後見其用。是故假魯史以寓王法，撥亂世反之正，其大要皆『天子之事』也。」錫瑞案：胡氏以惇典、庸禮、命德、討罪爲「天子之事」，又云仲尼以爲己任，足以發明《春秋》「素王」之義。「空言獨能載其理，行事然後見其用」，尤足證明《春秋》借事明義之旨。「假魯史以寓王法」，即託王於魯也。「撥亂世反之正」，亦《公羊》之文也。胡氏尊孟子，故能信《公羊》，惜其《傳》不能篤守《公羊》，故雖窺見微言，未盡原本古義，間涉穿鑿，不愜人心，而視前儒以《春秋》爲託空言而無用處者，其見爲更卓矣。近漢學家不取通學，啖、趙、陸、胡，皆致不滿。竊謂諸家雖非專門，然猶知《春秋》有關繫、有用處，故其所著之書體例雖雜，猶於《春秋》有關繫、有用處。若專主《左氏》者，專執杜、孔之説，並不知《春秋》有關繫、有用處，則其所著之書考證雖詳，亦於《春秋》無關繫、無用處也。

四七、論《春秋》一字褒貶，不得指爲闕文

鄭樵曰：「諸儒之説《春秋》，有以一字爲褒貶者，有以爲有貶無褒者，有以爲褒貶俱無者。謂《春秋》以一字爲褒貶者，意在於推尊聖人，其説出於太史公，曰『夫子修《春秋》，游、夏之徒不能贊一辭』，故學者因而得是説也。謂《春秋》有貶無褒者，意在於列國之君臣也，其説出於孟子，曰『《春秋》無義戰。彼善於此，則有之矣』，故學者因而得是説也。謂《春秋》無褒貶者，意在於矯漢儒，其説出於《竹書紀年》所書，案：此即劉知幾之説，前已辨之。載『鄭棄其師』、『齊人殲於遂』之類，皆孔子未修之前，故學者因而得是説也。雖其意各有所主，然亦不可以泥。泥一字褒貶之説，則是『春秋』二字皆挾劍戟風霜，聖人之意不如是之勞頓也。泥於有貶無褒之説，則是《春秋》乃司空城旦之書，聖人不如是之慘刻也。泥於無褒貶之説，則是《春秋》爲瑣語小説，聖人又未嘗無故而作經也。」顧棟高曰：「鄭氏之言極是。聖人之心正大平易，何嘗無褒貶？但不可於一字上求褒貶耳。案：此正同朱子之説。《孟子》明言：『其事則齊桓、晉文，其文則史。孔子曰：其義，則丘竊取之矣。』如以爲無褒貶，則是有文、事而無義也。如此，則但有魯之《春秋》足矣，孔子更何用作《春秋》乎？近日有厭支離之説而竟將《春秋》之褒貶抹去者，矯枉過正，亦非聖人之意。有以《春秋》爲有筆無削者，是即

無褒貶之説也。夫未修之《春秋》即不可得見，而《左氏》之書具在，如襄公親送葬楚子〔一〕，昭公昏於吴，豈有不遺卿大夫往會吴、楚葬之理？而終《春秋》，吴、楚之葬不書。此削之以示義也。襄公葬楚子不書，而於二十九年書『春，王正月，公在楚』見之。昭公昏於吴不書，而於哀十二年書『孟子卒』見之。此削之以示諱也。又如十二公之納幣、逆夫人，魯史皆書，而《春秋》於僖公、襄公不書，此所謂合禮不書也。世子生皆書，而《春秋》止書『子同生』，此所謂常事不書也。此皆其顯然可見者。如以爲有筆無削，則《春秋》竟是一部鈔胥，何足以爲經世大典乎？」錫瑞案：以《春秋》爲一字褒貶，《公》、《穀》之古義也。以爲有貶無褒，孫復之新説也。以爲褒貶俱無，後世習《左氏》者之甕言也。鄭樵并三《傳》皆不信，故於三説皆不取。其不取後二説，是也；不取前一説，非也。《春秋》一字之褒，一字之貶，兩漢諸儒及晉范甯皆明言之。《左氏》孤行，學者不信《公》、《穀》，於是《春秋》或日、或不日，四時或具、或不具，或州、或國、或氏、或人、或名、或字、或子之類，人皆不得其解。聖人豈故爲是參差，以貽後世疑惑乎？「《春秋》文成數萬，其旨數千」，非字字有褒貶之義，安得有數千之旨？若如杜預、孔穎達説，其不具者概爲闕文，則「斷爛朝報」之譏誠不免矣。顧氏於《春秋》用功深，《大事表》一書實出宋章沖、程公説之上。惟其《春秋》之學專主《左氏》，惑於杜、

〔一〕「如」，原誤作「於」，據顧棟高《春秋大事表》附録《讀春秋偶筆》改。

孔之說，故以鄭氏爲是。其《春秋闕文表》於一字褒貶之處，皆以爲偶闕，且謂：「此皆《公》、《穀》倡之，而後來諸儒如孔氏穎達、啖氏助、趙氏匡、陸氏淳、孫氏復、劉氏敞亦既辨之矣，而復大熾於宋之中葉者，蓋亦有故焉。自諸儒攻擊三《傳》，王介甫遂目《春秋》爲『斷爛朝報』，不立學官。文定反之，矯枉過正，遂舉聖經之斷闕不全者，皆以爲精義所存，復理《公》、《穀》之故說，而呂氏東萊、葉氏少藴、張氏元德諸儒俱從之。由是《春秋》稍明於唐以後者，復晦昧於宋之南渡，豈非勢之相激使然哉！夫蔑棄聖人之經，與過崇聖人之經，其用心不同，而其未得乎聖人垂世立教之心則一也。」案：顧氏之說非是，「斷爛朝報」之說起而《春秋》廢，正由說《春秋》者闕文太多之故。南宋諸儒力反其說，如胡文定者，其穿鑿或出《公》、《穀》之外，誠未免求之過深。然文定之深文不可信，而《公》、《穀》之故說則可信。文定反「斷爛朝報」之說，顧氏以爲矯枉過正。顧氏反文定一字褒貶之說，以聖經爲斷闕不全，則仍是「斷爛朝報」之說矣，獨不爲矯枉過正乎？《春秋》經惟「夏五」、「伯于陽」實是闕文，其餘後世以爲闕者，皆有說以處之，並非斷闕不全。如文定之說，猶不失爲過崇聖經；如顧氏之說，已不免於蔑棄聖經矣。黄澤曰：「屈經申傳者，杜預輩是也。屈傳申經者，若胡文定諸公是也。」

四八、論經、史分別甚明，讀經者不得以史法繩《春秋》，修史者亦不當以《春秋》書法爲史法

劉敞曰：「《傳》曰：『公出復入，不書，諱之也。諱國惡，禮也。』杜氏曰：『掩惡揚善，義存君親，皆當時臣子率意而隱，故無淺深之準。』非也。《傳》所云者，似言仲尼作《春秋》，改舊史，有所不書之意也，非當時史官以諱爲禮也。何以知之邪？按：御孫謂莊公曰：『君舉必書。書而不法，後嗣何觀？』此曹劌之言，以爲御孫，誤。以御孫之説論之，君之不法，無所不書也。既無所不書，則是諱國惡者，非史官之事，《春秋》之意也。爲之臣子，率意爲君父諱，非也。臣之意莫不欲尊其君，子之意莫不欲美其親。如此，國史爲無有實事，皆虚美也，謂之史，可乎？故《春秋》一也，魯人記之則爲史，仲尼修之則爲經。經出於史，而史非經也。史可以爲經，而經非史也。譬如攻石取玉，玉之産於石，必也，而石不可謂之玉；披沙取金，金之取於沙，必也，而沙不可謂之金。魯國之史，賢人之記，沙之與石也；《春秋》之法，仲尼之筆，金之與玉也。金玉必待揀擇追琢而後見〔一〕，《春秋》亦待筆削改易而後成也。謂《春秋》之文皆舊史所記，無用仲尼者，是謂金玉不待揀擇追琢而

〔一〕「玉」，原誤作「石」，據初稿本及劉敞《春秋權衡》卷四改，下同。

得，非其類矣。」錫瑞案：劉氏分別經、史，義極精確。即以《左氏傳》義駁杜預經出舊史之非，尤足以關其口。《春秋》是爲萬世作經，爲後人立法，聖人特筆，空前絶後，不可無一、不能有二之書。前古未有，本張横渠説。則不得謂前有所承；後莫能繼，則不得云後人可續。乃後之讀經者，既不知聖人所作是經，而誤以史法繩之，於是經義亂；如劉知幾《惑經》、《申左》之類。後之修史者，又不知非聖人不能作經，而誤以史書擬之，於是史法亦亂。如沈既濟之類。司馬遷、班固，世稱良史，所著《史記》、《漢書》多得《春秋》之義，然其書不敢學一字褒貶，只是據事直書。揚雄準《易》作《太玄》，仿《論語》作《法言》，而不敢擬《春秋》。王通始擬《春秋》作《元經》，論者以爲宋阮逸僞作。蓋隋以前猶知古義，唐、宋以下議論始繁。唐沈既濟書中宗，曰「帝在房陵」。孫甫、范祖禹用其説，以《春秋》「公在乾侯」爲比。程迥駁之曰：「《春秋》書王在畿内，曰『居于狄泉』；出王畿，曰『出居于鄭』。諸侯在境内，曰『公居于鄆』；出境，曰『公在乾侯』。《唐鑑》用《春秋》書法，中宗則宜曰『帝居房陵』，不宜曰『在』。」案：程氏之駁是矣，而未盡也。敬王與王子朝，雖有東王、西王之稱，士伯問介衆而辭王子朝，則當時皆推戴敬王。襄王之出居鄭，諸侯推戴，更無異説。是《春秋》書「天王」，據實直書也。昭公出奔在外，魯國未別立君。平子每歲賈馬，具從者之衣屨，而歸之於乾侯。士鞅以爲季孫事君如在國，齊、晉諸國亦皆以君禮待之，景公曰：「孰君而無稱？」是《春秋》書「公」，亦據實直書也。若唐中宗，已廢爲廬陵王，武后自稱則天皇帝。今書廬陵王曰「帝」，則唐有兩帝矣。若奪則天之帝以與廬陵，則不據實直書而變亂當時之事實，雖聖人有所不敢矣。乾侯，晉地，故書

「在」，與「公在楚」同義。房陵，唐地，不當引以爲比。《唐鑑》書「帝在東宮」，尤不可通，非止劉知幾貌同心異之誚，錢大昕已辨之。歐陽修《五代史》、朱子《綱目》，亦有此失。《綱目》書「莽大夫揚雄死」，錢大昕亦已辨之。王鳴盛論《五代史》曰：「歐公手筆誠高，學《春秋》卻正是一病。《春秋》出聖人手筆，義例精深。後人去聖久遠，莫能窺測，豈可妄效？」引薛應旂《宋元通鑑・義例》云：「《春秋》諸侯而或書其名，大夫而或書其字，或生而書其爵，或卒而去其官，論者以爲夫子之褒貶於是焉在也。夫《春秋》大義，炳如日星，而其微詞變例，美惡不嫌同辭，有非淺近之所能推測者。後人修史輒從而擬之，不失之迂妄，則失之鄙陋。」又論孫甫《唐史論斷》云：「觀其《自序》，欲效《春秋》書法，以褒貶予奪示勸戒。幸其書亡，若存，徒汩亂學者耳目。大抵作史者宜直叙其事，不必弄文法，寓予奪；讀史者宜詳考其事實，不必憑意見，發議論。宋人略通文義，便想著作傳世，一涉史事，便欲法聖人筆削。此一時習氣。」王氏此説，切中作史者妄擬《春秋》之弊，皆由不知《春秋》是經，不是史，經非可僭擬者也。黄澤曰：「作史惟當直書爲得體。夫子《春秋》只借二百四十二年，以示大經大法於天下，故不可以史法觀之。」

四九、論《春秋權衡》駮《左氏》及杜解多精確，駮《公》、《穀》則未得其旨

劉敞曰：「前漢諸儒不肯爲《左氏》學者，爲其是非謬於聖人也，故曰《左氏》不傳《春秋》。此無

疑矣。然爲《左氏》者皆恥之，因共護曰：丘明受經於仲尼。此欲以自解免耳，其實非也。何以言之邪？仲尼之時，魯國賢者無不從之游，獨丘明不在弟子之籍。若丘明真受經作傳者，豈得不在弟子之籍哉？豈有受經傳道而非弟子者哉？以是觀之，仲尼未嘗授經於丘明，丘明未嘗受經於仲尼也。然丘明所以作傳者，乃若自用其意説經，汎以舊章凡例，通之於史策，可以見成敗耳。其褒貶之意，非丘明所盡也，以其不受經也。學者可勿思之哉！杜氏《序》曰：『仲尼因魯史策書成文，考其真僞而志其典禮，上以遵周公之遺制，下以明將來之法。其教之所存，文之所害，則刊而正之，以示勸戒。其餘皆即用舊史，史有文質，辭有詳略，不必改也。』此未盡也。苟唯文之所害則刊而正之，其餘皆因而不改，則何貴於聖人之作《春秋》也？而《傳》又何以云非聖人莫能修之乎？大凡《左氏》本不能盡得聖人《春秋》之意，故《春秋》所有義同文異者，皆没而不説。而杜氏患苦《左傳》有不傳《春秋》之名，因爲作説云：此乃聖人即用舊史爾。觀丘明之意，又不必然。按：隱公之初，始入《春秋》。丘明解經，頗亦殷勤，故『克段于鄢』傳曰：『不言出奔，難之也。』『不書城郎，非公命也。』不書之例，一年之中凡七發，明是仲尼作經，大有所刪改也，豈專用舊史者乎？」又曰：「大率《左氏》解經之蔽有三：從赴告，一也；用舊史，二也；經闕文，三也。按：史雖待赴告而録，然其文非赴告之詞也。《春秋》雖據舊史而作，然其義非舊史之文也。簡牘雖有闕失，其史非聖人所遺也。如謂史之記從赴告而已，則亂臣賊子何由而書〔一〕？如謂《春秋》用舊史而已，則何貴於聖人之筆削也？且《春秋》書『良霄入于鄭，鄭人殺良霄』，『欒盈入于晉，晉人殺欒盈』，其文同也。至哀十四年，非仲尼所修矣，其記陳宗豎，乃曰『陳宗豎入于陳，陳人殺之』，明史之所記，與仲尼之所修異矣。又仲尼所修，無記内邑叛者，哀十五年獨記『成叛』，此亦史文，不與仲尼相似。仲尼不專用史文，驗也。如謂經之闕文皆聖人所遺者，苟傳有所説而不與經同，盡可歸過於經，何賴於傳之解經哉？故《春秋》者，出於舊史者也，而《春秋》非舊史之文也；舊史者，出於赴告者也，而舊史非赴告之辭也。傳者，出於經者也，而傳非經之本也。今傳與經違，是本末反矣。」錫瑞案：劉氏《春秋權衡》爲世所稱，以愚觀之，惟駮《左氏傳》及杜預《集解》説多精確。蓋《左氏》傳事不傳義，本無所謂義例，杜氏傅會，多不可據，故劉氏所駮多中肯。《公》、《穀》二傳各有義例，非會通全經之旨，必至多所窒礙。誠能融會貫通，則人所見爲窒礙者，皆有説以處此。枚乘曰：「銖銖而積之，至石必差；寸寸而度之，至丈必過。石稱丈量，徑而寡失。」專求字句，則多見窒礙，此所謂「銖銖而積，寸寸而度」也；會通全文，則少所窒礙，此所謂「石稱丈量，徑而寡失」也。《春秋》是孔子所作一部全書，其中又有非常異義，若不大通義例，精究微言，則但能見淺而不能見

〔一〕「書」，原誤作「懼」，據劉敞《春秋權衡》卷七改。

深。凡所爲三科九旨、一字褒貶、時月日例之類，皆以爲横生枝節，妄立異端。不知游、夏不能贊一辭者，義正在此。不達乎此，則雖知經承舊史之謬，而不知聖人作經以教萬世，其異於舊史者究竟安在。經、史之異，豈僅在一字一句間乎？劉氏博學精識，而《春秋》非專門，故雖知《左氏》、杜預之非，而未曉《公》、《穀》二傳之是，其所駁多字句瑣細，不關大義，其大義明著者，又或誣而不信。故《權衡》一書，駁《左氏》及杜預者多可取，駁二《傳》者可取甚尠。其合併三《傳》爲《劉氏傳》，尤近童牛角馬。「鄭伯克段」一事，陳澧已駁其非。

五〇、論呂大圭以後世猜防之見疑古義，宋儒説經多有此失

呂大圭曰：「《公羊》論隱、桓之貴賤〔一〕，而曰：『子以母貴，母以子貴。』夫謂『子以母貴』，可也；謂『母以子貴』，可乎？推此言也，所以長後世妾母陵僭之禍者，皆此言基之也。《穀梁》論世子蒯聵之事，則曰：『信父而辭王父，則是不尊王父也。其弗受，以尊王父也。』夫尊王父，可也；不受父命，可乎？推此言也，所以啟後世父子争奪之禍者，未必不以此言藉口也。『晉趙鞅入于晉陽以叛』，『趙鞅歸於晉』，《公》、《穀》皆曰：『其言歸何？以地正國也。』後之臣子有據邑以叛而以逐

〔一〕「桓」，原誤作「公」，據初稿本及呂大圭《春秋五論》改。

君側之小人爲辭者矣。公子結媵婦，遂盟，《公羊》曰：『大夫受命不受辭，出境有可以安社稷、利國家，則專之可也。』後之人臣有生事異域而以安社稷、利國家自諉者矣[一]。祭仲執而鄭忽出，其罪在祭仲也，而《公羊》則以爲合於反經之權，後世蓋有廢置其君如弈棊者矣。聖人作經，本以明其理也。自傳者學不知道，妄爲之説，而是非易位，義利無別。其極於下之僭上，卑之陵尊，父子相夷，兄弟爲讐，爲大臣而稱兵以向闕，出境外而矯制以行事。國家易姓，而爲其大臣者，反以盛德自居而無所愧。君如武帝，臣如雋不疑，皆以《春秋》定國論而不知其非也。此其爲害甚者，不由於叙事失實之過哉？故嘗以爲三《傳》要皆失實，而失之多者，莫如《公羊》；何、范、杜三家各自爲説，而説之繆者，莫如何休。《公羊》之失，既已略舉其一二[二]，而何休之繆爲尤甚。『元年，春，王正月』，《公羊》不過曰『君之始年』爾，何休則曰：『《春秋》紀新王受命於魯。』滕侯卒不日[三]，不過曰『滕微國而侯，不嫌也』，而休則曰：『《春秋》王魯，託隱公以爲始。』黜周、王魯，《公羊》未有明文也，而休乃唱之，其誣聖人也甚矣。《公羊》曰『母弟稱弟，母兄稱兄』，此其言已有失矣，而休從爲之説曰：『《春秋》變周之文，從商之質。質家親親，明當親厚於群公子也。』使後世有親厚於同母弟

[一]「生」，原脱，據吕大圭《春秋五論》補。
[二]「一」，原脱，據吕大圭《春秋五論》補。
[三]「不日」，據《公羊傳》當作「不名」。

兄而薄於父之枝葉者〔一〕，未必不由斯言啟之。《公羊》曰：『立適以長不以賢，立子以貴不以長。』此言固有據也，而何休乃爲之説曰：『嫡子有孫而死，質家親親，先立弟；文家尊尊，先立孫。』使後世有惑於質、文之異而嫡庶互争者，未必非斯語禍之。其釋會戎之文，則曰：『王者不治夷狄。録戎，來者勿拒，去者勿追也。』《春秋》之作，本以正夫夷夏之分，乃謂之『不治夷狄』，可乎？其釋天王使來歸賵之義，則曰：『王者據土與諸侯分職，俱南面而治，有不純臣之義。』《春秋》之作，本以正君臣之分，乃謂『有不純臣之義』，可乎？」錫瑞案：宋儒不信古義而好駁難，是一時風氣，不足怪。其最不可訓者，則誤沿當時猜防疑忌之習，反以古訓爲助亂之階，非止上誣古人，且恐下惑後世。胡安國《春秋傳》發明尊王攘夷之義於南宋初，切中時勢，而解「輩帥師」之類，以權臣主兵爲大戒。王夫之論之曰：「王之尊，非唯喏趨伏之可尊；夷之攘，非一身兩臂之可攘。岳侯之死，其説先中於庸主之心矣。」王氏之駁胡《傳》，誠非苛論。宋懲黄袍加身之事，首奪將帥之權。子孫傳爲家法，賢者限於習俗。南宋之初，欲雪國恥，正賴師武臣力，乃諸將稍稍振起，秦檜奪其兵而殺之、廢之。胡氏與檜，薰蕕不同，而誤加推薦，蓋由於議論之偶合，而實因經義之不明。岳侯之死，雖未可以咎胡，而解經不精，以致誤國，亦有不得辭其咎者。吕氏此論，多以後世之亂歸咎漢人。不知漢人但解經義，何

〔一〕「兄」，原脱，據吕大圭《春秋五論》補。

能豫防後世之亂？奸人引古藉口，何所不至？曹丕自比舜、禹，豈得以舜、禹禪讓爲非？王莽自比周公，豈得以周公居攝爲誤？廢君者自比伊尹，豈得疑伊尹爲篡？反上者自比湯、武，豈得疑湯、武爲弑乎？若以僭上陵尊、相夷爲讐歸咎《公》、《穀》，孔子作《春秋》時，已有弑君父者，亦《公》、《穀》爲之乎？黜周王魯，變文從質，母弟稱弟，母以子貴，親親立弟，尊尊立孫，《公羊》雖不皆有明文，董子當《公羊》初著竹帛之時，其書已有明文。呂氏但責何休，而不知其本於董子，是董子書並未得見，何足以言《春秋》義乎？「來者勿拒，去者勿追」，並無語弊。呂以爲非，將來者拒之，去者追之乎？王者、諸侯分土，有不純臣之義，封建時本如是，豈可以一統時世並論乎？《容齋隨筆》有「二《傳》誤後世」一條，以《左氏》「大義滅親」、《公羊》「母以子貴」並論，與呂氏所見同。

五一、論黃澤、趙汸説《春秋》有可取者，而誤信杜預，仍明昧參半

黃澤曰：「春秋以前，禮法未廢，史所書者，不過君即位、君薨葬、逆夫人、夫人薨葬、大夫卒、有年無年、天時之變、郊廟之禮、諸侯卒葬、交聘會朝，大抵不過如此爾，無有伐國、滅國〔一〕、圍城、入

〔一〕「滅國」，原脱，據初稿本及趙汸《春秋師説》卷上補。

某國某邑等事也。其後禮法既壞，史法始淆亂，如隱公元年除書及邾、宋盟，『公子益師卒』外，其餘皆失禮之事。如不書即位，是先君失禮，爲魯亂之本；鄭伯克段，是兄不兄，弟不弟；天王歸仲子之賵，則失禮顯然；祭伯來，則不稱使。舉一年如此，則二百四十二年可知。如此，則夫子《春秋》安得不作？」錫瑞案：黄氏之説甚是。據此，可見《春秋》凡例必不出自周公。周公時，天子當陽，諸侯用命，必不容有伐滅圍入等事。故柳宗元、陸淳皆有此疑。黄氏所見，與柳氏、陸氏同而説加詳。然則韓宣之單辭，杜預之謬解，不當以汩亂《春秋》明矣。乃黄氏既知此義，又曰：「《春秋》凡例，本周公之遺法。故韓宣子適魯，見《易・象》與魯《春秋》，曰：『周禮盡在魯矣。吾乃今知周公之德與周之所以王〔一〕。』此時未經夫子筆削，而韓宣子乃如此稱贊者，見得魯之史與諸國迥然不同故也。」案：黄氏前後之説大相矛盾，謂「凡例本周公遺法」，然則伐滅圍入，周公之時已有之乎？魯史「與諸國迥然不同」，然則孟子云「晉之《乘》，楚之《檮杌》，魯之《春秋》，一也」，又何説乎？此等皆由惑於杜預之説，先入爲主，故雖於《春秋》有所窺見，而其説半明半昧。凡經學所以不明者，由爲前人之説所壓。不知前人與前人説各不同，有是有非，所當審擇。其審擇是非之法，當視前人之年代先後與其人之賢否。如杜預解《春秋》，與孟子全然反對。以年代論，則

〔一〕「與周」下，原衍「公」，據初稿本及趙汸《春秋師説》卷上删。

孟子在五百餘年之前，杜預在五百餘年之後；以賢否論，則孟子爲命世亞聖，杜預爲黨逆亂臣。其所説之是非，自不待辨而決。而自杜解孤行之後，學《春秋》者誤守其説，盡反孟子之説以從之。黄氏於《春秋》自謂功力至深，亦未能免此失，所以一知半解，間有所窺，而大義微言，終不能喻也。其徒趙汸説《春秋》，亦得失互見，大率本其師説。黄氏謂：「孔子非史官，何由得見國史？蓋魯之史官以孔子是聖人，乃禀君命，使其刊正。」又謂：「公羊氏五世傳《春秋》，左氏增年傳文，亦當是其子孫所續，故通謂之《左氏傳》。」二説皆有思想，而無所依據。

五二、論趙汸説《春秋》策書、筆削近是，孔廣森深取其書，而亦不免有誤

趙汸《春秋集傳序》曰：「策書之例十有五，而筆削之義有八。策書之例十有五：一曰君舉必書，非君命不書。二曰公即位不行其禮不書。三曰納幣、逆夫人、夫人至、夫人歸皆書之。四曰君、夫人薨，不成喪不書葬，不用夫人禮則書卒，君見弑則諱而書薨。五曰適子生則書之，公子、大夫在位書卒。六曰公女嫁爲諸侯夫人，納幣、來逆、女歸、娣婦、來媵、致女、卒葬、來歸皆書；爲大夫妻，書來逆而已。七曰時祀、時田，苟過時越禮則書之，軍賦、改作踰制亦書於策。此史氏之録

乎内者也。八曰諸侯有命告則書〔一〕，崩卒不赴則不書，禍福不告亦不書；雖及滅國，滅不告敗，勝不告克，不書於策。九曰雖伯主之役令，不及魯亦不書。十曰凡諸侯之女行，惟王后書；適諸侯，雖告不書。十一曰諸侯之大夫奔，有玉帛之使則告，告則書。此史氏之録乎外者也。十二曰凡天子之命無不書，王臣有事爲諸侯，則以内辭書之。十三曰大夫已命書名氏，未命書名，微者名氏不書，書其事而已，外微者書人〔二〕。十四曰將尊師少稱將，將卑師衆稱師，將尊師衆稱某帥師，君將不言帥師。十五曰凡天災、物異無不書，外災告則書之。此史氏之通録乎内外者也。筆削之義有八：一曰存策書之大體。凡策書之大體，曰天道，曰王事，曰土功，曰公即位，曰逆夫人、夫人至、世子生，曰公、夫人外如，曰薨葬，曰孫，曰夫人歸，曰内女卒葬，曰來歸，曰大夫、公子卒，曰公、大夫出疆，曰盟會，曰出師，曰國受兵，曰祭祀、蒐狩越禮，軍賦、改作踰制，外諸侯卒葬，曰兩君之好，曰玉帛之使。凡此之類，其書於策者，皆不削也。二曰假筆削以行權。《春秋》撥亂經世，而國史有恒體，無辭可以寄文，於是有書、有不書，以互顯其義。書者筆之，不書者削之。其筆削大凡有五：或略同以存異，公行不書至之類也〔三〕；或略常以明變，釋不朝正、内女歸寧之類也；或略彼以見

〔一〕「侯」下，原衍「事」，據趙汸《春秋集傳序》删。
〔二〕「人」，原脱，據趙汸《春秋集傳序》補。
〔三〕「至」，原誤作「致」，據趙汸《春秋集傳序》改。

此，以來歸爲義則不書歸、以出奔爲義則殺之不書之類也；或略是以著非，諸殺有罪及勤王、復辟不書之類也〔一〕；或略輕以明重，非有關於天下之故不悉書是也。三曰變文以示義。《春秋》雖有筆有削，而所書者皆從主人之辭。然有事同而文異者，有文同而事異者，則予奪無章而是非不著，於是有變文之法焉，將使學者即其文之異同、詳略以求之〔二〕，則可別嫌疑，明是非矣。四曰辨名實之際，亦變文也。正必書王，諸侯稱爵，大夫稱名氏，四夷大者稱子，此《春秋》之名也。諸侯不王而伯者興〔三〕，中國無伯而夷狄横，大夫專兵而諸侯散，此《春秋》之實也。《春秋》之名實如此，可無辨乎？於是有去名以全實者，征伐在諸侯，則大夫將不稱名氏；中國有伯，則楚君侵伐不稱君。又有去名以責實者，諸侯無王，則正不書王；中國無伯，則諸侯不序君；大夫將，略其恒稱則稱人。五曰謹華夷之辨，亦變文也。楚至東周，强於四夷，僭王猾夏，故伯者之興，以攘卻爲功。然則自晉伯中衰，楚益侵陵中國，俄而入陳、圍鄭、平宋、盟於蜀、盟於宋、會於申，甚至伐吴、滅陳、滅蔡，假討賊之義，號於天下，天下知有楚而已。故《春秋》書楚事，無不一致其嚴者。而書吴、越與徐，亦必與中國異辭，所以信大義於天下也。六曰特筆以正名。筆削不足以盡義，而後有變文。

〔一〕「殺」，原誤作「侯」，據趙汸《春秋集傳序》改。

〔二〕「異同」，原誤作「是非」，據趙汸《春秋集傳序》改。

〔三〕「不」，原誤作「有」，據趙汸《春秋集傳序》改。

然禍亂既極，大分不明，事有非常，情有特異，雖變文猶不足以盡義，而後聖人特筆是正之，所以正其名分也。夫變文雖有損益，猶曰史氏恒辭；若特筆，則辭旨卓異，非復史氏恒辭矣。七曰因日月以明類。上下、内外之無別，天道、人事之反常，六者尚不能盡見，則又假日月之法區而別之。大抵以日爲詳，則以不日爲略；以月爲詳，則以不月爲略。其以日爲恒，則以不日爲變；以不日爲恒，則以日爲變，甚則以不月爲異。其以月爲恒，則以不月爲變〔一〕；以不月爲恒，則以月爲變，甚則以日爲異。將使屬辭比事以求之，則筆削、變文、特筆既各以類明，而日月又相爲經緯，無微不顯矣。八曰辭從主人。主人，謂魯君也。《春秋》本魯史成書，夫子作經，唯以筆削見義，自非有所是正，皆從史氏舊文，而所是正亦不多見，故曰辭從主人。此八者，實制作之權衡也。」錫瑞案：趙氏分别策書、筆削，語多近是。《春秋屬辭》本此立説，孔廣森深取其書。惟其書學非專門，仍有未盡是者。如隱公不書即位以成公意，桓公書即位以如其意，公薨以不地見弑，公夫人出奔曰孫，凡此等皆《春秋》特筆，未必魯史有此書法。趙氏以爲存策書之大體，是猶惑於杜預之説，又信其師黄澤臆撰孔子奉君命修國史之文。不知聖人口授微言，實是私修而非官書。不信古義而臆造不經，故其所著《集傳》、《屬辭》，仍不免有誤也。

〔一〕「不」，原脱，據趙汸《春秋集傳序》補。

五三、論「王正月」是周正，胡安國「夏時冠周月」之説，朱子已駁正之

《春秋》王正月，三《傳》及三《傳》之注皆云周正建子之月。《左氏傳》加一「周」字，云：「元年，春，王周正月。」孔疏：「言『王正月』者，王者革前代馭天下，必改正朔，易服色，以變人視聽。夏以建寅之月爲正，殷以建丑之月爲正，周以建子之月爲正。三代異制，正朔不同。正是時王所建，故以『王』字冠之，言是時王之正月也。」《左氏》之增一字，可謂一字千金。孔疏解釋詳明，自宋以前皆無異義。胡安國《春秋傳》始有「夏時冠周月」之説，云：「以夏時冠月，垂法後世。以周正紀事，示無其位，不敢自專。」朱子曰：「某親見文定家説。文定《春秋》説夫子以夏時冠月〔一〕，以周正紀事。謂如『公即位』，依舊是十一月，只是孔子改正作『春正月』。某便不敢信。恁地？時二百四十二年，夫子只證得箇『行夏之時』四箇字。據今《周禮》，有『正月』，有『正歲』，則周實是元改作『春正月』。夫子所謂『行夏之時』，只是爲他不順，欲改從建寅。如《孟子》説『七八月之間旱』，這斷然是五六月；『十一月徒杠成，十二月輿梁成』，這分明是九月、十月。」黄澤曰：「近世士大夫多

〔一〕「月」上，原衍「周」，據胡安國《春秋傳》及《朱子語類》卷八十三删。

闕《春秋》用周正之説，以爲時不可改，甚者至以爲月亦不可改。如『七、八月之間旱』，與『十一月徒杠成，十二月輿梁成』，趙岐釋以周正，晦菴亦從趙岐。而近世説者以趙岐爲非，則是併晦菴皆非之矣。此是本無所見，而妄生事端，以疑惑聖經，爲害不細。前世士大夫學問，卻未見有如此者。」錫瑞案：《春秋》本魯史舊文，魯史奉周王正朔，「王正月」之爲周正，無可疑者。孔子作《春秋》，述時事必不擅改周曆，以致事實不明。《春秋》之書「無冰」皆在春，此周正也；若夏正，則春無冰，何足爲異？又書「冬，十月，隕霜殺菽」，此周正也；若夏正，則十月隕霜，何足爲異？十月亦未必有菽。僖公三年，自去冬「十月，不雨」，至春，書「王正月，不雨。夏，四月，不雨」，至「六月，雨」。若夏正，則六月建未之月，歷三時不雨，至六月不得耕種矣。惟六月爲周正建巳之月，得雨猶可耕種。故《春秋》是年不書旱，亦不書饑，《傳》曰「不爲災也」，此顯有可據者。乃胡氏諸人好逞異説，此宋人説經所以多不可從。朱子不以胡《傳》爲然，此朱子在宋儒之中所以爲最篤實。乃其弟子蔡沈解《尚書》，以爲商、周不改月，不守師説，殊不可解。《春秋》爲後王立法，漢儒以爲素王改制，實有可據，而後人必不信。《春秋》雖爲後王立法，不能擅改時王正朔。宋儒以爲夏時冠周月，實不可據，而後人反信之。是末師而非往古，豈非顛倒之甚！

五四、論三《傳》皆專門之學，學者宜專治一家，治一家又各有所從入

漢十四博士今文之學，今多不傳，施、孟、梁丘、京《易》，歐陽、夏侯《尚書》，齊、魯、韓《詩》，皆已亡佚。惟《公羊春秋》猶存，《穀梁》亦存全書，此天之未喪斯文也。而自《左氏》孤行，二《傳》雖存若亡。陸德明作《經典釋文》，已云「二《傳》近代無講者，恐其學遂絶，故爲音以示將來」。幸而唐人雖以《左氏》列於五經，而《公羊》爲中經，《穀梁》爲小經〔一〕，亦用之以取士。故士子習者雖少，見李元瓘、楊瑒所奏。而書猶不至亡。啖、趙、陸兼采之，以作《纂例》。宋人沿啖、趙、陸之派説《春秋》，多兼采《公》、《穀》，故未至如《韓詩》之亡於北宋。惟宋尚通學，不主專門，合三《傳》爲一家，是合五金爲一爐而冶之，合三牲魚腊爲一鼎而烹之也。《春秋》是一部全書，其義由孔子一手所定，比《詩》、《書》、《易》、《禮》不同。學《春秋》必會通全經，非可枝枝節節而爲之者。若一條從《左氏》，一條從《公羊》，一條從《穀梁》，一條從唐、宋諸儒，雖古義略傳，必不免於《春秋》「失亂」之弊。故《春秋》一經，尤重專門之學。國朝稽古，漢學中興。孔廣森作《公羊通義》，阮元稱爲孤家專學。

〔一〕按，據《新唐書·選舉志上》，《公羊》、《穀梁》均爲小經。

然其書不守何氏義例，多采後儒之説，又不信黜周、王魯科旨，以「新周」比「新鄭」，雖有蓽路藍縷之功，不無買櫝還珠之憾。惟何氏《解詁》與徐《疏》簡奧難讀，陳立書又太繁，治《公羊》者可從《通義》先入，再觀《注疏》。常州學派多主《公羊》，莊存與作《春秋正辭》，傳之劉逢禄、宋翔鳳、龔自珍諸人。凌曙作董子《繁露注》，其徒陳立作《公羊義疏》。治《公羊》者，當觀凌曙所注《繁露》，以求董子大義，及劉逢禄所作《釋例》，以求何氏條例，再覽陳立《義疏》，以求大備，斯不愧專門之學矣。《穀梁》不傳三科九旨，本非《公羊》之比，惟其時、月、日例與《公羊》大同小異，詳略互見，可以補《公羊》所未及。治《穀梁》者，先觀范《解》、楊《疏》及許桂林《釋時月日例》。許書簡而有法。如「公子益師卒」，傳云：「大夫日卒，正也；不日卒，惡也。」何休《廢疾》已引「公子牙、季孫意如何以書卒」難之，鄭君所釋亦不可通。許據《左氏》「公不與小斂」，謂不與小斂即是惡，乃得其解。柳興恩、鍾文烝皆據《穀梁》「謹始」，謂隱公之讓爲不能正始，柳興恩至以亂臣賊子斥隱公。夫以讓國之賢君而斥爲亂賊，則篡弑之桓公，將何以處之乎？《春秋》善善從長，必不如此深刻；《穀梁》惡桓而善隱，其義亦不如此之刻也。《穀梁》義例多比附《公羊》，故治《穀梁》不如治《公羊》，治《公羊》乃可兼采《穀梁》。如《穀梁》桓二年傳：「或曰：其不稱名，蓋爲祖諱也。孔子故宋也。」是比附《公羊》「故宋」而失其旨之證。成九年傳：「不言戰，以鄭伯也。爲尊者諱恥，爲賢者諱過，爲親者諱疾。」是比附《公羊》「爲親者諱」而失其旨之證。《春秋》爲親者諱惟魯。昭二十一年傳：「東者，東國也。曰東，惡之而貶之也。」是比附《公羊》「譏二名」而失其旨之證。若《左氏》不傳《春秋》，亦有「譏二名」之説，云「先名武庚，乍名禄父」，則尤不知而强説者。治《左氏》者，先觀杜《解》、孔《疏》，再及李貽德《賈服輯述》以參考古義，顧棟高《春秋大事表》以綜覽事實，然亦只是《左氏》一家之學，於《春秋》之微言大義無甚發明。

五五、論俞正燮説《春秋》最謬，乃不通經義、不合史事、疑誤後學之妄言

近人説《春秋》者，俞正燮爲最謬，其《公羊傳及注論》曰：「《公羊傳》者，漢人所致用，所謂漢家自有法度，奈何言王道？《公羊》集酷吏、佞臣之言，謂之經義。漢人便之，謂之通經致用。」錫瑞案：「漢家自有制度」乃宣帝之言，宣帝好《穀梁》，非尊《公羊》者。「通經致用」乃西漢今文之學簡明有用，如《禹貢》治河、《洪範》察變之類，非止《春秋》一經。俞云「《公羊》集酷吏、佞臣之言」，酷吏似指張湯，佞臣似指公孫弘。《史記·酷吏列傳》曰：「是時上方鄉文學，湯決大獄，欲傅古義，乃請博士弟子治《尚書》、《春秋》，補廷尉史，亭疑法。」又曰：「依於文學之士，丞相弘數稱其美。」又《平準書》曰：「自公孫弘以《春秋》之義繩臣下，取漢相，張湯用峻文決理爲廷尉，於是見知之法生，

而廢格沮誹窮治之獄用矣。」據《史記》，則弘、湯希世用事，見《公羊傳》有貶絶之義、無將之誅，傅會之以行慘酷之法，要非《公羊》所能逆料。俞氏以爲《公羊》罪案，則《莊子》云「儒以《詩》、《禮》發冢」，可以發冢歸罪《詩》、《禮》？王莽動託《周官》，可以王莽歸罪《周官》乎？《公羊傳》由胡毋生著竹帛，公孫弘受學胡毋生，則《公羊》成書，必不在弘、湯用事之後。據俞氏説，似作《公羊傳》者集弘、湯之言爲之，年代不符，甚不可通。若酷吏、佞臣不指弘、湯，則胡毋生之前，酷吏、佞臣爲何人，更無可據。《漢書·董仲舒傳》曰：「仲舒在家，朝廷如有大議，使使者及廷尉張湯就其家而問之，其對皆有明法。」《後漢書·應劭傳》曰：「故膠西相董仲舒老病致仕〔一〕，朝廷每有政議，數遣廷尉張湯親至陋巷，問得失。於是作《春秋決獄》二百三十二事〔二〕，動以經對。」據此，則張湯用法，嘗詢仲舒。《漢·藝文志》「《董仲舒治獄》十六篇」久亡，《通典》、《六帖》、《御覽》共載六事，引《春秋》義以斷當時之獄，多以爲某人罪不當坐。蓋以漢法嚴酷，持議多歸仁恕，與弘、湯之慘刻異趣。《繁露·郊祀對》仲舒答張湯問鳧鶩之類，亦不盡屬刑法。則不能以張湯之法歸咎仲舒，尤不能歸咎《公羊》矣。三科九旨，《繁露》書明言之。俞云「董仲舒未敢言而心好之，故陷吕步舒之獄」，以

〔一〕「相」，原脱，據《後漢書·應劭傳》補。

〔二〕「三十二」，原誤作「三十三」，據《後漢書·應劭傳》改。

俞氏之博，似並未見《繁露》，殊不可解。何休《解詁》曰「自王者言之，以屈遠世子在三公下〔一〕」，引《禮・喪服》爲證。何氏解禮即不當，亦無關《春秋》大義。俞以此爲何氏罪案，謂以己得公府掾之故。論古人當平心靜氣，不當鍛鍊以入人罪。必欲深文鍛鍊，謂何氏因己爲公府掾，故崇重三公，亦安知俞氏非因己爲時相所扼，故卑抑三公乎？俞爲董誥所扼，不得進士。《孟子》曰：「《春秋》，天子之事也。」又曰：「孔子成《春秋》而亂臣賊子懼。」《公羊》家説與《孟子》合。若《左氏》家説經承舊史，無「素王」之法，則天子之事安在？曰「凡弑君，稱君，君無道也；稱臣，臣之罪也」，如其説，則君無道而弑君之臣無罪。傳文於殉君之孔父、荀息並無褒辭，而弑君之趙盾、欒書反加稱許，且有「君臣無常位」之言，《左氏》據事直書，初無成見。杜預張大其説，與《春秋》之義相反。是《春秋》成而亂臣賊子喜矣。如俞氏説，不亦可云「《左氏》集亂臣、賊子之言，謂之經義」乎？俞氏曰：「《左氏》，萬世之書也。《公羊傳》，漢廷儒臣通經致用干禄之書也。何休所説，漢末公府掾致用干禄之書也。」請爲更正之曰：「《公羊傳》，經學也，一字褒貶，孔子作《春秋》之義本如是也。《左氏傳》，史學也，據事直書，不立褒貶，雖不傳《春秋》，而書不可廢也。」俞氏所説，乃不通經義、不合史事、疑誤後學之妄言也。

〔一〕「以」，原脱，據《春秋公羊傳注疏》補。

五六、論《春秋》明王道，絀詐力，故特褒宋襄而借以明仁義行師之義

嘗讀《春秋》而有感焉。《春秋》據亂而作，亂莫甚於戰争。孟子曰：「《春秋》無義戰。彼善於此，則有之矣。」今據《公羊》之傳，推孟子之義，而知孟子之善説《春秋》也。《春秋》託始於隱。隱二年，「無駭帥師入極」，傳曰：「何以不氏？疾始滅也。」然則後之滅人國者，皆《春秋》之所疾矣。四年，「莒人入杞，取牟婁」，傳曰：「外取邑不書，此何以書？疾始取邑也。」然則後之取人邑者，皆《春秋》之所疾矣。桓七年，「焚咸丘」，傳曰：「以火攻也。何言乎以火攻？疾始以火攻也。」然則後之以火攻者，皆《春秋》之所疾矣。《春秋》戰例時，偏戰日，詐戰月。《左氏》凡例「凡師，敵未陣曰敗某師」，即詐戰，「皆陣曰戰」，即偏戰。桓十年，「冬，十有二月，丙午，齊侯、衛侯、鄭伯來戰於郎」。僖元年〔一〕，「冬，十月，壬午，公子友帥師敗莒師於犂，獲莒拏」。僖十五年，「十一月，壬戌，晉侯及秦伯戰於韓，獲晉侯」。僖二十二年，「冬，十有一月，己巳朔，宋公及楚人戰於泓，宋師敗績」。文七年，「夏，四月，戊子，晉人及秦人戰於令狐」。十二年，「冬，十有二月，戊午，晉人、秦人戰於河曲」。傳皆以

〔一〕「元」，原誤作「二」，據《左傳》改。

爲偏戰，是彼善於此者，猶愈於詐戰也。宋、楚戰泓，傳曰：「偏戰者日爾，此其言朔何？《春秋》辭繁而不殺者，正也〔一〕。君子大其不鼓不成列，臨大事而不忘大禮，有君而無臣，以爲雖文王之戰，亦不過此也。」是宋襄戰泓爲善之善者，故夫子特筆褒之。董子《繁露·王道》《俞序》篇、《史記·宋世家》贊、《淮南·泰族訓》、《白虎通·號》篇、何氏《穀梁廢疾》皆褒宋襄。錫瑞案：《司馬法》曰：「逐奔不過百步，從綏不過三舍，明其禮也。不窮不能而哀憐傷病，明其仁也。成列而鼓，明其信也。争義不争利，明其義也。」據此，則「不鼓不成列」、「不重傷」、「不禽二毛」，本古軍禮之遺。古禮不行，而《老子》有以奇用兵之言，談兵者謂兵不厭詐。宋襄獨行古禮，宜世皆迂之矣。《穀梁》、《左氏》不以宋襄爲是，狃於後世詐力之見。《左氏》書之善，在明典禮、詳事實，而淺人武夫但以爲善言兵，故隗禧以《左氏》爲相斫書。《左氏》述子魚之言，訾宋襄者以爲口實。不知《宋世家》亦載子魚「兵以勝爲功」之言，而史公作贊，必褒宋襄之禮讓者，以《春秋》撥亂之旨具在此也。當其時，戰禍亟矣，獨有一宋襄公能明王道，絀詐力。故《春秋》特褒之，而藉以明仁義行師之義，以爲後之用兵者能如宋襄之言，則戰禍少紓，民命可保矣。春秋時，宋華元、向戌皆主弭兵，其後墨翟、宋牼以禁攻寢兵爲務，似聞宋襄仁義之風而興起者。《左氏》載子罕之言以斥向戌，似亦近正，

〔一〕「正」，原脱，據《春秋公羊經傳解詁》補。

然不得以弭兵爲非。兵雖不能終弭，弭一日，緩一日之禍也。痛乎何劭公之言火攻也，曰：「征伐之道，不過用兵，服則可以退，不服則可以進〔一〕。火之盛炎，水之盛衝，雖欲服罪，不可復禁。故疾其暴而不仁也。」今之戰事專尚火攻，其暴而不仁，又百倍於東周之世。西人近講公法，開弭兵會，似得墨子兼愛、非攻之旨。若進之以《春秋》之義，明王道，絀詐力，戰禍庶少瘥乎！

〔一〕「則」下，原衍「不」，據《春秋公羊經傳解詁》删。

附録

皮鹿門先生傳略

皮名振

公諱錫瑞，字鹿門，一字麓雲，姓皮氏，湖南善化人。顔其所居曰「師伏堂」，學者因稱「師伏先生」。

皮氏之先，由贛遷湘。曾祖智州公，以貨殖起家，財雄府邑。父鶴泉公，以儒術飾吏治，爲浙江宣平知縣。

公以清道光三十年庚戌十一月十四日（西曆一八五〇年十二月十七日）生於善化城南里第，爲鶴泉公長子。幼承庭訓，好學覃思。六齡就外傅，八歲能詩文。年十四，應童子試，補善化縣學生員。越年，食廪餼。年二十四，舉同治癸酉科拔貢。翌年，部試報罷。年三十三，舉光緒壬午科順天鄉試。復厄于禮闈，試内閣中書，引見不記名。爾後三應禮部試，皆報罷。

公既困於甲科，遂潛心講學、著書。光緒十六年，主湖南桂陽州龍潭書院講席。後二年，移主江西南昌經訓書院。江右故宗宋學，偏重性理，或流禪釋。公以西京微言大義教詔學者，説經當守家法，詞章必宗家數。一時高才雋秀，咸集其門。先後七年，學風丕變。

光緒初葉，四境多虞，俄人既窺伺新疆，琉球、安南亦漸脱藩屬。公憫亂憂時，倡屯田固邊及救藩備圉諸議。甲午戰後，朝野倡言變法，公獨以爲「宜先清内亂，嚴懲賄賂，刻繩贓吏，實事求是，且必先改宋明陋習，不必皆從西俗」。時湖南設時務學堂及《湘報》館，戊戌復創南學會於長沙，公被聘爲學長，主講學派一科。開講之日，官紳士民集者三百餘人，公闡明學會宗旨，略謂：「學非一端所能盡，亦非一説所能該。先在讀書窮理，務其大者遠者，將聖賢義藴，了然於中，古今事變，中外形勢，亦須講明切究，方爲有體有用之學。」學會開講計三月，公講演共十二次。所言貫穿漢宋，融合中西，聞者莫不動容。是年秋，變法事敗，六君子殉難於京師，公有詩哭之。復以參與南學會，爲忌者誣奏，奉廷寄，革舉人，交地方官管束。公以布衣罹黨禁，杜門著述。三年，始得開復。

庚子亂後，國内咸以興學育材爲救國急務。光緒二十八年夏，公被聘創辦湖南善化小學堂。贛南、常德等地，欲聘公爲學堂總教，均辭不就。翌年，湖南設高等學堂及師範館，公任倫理、經、史講席，兼代高等學堂監督。時京師大學堂成立，經、史、文三科講座需人，張文厚三次電湘，請公北上，均以事辭。公留湘講學，先後五年，歷任湖南高等、師範館、中路師範、長沙府中學堂講席，學務公所圖書課長，及長沙定王臺圖書館纂修。博學沈思，誨人不倦，三湘碩學，咸出其門。

公以經學名於時。光緒五年，年三十，乃始治經。研精覃思，更三十年，著書百卷，成一家言。光緒十三年，始爲《尚書大傳箋》，後更名《尚書大傳疏證》。越十年始成，凡七卷，以丙申秋刊於南昌。公平生學問，實萃此書，自序謂：「殫精數年，易稿三次。既竭駑鈍，粗得端倪。原注引鄭，必析異同；輯本據陳，間加釐定；所載名物，亦詳引徵。冀以扶孔門之微言，具伏學之梗概。」蓋公治《尚書》，服膺伏生，宗今文説。然嘗謂：「解經當實事求是，不當黨同妒真。」故其疏證，於曲直離合之間，類有發明。

公少壯所作，多屬詩文，有《師伏堂駢文》及《師伏堂詩草》。中年主講江右，專治經學，嘗集所作經解，爲《經訓書院自課文》。既刊《尚書大傳疏證》，復成《古文尚書疏證辨》、《九經淺説》、《古文尚書冤詞平議》、《孝經鄭注疏》、《鄭志疏證》、《今文尚書考證》及《聖證論補評》等書。戊戌以後，杜門著述，成《尚書中候疏證》、《駁五經異義疏證》、《發墨守箴膏肓釋廢疾疏證》、《漢碑引經考》及《王制箋》等書。晚年講學湘垣，復撰《經學歷史》、《經學通論》二書，爲經學課本，今日猶爲初學治經者所必讀。

公瘁精學術，體力早衰，以光緒三十四年戊申二月初四日（公曆一九〇八年三月六日）卒於善化南城故宅，享年五十有九。

公平生著述刊印行世者，有《師伏堂叢書》及《皮氏八種》。其已刊今佚，及未刊遺著，尚有多種，謹次爲著述總目，附録如後。至公師友交游、著述先後、出處本末，具詳《年譜》。

皮鹿門先生著述總目

一、《師伏堂叢書》，善化皮氏師伏堂輯印，計十八種，其子目如下：

《經學通論》五卷，光緒三十三年丁未（一九〇七）湖南思賢書局刊（又商務印書館排印本，選入《萬有文庫》及《國學基本叢書》）。

《經學歷史》一卷，光緒三十三年丁未（一九〇七年）湖南思賢書局刊（又商務印書館排印本，及周予同注釋本）。

《尚書大傳疏證》七卷，光緒十三年初稿，原名《尚書大傳箋》，二十一年更名《尚書大傳疏證》，光緒二十二年丙申（一八九六）善化師伏堂自刊於南昌。

《今文尚書考證》三十卷，光緒二十三年丁酉（一八九七）善化師伏堂自刊。

《尚書中候疏證》一卷，光緒二十五年己亥（一八九九）湖南思賢書局刊。

《古文尚書冤詞平議》二卷，光緒二十二年丙申（一八九六）湖南思賢書局刊。

《孝經鄭注疏》二卷，光緒二十一年乙未（一八九五）善化師伏堂自刊於江西南昌。

《鄭志疏證》八卷，附《鄭記考證》一卷、《答臨孝存〈周禮〉難》一卷，光緒二十五年己亥（一八九九）湖南思賢書局刊。

《聖證論補評》二卷，光緒二十五年己亥（一八九九）善化師伏堂自刊。

《六藝論疏證》一卷，光緒二十五年己亥（一八九九）湖南思賢書局刊。

《魯禮禘祫義疏證》一卷，光緒二十五年己亥（一八九九）湖南思賢書局刊。

《王制箋》一卷，光緒三十四年戊申（一九〇八）湖南思賢書局刊。

《漢碑引經考》六卷附《漢碑引緯考》一卷，光緒三十年甲辰（一九〇四）善化師伏堂自刊。

《經訓書院自課文》三卷，光緒十九年癸巳（一八九三）、二十一年乙未（一八九五）善化師伏堂自刊。計光緒十九年刊壬辰、癸巳兩年所作經解爲《自課文》第一、二兩卷，光緒二十一年刊甲午、乙未兩年所作經解爲《自課文》第三卷。

《師伏堂咏史》一卷，光緒三十年甲辰（一九〇四）善化師伏堂自刊。

《師伏堂詞》一卷，光緒三十年甲辰（一九〇四）善化師伏堂自刊。

《師伏堂駢文》二種六卷，光緒二十一年乙未（一八九五）善化師伏堂自刊《駢文》二卷于南昌，光緒三十年甲辰（一九〇四）增入三十餘篇，補刊《駢文》四卷於善化。乙未以後駢文，及歷年所作散體文，約四十餘篇，均未刊入，藏於家。

《師伏堂詩草》六卷，光緒三十年甲辰（一九〇四）善化師伏堂自刊。按《詩草》編年始同治九年庚午(一八七〇),終光緒二十四年戊戌(一八九八),凡六卷。己亥以後存稿未刊,又少壯所作,及戊戌八月政變後詩未録入《詩草》者,約百餘首。

二、《皮氏八種》,善化皮氏師伏堂近年重印《師伏堂叢書》中之經考,成《皮氏八種》一集,計:

《經學通論》五卷

《經學歷史》一卷

《王制箋》一卷

《聖證論補評》二卷

《鄭志疏證》八卷

《六藝論疏證》一卷

《古文尚書冤詞平議》二卷

《尚書中候疏證》一卷

三、其他已刊各書:

《發墨守箴膏肓釋廢疾疏證》各一卷,光緒二十五年己亥(一八九九)湖南思賢書局刊。

《駁五經異義疏證》十卷,光緒二十五年己亥(一八九九)湖南思賢書局刊。

《古文尚書疏證辨正》,卷數未詳,光緒二十二年丙申(一八九六)湖南思賢書局刊。

《九經淺説》，光緒二十年甲午（一八九四）輯壯歲治經所作共七種，計《左傳》二卷，《公羊》一卷，《穀梁》一卷，《禮記》二卷，《尚書》二卷，《詩》二卷，《四書》若干卷。光緒二十五年己亥（一八九九）湖南思賢書局刊《禮記淺説》（上下二卷）及《左傳淺説》（上下二卷）二種。光緒二十六年庚子（一九〇〇）擬刊其他五種未果，現均散佚。

《尚書古文考實》一卷，光緒二十二年丙申（一八九六）湖南思賢書局刊。

《師伏堂筆記》三卷，原擬名《續鹿門家抄》，光緒三十三年丁未（一九〇七）善化師伏堂排印（又長沙楊樹達積微居刻本一册）。

《南學會講義》一卷，光緒二十四年戊戌（一八九八）載《湘報》。

《師伏堂春秋講義》二卷，宣統元年（一九〇九）公次子嘉佑集公晚年在湖南高等學堂、中路師範及長郡中學三校講義，成書二卷，排印於長沙。

《蒙學歌訣》二卷，題文藪主人撰，光緒二十八年壬寅（一九〇二）善化小學堂蒙學課本，翌年癸卯（一九〇三）長沙湘雅堂代刊。

《浙江宣平縣志》，光緒三年（一八七七）代鶴泉公纂修，卷數及刊刻年月未詳。

四、未刊及已佚遺稿：

《史記引尚書考》六卷，光緒二十至二十一年作。

《兩漢詠史》一卷，光緒二十一年作。

《讀通鑑論史評》一卷，光緒二十六年作。

《史記補注》，不分卷，光緒二十五年作。

《長蘆鹽法志》，光緒二十九年成《例言》十三條，並擬作《修志條議》六則，志未成書。

《廣皮子世録》，光緒二十六年更前歲所輯《皮氏先賢録》，名《廣皮子世録》，擬刊未果。

《師伏堂日記》，起光緒十八年壬辰（一八九二），終光緒三十四年戊申（一九〇八），凡十六年，無一間斷。原稿共若干卷，藏皮氏師伏堂。

《易林證文》一卷，光緒二十六年庚子作。

原載長沙《南强旬刊》第一卷第七期，一九三八年五月出版；又見皮名振編《皮鹿門年譜》卷首，商務印書館一九三九年出版

《經學通論》提要

江瀚

《經學通論》五卷，皮氏叢書本。清皮錫瑞撰。是編分《易》、《書》、《詩》、《禮》、《春秋》，共爲五卷。《易論》「論卦辭文王作、爻辭周公作皆無明據，當爲孔子所作」，又「論卦辭、爻辭即是繫辭，《十翼》之説於古無徵」，「論漢初説《易》皆主義理、切人事，不言陰陽、術數」，「論陰陽災變爲《易》

之别傳」，「論孟氏爲京氏所託，虞氏傳孟學，亦間出道家」，「論王弼以十篇説經，頗得費氏之旨」，「論黄宗羲論《易》取王《注》與程《傳》，漢之焦、京，宋之陳、邵，皆所不取，説極平允，近人復理焦、京之緒，又生一障」，所論皆甚正當。惟「論焦循以假借説《易》本於《韓詩》，發前人所未發，學者當援例推補」，則殊失審。《韓詩外傳》云：「《易》曰：『困于石，據于蒺藜，入于其宫，不見其妻，凶。』此言困而不疾據賢人者。昔者，秦穆公困於殽，疾據五羊大夫、蹇叔、公孫支而小霸；晉文公以困於驪氏，疾據咎犯、趙衰、介子推而遂爲君；越王句踐困於會稽，疾據范蠡、大夫種而霸南國；齊桓公困於長勺，疾據管仲、寧戚、隰朋而匡天下。此皆困而知疾據賢人者也。夫困而不知疾據賢人而不亡者，未嘗有也。」此以「疾據賢人」解「據于蒺藜」，焦氏以爲可悟《易》辭比例引伸之妙。然蒺藜木名，困之爲卦，坎下兑上，坎於木爲堅多心，蒺藜之象。若以「疾」解「蒺」，不知「藜」又作何解？依此望文生義，援例推補，恐支離蔓衍，全經將爲變亂矣。《書論》雖偏在今文一面，而持論尚屬圓通。然因《洪範》「天錫」一語，遂謂「三國魏時，張掖涌石，有牛馬之形及『大討曹』字，足見祥異之兆，有未可據理以斷有無者」，信僞爲真，未免可笑。《詩論》以毛義不及三家，亦是尊重今文之意。其論古文《詩》、《書》之《序》，當「如鄭君論緯説，云『不信亦非，悉信亦非』」。若鄭樵攻毛《序》而以己意爲《序》，則近於妄。魏源《詩古微》主三家，而三家所無者，皆以己意補之爲《序》，是鄭樵之類也」，又論「毛《序》本不知出自何人，尊之者推之毛公之前而屬之子夏，疑之者抑之毛公之後而屬之衛宏，其實皆無明文。三家既亡，無有更古於《毛詩》者，即謂《序》出衛宏，亦在鄭君之前，非後人臆説可比，學者尊崇爲古義，不必争論爲何人也」，是尤不愧通人之論。《三禮論》論三《禮》本是實學，非可空言，故南、北學分而三《禮》皆從鄭注。篇中謂習《禮記》者當熟玩注疏，實則治《儀禮》、《周禮》何獨不然？至論「《王制》爲今文大宗，即《春秋》素王之制」，則襲今人説，未足深信。《春秋論》「論《春秋》是作不是鈔録，是作經不是作史，杜預以爲周公作凡例，陸淳駁之甚明」，「論《春秋》改制猶今人言變法，損益四代，孔子以告顔淵，其作《春秋》亦即此意」，之二説者，洵足發明孔子作《春秋》之旨，否則真如王安石所譏斷爛朝報矣。錫瑞著述，固當以此書爲最云。

中國科學院圖書館編：《續修四庫全書總目提要（經部）》，中華書局一九九三年，第一四〇九—一四一〇頁

《易經通論》提要

吴承仕

《易經通論》一卷，思賢書局本。清皮錫瑞撰。錫瑞字鹿門，善化人，舉人，光緒三十四年卒。治經宗今文，頗持孔子改制之説，著述甚富。晚年教於鄉校，初爲《經學歷史》以授諸生，猶恐語焉不詳，學者未能窺治經門徑，更纂《經學通論》。自序署光緒丁未，爲其卒之前一年，是爲晚年定本。《易經通論》即其一也。是書分三十章，章首標明論旨，體例與閻若璩《尚書疏證》相似。自三

「易」名義，畫卦、重卦，文、周繫辭，孔子作傳，漢、宋家法，古今宗派，以訖清代各家，皆能考其流別，辨其得失，斷之己意，以示學人治《易》之術。 大旨以漢初《易》説皆主義理，以施、孟、梁丘章句之學爲正傳，焦、京之陰陽災變則爲《易》外別傳，即孟之卦氣、鄭之爻辰亦別傳也。 虞翻自言五世傳《孟氏易》，而引《參同契》日月爲易以明坎、離之用，又言夢道士飲以三爻，則其學雜出道家，不爲典要。 且漢儒言六十四卦直日用事者，何以震、離、坎、兑四卦不在其内？ 乾、坤爲諸卦之宗，何以與諸卦并列？ 似未免削趾適屨，强合牽附之嫌。 宋自陳、邵以還，圖書之説，霧塞一世。 朱子雖依違其間，而《本義》九圖及《啟蒙》所載，雜出於其門人，非爲定論。 俞琰明言圖書爲丹家之書，養生之切務。 彼既自認不諱，吾儒猶據以説《易》，斯可謂大惑矣。 是故魏之王輔嗣，有摧陷廓清之功；宋之程伊川，有卓然不惑之識。 且程《傳》不雜以老、莊玄言，説理尤爲精切，則又勝於王氏。 此之持論，蓋雜采黄宗羲、顧炎武、胡渭、錢大昕、焦循、王引之等之善言而折衷至當者也。 皮氏於清儒《易》學，獨舉張惠言、焦循二家，以爲治《易》之法。 焦本自名其家，張則專述虞氏。 既以虞爲外道矣，復謂張氏所發明得存漢學之什一於千百，視前此所述，不無矛盾。 又引姚配中之説，謂以傳附經，始於費直。 案：《魏志·高貴鄉公紀》載淳于俊之對，語意甚明，漢博士十二篇之舊次，自鄭玄始附《彖》、《象》傳於經，自王弼又附《文言》於《乾》、《坤》之後。 事狀明審，無可致疑。 宋儒規復古《易》者，間有誤説，訖於清代，悉已辨正。 今乃信姚氏之誣言，亂已往之定論，亦疏漏之一端也。雖然,持論考事,違失人所時有,未爲大過,獨謂卦、爻之辭皆孔子作,於文、周無與,則向壁虛造,振古所無有也。近餘杭章君作《駁議》一首,舉十二證以明其誣,學者庶幾不爲所惑乎。統觀皮氏此書,凡論經、傳緣起者,時有愚誣之談;評漢、宋學術者,頗多持平之論。不以彼一害此一,亦初學者所宜參考也。

中國科學院圖書館編:《續修四庫全書總目提要(經部)》,第一七四頁